寒山寺佛学

第六辑

主　编　秋　爽

执行主编　李尚全

人民出版社

责任编辑:詹素娟
文字编辑:宰艳红
装帧设计:徐　晖

图书在版编目(CIP)数据

寒山寺佛学(第六辑)/秋爽 主编 李尚全 执行主编.
-北京:人民出版社,2010.4
(寒山寺佛学系列)
ISBN 978－7－01－008841－9

Ⅰ.寒… Ⅱ.①秋…②李… Ⅲ.佛教-文集 Ⅳ.B948－53

中国版本图书馆 CIP 数据核字(2010)第 061874 号

寒山寺佛学(第六辑)
HANSHANSI FOXUE

秋　爽　主编　李尚全　执行主编

人民出版社 出版发行
(100706　北京朝阳门内大街 166 号)

北京中科印刷有限公司印刷　新华书店经销

2010 年 4 月第 1 版　2010 年 4 月北京第 1 次印刷
开本:787 毫米×1092 毫米 1/16　印张:19.25
字数:420 千字

ISBN 978－7－01－008841－9　定价:45.00 元

邮购地址 100706　北京朝阳门内大街 166 号
人民东方图书销售中心　电话 (010)65250042　65289539

■ 目　录

性空禅师口述传

李尚全笔述

一、害怕因果：是我童子出家的原因（1922—1935 年）

我生于民国十一年（1922）农历二月初五。祖籍泰州张木乡（今江苏省泰县）。祖父杨同乐是一位憨实的农民。祖母周氏出身于书香门第，在张木乡一带很有威望，乡亲们尊称为杨师老太，无论谁家有大番小事，都要请我祖母去调解。由于祖父早逝，我没有见过祖父的面，但很受祖母的宠爱。

父亲叫杨鋆栋，以务农为生。母亲姜氏是泰州西姜家庄人。外祖父姜渭源是西姜家庄乡乡长，笃信佛教，他还出资修了一座叫观音庵的小庙。舅父姜文森和姜文祠都以务农为生。

我们兄弟四人，我排行第二，另外还有一个妹妹。

我的俗名叫杨葆青，小时候十分淘气倔强，尤其喜欢爬树，捣树上的老乌巢。后来发现失去伴侣的老乌，又再重新寻找伴侣。更为使我心颤的是：老乌被打死后，由蚁虫咬食的惨不忍睹场面。正在此时，有人告许我，说人死了以后也会变成老乌的，这叫因果报应。因为你现在打杀老乌，来世老乌也会转生成人，他也要打杀你转生成的老乌。我听说后就赶忙问，有什么办法不转生成老乌吗？他告许我说，那就要出家当和尚修行，才能消除打老乌的业障，摆脱轮回。我听后很害怕，就萌发了出家当和尚的念头。

晚清以来，无论是在东南沿海的乡下，还是在大城市，和尚赶经忏非常流行，尤其是在苏北，赶经忏的佛教非常盛行。由于我从小就想当和尚，所以喜欢看乡下死了人的经忏佛事活动。放焰口时动听的敲打念唱，都使我非常向往出家当和尚的生活。

1931 年，我 9 岁，父亲送我到五叔杨鋆信的私塾里读书。四五年间，我学习了《三字经》、《大学》、《中庸》、《论语》、《孟子》。五叔还叫我背诵这样一首打油诗：

一排青山景色幽，前人田地后人收。

后人收到休欢喜，还有后人在后头。

至今想来,这首打油诗使我感触很深,也许正是这首打油诗,把我推进了佛门。

二、学做经忏佛事:我的沙弥生活(1936—1940 年)

(一)出家因缘

其实我出家的增上缘,是看不惯有权有势的人横行霸道。当地的地主豪绅纠集地痞无赖欺压百姓,凡是谁家兄弟之间闹了纠纷,他们都当调解人,先说老大不对。过了几天,兄弟争执又起,他们又批评老二一顿。看不惯这种以强欺弱的恶霸势力是我出家的真正原因。所以当我出家的时候,就障碍重重。首先是父亲和伯父、叔父们都表示反对,因为我们杨家的生活虽不太富裕,但也不至于养活不了我。但母亲和二舅父不这样认为,认为出家当和尚有利于祖先的超度,所谓的"一人出家,九代升天",才是母亲和二舅父的共识,因此,他们支持我出家当和尚。但就在这时,有人又告许我,庙里的老和尚对小和尚很厉害,动不动就要打耳光子,这又使我对出家生活感到很害怕。因此,又不想出家了。

说来也巧,就在我不想出家的时候,却得了一场大病,俗称黄病,症状是脖子发胀,头发晕。眼看着活蹦乱跳的我就要病死了,全家人都很着急。母亲在无可奈何的情况下,就到娘家西姜家庄的观音庵里许愿,求观世音菩萨保佑,如果我的病好了,就送到观音庵里当和尚。母亲从观音庵里回来后,我的病果然就一天天地好了起来。但病好以后,我因害怕老和尚打耳光子而不敢出家当和尚。

就在我第二次不想出家当和尚的时候,黄病又复发了,并且病情还有所加重,浑身骨节酸痛,痛得我抓住桌子腿直喊妈妈。我病情的日益加重把全家人都吓坏了。本来反对我出家当和尚的大哥主动陪着母亲到西姜家庄的观音庵里许愿,如果这次我的病好了,就一定送我到观音庵里当和尚。母亲还在观音菩萨像前抽了签。签名是"唐高祖起义师",主要内容为"天主立功名,由命不由人"。观音庵的静禅法师给母亲拆签说:"你儿子命中注定要出家当和尚,不出家凶多吉少。"母亲和大哥回到家里,抽签的事就在村里传开了,大家都说我天生就是当和尚的命。

正是这场要命的黄病和痛恨地主豪绅的恶霸势力,把我送到了泰州西姜家庄乡的观音庵,正式出家为僧。

(二)师祖剃度了徒孙

我病好之后,已是 1936 年的春节。

母亲让我过了一个好年。父亲、兄弟、姐妹,都为我的出家做准备工作,整个正月里,都让我吃好的,穿好的,最后选定"二月二"龙抬头的日子送我到西姜家庄乡的观音庵里出家当和尚。

到了二月二这天,母亲和二舅父把我送到了观音庵。住持观音庵的静禅老和尚就替在闽南佛学院读书的徒弟东初法师剃度了我,作为东初法师的徒弟,取法名圣智,字性空。所以现在人们叫我性空,实际上是我的字。静禅老和尚在我出家之前,还替东初法师剃度了两个徒弟,大徒弟叫圣照,字蕴空,二徒弟叫智宽,我是三徒弟。这样,静禅老和尚就有了三个徒孙。

刚出家的我,由于读过四五年的私塾,对二位师兄还有点瞧不起,认为他们胸无大志。

由于我是姜渭源乡长的外孙,师祖在三个徒孙中对我也就另眼相看。再加上我还是个14岁的孩子,两位成年师兄也就谦让着我。

在观音庵里,我们祖孙四人,和睦相处。

(三)学做经忏佛事

我的沙弥生活,是在学做经忏佛事中度过的。

我出家的那个年代,是经忏佛事非常流行的年代。由于经忏佛事是一种商业性质的佛事活动,所以竞争十分激烈。虽然每一个小庙都有自己做经忏佛事的信徒范围,但赶经忏的和尚功夫不过硬,也会失去信徒。为了在做经忏佛事中站稳脚跟,每个小庙都对做经忏佛事的和尚严格训练。当时做经忏佛事的内容有如下几个方面:

1. 放焰口

放焰口是重要的佛事,由于时间过长,为了不使观众倒胃口,老和尚就要讲一段笑话,或用西江月的调子说偈云:

> 昔日荒郊野外,今日白骨交加。
>
> 无言无语卧黄沙,日晒风吹雨打。
>
> 在世争名夺利,死后谁享荣华?
>
> 三寸气断咬银牙,仰望两江月下。

放一堂焰口,约需4—5个小时,多在冬天举行。参加放焰口的和尚为奇数,最少要有5个和尚,多则有10多人。在放焰口时中间要穿插上"叹骷髅"或"二十四孝"等内容。

我的嗓音很好,放焰口时,师祖静禅老和尚坐台,上手是我,敲木鱼;下手是两个师兄,敲铛子和鼓,其他庙里请来的和尚只能是滥竽充数了。

2. 拜十王忏

做经忏佛事的开始时间是有讲究的,是围绕着饭前饭后来做的,叫做"节"或"出",也就是先做完一节佛事再开餐,还是先开餐再做佛事。如果是在吃早饭前做佛事,就叫"进门吃朝饭",或者叫"吃朝饭进门",晚上就叫"进门吃夜饭",或者叫"吃夜饭进门";如果是在吃中午饭前做佛事,称之为"进门吃昼饭",吃完中午饭后做佛事叫"吃昼饭进门"。

做经忏的开始时间也有讲究,是结算赶经忏和尚报酬的根据,也是做佛事活动的程序。所谓的"节"或"出",就是做经忏的阶段性内容,请来外边的和尚参加了多少节,累计起来,就是他做完佛事后所得到的报酬,类似今天所说的"计时工资"一样,或者叫"钟点工"。

整个拜十王忏的程序是:启师→下扎→发功曹→开灵→迎亡→解结→拜忏→还钱→做饭。每完成一道程序(节),都要烧一道"度牒"给每个阎王,实际上是向十个阎罗王汇报死者现在忏悔罪业的情况,以消除死者生前的罪业。例如解结这道程序,主要是唱念死者欠父母的孽债情况,尤其是有关母亲十月怀胎所受的各种苦难的唱段,伴随着锣鼓唢呐等奏打出的各种哀声,令孝子肝肠寸断,哀从心生,放声痛哭。

3. 念经

(1)念倒头经。

苏北有一种民俗,人刚断气了以后,要念"倒头经"。穷人家要请小和尚念《弥陀经》。小和尚念完经以后给10—20个铜板。较富裕的人家要请老和尚念《金刚经》。

(2)念经。

贫穷人家做佛事活动一般是请3个和尚念《弥陀经》。大户人家要请10个和尚念七天《法华经》。

(3)破血湖地狱。

有钱人家专为死亡的女性做破血湖地狱的法会。原因是女人因生孩子而冲犯了神灵,死后要请和尚做破血湖地狱法会来超度。做此法会时,先用麦子在打麦子的场上画地狱图,分为东西南北四门。主法的老和尚手中拿地藏王菩萨的锡杖,戴毗卢帽,参与的和尚最少要有7个人,最多9个人,都披水红法衣。老和尚念经,其他的和尚敲打法器配合。

(4)散花解结法会。

一般是在院子搭个台子,老和尚主法,至少有7个和尚参加。把麻钱用麻线穿起来,系成死结,送给和尚逐个解结。解结时边解结,边说笑话,或者说事先背熟的偈子,如:"西方路上一对鹅,口含青草念弥陀,畜生尚知修行路,人不修行到何处。"像这首偈子还和佛法站点边,有的偈子根本就与佛法风马牛不相及,纯粹是为了应付场合,如:"石榴开花像个钟,曹操人马下江东。周瑜带兵为元帅,孔明先生借东风。"围观的人往往寻和尚开心,并向和尚讨法会所得的钱,如果和尚不给,就要把和尚挖苦一番。

在苏北的小庙里,当时做经忏佛事的内容大致就是这些。

4. 观音庵里的日常生活

观音庵有62亩土地,师祖带领我们三个徒孙耕种两亩地,一般种的农作物有高粱、蔬菜、芋头、山芋、毛豆等。其他的60亩地租给本地姜姓人家耕种,庙里每年收些地租。

在观音庵里,有师祖静禅老和尚和我们三个徒孙,另外还有两个道人,是在庙里干杂活的在家人。年青力壮的一个帮着挑经担,随和尚做经忏佛事,不做经忏佛事时,催要做经忏佛事的费用;老年的道人留在庙里看庙。

我一般在早上四点钟必须起床,打扫庭院,抹桌子,搞好环境卫生之后,替老和尚烧茶,准备早点。当听到老和尚起床的咳嗽声,就赶快到老和尚的卧室里扶持老和尚,端洗脸水,倒尿壶,洗马桶,然后请老和尚吃早点。平时还要做一些来人接物、礼送宾客的差事。没有杂事的时候,就开始学敲打念唱,诵经礼忏。

我学习敲打念唱很投入,很快地就学会了早晚功课。当两个师兄外出做经忏佛事时,我就要一个人做早晚五堂功课,左手敲鱼子和磬,右手敲鼓和铃,师祖睡在大殿的隔壁,早上不起床做功课,但竖着耳朵在听我上早课,如果敲打念唱错了,老和尚就隔着隔墙大声地咳嗽一声。所以我虽然是一个人在做功课,但也半点马虎不得。

每当贫穷人家死了人,师祖静禅老和尚就会派我去念"倒头经",赚个零花钱。再加上我的娘舅家就在本地,年头给的压岁钱也不少。所以我平时还是一个较富裕的小沙弥。

5. 师祖静禅老和尚其人

静禅老和尚,法名能悟,江苏泰州古溪人,俗姓刘,是当地的破落地主家子弟,文化程度很好,娴熟《三国演义》、《水浒传》、《东周列国志》。静禅是他的字,以字行世,属于禅宗临济法脉,临济法脉偈说:"心源广续,本觉昌隆,能仁圣果,常演宽弘,唯传法印,证悟会融,坚持戒定,永纪祖宗。"静禅老和尚的法名能悟的"能"字,即第九字,我是第十一个字。

静禅老和尚生活很节俭,待三个徒孙也很慈悲。尤其是对我,管教很严,常对我说,勤能补拙,上敬下和,对同辈要友爱。如果我浪费点饭食,老和尚就会大声呵斥,"不想过生活了"——这句话是老和尚的口头禅,是我当沙弥时听得最多而又最单调的语言,也是我终身受益的教诲。

民国初年,西姜家庄乡有个恶霸叫姜子婴,借庙产兴学,霸占了观音庵的庙产。静禅老和尚在姜渭源和姜瑞铎两位绅士的支持下,状告姜子婴霸占庙产、驱赶和尚的犯罪行径,通过法律程序收回了庙产。1923年以庙里的60亩土地为抵押,向当地民户结集资金把观音庵翻修一新,还收了两个徒弟,大徒弟法号复明,二徒弟法号浩明,以纪念这场通过打官司收回庙产的胜利,并寄希望于两个徒弟,要把观音庵的事业发扬光大,不再受地方势力的欺侮。可惜大徒弟复明早逝,只剩下二徒弟浩明,法名仁曙,字东初,是当代汉传佛教的龙象,1949年去了台湾,在台湾弘扬佛法,影响很大。

6. 走出观音庵

伴随着年龄的增长,到18岁那年,即民国29年(1940),我出家的直接原因是厌烦地主豪绅为首的恶霸势力,但出家当和尚后,这种恶势力又在想办法倾吞庙产。这些都使我开始厌烦做经忏佛事的出家生活。我常想,做经忏佛事只不过是一个高级叫花子而已,并不能摆脱地主豪绅恶霸势力的欺压,这样的出家当和尚又有什么意义呢?正在这时,从未见过面的师父从镇江焦山定慧寺到江北来看望师祖。我和师父东初法师第一次见面,这使我又惊又喜,看到师父言谈举止的威仪,为我出家当和尚指明了方向,带来了希望。更使我惊奇的是,本地有头有脸的人都来参拜师父,就连那些经常欺侮和尚的恶势力也拜倒在师父的脚下,师父结跏趺座,为这些人讲经说法,听经的人对师父肃然起敬,这和做经忏佛事时人们把和尚当成笑料看形成了强烈的反差。这件事对我震动很大,做和尚要做弘法利生的大法师的志向油然而生。

我把外出参学的想法告诉了师祖。

师祖静禅老和尚不同意我出去参学。原因有二:一是我一走,庙里就少了一个做经忏佛事的帮手,影响观音庵的收入;二是我走了,没有人照顾他的生活起居。所以就想方设法阻止我外出参学。

我从小就很倔强,只要看准了目标,就难以改变,正是这种性格,我才走上了出家当和尚的道路。这一点师祖静禅老和尚十分清楚。为了徒孙的前程,老和尚还是很慈悲地为徒孙准备了行李,并写信介绍我到泰州北山寺投奔徒侄云开法师(东初的俗兄),还像慈母一样把我送了一程又一程。我到了北山寺,正赶上了日本侵略者的飞机轰炸,北山寺供奉弥勒菩萨的二殿被炸毁。寺里的僧人有的外逃,躲避战火。

三、学无常师:我的学僧生涯(1941—1950 年)

(一)在南禅寺学丛林规矩

1941 年春天,无锡南门外的南禅寺放戒,请北山寺的肇源老和尚为羯摩师。肇源老和尚就带着我离开了战火纷飞的北山寺,先到镇江焦山定慧寺,找师父东初法师开号条。东初法师在号条上写了如下的字样:

圣智,字性空,原江苏人氏,俗姓杨,依东初出家,前来求受具足戒。

我拿上师父的号条,就告别师父,和肇源老法师去无锡南禅寺。

1. 学习挂单知识

汉传佛教的出家人在自己居住的小庙里因用功不得法,就要外出,到十方丛林里寻师、访友、问道。十方丛林为了满足僧人的这种求学需要,从唐代马祖创丛林,百丈立清规之后,就逐渐形成了挂单制度。肇源老和尚在带我到无锡南禅寺的路上,就给我教了挂单的常识。肇源老和尚告许我说,到了南禅寺以后,先到客堂①登记。在客堂里,两边摆放着两张小长凳,东西各一张,在客堂的隔子口摆放一张方凳子叫马杌,是知客师父专用的凳子。在进客堂门时,要把衣单放在客堂门外的西边,然后进客堂,走两步半向客堂上的佛像一问讯,然后坐在客堂东边的长凳上,看着放在客堂门外西边的衣单。这时客堂里的小道人(在家人,是客堂雇来的服务员)就会去报告隔子里的知客师父。知客师父出来以后,在往马杌上将坐不坐之际,你就要站起来说:"顶礼知客师父。"知客师父就会说:"免礼问讯。"那么你就问讯后坐回原处。这时知客师父就会问:"你从什么地方来,到什么地方去,到常住里有什么事?"你就说:"知客师父慈悲,打

---

① 小客堂指禅堂前面的云水堂,而不是现在的上客堂。如果在云水堂表现好,寮元向知客汇报,说挂单的老参表现好,然后才可以进禅堂。进入禅堂后,就成为丛林正式常住的和尚。禅堂原则上由维那管理。

扰常住来挂衣单，专门来贵寺求戒。"知客听后就会把你送到亲戒寮的。我对肇源老和尚的开示，一一记在心头。

随后，肇源老和尚又给我讲了在十方丛林里如何才能当好知客。如果有僧人来客堂里挂单，知客首先要弄清挂单僧人的身份，如果和自己的年龄相仿，就说："同参师，你从什么地方来，到什么地方去，到常住里来有什么事？"挂单的僧人就会答："知客师父慈悲，打扰常住来挂衣单。"或说："我从什么地方来，专门前来亲近常住。"这说明这位僧人是来做常住请安单的。如果是中年挂单僧人，就要说："老参师父，从什么上刹来，到什么地方去，有何贵干？"挂单的中年僧人就会说："知客师父慈悲，敝僧从什么庙里来，久闻宝刹名闻海内外，专程来宝刹观光，拜访诸位师父，打扰常住。"知客就要说："小庙简陋，为老参师父送单。"若身份高的，就送往上客堂。若在隔子里听到进客堂的挂单僧人这样说："哎呀知客师父在家吗，我要来拜访啦！"这说明来者是诸山长老驾到，知客闻讯后要赶快从隔子间里出来，顶礼接驾，并说："不知大和尚驾到，给大和尚顶礼接驾，请到丈室用茶。"若遇上有学问的老参来挂单，他往往是往客堂里一站，手接弥陀印，肩上的衣单不放下，双目微闭，站立入定。这是来试探寺院学问丛林规矩的深浅，此时知客不敢怠慢，要穿长衫或海青，衣冠整齐，在老参前面毕恭毕敬地站定，然后敲引磬三下，这时老参就会出定，知客要赶快说："给上座师父顶礼接驾。"并三拜。如果挂单的老参说："免礼，问讯。"那就不必强行礼拜。如是遇到不懂规矩，前来游山玩水，不学无术的出家人怎么办呢？对这样的出家人就要呵斥一顿，"把你的眼睛收起来，东张西望，成什么样子，这里什么东西是你的！"所以，客堂是一座十方丛林的脸面，如果知客不懂规矩，就给丛林丢尽了脸。你现在去求戒，将来有可能要做执事，这些丛林规矩必须学会。

接着肇源老和尚给我讲了一段某丛林里知客不懂规矩闹出的笑话。肇源老和尚说：以前有一个老参到一座十方丛林里挂单，这个丛林知客不懂规矩，没有威仪，从隔子间里出来往马杌上一坐，把二郎腿一翘，就问："老参从哪座上刹来？"这位老参不紧不慢地说："从翘脚寺来。"知客一听，老参在挖苦他，赶快把腿子放下，又问："老参到哪里去？"这位老参又不紧不慢地说："到放脚寺去。"结果弄得这位知客无言以对。其实，知客遇到这种场面，要将计就计，就要马上回敬："初出茅庐，乳毛未干，你不见老僧有腿病？"以免给丛林丢脸。我听了这些开示，眼前一亮，对十方丛林里的生活十分向往，恨不得马上就到南禅寺，在客堂里把肇源老和尚讲的挂单礼仪演示一下。

这时，肇源老和尚见我听得认真，心有所思，就又对我说，往客堂里送单也有规矩。知客在前边走，挂单的老参在后边走。到了上客堂以后，知客先掀开竹帘子，敲三下门，管理上客堂的寮元师父就会出门捧着帘子说："知客师父请进。"知客就进门，挂单的老参跟着进门，进门后走二步半一问讯，知客说："礼佛三拜。"挂单的老参就礼佛三拜。接着又说："顶礼寮元师父。"寮元师父就会说："谢谢知客师父，顶礼知客师父。"知客又说："问讯。"这样，就算知客把老参交给了寮元，临出门时知客还要叮嘱一句："老参师父，服从常住规矩，听寮元师父招呼。"然后又对寮元师父说："老参师父初来参学，寮元师父慈悲为怀，有不对之处，请多指导他。"寮元师父说："谢谢知客师父，遵命。"知客师父向寮元师父合掌告别,寮元掀起帘子说:"知客师父慢走。"知客出门后,回过头来向寮元合掌,寮元合掌答礼,并说:"知客师父慢走。"如果是诸山长老,知客要引到丈室,或送到客单,晚上还要来看单,说一些客气话。若是老斋主来,都要送到上客房。斋主是女的,知客不能一个人去看单,至少要两个人。施主也要懂规矩,要给知客送红包,并说:"为知客师父结缘。"有钱的斋主还要拿出一笔钱来供养常住大众,或说:"供养常住维修、灯油,略表心意。"此时知客师父要说:"阿弥陀佛,功德无量。"而不能说:"谢谢斋主。"斋主在十方丛林用财、物供养每一位师父,叫"见相结缘",由知客把财物分给每位常住师父,叫"普同供养"。肇源老和尚对我反复叮咛,在丛林参学,这些常住规矩都要学,才能在十方丛林当一名好执事。

2. 登坛受戒

明清以来,在汉传佛教寺院受戒,一般的有三坛大戒。跪沙弥,受沙弥戒者要长跪合掌,聆听三师教诲;打比丘,用杨柳枝打受戒比丘,消除业障;火烧菩萨头,给受菩萨戒者要在头上烧香疮。

肇源老和尚带着我到无锡南禅寺时,南禅寺的大雄宝殿已被日本侵略者的飞机炸毁,只好在大雄宝殿前搭起临时性的敞棚来代替大殿。登坛受具足戒,要有"三师七证"。三师是指得戒和尚、羯磨和尚、教授和尚,七证就是有七位高僧大德作证明。组成"三师七证"的十位僧人都足戒腊有20岁的高僧大德才有资格担任。

整个戒期的灵魂是开堂师父,戒期的日常活动都由开堂师父来负责,开堂师父(开堂师父有助手四五人,分别称为二师父、三师父、四师父、五师父)统领新戒举行各种法务活动。另外,已有演礼师父在戒期教授各种礼节威仪,维那师父带领新戒上早晚殿,拜愿礼忏。僧值师父维持整个戒期的秩序。新戒每10—20人分成一排,负责人称为班长。我是第八排的班长。

在南禅寺的戒坛正门插着一面大旗,上面写着"有冤申冤,有仇报仇"。佛教是讲三世因果的,每一个新戒在过去世,由于无明烦恼的左右,造下了无量罪业,现世一旦受戒,就有天龙八部卫护。因此,在受戒前过去世的冤家对头要伸冤报仇,使新戒无法登坛受戒,诸如生病,因犯丛林规矩被赶出戒坛等。

在登坛受戒前,开堂师父要把新戒领到屏处询问是否五种不男人。如果是五种不男人,就要取消受戒的资格,还要检查五官是否端正,是否有神经病。然后三个人一排,登坛受戒。我顺利地通过了屏处检查,被开堂师父带上了戒坛,只听开堂师父用洪钟般的声音说:"眼观坛仪,耳听羯磨师父开示,心不要打妄想。要求上品戒,不求人天、声闻小果,但求无上菩提,发大乘心。"开堂师父讲完以后,我就展大具,顶礼"三师七证"。佛门规矩,一个正式的僧人,一生当中有三次展大具的机会。第一次,就是登坛受戒时要展大具;第二次是得戒后,回到小庙里拜谢剃度师父时要展大具;第三次是受具足戒后,学有所成,某某大丛林的方丈要收为法子,大和尚传法给他,他要接法时,要展大具,叩九个头,然后接大和尚的法卷,取得主持丛林的资格。

我和其他的两个戒兄弟展大具拜完"三师七证"后,就开始听戒磨师父讲开示,然后是得戒和尚讲戒相。作为一个受了具足戒的和尚,犯淫戒如杀头;犯盗戒如断树根;

犯杀戒如针没有鼻孔,不能再用了;犯了妄语戒,如大石头一破为二,终不能恢复原形。一旦受戒得了戒体,持戒清净,就不会受飞来横祸。所以受戒要随戒,比丘"以戒为师,戒在佛法在"。我通过听羯磨师父的开示,知道了戒为成佛的根本,戒以戒淫为首,所谓"二八佳人体似酥,腰里藏剑斩愚夫,虽坐不见人头落,暗里推君骨髓枯"。这是犯淫戒的现报,另外还有下地狱的来世报应。①

登坛受戒得戒体后,就得到了戒牒,在戒牒上有某年、某月、某日、某时、某刻的记录,这是日后在丛林里诵戒时排队次序的根据,从而打破了世俗的一切长幼贵贱尊卑的界限。

3. 在戒期的学修生活

无锡南禅寺在1941年春季的放戒期共有48天。

这48天的戒期生活是非常严格的,可以说是一期丛林规矩强化进修班。放戒的头一天,开堂师父把新戒分东、西两序站定后,然后一摆手,只见从开堂师父背后走出一位威严的新戒,双手捧着一条一米多长的木棍,向前一站,提高嗓门,大声宣布:"奉开堂师父命,用这条木棍在48天戒期里供养各位新戒师父。"站在东序第八排最前面的我闻声后头皮发麻,可见丛林的规矩如军营的军纪,稍有触犯,就会皮肉受苦。没过几天,果然一个新戒不小心触犯了丛林规矩,只见演礼师父把全体新戒集中起来,分两序站定,然后大声宣布:"奉开堂师父命,执行常住戒期中的清规,某某新戒师违犯了丛林清规,请出位。"被点到的新戒出位后跪在释迦牟尼佛像前,被演礼师父打得直喊救命,直到棍子被打断为止。丛林里规矩,无论是受戒期打棍子,还是平常表堂打香板,都打被打者的肩膀,打完后,被打者还要顶礼答谢。

我目睹了这次戒兄弟被惩罚的经过后,在整个戒期如履薄冰,胆战心惊,一切照丛林的规矩办,丝毫不敢马虎,结果受到了开堂师父的嘉奖,即把我请到开堂寮吃点心和水果。这在抗日战争物质资料极端困乏的特别时期,是最高的奖赏。那么,我在这48天又学习了些什么呢?原来是学习如何穿衣、如何吃饭、如何站立、如何走路、如何坐着、如何睡觉。

(1)如何穿衣。

新戒每天早上都要在3点钟起床。下床时要把被褥叠得整整齐齐;然后赶快大小便。大便时要弹指三下,还要念咒。佛教认为,有一种饿鬼专门在厕所里吃人的粪便,如果不弹指三下,吃大便的饿鬼不知有人要大便,大便的人把粪便拉在饿鬼的头上,饿鬼就会生起瞋恨心,伺机报复,因此要弹指三下,念咒,以免结怨于吃粪便的饿鬼。大小便后,要赶快回来搭五衣和祖衣。搭衣时要做这样的观想:"善哉解脱服,无上福田衣。我今顶戴受,世世常得披。"然后念咒:"唵钵利吉利婆诃。"搭好三衣后,上早殿。

(2)如何过堂。

上完早课,新戒们回到禅堂,赶快换衣,大小便。待斋堂里巡堂师把饭菜准备好,

---

① 戒有开遮持犯,戒以戒心为主,起心动念就种下了恶的种子。种子已种到八识心田种,就已经犯戒了。开戒同犯戒是两码事情。

先敲梆鱼108锤。当禅堂里听到梆鱼声后，僧值先进斋堂，站在西边隔门口，手结弥陀印，脸朝北。然后是西单、东单清众鱼贯而行，后面的鼻子对着前面的衣服的中缝，维那和悦众在最后。西单清众进斋堂时，左脚先跨进门槛，东单的清众要右腿先跨进门槛。待西、东两单清众在斋堂里站好之后，悦众抢先一步，站在东单的前面，维那站在东单的最前面。这时梆鱼已敲到最后四锤，当敲最后一锤时，敲火典一下，接着是敲梆的再送一锤，火典再敲一下，敲梆鱼的再送最后一锤，火典再敲一下，这叫"送二接三"。第三锤敲火典后，悦众打引磬二声，西、东两单问讯，坐好后，接着敲火典，先敲"南无吉祥王菩（轻敲）萨"七锤，接着敲八锤，然后快敲二十锤，共三十五锤，这样连敲三次，加上敲梆鱼的送来的三锤，共计108锤。

敲火典第三遍最后四锤时，即第105锤敲后略停一下，连敲二下，再略停，敲第108锤，悦众接着敲引磬一下，敲火典的再送一锤，悦众再敲引磬一下，敲火典的再送一锤，悦众再敲一下引磬，这叫"送二接三"。第三声引磬敲后，维那师父开始起唱供养咒。

就在维那、悦众及西单、东单清众坐好之后，侍者出位，站在方丈的左手合掌，当清众念供养咒到"大悲观世音菩萨"时，侍者拿起双竹匙，方丈从自己的饭碗里拿出七粒米饭，由侍者送到孤魂台上，布施给孤魂野鬼。侍者送食回来，维那师一个人唱念："佛制比丘，食存五观，散心乱话，信施难消。"大众闻磬声正念："阿弥陀佛"。

这时僧值往斋堂中间一站，说："各位师父照应好碗筷。"

开始吃饭时，要"当思来处"。先用左手压住筷子的前端，再用右手从筷子的末端拿起，然后左手和拿筷子的右手共同端起饭碗，之后是左手端碗，右手拿筷子，缓缓吃饭，细嚼慢咽，不能弄出响声，更不能说话。如果是吃汤饭，先要喝三口汤，暖暖肠胃，然后吃饭。

吃完饭后，若方丈有事，就把筷子放在碗上，不放下来，待僧值往中间一站，表示大家饭已经吃好，方丈开始表堂。方丈表堂完了之后，把筷子往下一放，维那开始起唱结斋偈。

如果是常住有事，僧值往中间一站说："和尚慈悲，班首师父原谅，今天常住有某某事情，加寮后到某某处集中，做某某事情。"

方丈表堂之后，僧值站回西边的隔门口，方丈下来，站在台子前，面朝佛像，悦众打磬问讯。方丈先走，接着是维那、悦众。班首走后，僧值要快步从西边的隔门口站在中间，西单清众先走，东单清众随后。

过完堂之后，由引礼师父组织学习威仪，丛林清规，活学活用。中午还要过一次堂。过完堂后，休息一两个小时，继续学习。晚上吃过药食餐后，稍稍休息一下，又要上晚课。上完晚课后，要礼拜"南无本师释迦牟尼佛"一两个小时，称为"拜愿礼忏"。

禅堂里的师父不吃晚饭，吃放参。"金山的腿子高旻的香，常州天宁寺的好供养。"吃完放参后，要饭食经行一刻钟左右。在禅堂里对哄堂闹事者，要打香板迁单。漏单者，往往把自己的衣单放在庙的后门，守门的人知道这是逃单的出家人，也就放行。过了一个阶段，又来挂单。这叫"后门逃单，前门挂单"。

在禅堂里适应不了的出家人，可以让他放松一下，写字，作画，看看经教，维那并建议客堂给他安排一些力所能及的工作，为常住培养管理人才。

禅师吃放参时，结跏趺坐，在腿子底下直插一个长条形的板子，香灯师就会在吃晚饭时把饭菜放在这块板子上的。待吃完饭后，香灯再倒水涮碗，饭后要饭食经行一刻钟，然后继续坐香。

（3）如何站立。

站如松。双脚前八寸后二寸，腰板挺直，不许摇摆。

（4）如何坐着。

坐如钟。眼观鼻，鼻观心，脑后靠衣领，手结弥陀印（左下右上），或双手放在膝盖上，以防受凉，不许前倾后仰，东摇西晃，垂头丧气。

（5）如何睡觉。

卧如弓。右胁而卧，右手放在右耳畔，腿略弯，左腿放在右腿上，左手放在左肩上，默念佛号，或修不净观，白骨观，以防淫欲心生起。

（6）如何走路。

走路时脚要踩得稳，一步一个脚印。慢走如鹅，即踱方步要慢而稳健，两眼平视前方，不能左顾右盼；快步如风，左手摆，右手摔，勇往直前。

4. 要做个好和尚，首先要持戒

经过48天的戒期强化训练，我认识到戒的重要性。要做个好出家人，首先要持戒。戒为三学之首，不持戒，心就定不下来，心定不下来，就不能生智慧。做出家人有没有成就，就看持戒清净不清净，"戒在佛法在，戒亡佛法亡"。通过对戒相的学习，我又结合四五年的私塾所学的儒家理论，认为孔子的学说只是大纲，佛教才列出了细目。孔子只说了"非礼勿视，非礼勿听，非礼勿言，非礼勿动"，而佛法就如何行持做了详细的说明。儒家讲男女授受不亲，男女有别，佛教对男女之间的界线做出了十分详细的规定，讲得非常细密。

通过这48天的强化学习，我抱定了要做一个好出家人，做一个真出家人的决心。

（二）初到焦山

镇江焦山的定慧寺，有十三个房头（小庙），庙产有一万余亩，江苏的仪征县和江北的曲塘县都有定慧寺的庙产。焦山是禅宗曹洞宗的道场，定慧寺四北角虽然被日本侵略者的飞机轰炸塌了，但整个寺庙基本上完好无损，高大的山门正对着长江，墙壁上写着"横海大航"四个大字，山门里边的照壁上写着"海不扬波"四个大字。天王殿后面的大雄宝殿雄伟庄严。在大雄宝殿后面的藏经楼下是念佛堂，楼上是焦山佛学院。山门的对联为"长江是天堑，中国有僧人"。

我第一次见到如此雄伟庄严的寺院。再看焦山的和尚，个个威仪齐整，衣着崭新，果然是"焦公子"，名不虚传。这一切都把我这个乡下来的土和尚给唬住了。后来自然庵的小和尚岫凡又把我带上到定慧寺的十三个房头（下院）转悠了一圈。这些房头的出家人个个擅长琴、棋、书、画，使我大饱眼福。但也向我昭示，没有两下子硬工夫，在焦山不会有立锥之地的。

（三）"考"进焦山佛学院

凡是要进焦山佛学院学习,都要经过考试才能入学。但由于我是焦山佛学院东初法师的徒弟,考试也就是聋子的耳朵,摆个样子看看。考试的题目是一篇作文,让我写一篇《戒期的生活》。我虽然读过四五年私塾,出家后一直跟着师祖赶经忏,除会背子曰如何如何,就会敲打念唱,哪里会写文章。于是就由焦山佛学院雪烦法师的徒弟、绰号"泉矮子"的法师代笔写了一篇作文,顺利通过了考试关,进入佛学院。

在佛学院以佛学为主,其他课程有《古文观止》,还有四书五经,以及道教的《南华经》、数学、历史、地理、法律常识。

佛学以学唯识为主,《八识规矩颂》、《解深密经》、《辩中边论》、《大乘起信论》等。

我在焦山佛学院正式读了六七年的书。

焦山佛学院毕业以后,我在库房里面服务,主要做账目。

（四）焦山佛学院的教师队伍强大

在焦山佛学院里,雪烦法师教我们《古文观止》;我师父东初法师教我们朱自清的散文《为学一首示子侄》;智光老法师讲佛学课,也讲讲开示。智光老法师很用功,强调守戒的重要性。智光老法师常说:"虱子攻在麻布眼,伸头容易缩头难。"圆湛法师和泉矮子法师讲《四书》和《庄子》。

现月老法师讲唯识学课程,主要讲《八识规矩颂》、《解深密经》、《辩中边论》。

明真法师讲禅宗公案故事。他常说的口头禅是:"播馨香于宝地,免逼迫于心田。"

仁山老法师讲开示,以儒书为印证,文章也写得很好。

守培老法师讲《法海标准》。

芝峰法师讲《禅学讲话》,把日本人写的禅宗史翻译成中文。

给我们长期上课的法师是现月老法师和明真法师。现月法师外号"土耳其",意思是"土匪",凶得不得了。

南亭法师讲《维摩经》。

大醒法师讲讲开示。

上海复旦大学的薛剑圆老师讲《尚书》和作文课程,他会谱曲唱歌,焦山佛学院给他的待遇最高,但他脾气很怪,单身汉。平时为人似笑非笑,约 70 岁,反对人穿皮鞋,认为穿皮鞋是马蹄上街。

潘孝安,东台人,大学教授,信佛,教一些文化课,人品道德很高尚,字写得好。

四、从扬州到苏州:围绕佛门转圈圈(1951—1962 年)

1951 年,我 30 岁,焦山佛学院解散。在 1958 年的大跃进运动中,扬州的一些寺院作为办工厂的场所,下方僧人回家乡务农。我被下放到昆山县新镇乡光荣大队务农。

在这5年里,由于我有文化,当了几年村办小学的老师。长期的佛教生活养成了温和性情,与光荣大队的农民相处得很好,他们都叫我"杨和尚"。我想我这辈子和尚是当不成了,就做一名合格的小学教员吧!但万万没有想到的事情终于发生了,在我42岁(1962)那年,苏州西园寺方丈明开大和尚派人来昆山,邀请我到西园寺当僧值。我到西园寺后,明开法师对我很器重,把寺院里的日常事务都交给我和安上法师来管理。我们彼此相处得很好,把西园寺管理得井井有条。总之,在这十来年里,由于社会的急剧变迁,我不知道生活的目标,围绕着佛门转圈圈。

五、"文革"前的寒山寺:麻烦事真不少

(一)文革前的寒山寺:连我在内,只有五个和尚

1963年,我43岁,苏州市统战部、宗教处和佛教协会的领导派我到寒山寺做监院。我来到寒山寺时,有一个服务部,另外就是客堂和藏经楼。这就是"文革"以前的寒山寺。所以当时的寒山寺没有什么看相,实际上就是一口井,一个藏经楼而已。另外有一块长着冬青树、山芋、雪里红的菜地。

1958年,苏州市管辖的乡下小庙里的僧人集中到苏州各大寺院里来。尽管这样,寒山寺住的僧人也不多,连方丈通如法师在内,也只有四五个出家人吧,可见寒山寺也是一个小庙。通如法师住在寺院的东面寮房里。除了方丈通如法师外,还有演林、韶一、昆山三个出家人。韶一师负责卖门票,三分钱一张,住在西北面的寮房里;昆山师在寺院里干些闲杂活儿。他们四个和尚是有水吃的,因为寒山寺院子里有一口井,吊起水来很方便,所以他们四个和尚不愁没水吃。寒山寺当时的状况就是这样。

我一开始就不想来寒山寺,所以来到寒山寺的麻烦事非常多,就连寒山寺的房子也好像跟我过不去,不是这儿漏点雨,就是那儿瓦破墙塌。而当时的财务制度又非常的严格,超过5元钱的开支,非要苏州市宗教处审批不可。有一次我买了把大剪子,去修剪冬青树。通如法师知道后,就批评我胆子太大。后来需要黄沙、砖瓦等东西,我就不敢再自作主张了,只好肩挑两个蕃箕,到西园寺去挑砖瓦和黄沙,一天跑好几个来回。回来和成泥,修墙和铺瓦。这些都得到了西园寺安上法师的帮助。安上法师人很好,每当我向他诉苦,说我在寒山寺不想干了,还是回西园寺的好,安上法师就安慰我,让我为常住发心工作。

(二)20世纪60年代初的寒山寺:经济上困难重重

20世纪60年代初期,国家遭遇了三年自然灾害,全国人民的生活都不富裕,寒山寺的经济状况也不例外,困难重重。为了解决我们6个出家人的吃饭问题,我想出了两项增加寺院收入的办法:

1. 卖碑帖补贴寒山寺的经济收入

俗话说得好,靠山吃山。为了解决我们6个出家人在寒山寺的吃饭问题,我想出

了一个卖碑帖给日本游客的法子。这是因为,唐人张继的《枫桥夜泊》诗在日本家喻户晓,所以当日本人来游览寒山寺时,就把这首由清朝俞樾所书的张继诗碑上的文字拓下来卖。生意就这样一天天红火起来,旅游局的人看得眼红。他们就动了心思,不肯让我们卖,他们想插手,抢生意。我看势头不对,就去找市宗教处时任处长的高其志反映情况。高其志是位老革命,很讲原则,他出面协调,把卖碑帖的权力落实到了寒山寺,每张卖 5 毛钱。

2. 用大粪换稻草,再把稻草变成钱

光靠卖每张门票赚得 3 分钱和卖每张碑帖赚得 5 毛钱的收入,远远不够解决我们6 个出家人的吃饭问题。于是我又采用把现在素斋馆后面的厕所里的大粪掏出来卖掉的办法,来弥补寺院收入的不足。到了每年春暖花开的三月,农民要施肥种地,我们就把大粪挑到乡下,与农民换稻草,再加上从寒山寺南面的纸浆河里捞出的华盛造纸厂排往河里的废纸浆,做成纸浆饼子晒干,卖给城里人烧火,赚点钱贴补寒山寺的日常开销。

六、我与演林法师在"文革"中的命运

(一)演林法师想出了保护寒山寺佛像文物的妙方

寒山寺的宝贝很多。清朝俞樾写的《枫桥夜泊》诗的碑刻;宋朝的岳飞、明朝的唐伯虎、文征明、清朝的康有为、罗聘等名人留下的墨宝字画,价值连城。红卫兵常爬墙过来,想砸烂这些属于"封资修"的东西。我没有办法,只好明里强装笑脸向红卫兵求饶,暗里赶紧跟演林法师商量保护的办法,以免不测。演林法师说,唯一的办法就是用稀泥巴把碑上的字糊起来,然后再把宣纸染黑贴上去,晒干以后,就把白色粉笔研成粉末,制成颜料,用毛笔在碑面上写上"最高指示"和"老三篇"(《纪念白求恩》、《愚公移山》和《为人民服务》),让红卫兵看到望而生畏,不敢轻举妄动和随意破坏。还有空白的地方,就写上"千里冰封、万里雪飘"、"金猴奋起千钧棒、玉宇澄清万里埃"等标语。

我觉得演林法师的这个方子很妙,就和他不分白天黑夜地行动起来,把所有的碑刻和藏经楼如此这般地搞了一通,总算是把寒山寺的文物保护住了。

寒山寺的五百罗汉雕塑,是清朝一位雕刻家的杰作。为了保护这些罗汉塑像,我和演林法师用扁担、提桶一担担地挑,藏在藏经楼隐蔽的密室里,使寒山寺的五百罗汉雕塑躲过了一场灾难。

(二)我第二次被下放

1969 年,我 47 岁,被下放到昆山县乡下参加劳动。工宣队同意每位和尚离庙前可带一块铺板。我就带着清代俞樾老人题写的"五峰古方丈"五个古逸大字的木板到农村了。在那"夜夜清灯伴孤魂"的日子里,这块古匾就成了我唯一的精神寄托。繁重的劳动,抑郁的心情,严重的营养不良,终于拖垮了我,胃疼得卧床不起。当时村上有一

家农户要打家具,听说我睡的是块很好的银杏木板,就找上门来,愿以高价购买。那时我虽然在病中,需要钱买些补品滋养身子骨,但一想到这块木板的文物价值,就一口回绝。我重新回寒山寺的时候,就是带着这块木板回来的,现在挂在我日常起居的方丈书斋内。

和我一起下乡劳动的还有上海玉佛寺真禅法师的兄弟,他在农田劳动时热死了。他的文化程度很好,尤其对历史掌故很熟悉。睡觉时念佛,被人汇报给红卫兵。红卫兵来追究这件事,他说没念,是做梦念的。红卫兵就批评他说,你心不死,怀念旧天堂,连做梦都在怀念失去的天堂。

演林法师在寒山寺的命运和我一样,他也被下放到苏北农村去劳动。

七、寒山寺回到了佛教信仰的新时代

(一)寒山寺服务部主任让我卖门票

1976 年 10 月,党中央粉碎了祸国殃民的"四人帮",结束了"文革"的动乱时代。尤其是党的十一届三中全会,邓小平同志提出了建设有中国特色的社会主义中国,党的民族宗教政策得到恢复和落实,佛教信仰一天天好起来,我们感到做和尚也有希望了。

1978 年秋天,苏州市公安局派人来找我,让我到苏州市委找一个叫于玉昆的人。后来我才知道,于玉昆是苏州市委统战部部长,那时宗教归统战部管,宗教处的工作还没有恢复。我回到苏州,找到了于玉昆部长,他给苏州市园林管理处打了个电话,然后让我到苏州市园林管理处报到。园林处有两个女同志在办公,其中的一位给我开了个介绍信,让我重回寒山寺工作。

我带着苏州市园林管理处的介绍信赶到寒山寺时,已经是傍晚时分,寒山寺的山门紧闭。我敲了敲门,看门人把门打开了。他叫周圣贤,是从公安局退休下来的干部,早晚值班,人很好。但寒山寺服务部主任已经回家了。周圣贤陪伴我在一别十年之久的寒山寺院子里转了一圈,只见庙宇破旧,院落荒凉,佛像被封,满目凄凉。所幸的是殿堂、钟楼、碑廊和明清时的几口大钟还依然存在,倍感亲切。但大殿内的法器、鼓架都卖光了。

我刚回到寒山寺的时候,不光是卖门票,还要干一些杂七杂八的活儿。现在的素斋馆,原来是堆柴草的地方。锯树劈柴,做煤球饼,卖荒货,买煤球等杂活,都少不了我。好在我会骑三轮车,驮驮送送。小三轮一骑,一路上兜兜风,现在想起来,也挺风光的。那时,还不敢穿僧装,穿园林处发的工作服。对园林处派来寒山寺的领导和职工非常敬畏,后来时间长了,也就渐渐熟悉了,晓得他们的个性。

(二)僧人管理寒山寺

就在苏州市委统战部于玉昆部长作出让僧人管理寺院的决定之后,苏州市园林处把原服务部主任换掉了,让缪小泉来当主任。

寒山寺在 1979 年前后人不敷出,财务经常出现赤字,没有钱。有人说我会拓碑帖,就建议让我拓碑帖来扭转寒山寺的赤字问题。派我搭火车去上海买宣纸,我跑了好几家店,才凑足了一百元的货。回寺后,我就抓紧时间拓碑。碑帖买卖生意很好,特别是清末朴学大师俞樾所书的张继诗碑,常常供不应求,日本人排队等着要。那块碑现在还立在碑廊,其书法古雅拙朴,独具一格。我不再卖门票了,专门负责拓碑,账目由缪小泉专门负责。拓多了,俞樾的那个碑字迹模糊,拓下来效果不好,后来又请精巧的石工复制了一块,继续拓帖。

后来,西园寺召开的一次佛教协会代表会议,是寒山寺管理走上正规化的开始。这次会议作出决定,寺院的香钱归和尚管,和尚要负责建立起寺院财务财目,有关宗教方面的事务也由和尚管理。这次会议还要求寺院里的僧人要穿僧装,说佛教话语,保管好藏经楼典籍,寺内来客要求僧人负责接待。我担心靠香钱维持不了寺院的整个开销,不敢接受。这时,安上法师就给我打气说,僧人必须要承担起管理寺院的责任,不能推卸,我才将信将疑地接了下来。

这次会议后,我们才敢大胆地穿上僧装,心里觉得很宽松,像个僧人的样子了。日本人有时拿个小本子来,请我签名留念,我就写上"寒山钟声"、"姑苏城外寒山寺"等字样。日本人常供养我一千块日元,有时也有日本人结缘给我钱,我都如数上缴给服务部缪主任。那时的日币还很值钱,一万日币相当于人民币九百至一千元。

(三)僧人全权管理寒山寺的过程

1978 年秋天,有位日本友人来寒山寺种植了一颗五针松,象征中日友好纪念。11月 15 日,赵朴初第一次专程来寒山寺指导修复工作。两天后,净持、果丰、法忍和我四位法师第一次着僧装,按照中国佛教仪规,隆重接待了以前田洪范为团长的"日本社会教育友好访华团"一行僧尼 17 人。12 月,我再次着僧装接待了柬埔寨国家元首西哈努克亲王一行,向外国来宾友人宣传我国正在恢复落实民族宗教政策,拨乱反正。这两次外事活动很成功,得到了苏州市宗教部门和外事部门的充分肯定,也说明只有僧人才能管理好寺院。

从 1979 年开始,国内外的形势越来越好,来寒山寺参访的外国友人不断增加。这一年,我接待过美国记者和德国作家,他们是代表西方文化界来了解中国的宗教现状,我现身说法,如实地向他们宣传中国共产党的民族宗教政策正在进一步恢复和落实,宗教信仰受到中华人民共和国宪法的保护,人民有信仰宗教的权利。

1979 年 7 月,苏州市人民政府民族宗教处正式恢复工作,及时召开了宗教界人士代表会议,制订了一系列落实宗教信仰自由政策的具体措施,并在会上宣布由政府拨款,加快寒山寺的整修工程。在苏州市宗教处和佛教协会的支持下,寒山寺朝着正规化佛教寺院信仰的方向发展。首先从西园寺请回了释迦牟尼佛塑像和迦叶、阿难两尊者,以及弥勒菩萨、韦驮菩萨、寒山、拾得的塑像,使寒山寺具足了三宝,标志着寒山寺又回到了佛教信仰的新时代。

八、重建寒山寺僧团，困难重重

1979 年，我重新着僧装，到 2009 年，已经 30 年了，我也快 90 岁了，亲自见证了佛教信仰的黄金时代，所以我一致称赞、怀念邓小平的丰功伟绩。

（一）1979 年：敲响了"中日两国友好，祈祷世界和平"的新年祈福钟声

1979 年岁末，第一届寒山寺听钟声活动拉开序幕。到 12 月 30 日晚上，就要敲钟了，我有些慌张，又没有什么人一起策划、商量，心里没有数。但当我上钟楼去敲钟时，心里反而平静了下来，我一边敲钟，一边念诵撞钟偈："闻钟声，烦恼轻，智慧长，菩提增，离地狱，出火坑，愿成佛，度众生。"并发了三个愿：一愿国泰民安兵革消，风调雨顺民安乐，国运昌盛，正法久住；二愿南京大屠杀死难的我骨肉同胞及四生六道无祀孤魂等众生闻钟声得解脱，熄灭苦恼，清凉超升九品莲界，往生安养；三愿中日友好开新篇，祈祷世界永和平。就这样，从 11 点 40 分开始敲钟，一直敲到零点。

来的日本友人以中日友好协会会长小山滕兵卫为代表，另外还有日本池田市的滕尾昭总共近 100 人。苏州市政府外事部门把听钟声活动的主题确定为："中日两国友好，祈祷世界和平。"为了办好这次听钟声活动，苏州市政府为寒山寺通了电，安装上了电灯。外事部门还安排我敲完钟以后在枫江楼上接见日本及外国友人，主要是忙着签字和照相留念，日本友人还供养了不少香钱、结缘钱。这是枫江楼上面的热闹情形，而在枫江楼下面，苏州市政府外事部门安排了煤气灶，下面条，与参加听钟声活动的国际友人结缘。

另外，参加听钟声的还有泰国、新加坡、马来西亚等国的外国客人和海外侨胞。但现在想起来，这次撞钟活动有点乱，主要是时间上把握得不太好。从晚上 11 点 40 分开始撞，中间还有中外客人随喜撞，到零点整是不是 108 声钟，我吃不准，也不敢肯定。当时，要敲 108 声钟，主要是从佛教信仰的角度出发，目的是去除人生 108 种烦恼，开启智慧之门，在新的一年里心想事成，吉祥如意。另外，108 也是个吉祥数字，"要连发，要连发"，大家发大财，年年发达，通达无碍。这是党的十一届三中全会以后普通百姓的共同心声，所以寒山寺的新年祈福钟声活动得到了苏州市民的热烈欢迎，他们把寒山寺围得水泄不通，目的就是想要听到寒山寺的祈福钟声，在改革开放的第一年，能够发大财。

（二）1980 年的祈福听钟声活动，经过周密策划，办得很成功

1979 年的寒山寺祈福听钟声活动虽然有点乱，但总体上还是成功的，并得到了苏州市政府的充分肯定。所以对寒山寺 1980 年新年祈福听钟声活动非常重视。除了外事部门以外，苏州市旅游局也参与了进来，一位姓董的干部（现在记不清他是园林的、还是外办的了）为寒山寺新年祈福听钟声活动的规范化作出了重大贡献。董干部是个

有心人,聪明能干。他事先弄了个秒表,算好了敲钟的进度。董干部建议我在 11 点 42 分开始敲钟,每 10 秒钟撞一响,每分钟撞六响。这样 18 分钟就撞完 108 响,这样算下来,到零点正好是 108 响钟声。为了准确无误撞钟,到 12 月 30 日晚上撞钟时,我和董干部一起上钟楼,他躲在暗处。第一响后,每 10 秒钟他在暗处点一下头,我就撞一下钟。这样,我不紧不慢,非常有节奏地撞完了 108 响钟声。

当第 108 响钟声撞响以后,董干部就把手上事先准备好的一把手电筒打开,向钟楼外面照一下。外面旅游局和外事部门的工作人员看到董干部手电筒的亮光,就马上点爆竹,为 1980 年寒山寺祈福听钟声活动增加喜庆气氛。由于事前计划得很周密,政府工作人员配合得很好,所以这次听钟声活动办得非常成功。

为了办好 1980 年寒山寺除夕祈福听钟声活动,苏州市政府和寒山寺合作得很好,预先在藏经楼前搭了个主席台,在撞钟活动开始前,请时任苏州市委书记贾世珍和市长方明讲话。

1980 年参加听钟声的有 500 多人,为第一届的 4 倍多,是苏州市外事办、旅游局等部门联合举办的。听钟声活动促使寒山寺全年接待国内外游人达 47 万人次,其中海外游人达 4 万人次,全年门票及其他服务收入结余约 10 万元,寒山寺的寺院经济第一次出现了盈余。

(三)在扬州大明寺参加迎接鉴真大师法像回国巡展法会的点滴回忆

1980 年 4 月,我去扬州参加迎接鉴真大师法像归国巡展法会。这次法会是为日本唐诏提寺松本孝真长老护送鉴真大师回扬州家乡举行的重大佛事活动。可以说是"文革"以后公开举办的第一场佛事活动,我和演林法师一块去扬州,晚上住在观音山,见到了月波和能贤。

月波唱念很好,前不久从寒山寺来大明寺住。能贤老了,腿有点跛。当时党的宗教信仰自由政策刚刚开始落实,不但和尚摸不着头脑,就是基层干部也不能完全理解,大家都在观望之中。所以能贤法师在大明寺只是扫扫地,打打杂而已。在这次迎接鉴真大师回家乡的佛事活动中,扬州市政府让能贤法师以方丈身份接待日本僧人松本孝真长老一行。所以,当迎接鉴真大师法像回家乡佛事活动结束后,在扬州迎宾馆为日本僧人举办送行宴会时,由于政府外事部门干部对佛教礼仪方面还不是真正了解,所以请日本僧人入席时,都是干部出来陪客,没有能贤法师的份了。日本僧人就说,主人未到,不敢入座。后来,只得用轿车把能贤法师接过来,日本僧人才入席。

(四)为通如老和尚侍疾送终

通如老和尚原来是苏州城里狮林寺的方丈,1958 年到寒山寺当方丈,"文革"期间也下放到老家东台去劳动教养。1981 年年初,落实政策后回到寒山寺。他是"文革"后第三个回寺的僧人,我是第一个,演林是第二个。通如老和尚回到寒山寺后,我很高兴,就赶忙到城里卖了张床,给他安排食宿等。1983 年年底,他得了胃癌,到苏州中医院动的手术。

通如老和尚有个侄子叫杨真鉴，原来是在通如小庙里管香火的，现在通如老和尚在病床上，需要人侍候，就把杨真鉴叫过来服侍通如老和尚，我也候在老和尚左右侍应。

上海玉佛寺的真禅法师，接过通如老和尚的法，是通如老和尚的法子。我把通如老和尚住院的情况写信告诉了真禅法师。真禅法师回信说要来苏州看望通如老和尚，我就去苏州火车站接他，带他到中医院去看望通如老和尚。师徒二人能在"文革"以后，在这样的场景中相见，不由自主涕泪俱下，在场的很多人也都被感动得流泪了。

通如老和尚出院后，回到寒山寺，就睡在藏经楼下面南边的寮房里养病，每天只能吃点稀饭米汤，都要人小心地一汤匙一汤匙地喂。就这样到1984年春天，他老人家往生了，世寿81岁。

在灵岩山给通如老和尚做茶毗法会时，苏州市宗教处的领导也参加了。请西园寺的雪相法师主法。雪相法师是圆瑛老法师的法子，和明旸法师是同辈，在民国时候就非常有名气，是在上海经常讲经的十大法师之一，而且最年轻，生得法相庄严，唱念很好，写得一手漂亮的毛笔字，还会画画。我去请他到灵岩山为通如老和尚主法。

通如老和尚往生后，寒山寺的寺务都落到我一个人身上了，早晚撞钟，白天给日本人写毛笔字，一天喝三顿粥。不久，我的身体就垮下来了。

（五）我在病床上，为寒山寺人手短缺而着急

1984年，我接任寒山寺方丈，但人已经瘦得不像样子了。升座后没几天，于部长送我到苏州第二人民医院去治病。我的病症是肠黏膜不通，消化不好，所以医生用药的剂量很大，吊针挂下去浑身疼。安上法师在医院看望我之后，悄悄地对旁边的人说："糟了，现在没有人，性空死了怎么办呢?"尽管声音很低，但我还是隐隐约约地听到了，全身不由自主地颤动起来，于是我在病床上想，在我弥留之际，我要为寒山寺历代祖师、老和尚、孤魂灵众等做一堂佛事，让他们从热恼众苦煎逼之中解脱出来。于是就请一位开堂师来领众主法，念了一天经，放了一堂瑜伽焰口；我在医院的病床上念佛回向；说来奇怪，我的病慢慢地好起来了。

我躺在病床上，病情虽然一天天地好转，但又为寒山寺人手短缺而着急。

（六）组建寒山寺僧团，困难重重

寒山寺在"文革"期间，僧人绝大部分被下放农村，到1984年，灵岩山佛学院已恢复四年了，第一批学僧开始毕业，也给寒山寺分配来了三个小和尚，但他们没住多久，都逃单走了。面对这种情况，演林法师对我说，别的地方来的人跟我们合不来，底细也弄不清，还不如自己收弟子，剃度出家，比较放心，也不会有什么大的闪失。

九、寒山寺的土木修建工程：颇费周折

（一）修建心静楼和钟房：拉开了寒山寺土木修建工程的序幕

1981 年春季,在苏州市委统战部于玉昆部长的亲自关怀下,寒山寺的心静楼和钟房的土木修建工程拉开了序幕。

心静楼就是现在的客堂,两层混合结构,三间,为古刹式建筑,初拟上层为僧众寮房,下层为茶室。后来寒山寺的生活区建成后,上层改为服务部办公室,楼下曾被当作过小卖部,为游客购物提供方便,现在作客堂用。

钟房,地基在 1981 年破土动工时是块荒地,原为清末陈夔龙所修的客厅所在地,到 1984 年正式建成,三间砖木结构,于玉昆部长让我写"碑廊"两个字,让通如老和尚写"钟房"两个字,通如老和尚给寒山寺就留下了这两个字,所以我特地把它装好金,悬挂在钟房里壁,免得风雨剥蚀弄坏了。

（二）霜钟阁：从茶室到素斋馆

1982 年,我自筹资金,在山门北侧空地上建成一座面积 231 平方米,二层混合结构三间的霜钟阁,作茶室用,2004 年作素斋馆用,让来寒山寺的国内外游客品尝佛教素食文化。

（三）重新装修大雄宝殿

1983 年秋,开始重新装修大雄宝殿,并重塑释迦牟尼佛和迦叶、阿难两尊者像,释迦牟尼佛像高 5 米,仿宋式,用樟木雕塑而成,安放在重新雕制出水式莲座上,新砌石铺,殿前丹墀也加了座,四周用汉白玉栏杆装饰,竖起了七宝如来石幢一座,新砌汉白玉永久式铁罗汉台,连接两侧长廊,使之前后贯通,连成一气。

1984 年,我又从灵岩山寺请来明成化年间塑造的 18 尊铁罗汉像;1985 年,在大雄宝殿两侧建莲台,并给 18 尊铁罗汉像装金后,安放在莲台上。

（四）整修五百罗汉堂

1984 年夏季,我聘请工匠,整修五百罗汉像,逐一鉴别整修,剔除非罗汉像,又从西园寺补请 44 尊,成为寒山寺的五百尊罗汉,安置在罗汉堂南北。

（五）藏经楼和寒拾殿

1985 年,我向国家旅游局申请拨款 50 万翻建藏经楼。翻新后的藏经楼,实际上是一楼三用,上面一层是藏经楼,下面一层叫寒拾殿,把原先供奉在客堂的寒山、拾得像移供其中,并在南北墙上嵌置南宋张即之手书《金刚经》刻石,殿的两翼现作为寒山寺图书馆。这是因为寒山寺本身面积狭小,为了扩大寒山寺的空间,我受社会上建立多功能厅设计方案的启发,把藏经楼、寒拾殿、图书馆三位一体化,把国家旅游局下拨的50万元最大效益化。

(六)其他小打小闹的翻修情况

1. 在时任苏州市宗教处李栋林处长的关心下,我在1986年建成钟轩,是书斋式建筑,以弥补寒山寺南部建筑稀疏的缺憾。

2. 1986年,翻修天王殿、弥勒、韦驮神台。

3. 1988年,重塑弥勒佛像(脱纱),韦驮重新装金。

4. 1988—1989年,寒山寺生活区建成,造价22万多元,建筑面积750平方米。又建成寒拾亭,为五百罗汉重新装金。

5. 1990年,修复钟楼;翻修闻钟亭,建筑面积13.6平方米;为五百罗汉装金。

6. 1991年,新建配电房,建筑面积58平方米;重建售票房及联防值班室;维修素斋馆,改造厨房等,建筑面积308平方米。

7. 1992年,给大雄宝殿铺小金砖;改建寒拾亭,造价3万余元;9月21日,普明宝塔奠基破土洒净。

8. 1993年,重砌大雄宝殿四周石台阶;重砌寒山寺北围墙,并增设北围墙内假山;修缮电气线路;改建罗汉堂,建筑面积280平方米,"罗汉堂"三字横匾请已故茗山长老题写;购枫桥北街房120平方米,另置286平方米,作上客房。

十、创建弘法堂:纪念玄奘、鉴真和空海三位弘法大师

1993年,为了纪念中日邦交正常化20周年,日本爱媛县松山市中日友好奉赞会铸空海大师铜像赠送给寒山寺,并出资20万元,在寒山寺建立空海堂供奉。这是因为,空海曾为遣唐使到我国来学习中国文化,途经寒山寺后到长安青龙寺拜师学密,并钻研中国诗文绘画,两年后回国,成为日本真言密教的祖师。他的书法造诣很高,被誉为"日本三笔"之一,谥号"弘法大师"。既然日本友人要在寒山寺建立空海堂,来纪念这位中日友好的先驱,我认为应该与玄奘大师和鉴真大师供奉一堂,来纪念汉传佛教的三位弘法大师更有意义。玄奘是去印度取经的,鉴真是去日本弘法的,空海是来中国学密教的。他们三位高僧在弘扬佛法、促进人类文化交流方面都作出了巨大贡献,于是就萌发了一堂供奉唐代三大汉传佛教弘法高僧的想法,并写信去北京,征求赵朴初先生的意见。没想到赵朴初先生很快就回信了,表示同意,还题写了"弘法堂"三个字的匾额一同寄过来。我就把原来的观音殿拆掉,建成三开间敞亮的弘法堂,纪念唐代三位弘法高僧,并撰柱联一幅:"弘法远分灯六渡鉴真莲座去,承师亲灌顶八传空海密宗来。"

十一、恢复普明宝塔：是我今生今世的最大愿望

随着寒山寺寺院经济的好转，我的病情也开始好转，我就向寒山寺的佛菩萨和历代祖师祈愿，我要在有生之年，为寒山寺恢复普明塔院，以报答寒山寺开山祖师的恩德。时任苏州市委书记贾世珍和市长方明都曾主张寒山寺要扩建，把附近的一所小学迁走，但随着两位市领导的调动，寒山寺的扩建计划也就泡汤了。

寒山寺由普明塔院演变而来，所以我想在小学搬迁出来的地方建普明塔院。1989年10月，我得知赵朴初先生因公到上海，就立即赶往上海去请示赵朴初先生。赵朴初先生问我有无根据，我说民国出版的《寒山寺志》上有记载，寒山寺最初为妙利普明塔院；南宋苏州"平江图"碑刻上绘有寒山寺塔。赵朴初先生又问我，建塔资金能筹措到吗？我说没有问题。赵朴初先生微笑同意了。苏州市佛教协会的明开会长和安上秘书长也同意了。但苏州市宗教局的领导有异议，他们主张我先建丈室，后建普明宝塔。我就向市宗教局说恢复普明塔院的必要性，并强调说，我已经发了建普明宝塔的誓愿，我今生今世非要建成宝塔不可。所以我对宗教局的意见没有采纳。

我听说当时苏州市一位叫黄铭杰的副市长生病住院了，就赶紧到医院看他。我对他说，现在改革开放，国泰民安，自从寒山寺塔院毁坏以来，历朝历代都没有一个人提出过重建宝塔的事来，现在盛世太平，寒山寺造塔的功德归于共产党；且苏州东南北三面都有塔，唯独西面无塔，这与风景如画的苏州市市容非常不协调；我不向政府要一分钱，如果黄市长大发慈悲心，大笔一挥，批准寒山寺建宝塔的计划，百病马上消除。后来黄市长果然批示说："建塔是千秋万代工程，希望精心设计、精心施工。"还有一位叫周大炎的副市长也批示说："同意寒山寺重建宝塔。"

当时苏州市政府的两位副市长把恢复普明塔院建造计划批准以后，但要把塔建在哪里的选址问题又出来了。有的人说寒山寺的地方太小，把普明塔院修建在寒山寺的外面，还说划块地皮白给我，我没有同意。我把藏经楼后面的空地作为修建普明塔院的地基，与大雄宝殿、藏经楼在一条中轴线上；式样采用唐塔，正门向西；建筑材料选用水泥结构，美其名曰"薄壁胴体"；到了1995年2月23日，唐塔主体及塔刹验收通过。7月29日，普明宝塔封顶。我题写了"普明塔院"，可谓是"心血用空唐塔出，五层藏瑞十方成"。1999年，普明塔院碑廊建成后，我亲自去南京等处请来费新我、谢孝思、仲贞子和武中奇等知名书画家的墨宝，共计刻大小碑87块。

普明塔院的建成，我认为我在寒山寺的使命已经完成。我确实老了，准备传法给秋爽法师，做退位的准备工作。

2002年秋爽法师升座，我亲自给他送座，寒山寺的将来，就交给秋爽法师去发展了。

十二、结束语：我的忧患意识

2010 年，我就 90 岁了，回顾我的出家生活，我感谢党的宗教信仰自由政策，我感谢邓小平提出的改革开放政策，使我生逢盛世，把一个破烂不堪的寒山寺，恢复成金碧辉煌的寒山寺。我现在担心的不是党的宗教政策会变，因为现在是佛教在历史上所处的最好时期，是佛教信仰的黄金时代，而我现在最担心的问题会出在我们佛教界本身，主要有这样几个方面：第一、现在独生子女多，生活好，不像我们兄弟多，日子难过，发心出家的人会越来越少；第二、现在是太平盛世，经济发展的势头非常好，在社会上谋生非常容易，寺院里的出家人流失非常严重。寺院花了很多钱，培养的人才流失掉，成为佛教发展的困境；第三、现在的寺院建设得越来越大，商业化气氛浓厚，佛教信仰淡薄。寺院过分的富裕，不是件好事，出家人贪图享乐，与俗人没有什么两样。历史上的"三武一宗灭佛事件"，与寺院的严重世俗化有密切关系。

参考文献：

[1] 王志强：《寒山寺方丈性空法师》，江苏省政协文史委员会、苏州市政协文史委员会、苏州市民族宗教事务局编印：《苏州佛教寺院》，1997 年 1 月，第 178—187 页。

[2] 性空口述、慧伯整理：《我与寒山寺》(网络版)。

[3] 周梅芳编著：《性空大和尚年谱》，寒山寺档案。

（李尚全：扬州大学佛学研究所所长）

后记：

本文写于 1999 年，由性空禅师口述，我笔录成文，然后逐字逐句念给性空禅师听，最后成为草稿，约二万字。最近几年，偶尔再向性空禅师采访一些资料，特别是根据慧伯法师采访整理、性空禅师口述的《我与寒山寺》(网络版)，补充校订了一些最近 30 年的相关资料。本文由秋爽大和尚最终审订，根据秋爽大和尚的意见修改并最终定稿。在此对秋爽大和尚、慧伯法师以及对文字进行加工润色的詹素娟同志表示衷心感谢。

《华严五教止观》讲义

释华梵

甲、解题目及作者

《华严五教止观》

本论题含能、所二分,其中"华严"二字是所依,"五教止观"四字是能依。何故?依《华严经》,建立五教止观故。

"华严"者,即指《华严经》。

五教者,即后文中所开五门,即:一、法有我无门;二、生即无生门;三、事理圆融门;四、语观双绝门;五、华严三昧门。于义理上五门实则对应着华严宗小、始、终、顿、圆五教。

其中,"法有我无门"即小乘教,"生即无生门"即大乘始教,"理事圆融门"即大乘终教,"语观双绝门"即大乘顿教,"华严三昧门"即一乘圆教。

"止观"者,乃佛教之重要修行法门。

"止"是梵语奢摩他的意译,"观"是梵语毗钵舍那的意译。由于"止观"法门乃学佛修行之要法,故于《大般涅槃经》、《四阿含经》、《大乘起信论》、《往生论注》、《瑜伽师地论》、《成实论》、梁译《摄大乘论》、《摩诃止观》等诸经论中宣说论述止观的内容尤丰,今略引部分经论内容于下,以资正确领悟通达止观大义。

(一)《大乘起信论》云:"所言止者,谓止一切境界相,随顺奢摩他观义故。"法藏大师《大乘起信论义记》卷下(末)释此段文云:"先由分别作诸外尘,今以觉慧唯识道理破外尘相,尘相即止无所分别,故云止。此是方便也,顺奢摩他等者,正显止也;奢摩他此翻云止,但今就方便存此方语,约正止,存梵言故也。毗婆舍那亦如是也。以双现前时方正名止观,故今但言随顺耳。"

《大乘起信论》云:"所言观者,谓分别因缘生灭相,随顺毗钵舍那观义故。"法藏大师《大乘起信论义记》卷下(末)释此段文云:"言分别生灭相者。依生灭门观察法相故言分别。如《瑜伽论菩萨地》云:'此中菩萨即于诸法无所分别,当知名止;若于诸法胜义理趣,及诸无量安立理趣,世俗妙慧,当知名观。'是知依真如门止诸境相,无所分别,即成根本无分别智；依生灭门分别说相，观诸理趣，即成后得智。然二门唯一心故，是故双运，方得名为正止观也。"

《大乘起信论》云："云何随顺？以此二义渐渐修习，不相舍离，双现前故。"法藏大师《大乘起信论义记》卷下（末）释此段文云："渐渐修习等，显能随之方便；双现前者，明所随之止观。随相而论，止名定，观名慧；就实而言，定通止观，慧亦如是。如梁《摄论》云：'十波罗蜜，通有二体，一、不散乱为体，谓止定；二、不颠倒为体，谓观慧也。'"

（二）昙鸾大师之《往生论注》卷下，将奢摩他译作止，止者，止心一处不做恶；将毗婆舍那译作观，观者，心缘其事。（参见《五念门》）

（三）据《成实论》卷十五"止观品"，广说止观之行相，即：止为定；观为慧，一切善法从修而生者，皆为止观所摄。止能遮结；观能断灭。又世间之众生皆堕于二边，若苦若乐；止能舍乐，观能离苦。另七净中之戒净、心净为止，其余五净为观；八大人觉中之六觉为止，二觉为观；四忆（念）处中之三忆处为止，第四忆处为观；四如意足为止，四正勤为观；五根中之四根为止，慧根为观；五力中之四力为止，慧力为观；七觉分中之三觉分为止，三觉分为观，念觉分则止观俱随；八道分中之三分为戒，二分为止，三分为观，其中，戒亦属于止。又止能断贪，观则能除无明。

（四）据北本《大般涅槃经》卷三十，各别举出修习止与观之三种事由，即：（1）为不放逸、庄严大智、得自在三事，而修习奢摩他（止）。（2）为观生死恶果报、增长善根、破诸烦恼三事，而修习毗婆舍那（观）。

（五）天台智者大师（智顗）特重止观禅定法门。大师关于止观禅定方面的著作尤多，具体如《摩诃止观》、《释禅波罗蜜次第法门》、《童蒙止观》、《六妙法门》、《禅门口诀》、《禅门要略》、《观心论》、《觉意三昧》等，皆是大师有关止观禅定方面的著作。在这些著作中，大师对止观法门做了非常深入严谨、系统完善的组织与整理，使之变得条理井然、次第分明。其中《摩诃止观》乃大师止观类著作之代表作。在《摩诃止观》中，大师即以止观之意义构成其体系，而以空、假、中三观之实践法完成其组织。

在《摩诃止观》卷三上，有关于止观名义之解说。大师将止观各立三义，称为三止三观。止之三义，即：（1）止息义，谓烦恼妄想寂然而停息。（2）停止义，谓缘心谛理，系念现前而停住不动。（3）对不止止义，即对不止而明止之义。谓无明与法性不二，然称无明为不止，称法性为止，此乃就相待（相对）而论，为以不止而明止。

观之三义，即：（1）贯穿义，谓利用智慧以穿灭烦恼。（2）观达义，谓观智通达以契会真如。（3）对不观观义，即对不观而明观之义。谓无明与法性不二，然称无明为不观，称法性为观，此乃就相待而论，为以不观而明观。

同书又举出，止观具有相待（相对）与绝待（绝对）之义。相待止观包括上述之三止三观，即：（1）止息义与贯穿义乃就修门（实践门）上之断德（断烦恼德）而言。（2）停止义及观达义乃就智德（断烦恼后所生之智德）而言。（3）对不止止义及对不观观义乃就性德（本来的智、断二德为不二之法性之德）而言。

绝待止观，又称不思议止观、无生止观、一大事止观。其非言说之道，非心识之境，灭绝绝灭之故，称为绝待止；颠倒妄想断除之故，称为绝待观。即超越对待之域，止观皆不可得,为言亡虑绝之境界;然若有四悉檀(世界、为人、对治、第一义)之因缘,则可有种种之说法。

此外,智顗大师从慧思大师所传之止观有三种,即:(1)渐次止观,持戒修定,以渐次悟入实相。此即《释禅波罗蜜次第法门》十卷所说之实践法。(2)不定止观,顺应众生之性质能力,其实践之顺序亦不定。此为《六妙门》一卷所说之实践法。(3)圆顿止观,初即以实相为对象,而行解亦圆满顿速。此为《摩诃止观》十卷所说之实践法。其中,以一心三观、一念三千为实践理论之圆顿止观为最胜法门。

用现代观念予以通俗的解释,"止"即指精神统一而达无念无想的寂静状态,"观"指以智慧思维观察某一特定的理趣或事物。合而论之,止息一切外境与妄念,而贯注于特定之对象(止),并生起正智慧以观此一对象(观),称为止观。在戒定慧三学之中,"止"属于定学的领域,"观"则为慧学所概括。止与观相辅相成以完成佛道,彼此有不可互离之关系,一如鸟之双翼、车之两轮。

关于止观,另有一种说法是约三界而论,认为三界的止观比重各有不同。色界四禅定是"观"慧胜,无色界四无色定以"止"为胜,欲界定则唯有"观"而无"止"。总而言之,在欲界、色界、无色界之三界中,层次越高,"观"的比重越少,而"止"则逐渐加强,至无色界最上的非想非非想处定或灭尽定时,完全没有"观"(慧)的作用,而成无念无想的状态。在各级禅定之中,第四禅止观均等。佛即在止观均等的状态中,进入其成道或入灭的境界。

在华严小、始、终、顿、圆五教之中,皆有修习止观之方便,这五种修习止观之方便,皆依《华严经》而立,故名"华严五教止观"。

又华严四祖清凉国师,依五教止观,立五种念佛门。(1)依"法有我无门"小乘教止观,立缘境念佛门。(2)依"生即无生门"大乘始教止观,立摄境唯心门。(3)依"理事圆融门"大乘终教止观,立心境无碍门。(4)依"语观双绝门"大乘顿教止观,立心境俱泯门。(5)依"华严三昧门"别教一乘止观,立重重无尽门。

京终南山文殊化身杜顺说

"京"者,西京,就大一点的范围而言即指今陕西西安。

"终南山",亦名南山、中南山、秦岭,此处具体而言,即指今陕西西安南面40公里处的那座2600米高的大山,此座大山乃当时杜顺和尚居处。

"文殊化身"者,如《终南山杜顺禅师缘起》文中记载云:"其禅师有一弟子,奉事以经三十余年。其弟子常思,向五台礼拜文殊菩萨,他日忽然谘量和上:弟子意欲向五台礼拜,愿和上慈悲,放某甲去。和上再三苦留不得,其禅师遂放去:汝去早来,吾待汝。遂拜辞和上,经旬月,方到五台,志诚顶礼。忽遇一老人云:汝彼从何处来?弟子答言:从终南山来。汝有何意来?故来礼拜文殊菩萨。老人云:文殊菩萨不在此间。弟子问老人曰:在何处?老人报云:在终南山,杜顺禅师是。其弟子惊怪,报老人曰:是弟子和上,奉事经三十年。老人曰:汝虽奉事,由来不识,汝火急即回,夜头到即见,若隔宿即不见也。汝便行即得。其人极怪,来经一月方到,今日却回,若为投宿可到?信此老人语,即回,须臾到西京,其日薄晚。甚怪,便且过诸善知识家,皆是不错逡巡。间鼓声动，即拟趁南门出，早被闭了，甚怅望，不得出城，遂却善知识家寄宿。之早上鼓动即出城，急行到山，其和上昨夜早已灭度讫。其人甚怨恨，不得见和上别，极悲哽。果如五台老人言，方知是文殊菩萨。其禅师述《华严法界观》《十玄》《止观义海》等章，见行于世。此乃是文殊菩萨化身耳。"

"杜顺"者，即唐法顺大师（557—640），因大师俗姓杜，故名杜顺。

据唐道宣律师《续高僧传》卷二十五《杜顺传》记载云："释法顺，姓杜氏，雍州万年人。禀性柔和，未思沿恶。辞亲远戍，无惮艰辛。

十八弃俗出家，事因圣寺僧珍禅师受持定业。珍姓魏氏，志存俭约，野居成性。京室东阜地号马头，空岸重巒，堪为灵窟，珍草创伊基，劝俗修理，端坐指撝，示其仪则。忽感一犬，不知何来，足白身黄，自然驯扰，径入窟内，口衔土出，须臾往返，劳而不倦。食则同僧，过中不饮。既有斯异，四远响归，乃以闻上。隋高重之，日赐米三升，用供常限，乃至龛成，无为而死。今所谓因圣寺是也。顺时躬视斯事，更倍归依，力助缔构，随便请业。

末行化庆州，劝民设会，供限五百。及临斋食，更倍人来，供主惧焉。顺曰："无所畏也。"但通周给，而莫委供所，由来千人皆足。

尝有张河江、张弘畅者，家畜牛马，性本弊恶，人皆患之，卖无取者尸。顺示语慈善，如有闻从，自后更无抵啮。其道发异，类为如此也。

尝引众骊山，夏中栖静，地多虫蚁，无因种菜。顺恐有损害，就地示之，令虫移徙，不久往视，如其分齐，恰无虫焉。

顺时患肿，脓溃外流，人有敬而信者，或有以帛拭者，寻即瘥愈。余脓发香，流气难比。拭帛犹在，香气不歇。

三原县民田萨埵者，生来患聋，又张苏者，亦患生哑，顺闻命来与共言议，遂如常日，永即痊复。

武功县僧为毒龙所魅，众以投之，顺端拱对坐，龙遂托病僧言："禅师既来，义无久住，极相劳娆。"寻即释然。故使远近瘴疠淫邪所恼者，无不投造。顺不施余术，但坐而对之。识者谓有阴德所感，故幽灵偏敬致。

其言教所设，多抑浮词，显言正理。神树鬼庙，见即焚除，巫觋所事，躬为摒挡。祯祥屡见，绝无障碍。其奉正也如此。

而笃性绵密，情兼泛爱，道俗贵贱，皆事邀延。而一其言问，胸襟莫二。或复重痼难治，深愿未果者，皆随时指示，普得遂心。

时有赞毁二途，闻达于耳，相似不知，翻作余语。因行南野，将度黄渠，其水泛溢，厉涉而度，岸既峻滑，虽登还堕。水忽断流，便随陆而度。及顺上岸，水寻还复，门徒目睹而不测其然也。所以感通幽显，声闻朝野，多有鄙夫利其财食。

顺言不涉世，令不留心，随有任用，情志虚远。但服粗弊，卒无兼副，虽闻异议，仍大笑之。其不竞物情又若此也。

今上奉其德，仰其神，引入内禁，降礼崇敬。储宫王族，懿戚重臣，戒约是投，无爽归禁。

以贞观十四年,都无疾苦,告累门人,生来行法,令使承用。言讫如常坐定,卒于南郊义善寺,春秋八十有四。临终双乌投房,悲惊哀切。因即坐送于樊川之北原,凿穴处之。京邑同嗟,制服朝野。肉色不变,经月逾鲜,安坐三周,枯骸不散。自终至今,恒有异香流气尸所。学侣等恐有外侵,乃藏于龛内,四众良辰赴供弥满。

弟子智俨,名贯至相,幼年奉敬,雅遵余度,而神用清越,振绩京皋。《华严》、《摄论》,寻常讲说,恒至龛所化导乡川,故斯尘不绝矣。

另据《佛光大辞典》(第三版第2955页)【杜顺】条目所载云:"华严宗初祖。唐代雍州万年县杜陵(今陕西临潼县北)人,俗姓杜。法号法顺。十八岁出家,法号法顺。师事因圣寺之僧珍(道珍),受习定业,后住于终南山,宣扬华严教纲。其言教多贬抑浮词,彰显正理,路见神树鬼庙必焚除之。唐太宗闻其德风,引入宫内礼遇之。师复游历郡国,劝念阿弥陀佛,并撰'五悔文'赞咏净土。贞观十四年于南郊义善寺示寂,世寿八十四。后人尊为华严宗第一祖,世称文殊化身、帝心尊者、敦煌菩萨。弟子中以智俨名声最著。著有《华严五教止观》、《华严法界观门》、《十门实相观》、《会诸宗别见颂》等各一卷。"

乙、解 本 文

【行人修道,简邪入正,止观法门有五:一、法有我无门(小乘教),二、生即无生门(大乘始教),三、事理圆融门(大乘终教),四、语观双绝门(大乘顿教),五、华严三昧门(一乘圆教)】

修行人欲入佛道,应修止观。何故?如天台智者大师云:"若夫泥洹之法,入乃多途,论其急要,不出止、观二法。所以然者,止乃伏结之初门,观是断惑之正要;止则爱养心识之善资,观则策发神解之妙术;止是禅定之胜因,观是智慧之由藉,若人成就定、慧二法,斯乃自利、利人法皆具足。"

定、慧二法即是止观。法藏大师《大乘起信论义记》卷下云:"随相而论,止名定,观名慧;就实而言,定通止观,慧亦如是。"

然定慧、止观之法,唯是一心。一心之体不变,一心之用随缘。随缘不变谓之定,不变随缘谓之慧。一心者一真法界性也,一心者一大总相法门体也。法藏大师《大乘起信论义记》卷下云:"是知依真如门止诸境相,无所分别,即成根本无分别智;依生灭门分别说相,观诸理趣,即成后得智。然二门唯一心故,是故双运,方得名为正止观也。"又慧能大师《坛经》云:"善知识,我此法门,以定慧为本。大众勿迷,言定慧别,定慧一体,不是二。定是慧体,慧是定用。即慧之时定在慧;即定之时慧在定。若识此义,即是定慧等学。"

欲冥合心体,应修于止。欲起心之大用,应修于观。修止则得定,修观则发慧。

然体用、定慧、止观,唯是一心,故体用定慧止观不二。不二而二,乃有体用定慧止观之名。二而不二,则唯是一心。此一心者,实相无相,以无相故,能随缘现一切相。此一心者,法界无界。以无界故,随缘能现十法界。故此一心者,即一大总相法门体也。

"简邪入正。""邪",指邪曲;"正",指中正。一切法,随顺自性清净藏者,称为内、为正;若诸法违逆此理,则称为外、为邪。邪与正对称,故有种种相对之义用,如八邪道、八正道、邪法正法、邪教正教、破邪显正、舍邪归正等名目,皆以邪为染因,正为净因。"简邪"者,简别邪妄。"入正"者,直示正义。

"止观法门有五"是乃直接破题,径显五门教法也。"五门教法"者,即:一、法有我无门,是小乘教;二、生即无生门,是大乘始教;三、理事圆融门,是大乘终教;四、语观双绝门,是大乘顿教;五、华严三昧门,是一乘圆教。

华严宗"就法分教,教有五类",然法唯一乘,无有分别,而人有高下,根有利钝,自有差别。以法从人,故有五教不同。五教者,即:一、小乘教,二、大乘始教,三、大乘终教,四、大乘顿教,五、一乘圆教。

又"以理开宗,宗乃有十",然理原是一,性本无分。事相万差,自有分齐。事以理成,理借事显。事以理成,则差而无差。理借事显,则无差而差。犹如波现万象,而水原是一。波全是水,则万象归于一寂。水由波现,则一水幻成万差。今以理成事,故有十宗之别。"十宗"者,即:一、我法俱有宗;二、法有我无宗;三、法无去来宗;四、现通假实宗;五、俗妄真实宗;六、诸法但名宗;七、一切皆空宗;八、真德不空宗;九、相想俱绝宗;十、圆明具德宗;其中前六宗为小乘教,第七"一切皆空宗"乃大乘始教;第八"真德不空宗"乃大乘终教;第九"相想俱绝宗"乃大乘顿教;第十"圆明具德宗"乃一乘圆教。于中大乘始教,又有相宗、空宗之分。

今但举"法有我无门"者,是以一门而括余五也。

今先介绍一下小乘六宗,余大乘四教、四宗,容后文讲到相关内容时再做介绍。

介绍六宗之前,先略述一下部派佛教之形成经过。佛陀入灭后百余年,初因大天比丘高唱"大天五事",要求教团承认,教团遂首度分裂为反对派之上座部与赞成派之大众部。然据南传佛教史书《大史》、《岛史》等载,佛灭后百年,古印度东部跋耆族比丘提出十条戒律之新主张(十事),遭教团以耶舍为首之诸长老比丘反对,且召集七百比丘举行结集,宣布十事为非法;同时,主张此十事为正确之比丘亦举行结集。佛教因而分裂为上座部与大众部,史称为根本分裂;此后,两部复分裂成二十部(北传分派说)或十八派(南传分派说,即除西山住部、北山住部二部),称为枝末分裂。

据《异部宗轮论》之记载,部派佛教计20部,即佛灭后200年间由大众部分出:(1)一说部,主张世出世法唯一假名,皆无实体。(2)出世部,世间法但有假名,出世间则皆真实。(3)鸡胤部,仅弘扬三藏中之阿毗达磨藏,认为经、律皆佛陀方便之教。未久,分出(4)多闻部,以所闻超过大众部,故称多闻;(5)说假部,主张世出世法中皆有少分是假。佛灭后200年末期,一外道比丘舍邪归正,居制多山,大众部僧多居此,因重论大天五事,复以主张不同而分出三部,即:(6)制多山部,仍居制多山;(7)西山住部,迁居制多山之西;(8)北山住部,迁居制多山之北。以上,大众部合本末共计九部。

根本二部分裂之后,上座部遂至喜马拉雅山一带,佛灭后300年间,复分出:(1)说一切有部,又称说因部,主张有为、无为一切法皆有实体;(2)雪山部,即原来之上座本部,迁居雪山,故有此称。未久,由说一切有部又分出:(3)犊子部,以舍利弗所造"阿毗达磨"为根本论典,相传部主为犊子后裔。其后,以犊子部内容贫乏,有主张补以经义,以所执不同,犊子部又分为:(4)法上部,法上乃部主名;(5)贤胄部,贤阿罗汉之后裔;(6)正量部,主张已说得以刊定甚深法义而了无邪谬;(7)密林山住部,部主住密林之山。同时,说一切有部又分出(8)化地部,佛灭后300年,有婆罗门名化地,出家得阿罗汉果,弟子相承,称化地部。复由化地部分出:(9)法藏部,法藏为目犍连弟子,此部师说总有经、律、阿毗达磨、明咒、菩萨本行事等五藏。佛灭后300年末,由说一切有部又分出:(10)饮光部,又作善岁部,饮光即迦叶波,乃部主之姓。佛灭后400年初,说一切有部复分出:(11)经量部,又作说转部,唯依经为正量,不依律及对法,凡所援据,以经为证。以上,上座部合本末共计11部。合大众部9部,是为20部派。

(一)我法俱有宗。此宗有两种人,一是人天,二是小乘。小乘中如犊子部、正量部、密林山住部、法上部、贤胄部等属之。彼立三聚法,即有为聚法、无为聚法、非有为非无为聚法。有为聚无为聚是法,非有为非无为是我。此部又立过去、未来、现在、无为、不可说五法藏,前四是法,后一不可说是我。我者,不可说是有为,不可说是无为也。谓补特伽罗,非即阴非离阴。若补特伽罗即阴则是有为,若离阴则是无为。补特伽罗译为人、众生或数取趣。以补特伽罗非即阴非离阴故,所以人者,不可说有为,不可说无为。如此之俱有我亦有法,故立我法俱有宗之名。但此处之我,非外道所立即蕴、离蕴之我,所谓非即蕴非离蕴之我,就法体之微细相续一点上而立其名。其实质应含摄在法中,只是名称上立为我法俱有宗。

(二)法有我无宗。即说一切有部、雪山部、多闻部、化地部所立。彼说诸法,二种所摄,一名二色。或说诸法,四种所摄,谓过去、未来、现在三世法,及无为法。或说诸法,五种所摄,一心法,二心所法,三色法,四不相应法,五无为法。总之执一切法实有,是该宗之根本义。然法有我无,谓唯破人我。该宗虽空人我,而执有法我。人我只是五蕴之假和合,故人我空。但五蕴其法却是实有。

人我既破,则破见思惑,断烦恼障,出三界,了分段生死。以执法有故,未破尘沙惑,不断所知障,余有界外无明,有变易生死。此是小乘通病,故举"法有我无门"以括余五。

(三)法无去来宗。法无去者,无过去也,法无来者,无未来也,大众部立此义。此宗谓有现在及无为法,过去未来非实有体。因为过去未来,无体无用故。

(四)现通假实宗。此是小乘部派中,说假部所立。彼说法无过去未来,现在世中诸法,五阴法是实,十八界十二处是假,非为真实。于现在法中,随应诸法,假实不定。故名现通假实宗。

(五)俗妄真实宗。说出世部立此说。谓世俗间一切,皆是假。因为世俗间一切,皆是虚妄故。出世间法,皆是真实。因为出世间法,非虚妄故。俗者谓世俗也,真者谓出世间法也。故名俗妄真实宗。

(六)诸法但名宗。一说部等属此。此宗主张世、出世间、有漏无漏之一切事物,但有名无实体。何故?因为有世间法,必有出世间法,相对法故;世间既然虚妄,出世间亦无实体,相对法故。相对之法,自无实体,一切皆空,唯是假名。但此处所说之空,乃是分析空,此与后大乘所说之"体法空"不同。所谓"分析空",是将法分析,最后唯归于空,故名诸法但名宗。

以上六宗属于小乘,同时第六宗通于大乘初教之始教。

一、法有我无门:破人我执

【夫对病而裁方,病尽而方息;治执而施药,执遣而药已。为病既多,与药非一;随机进修异,所以方便不同。】

此段文乃是总说小乘教。文义分二,其中"夫对病而裁方,病尽而方息;治执而施药,执遣而药已"为第一层文义,余文为第二层文义。两部分皆先譬说,然后法合。

第一层文义,最初两句是譬喻,夫为医之道,济世救人,实贵乎善于八纲辨证施治,故文云"对病而裁方",又既已病瘥,则当停药息方。若病尽而方不息,则执方(药)成病,故文云病尽而方息。这里"病尽"喻止,"裁方"喻观。

下二句则为法合。夫治病之术,即是对病而裁方,病尽药止。同理,于学佛修行人亦当如是。小乘学佛修行人邪执分别成性,由是自乖法性,而轮回生死无休无止。诸佛如来大悲怜悯故,欲度之出离于生死火坑,自当善设方便,开示法要。如《法华经》云:"众生处处著,引之欲令出。"这里譬"执"为病、为止,譬"遣"为药、为观。故文云"治执而施药,执遣而药已"。

第二层文义紧跟前文,夫病非单一、独一(为病既多),故与药施方自然非止一药一方,自当是对某病裁某方,治某病用某药(与药非一)。同理,学佛之人根性千差万别,执著烦恼不一,所以诸佛如来施设善巧方便亦是无量无边,所谓众生有八万四千种烦恼,而诸佛如来则施设有八万四千种法门予以对治。

又病之与方,执之与药,皆对待而立。此譬小乘人学佛修行,皆乃对待境界。既堕对待境界,自然不能善解方便,失于化道,偏空滞寂自当难免。

【今偏就五停心中,为众生着我者,说界分别观。】

"五停心观"者,"停"者,止也。故"五停心观",即息止惑障之五种观法,乃小乘三贤位第一所修之法。五停心观又云:五观、五念、五停心、五度观门、五度门、五门禅。即:

(一)不净观:乃多贪众生,观想自他色身不净而息止贪欲心。如观想死尸青瘀等相,以对治显色贪;观想鸟兽唼食死尸,以对治形色贪;观想死尸腐烂生虫蛆相,以对治妙触贪;观想死尸不动,以对治供奉贪;及观想白骨之骨锁观,以对治以上四贪。个中"观境界不净"是为观,"停止贪欲"是为止。

(二)慈悲观:又称慈心观、慈愍观,乃多瞋众生,观想与乐拔苦而得之真正快乐,以对治瞋恚烦恼。个中"起慈悲观"是为观,"停止瞋恚"是为止。

(三)缘起观:又云因缘观、观缘观。乃观想顺逆十二缘起,以对治愚痴烦恼。个中"观十二因缘"为观,"停止愚痴"为止。

（四）界分别观：又云界方便观、析界观、分析观、无我观，乃观想十八界等诸法由地、水、火、风、空、识所和合，以对治我执障。外道于身心常执为我而起我执，故地、水、火、风、空、识六界，起因缘假和合之分别，若观无我，则能对治我执。此观为圣道方便，故称界方便观。个中"起界分别观"为观，"停止我见"为止。

（五）数息观：又云安那般那观、持息念。即计数自己出息、入息，以对治散乱寻伺，而令心念止持于一境，为散乱众生所依止之修持为旨趣。个中"数息观"为观，"停止散心"为止。

另《五门禅经要用法》中以念佛观取代界分别观，而与其他四观合称五门禅。所谓念佛观，即念应身、报身、法身等三佛身，以次第对治昏沉暗塞障、恶念思维障、境界逼迫障三种障。

今于五停心观中，单取"界分别观"以示法义，而简略其余四观，故文云"今偏就五停心中，为众生着我者，说界分别观"。何故？因为不净观、慈悲观、因缘观、数息观皆以我见为体，故偏论界分别观。

【众生从无始已来，执身为一，计我、我所。然计我有二种：一、即身执我，二、离身执我。言离身执我者，谓外道计身内别有神我者是也。广如经论中破，于此不更繁文。】

无始无明，从虚妄起，无有实体。如《圆觉经》云："善男子，此无明者，非实有体。如梦中人，梦时非无，及至于醒，了无所得。"

无明无有实体，本初不生，生者只是妄见，纯属虚妄，即此虚妄即名无明，故文云"从无始已来"。于此我们应该要明白的是，既云无始，切不可作有始会。譬如有人说，无始者即是很久以前，其不知很久以前，仍是有始。所以，所谓无始已来者，只是无明妄起尔。

一切众生由妄见故，便生妄执，故文云"执身为一，计我我所"。即由此执，不知身者因缘和合假有，故今示以"界分别观"，令明因缘假合，无有"我体"。既无有我，当亦无"我所"。

"我"者，谓于五阴（蕴）等法中，无明不了，妄计有我、我所之实，故名为我。"我所"者，全称"我所有"，即我之所有、我之所属之意。即以自身为我，谓自身以外之物皆为我所有。在佛教中，我与我所，被认为系一切世俗分别之基本分别，故为破除之对象。又我所分为：一、相应我所：谓我有色，乃至我有识。所以者何？由我与彼相应，说有彼故。二、随转我所：谓色属我，乃至识属我。所以者何？若彼由此自在力转，或舍或役；世间说彼是我所故。三、不离我所者：谓我在色中，乃至我在识中。所以者何？彼计实我处在蕴中，遍体随行故。若执之，则称为我所见（执我所有之偏见）。凡我所见所执著之五取蕴法，皆源于此"我所"观念，故《集异门足论》云："于五取蕴等，随观见我或我所，从此起忍欲慧观见。"

其中，依"我"以明正报，依"我所"以明依报。若能悟解通达人、法二无我，则证法身。既解人、法二无我，则亦不执我所有，故不假功用，当体便是净土。法身净土，即是常寂光土，即是一真法界。一真法界、常寂光土由空二我生。

然计我有二：一者即身执我，二者离身执我。此二种执我，皆是因执著于有实我可得，既执著于有实我可得，于是进一步执著即身是我，或离身是我。

言"离身执我"者，只不过是外道认为身内尚别有一个实在的、不思议的神我存在，如数论外道等即执此种知见与观念。于此，经中佛说三法印（一、诸行无常，二、诸法无我，三、涅槃寂静。另加"一切行苦"即是四法印），谓"诸法无我"破之。论中亦说若离身有我者，当是身造业，身受报，不应"我"受报。

今破"离身执我"，令读者自去广寻经论，于此文中则不详加论述。故文云"广如经论中破，于此不更繁文"。

【言即身执我者，执我如来慈悲为破此病故，都开四药以治四病。其中别门各有药病，具如后释。言四病者：一、执身为一我，二、执四大，三、执五阴，四、执十二入。言四药者：一、色心两法，二、四大五阴，三、十二入，四、十八界是也。】

文中有两个"执我"，若据文义，可知第二个"执我"当属传抄之笔误，实应予以删除。

针对一切众生"即身执我"，诸佛如来为破众生此执，故兴慈运悲，"都开四药，以治四病"。

"四种病"者，即：一、执身为一我，二、执四大，三、执五阴，四、执十二入。

"四种药"者，即：一、色心两法，二、四大五阴，三、十二入，四、十八界。

"其中别门各有药病，具如后释"者，谓除"法有我无门"外之余四门皆各有药病，具体当在后文各章节中加以阐释论述。

此是总明四种病与四种药，然此四药治四病，各有次第，下文则详加阐释。

【次释。若众生执身为一我而成病者，即说色、心二法为药。亦云：此中乃有色、心二法，云何为一我耶？】

前既已总明四病、四药，今则予以次第解说阐释。

先以第一种药破第一种病。

若有众生执着现前幻身即是"一我"者，实由此人不知此身只不过是基于因缘假合而有，所以"执身为一我而成病"。为破众生"执身为一我"之病，于是佛说色、心二法之药。也就是说，但此幻身实为色、心二法所成，云何为一我耶？

通俗地说，色谓形体，亦即四大所成之幻身；心谓观念、思想，亦即五阴（五蕴）之受想行识。

此处意谓：若谓色、心为一法，当是色亦有思想，心亦有形体，如是则与事实相违。反过来，若谓色、心是二法，则应有二我，一为色我，二为心我。色我有形体而无思想，心我有思想而无形体。如是则不合道理，且自语相违，前即执身为一我，今则出现两个我，所以执身为一我者，实不应理，此岂非自语前后相违耶？这是以第一药破第一病。

不过我们应该要明白的是，所谓"破"者，乃破执而非破法。何故？一切法者，自性本空，故不可得。诸法既不可得，云何可破？故所谓破者，乃破执非破法也。

【众生闻此，遂即转执色、心为实成病，即为开一色，即为开一心。色为四色，即四大是也。开一心为四心，即五阴中四阴是也。此乃是四色、四心，云何但执一色、一心为一我耶？】

下即转辗破,复转辗执;转辗执,复辗转释、辗转破。

由前以色、心二法破执身为一我者,众生闻说色、心二法,不复执身为一我,却转执色、心二法为实有,因执而成病。此实乃不知色、心二法,亦是因缘生,无有实性,不可执著。为破此执,于是开一色为四色,开一心为四心。之所以要开一为四者,为明色法、心法,皆因缘生,无有实性也。若知色法、心法皆因缘生,无有实性,则自不执色、心二法为实有。

"开一色为四色"者,四色即是四大也。何故?一切色法皆四大所成故。四大者,即地、水、火、风是也。

"开一心为四心"者,谓一心有四种功用,即五阴(五蕴)之受、想、行、识是也。简单地说,其中受即领纳之义,想即思想之义,行即迁流造作之义,识即了知分别之义,此四者同为一心之用。

此四心与色合称,名为五阴,亦名五蕴。即此四大、五阴,是为第二药。

既知色为四色,心为四心,故知色、心二法但因因缘假合而有。二法既是因缘假合而有,故色、心二法实无自性。色、心二法既无自性,云何可执色、心二法为实有耶?为一我耶?

杜顺大师于此文中,是以开破执,实由诸法缘生无性,无性缘成。缘生则开,无性即合。缘生无性,故开即合。开即合则无开,开而无开,无开而开,此乃不思议开。无性缘成,故合即是开。合即开则无合,合而无合,无合而合,此乃不思议合。开合无定,不可思议,故无可执。

【众生又即转执四色、四心成病,佛即为合四大为一色,即五阴中色阴是也。合四心为一心,即十二入中意入是也。】

下依然是转辗破,复转辗执;转辗执,复辗转释、辗转破。

今众生既闻说四色、四心,故又复辗转执着四色、四心而为实有,因执成病。为破遣此执,于是佛又即合四大为一色法,即五阴中之色阴。合四心为一心,即十二入中之意入也。

"十二入"者,据《出法界次第》所载,"入"即涉入之义。谓六根、六尘互相涉入,故名十二入也。六根者,眼根、耳根、鼻根、舌根、身根、意根也。六尘者,色尘、声尘、香尘、味尘、触尘、法尘也。今分别略释之如下:

(一)眼入,谓眼根对色,即能见色,是名眼入。

(二)耳入,谓耳根对声,即能闻声,是名耳入。

(三)鼻入,谓鼻根对香,即能嗅香,是名鼻入。

(四)舌入,谓舌根对味,即能尝味,是名舌入。

(五)身入,谓身根对触,即能觉触,是名身入。

(六)意入,谓意根对法,即能分别于法,是名意入。

(七)色入,谓一切可见之色,为眼根之对境,是名色入。

(八)声入,谓一切可闻之声,为耳根之对境,是名声入。

(九)香入,谓一切可嗅之香,为鼻根之对境,是名香入。

（十）味入，谓一切可尝之味，为舌根之对境，是名味入。

（十一）触入，谓一切可觉之触，为身根之对境，是名触入。

（十二）法入，谓一切可分别之法，为意根之对境，是名法入。

又六根、六尘互相涉入，乃生六识之处，故十二入又名十二处。《大乘广五蕴论》云："问：处为何义？答：诸识生长门是处义。"故知"处"乃养育、生长之意，即长养心、心所之法，亦即六根、六尘。其中六尘为外六入（处），六根为内六入（处），内、外六入（处）相互涉入即成十二入（处）也。

此十二入（处）摄尽一切法，若配于五蕴，眼、耳、鼻、舌、身、色、声、香、味、触十色入（处），相当于色蕴；意入（处）即为识蕴，法入（处）为受、想、行三蕴。又有将法入（处）亦归属于色蕴者，意入（处）则含括受、想、行、识四蕴。

"意入"者，言第六意识也。我们知道佛经中，尤其是大乘诸经论中一般都是言八识，然今何故但云"合四心为一心"为"意入"耶？因为破四病只是就破小乘执而言，小乘人仅知前六识，于第八阿赖耶识，唯知名字而已。故云合四心为一心，即十二入中意入。

此是以合破执，意谓四大合之但是一色（五阴之色阴），四心合之但是一心（十二入之意入），云何可执四色、四心为实有，为一我耶？

此即第三药中十二入是。

【众生闻此，又更转执成病，佛即为分一色为十一色，言十一者，即十二入中内五根、外六尘，成十一色也。开一心为七心，即十八界中六识并意识是也。此乃是十八界，云何直执一色、一心为有我耶？】

此依然是转辗破，复转辗执；转辗执，复转辗释、辗转破。

佛既以合破执，然众生闻之，复更转执成病。于是佛复以开破执，开一色为十一色，开一心为七心。开为十一色者，即眼耳鼻舌身五根，及色声香味触法六尘。开为七心者，即眼耳鼻舌身意六识，及六根中之意根。换句话说，十一色，加上七心，即六根六尘六识，合之为十八界也。"界"即界分、界别义。

六根、六尘已如前释，今再略释一下六识。六识者，眼、耳、鼻、舌、身、意各有识也。谓依五根能见五尘，而为五识，于五尘境，而起分别，为第六识。别释如下：

（一）眼识，谓眼根若对色尘，即生眼识。眼识生时，但能见色，而未起分别也。

（二）耳识，谓耳根若对声尘，即生耳识。耳识生时，但能闻声，而未起分别也。

（三）鼻识，谓鼻根若对香尘，即生鼻识。鼻识生时，但能嗅香，而未起分别也。

（四）舌识，谓舌根若对味尘，即生舌识。舌识生时，但能尝味，而未起分别也。

（五）身识，谓身根若对触尘，即生身识。身识生时，但能觉触，而未起分别也。

（六）意识，谓意根若对法尘，即生意识。意识生时，即能于五尘之境，分别善恶好丑也。

此处开一色为十一色，开一心为七心，而成十八界者，意谓既然色、心二法是十八界，若说实有我者，则于十八界当有十八个我，若如是云何可执一色、一心为一我耶？

此即四药中第四药，十八界是。

【众生闻此遂悟,得入空也。】

此一句乃总结前文,点明佛于法说开合(四药与四病)之所由及目的也。

佛于法说开合者,但为破众生执着,欲令一切众生悟入甚深般若空理耳。若不识佛意,则但知展转执着而已;若深解佛义,则能由此而悟入甚深般若空理也。

此处所谓"空"者,谓因缘所生之法,究竟而无实体,故谓之空。

台湾的智谕法师注解此句文时,认为此处所谓"空"者,于法界三观中(一、真空绝相观,二、理事无碍观,三、周遍含容观),即真空绝相观。认为以四药对治四病,乃欲令小乘人入真空绝相观也。本人觉得智谕法师如是理解,实在大有谬误。"真空绝相观"所明所成就的乃是甚深中道空,甚深中道空者不堕空有两边。而在小乘佛法中,小乘人所悟解体证之空乃是分析空、体真空,其分明堕在偏空一面。

【然十八界中各有三种,谓内界、外界、中界。又就三种中各分为二:一者病三,二者药三。言病三者:一、内执六根总相,为我者是也;二、外执六尘总相,为我所者是也;三、总计中间六识总相,为我见者是也,谓我见、我闻、我觉、我知者是也。】

十八界已如前文所释,然十八界中,各有三种,即内界、外界、中界。内界即是眼耳鼻舌身意六根,外界即是色声香味触法六尘,中界即是眼耳鼻舌身意六识。

于此内、外、中三界中,又各有病、药。今先言病三,病三者,谓:

(一)内执六根总相为"我",是一种病。

(二)外执六尘总相为"我所",是第二种病。

(三)总计执着于中间六识总相为"我见",是第三种病。所谓我见者,展开来说即我见、我闻、我觉、我知是也。

【次言药三者:一、分内六根为六界,谓眼界等是也,治前计我之病也;二、分外六尘为六界,谓色界等是也,治前计我所之病;三、分中间我见闻等为六识,识谓眼识界、耳识界等者是也,治前我见闻等病。】

前文已说病三,今继说药三,用治计我,计我所,计我见之三病也。药三者,谓:

(一)分内六根为六界,以治前计执"我"之病。分六根为六界者,即眼界、耳界、鼻界、舌界、身界、意界者是也。此处意谓:既然内六根分之为六根界,而六根界各个区别,则当有六我,云何可执之为一我耶? 若解此义,一切众生自当不复计执内六根总相为"我"也。

(二)分外六尘为六界,以治前计执"我所"之病。分外六尘为六界者,即色界、声界、香界、味界、触界、法界者是也。此处意谓:既然外六尘界各个分别,云何可外执六尘总相为"我所"耶? 若明此义,一切众生自当不复计执外六尘总相为"我所"也。

(三)分中间我见、我闻、我觉、我知之六识为六界。以治前计执"我见、我闻、我觉、我知"之病。分中间我见、我闻、我觉、我知之六识为六界者,即眼识界、耳识界、鼻识界、舌识界、身识界、意识界者是也。此处意谓:既然中六识分之为六识界,而六识界各个功用差别,云何可执之为"我见、我闻、我觉、我知"耶? 若解此义,一切众生自当不复计执中六识总相为"我见、我闻、我觉、我知"也。

文中"分中间我见闻等为六识识",当系传抄之笔误,若据上下文义应改为"分中间我见闻等为六识界"。

【是已上三处合明,带数标称,分齐差别,彼此不同,总举题纲,名为十八界法也。所言界者,别也;十八者,数也。故言十八界。】

"是已上三处合明"者,承上启下之文也。"三处"者,根尘识三是也。"合明"者,前文约六根总相、六尘总相、六识总相以明法义者是也。

"带数"者,根界、尘界、识界各有其六也。"标称"者,即眼界、耳界、鼻界、舌界、身界、意界、色界、声界、香界、味界、触界、法界,眼识界、耳识界、鼻识界、舌识界、身识界、意识界等诸称也。

此根尘识三处合明,各有分际,各有差别,各有不同。若总举其提纲,即名为十八界也。"纲"者,提纲挈领之谓也。

所言"界"者,即界别、界分之义。亦即说"界"包含有分际义,差别义,不同义。

此等界之分别,其数有十八,即六根界,六尘界,六识界,故名"十八界"。

【即于前一一法上,各有六重:一者名,二者事,三者体,四者相,五者用,六者因。所言名者,眼根,口中是说言者是也。所言事者,名下所诠,一念相应如幻者是也。所言体者,八微事也。言八微者,坚、湿、暖、动、色、香、味、触者是也。所言相者,眼如香荄华,亦云如蒲桃埵是也。所言用者,发生眼识者是也。又有四义:一、眼识作眼根,二、发生眼识,三、眼识属眼根,四、眼识助眼根者是也。所言因者,赖耶识根种子者是也。】

前文三处合明,已总释不可于十八界中总计执"我""我所""我见"。今文则于十八界展开来详释之。

"前一一法"者,即六根界,六尘界,六识界,合之亦即十八界。于此十八界一一法中,各有六重也。"六重"者,一名,二事,三体,四相,五用,六因。

今首先就"内六根"而予以解说之。文中解说内六根各自六重时,是约眼根为例,余根例此,可推而知之。

(一)所言"名"者,通俗地说,即是说由口中说出来的有所指谓的概念名称,便呼之为名。譬如"眼根"即是能指谓此色身上与"眼目"相关的器官组织的概念名称,故"眼根"二字即是名。

自然耳根、鼻根、舌根、身根、意根、色尘、声尘、香尘、味尘、触尘、法尘,眼识、耳识、鼻识、舌识、身识、意识,在口为言,有所指谓的概念名称皆呼曰名。

(二)所言"事"者,通俗地说,所谓的"事"即是说名言概念所指谓的事物与事法。故"名"和"事"之间,名为能指、能诠,事为所指、所诠。文云"名下所诠,一念相应如幻者是"。"诠"者,诠释也;"一念相应"者,例如眼根,即是由吾我(心)于一念相应之间所成之事法也。

何故言"事"乃"一念相应如幻"呢?以"眼根"为例,于佛法而言,浅而言之,眼根乃八微因缘假合而成,如幻如化,故无实体,是即"如幻"。深而言之,八微亦不过是众生一念无明心动而幻现,故无自性。

(三)所言"体"者,即是八微事也。"体"者,通俗地说,即是一切事物、事法的实体或体性,为一切法之本质,亦即法存立之根本条件。何谓"八微"呢?"八微"者,谓坚、湿、暖、动、色、香、味、触者是也。换句话说,即地(坚)、水(湿)、火(暖)、风(动)四大,及色、香、味、触四尘。这里所说的"微",犹现代语之"基本元素"。于小乘佛法谓一切诸法皆因缘所生,故所言事物之体者,亦不过系八种因缘——八微假合所成,无有自性。于大乘终教而言则认为即此八微亦不过是真如理体的显现,其先非如是八种分别,故言八微是前五根之体者,亦是无明分别。

(四)所言"相"者,即是说事物事法的形状、相貌。如举眼根为例,即指眼根之形状相貌。文中言"眼如香荑华,亦如蒲桃埵"即是言眼根之相状。下文并详说其余诸根之相状。

(五)所言"用"者,通俗地说,"用"即是说名言概念所指谓的事物与事法所具有的作用与功能;亦即是说这个事物与事法它是干什么用的。具体以眼根为例,则谓能"发生眼识"即是眼根的功能与作用也。此中有四义:

1. 眼识作眼根。谓若无眼识因缘,便不成眼根。识是其用,根为其体,用必依体,体必起用,无眼识之用,便不成眼根之体也。所以称为眼根者,是以眼识而得其名,故曰"眼识作眼根"。

2. 发生眼识。第二种义者,谓以眼根因缘,发生眼识也。若无其体,必不能起用。所以由眼根之体,而发生眼识之用。

3. 眼识属眼根。谓眼根主宰眼识,眼根摄眼识也。

4. 眼识助眼根。谓眼识助成眼根之用,眼识摄入眼根之用也。

总而言之,用之与体,识之与根,相缘而成,互因而生。小乘执为有法,大乘则知缘生无性。

(六)所言"因"者,通俗地说,谓产生一切事物与事法的最初的种子,即是因义。故文云阿赖耶识中能引生"眼根"的种子,即是眼根"因"义。这里提到一个佛教中很重要的名相概念"阿赖耶识",下面我们就对此名相作些必要的解释与说明。

依唯识而言,识有八识,即眼、耳、鼻、舌、身、意六识,及第七、末那识,第八、阿赖耶识者是也。"阿赖耶识"译为"藏识"。藏,为"含藏"的意思,宇宙万物种子尽纳入此识,因此得名。

今要想深入正确的理解弄明白"阿赖耶识"的意思,就一定要先弄明白"种子"的意思,所以这里我们预先解释一下"种子"的概念。依法相宗而言,种子乃对于现行法之称。指在阿赖耶识中生一切有漏无漏有为法之功能,而谓之种子。犹如草木之种子也。种子者,是有为法之正因,四缘(因缘、等无间缘、所缘缘、增上缘)中因缘之实体也。《唯识论》曰:"何法名为种子?谓本识中亲生自果功能差别。"《唯识述记》曰:"种子即是诸法因缘,皆因相也。"

种子有二类:一、本有种子,这是无始以来,第八识中,十法界种子俱全,此类种子皆是本有的,故又名"本性住种";二、新熏种子,这类种子,不是原来有的,而是由前七识的现行为因,回熏第八识,又成为新的种子藏入于阿赖耶识中,故又名"习所成种"。

又依《成唯识论》所云,种子虽依第八识体,然只是此识之相分;第八识之见分,则恒取之以为境界者也。

"藏识",有能藏、所藏、执藏等三义。其中:

"能藏",谓能含藏发生诸法潜势力的种子,即所藏为种子,能藏为第八识现行,此为"种现相望"。

"所藏",谓第七识熏诸法的种子,故以受熏义名第八识为所藏,能熏为第七识的现行,此为"现现相望"。

"执藏",谓被第七末那识执着为实法、实我,故以所执持之义名第八识为执藏,能执为第七识,此亦为"现现相望"。

如上,"藏"虽具三义,然若以第八识为一切诸法缘起之根源观之,则应以"能藏"义解释阿赖耶识最为中肯。关于第八识,尚有"毗播迦(异熟)"、"阿陀那(执持)"等种种异名。

于八识而言,因眼识至末那识系由阿赖耶识之所生起,故前七识总称为转识或七转识;而阿赖耶识为七转识之因,故称为根本识、种子识。又若分八识为三能变,则阿赖耶识名初能变,末那识名第二能变,前六识名第三能变。又若就其性而言,眼等前六识以了别为其性,缘色、声、香、味、触法六境,通善、恶、无记三性;末那识以恒审思量为其性,乃有覆无记性,唯缘阿赖耶识之见分为自之内我;阿赖耶识为无覆无记性,以微细之行相缘自所变现的器界、种子、及有根身。

有一点我们需要弄明白的是,这里言阿赖耶识中根种子为眼根(余五根及下外六尘、中六识亦同)之因者,乃是约大乘始教义而言,若就大乘终教,方便而言如来藏才是万有之因。具体等下面谈到"如来藏"时,再详加解释。

【耳根,如斜跋窠相;鼻根,如覆爪甲;舌根,如偃月刀相;身根,如立地蛇相;意根,据小乘,如芙蓉相;若据大乘,以四惑俱生为相。四惑者:我贪、我慢、我痴、我见也。意根体者,阿赖耶识是也;事者,名下所诠与意识内缘,一念相应执我者是也。除意根体、事,余根准眼根,思之可知。】

前文"眼如香荽华,亦如蒲桃埵"已言"眼根"之相,今文则一一说余五根之相。

其中:耳根,如斜跋窠相;鼻根,如覆爪甲;舌根,如偃月刀相;身根,如立地蛇相。

意根(第七识末那识即是意根)"相"者,则大、小乘所说不同。据小乘而言,意根如芙蓉相。言如芙蓉相者,乃是譬喻。"芙蓉"乃莲花之别名,莲花浮出水面而其根深藏水底,人所不见,犹小乘人,仅知第七识我执,而不见第八识。然第七识之体即第八识也,以小乘人不见,故以"芙蓉相"譬第七识,意根即第七识也。

文云:"若据大乘,(意根)则以四惑俱生为相。"也就是说根据大乘法义,意根即是以与生俱来的四种不正知正见的心理状况为其相状。具体而言,四种不正知正见的心理状况即是"四惑",即"我贪、我慢、我痴、我见"四者是也。《成唯识论》中云:"此意(第七末那)相应有几心所?具与四种烦恼常俱,谓我痴、我见、我慢、我爱。"此中"我爱"者,即今文中之"我贪"是也。"四惑"乃与第七末那识相应而起之四种根本烦恼。下面对四惑分别解释如下:

"我贪"者,谓对于所执之我,深生耽著,根深蒂固。

"我慢"者,即倨傲,谓恃所执之我,令心高举,凌慢于人。

"我痴"者,即是无明,谓执我心昧,不知我空。因愚于我相,故亦迷于无我之理。

"我见"者,即执我之见。谓于诸法无我,而妄计于我。

若论意根之体,即是第八阿赖耶识。何故? 意根者,即是第七识末那识,末那识及前六识皆系由阿赖耶识之所生起,是故今文云:"意根体者,阿赖耶识是也。"

意根"事"者,谓意根(第七识)内缘第八识,一念相应即执第八识为我者是也。简单地说,意根"事"者,即是第七识末那识。

"末那识"者,即《唯识论》所说八识中第七识,以由第八识为所依,以第八识之见分为所缘而生之识也。"末那识"译为意。"意"有思量之义,此识常缘第八识之见分思量,我为法,故名末那。此识乃我、法二执之根本也。

然则第六识名为意识,与第七识末那识有何分别耶? 此中第六意识为依第七末那识(即"意")而生之识,故曰意识,此乃依主释也。又此末那识称为第七识者,是作"持业"释也。如《唯识论》曰:"是识(第七识)圣教别名末那,恒审思量胜余识故。此名异第六意识,此持业释,如藏识名,识即意故。彼依主释,如眼识等,识异意故。"《述记》曰:"末那是意。"

除意根体事以外,其余根如名、相、用、因等,准于眼根,思之可得。如以意根为例,意根"名"者,口中言说者是。意根"相"者,小乘谓如芙蓉相,大乘以四惑俱生为相。意根之"用",发生意识者是。意根之"因",与余根一样,皆以赖耶识根种子为因。

【第二、外六尘者。一一是有六种:一者名,口中言说色尘者是也;二者事,名下所诠,一念与眼识相应者是也;三者体,八微者是也;四者相,青黄赤白者是也;五者用,引生眼识者是也;六者因,阿赖耶识中色种、色种子者是也。】

前文已解释过了"内六根"一一之六重,这里接下来将解释"外六尘"一一之六重。亦如前文中解说内六根各自六重时,仅约眼根为例一样,今解说"外六尘"一一之六重,亦只是约色尘为例,余尘例此,自可推而知之。"六重"者如前,即一名、二事、三体、四相、五用、六因。

(一)名,口中言说,谓为"色尘"者是。

(二)事,名下所诠释者,一念与眼识相应者是。一念与眼识相应者即是"色尘",故简单地说,眼识向外作用了知的对境即是色尘之"事"。

(三)体,色尘以地、水、火、风、色、香、味、触等八微因缘假合为体。

(四)相,色具青、黄、赤、白等为其相。

(五)用,色法能引生眼识者为其用。这里需要注意的是,前面说到眼根之用是"发生眼识",而这里言色法之用则是能"引生眼识"。二者虽只一字之别,然义却不同。"发生"者为主因、内因,而"引生"者,则为次因、外缘。

(六)因,阿赖耶识中,色种、色种子者是。此处据文义"六者因,阿赖耶识中色种、色种子者是也"似应为"六者因,阿赖耶识中,色种子者是也"。前"色种"二字可能系传抄时之误加。"阿赖耶识中色种子"者,即阿赖耶识中自体变现之相分也。

【声尘,以大、小、长、短音声为相,香尘,以香、臭等为相;味尘,以酸、咸、甘、辛、苦

为相;触尘,冷、暖、涩、滑、硬、软、轻、重等为相也;法尘,以方、圆、长、短形量等为相。其法尘以无明为体。除法尘体外,余五尘,准色尘思之。】

前已解释"色尘"之相,今则接下来解释余尘之相。其中:

"声尘"者,以音声大小、长短为相。音声大小、长短者,直名其言说也。

"香尘"者,以香、臭之气为相。

"味尘"者,以酸、咸、甘、辛、苦等滋味为相。

"触尘"者,以冷、暖、涩、滑、硬、软、轻、重等为相。

"法尘"者,以方、圆、长、短形量等为相。

若论法尘之体,则法尘以无明为体。何故言法尘以无明为体耶?尅实而言,一切诸法本初不生,乃因众生最初一念无明心动而幻起诸法,起而皆幻,无有其实,内外求之,了不可得,推其本际,元是妙明,真如理体。诸法既因无明而幻起,是故文云"法尘以无明为体"。若浅而言之,一切诸法但四大、八微因缘假现,而无实体,众生起于无明,虚妄执着法有实体,而强加分别善恶好丑者是也,是故文云"法尘以无明为体"。

除法尘以无明为体以外,其余声、香、味、触等四尘,皆准色尘可知。即是其余四尘,皆以八微为体,这是就五尘自体性相而言的。诸法有二种性,即一、无性为性,本质上而言一切诸法同是以无性为性;二、以自体性相为性。此处以八微为体,即是从事相上,约自体性相而言也。若究竟言,一切尘法,皆缘生无性,若执为实有,即是无明。

【中间六识者。一名,口中言说眼识者是也;二事者,名诠不及,妙得不亡者是也;三体者,用如来藏为体;四相者,清净圆满为相也;五用者,得境了知为用也;六因者,以阿赖耶识中,眼识种子者是也。】

此是于根、尘、识中,第三、解释中间六识。于六识中,先解释眼识,余五识则可准眼识思之。眼识有六重:

(一)名,眼识之名谓通过口说出来能指谓"眼识"的概念名称,即口所呼为"眼识"者是。

(二)事,眼识之事即"名诠不及,妙得不亡者"是也。此处意谓:眼识是抽象的,非具体的,故非可作固定形相来见的事物,故曰"名诠不及"。虽然名诠所不及,然眼识确实存在功用,当知眼识元非虚无,故曰"妙得不亡"。"不亡"者不无也。

(三)体,眼识用"如来藏"为体。何谓"如来藏"呢?真如在烦恼中,谓之如来藏;真如出烦恼,则谓之法身。依《〈佛性论〉如来藏品》所说,藏有三义:

1. 所摄之义,真如立于众生之位则含和合、不和合之二门,为和合门者生一切之染法;为不和合门者,生一切之净法;一切染净之法,皆摄于如来之性,即真如,故云如来藏。换言之则真如摄一切法,如来藏一切法也。《楞伽经》曰:"如来之藏,是善不善因,能遍兴造一切众生。"《胜鬘宝窟》曰:"一切众生无有出如如境者,并为如如所摄故名藏也。则众生为如来所摄也,是如来藏众生。"《起信论义记》曰:"如来藏心,含和合、不和合二门,以其在于众生位故,若在佛地则无和合义。"

2. 隐覆之义,真如在烦恼中时,为烦恼隐覆如来之性德,而不使显现,故名如来藏,是众生之烦恼藏如来也。《胜鬘经》曰:"无量烦恼藏所缠如来藏。"又曰:"如是如来,法身不离烦恼藏,名如来藏。"《理趣般若经》曰:"一切有情皆如来藏。"《理趣般若述赞》曰:"此真性正实如来藏在缠中名如来藏,一切众生皆有真理故。"《胜鬘宝窟》曰:"如来性住在道前为烦恼隐覆,众生不见,故名为藏,是众生藏如来也。"

3. 能摄之义,真如在烦恼中,含摄如来一切果地之功德,故名如来藏。《占察经》曰:"复次彼心名如来藏,所谓具足无量无边不可思议无漏清净之业。"《起信论》曰:"如来藏,具足无量性功德故。"《理趣般若述赞》曰:"藏谓库藏,诸佛所有一切功德皆在其中名如来藏,现行功德未能起,故不名法身。"《起信论义记》曰:"隐时能出生如来,名如来藏(能摄故出生也),显时为万德依止,名为法身。"

又"如来藏"也指如来所说之一切经藏也。《增一阿含经·序品》曰:"其有专心受持增一,便为总持如来藏,正使今身不尽结,后生便得高才智。"

显然此文中所言之"如来藏"非谓"如来所说之一切经藏"也,而是指于一切众生之烦恼身中,所隐藏之本来清净(即自性清净)的如来法身。盖如来藏虽覆藏于烦恼中,却不为烦恼所污,具足本来绝对清净而永远不变之本性。而一切染污与清净之现象及事法,却又皆缘如来藏而起(所谓"如来藏缘起"),而阿赖耶识亦是缘如来藏而起,如《圆觉经略疏》云"二者、心生灭门,谓依如来藏与生灭合,名阿黎耶识(即阿赖耶识)",故如来藏为一切现象事法的实质、本体。而"眼识"又岂出其外,故今文云"(眼识)体者,用如来藏为体"。

前文注解八识时曾云"眼识乃至末那识系由阿赖耶识之所生起",今何故不说阿赖耶识为眼识之体耶?其实如来藏即是阿赖耶识。或又问:既如是,则佛何故又于阿赖耶识之外更立如来藏之名耶?至于佛为何于阿赖耶识之外更立如来藏之名,《大乘密严经》中如是释云:"世间诸众生,染净等诸法,皆依于藏识,为因而得生;此因胜无比,证实者宣示;非与于能作,自在等相似。世尊说此识,为除诸习气;了知解脱已,此亦无所得。赖耶有可得,解脱非是常。如来清净藏,亦名无垢智,常住无始终,离四句言说。佛说如来藏,以为阿赖耶。恶慧不能知,藏即赖耶识,如来清净藏,世间阿赖耶,如金与指环,辗转无差别。"

然今文云"眼识用如来藏为体",此非就小乘教而言,乃是以大释小也。何故?若就小乘教法而言,小乘人于阿赖耶识尚仅知名字,更何况于甚深如来藏耶!

(四)相,眼识以"清净圆满"为相。眼识者,虽能圆照一切法,然其本身却是清净,不夹杂个人情见执著分别的。譬如牟尼宝珠,圆照诸像,然珠体清净湛寂。"眼识"之相,亦复如是。

(五)用,眼识以"得境了知"为用。譬如明镜,对境影现,不加情见分别,故曰"得境了知"。"了知"者,明了知道,然不加情见分别尔。

(六)因,眼识是以"阿赖耶识中能引生眼识之种子"为因。即阿赖耶识中,见分能取于相分之功能,即是眼识之因也。

【然意识中事者,名下所诠与正理不相应者是也,以一切往碍为相。除意识事相外,余五识,准眼识思之。】

"眼、耳、鼻、舌、身、意"六识中,前五识性质基本相同,故皆可准眼识思而明之。唯意识与前五识性质有异,故今于意识之"事""相"二予以别释。

若论意识中"事",意识中"事"者,今文谓"名下所诠,与正理不相应者"。何谓"意识"呢?"意识"者,谓意根若对法尘,即生意识。意识生时,即能于五尘之境,分别善恶好丑也。而其之所以于因缘假合之境强加分别善恶、好丑,皆系因此类人等昧于正理,不知不解五尘外境实乃由因缘假合而成,缘生无性,本来空寂。故知,但是"意识"生时即昧于正理,与正理不相应也。是故文云:"名下所诠,与正理不相应者是。"

若论意识之"相",即是"以一切往碍为相"。"往"者,过去也。意识者,不同于前五识,前五识对前五尘时,但是见色、闻声、嗅香、尝味、觉触,而未起分别也;而意识则不同,意识生时,即能于五尘之境,强加分别善恶、好丑,而生邪执取舍也。不起分别者即是现量之境,起分别者则非是现量之境,但为过去之境也。今意识者,既昧于正理,而于五尘之境强加分别善恶好丑,是则名之为"碍"。"碍"者,碍于正理了。

除意之"事"与"相"外,余五识之六重,及意识之名、体、用、因等,皆准眼识,思之可知。

【其名、事等,一界既六,总计十八界,都一百八界也。】

其名、事、体、相、用、因等六重,于十八界中各各皆具。总计便有一百八界。

【有经用此为一百八烦恼,所治之病既尔,能治之药亦然。】

有的经论认为此一百零八界,即是一百零八种烦恼。"烦恼"者,病也。既然有一百零八种病,故治病之药,自然亦有一百零八种药也。

【俱根、尘、识等并以藏识为体。故《楞伽经》云:"藏识海常住,境界风所动,恒起诸识浪,腾跃而转生。"据此经文,是为可证。】

根、尘、识三,并以藏识为体。"藏识"者,即是第八识"阿赖耶识"也。今文并引《楞伽经》"藏识海常住,境界风所动,恒起诸识浪,腾跃而转生。"文而作为证据、证明。

【若行者观此十八界,断前等烦恼,得离我、我所,此即解脱。】

文义易见,谓若学佛之人,若观此十八界,以药除病,断前等烦恼,得离我与我所,此即是解脱也。

"观十八界"者,观也,"断烦恼"者,止也。以止观故,离我、我所,以离我、我所故,获得解脱。

【能观之心是智,所观之境无人,名得人无我智也。人我虽去,法执犹存。法执者,谓色、心也。】

前文已总说小乘人学佛修行,皆乃对待境界,故有能有所,有生有灭。

于小乘所修止观,能观之心谓之观智,由此观智观所观之境,而得通达所观之境无人,亦即通达"人无我"之理也,故其观智,文云"名得人无我智也"。

然小乘止观仅空人我,未空法我,故空性未得圆明。关于人、法二无我前文未作什么解释,今略释如下。

人法二无我者,又称人空、法空,或我法二空。其中:

人无我,谓了知人身乃五蕴假和合,实无自主自在之我体。是为小乘之观道,以断烦恼障而得涅槃。

法无我,谓了知诸法因缘所生,实无自性实体。乃大乘菩萨之观道,以断所知障而得菩萨。

彻知人法二无我理之智慧,称为二无我智(人无我智、法无我智)。

今小乘止观既堕对待境界,自然失于化道,不能善解方便,偏空滞寂自当难免,故文云"人我虽去,法执犹存"。"法执"者,即是固执认为诸法有实体,有实用,即所谓有"法我"者是也。

结合前文而言,即是由前药病相对,法开法合,小乘学佛之人已知此人身乃五蕴假合,实无自主自在之我体。然尤执药对,开合之法,是为实有,具体而言,即是认为色法、心法、十八界等法系为实有也。

【问:此中法执色、心,与前破一我色、心何别耶?答:前则一身为有人,故举色、心以破见,乃至如是展转开一身为十一色,开一心为七心等,至此始知从众缘和合生,故人见始亡;鉴理未明,犹执众缘,以为实有,有斯异也。此略出说小乘破我执,明界分别观竟。】

此乃问答释疑。此疑系由前文而来,学人见前文以色心二法,开合不定,破执此五蕴之身有一自主自在实我的邪知邪见,而今文又云"法执者,谓色、心也",故而生疑。不知前后二者,到底有何差别耶?

答文文义易见,谓前由执一身为有人我,故于色心二法开合不定以破一我者,是破人我执也。今说法执为色、心二法者,是说小乘人尚有法我执也。故举色心以破见者,是破人我见。如是展转破人我见,而先开一身为色、心二法;次开一色为四色(四大),开一心为四心(受、想、行、识);次复展转合四色为一色,即五阴中之色阴,合四心为一心,即十二入中之意入;次复展转开一色为十一色,即五根六尘,开一心为七心,即六识及六根中之意根;展转至此,方知"我"为从众缘和合生,故人我见始亡。

然小乘人鉴理未明,犹执众缘之法为实有。故谓小乘为"法有我无宗"。

此是略说小乘,破其人我执,于五停心观中,单明界分别观竟。

二、生即无生门:始教菩萨入人、法二空

【生即无生门者。就此门中,先简名相,后入无生门。】

在前文中我们提到过,"生即无生门"即是对应着"大乘始教",也就是说"生即无生门"所阐述的即是华严宗大乘始教的教理观法。

那何谓"大乘始教"呢?"大乘始教",又作分教。是对小乘开始入大乘,然根机未熟者所说之教法。此教为大乘之初门,故相对于后面的终教而称之为大乘始教。于中又分空始教、相始教二种:

(一)空始教,即《般若》等经,《中》、《百》、《十二门》等论所说,谓一切物质皆无一定实体,主张一切本空。此教但明破相遣执之空义,未尽大乘法理,故称为空始教。

(二)相始教,指《解深密经》等经,《瑜伽》、《唯识》等论所说,谓诸法均由因缘生,且万有皆有主体与现象之区别,主张五性各别,众生的根性法尔有五种不同,定性二乘

不能转为菩萨乃至成佛。又明人法二空,说真如凝然常恒不变,不随缘转变诸法。又说依他百法,广谈法相、少及法性,所说法性,也在法相名数之列,又只在生灭之事法上说阿赖耶缘起,故称为相始教。

在这里有一点需要说明的是,法藏(贤首)大师对空、相两种始教是无轻重之分的,但清凉澄观国师以为"空胜相劣,而由空入终教"。在这里实际上空始教即大致摄属中观学派(印度此学派以清辩论师为代表人物,而汉传八宗中则以"三论宗"为代表),而相始教则大致摄属于瑜伽唯识学派(印度此学派以护法论师为代表人物,而汉传八宗中则以"法相宗"为代表),此二学派的思想观点(知见)实则只是般若学说的一体两面而已,其根本宗旨是完全一致的,其教法思想体系也完全是平行对等的。今引法藏大师《一乘教义分齐章》中一段文以资证据,文云:

"此乃相成非相破也。何者?为末代有情根机渐钝,闻说依他是有义,不达彼是不异空之有故,即执以为如谓之有也。是故清辩等,破依他有令至于无,至毕竟无,方乃得彼依他之有。若不至此彻底性空,即不得成依他之有。是故为成有故,破于有也。又彼有情闻说依他也毕竟性空,不达彼是不异有之空故,即执以为如谓之空。是故护法等,破彼谓空以存幻有,幻有立故,方乃得彼不异有之空。以若有灭,非真空故。是故为成空故,破于空也。以色即是空,清辩义立;空即是色,护法义存。二义镕融,举体全摄。若无后代论师以二理交彻全体相夺,无由得显甚深缘起依他性法(即指后面大乘终教所开显宣说之如来藏缘起学说与思想)。是故相破反相成也。"

从上面这段引文我们可以知道,法藏大师是认为中观学派与瑜伽唯识学派在根本宗旨上是完全一致的,二派学说作为平行对等且互为补充的二种教法体系,共同构成了大乘的始教。二者之所以被判为大乘始教,乃是因为中观会事归理,以性空为宗;唯识依理起事,依幻有设教,二种教法中理事空有尚有概念上的严格区别,迥然不滥。而大乘终教所宣说开解的如来藏体系则依理事圆融,空有无二的角度建立教法,重在显示性空真理与有为事法在存在论上的相即不离,如此方是大乘佛教的真实了义,亦即所谓大乘终教所宣说开解的学说思想。

另杜顺大师曾依《华严经》创立"法界三观"。"法界三观"者,一者真空绝相观,二者理事无碍观,三者周遍含容观,此三观者一道贯之,辗转玄妙。又大师并将"真空绝相观"开为"四句十门",其中"四句"依次分别是:一会色归空观、二明空即色观、三空色无碍观、四泯绝无寄观。其中将"会色归空观"又开为:一色非断空门、二色非真空门、三色空非空门、四色即是空门四门;将"明空即色观"则开为:一空非幻色门、二空非实色门、三空非空色门、四空即是色门四门。

若以观收教,则"真空绝相观"之第一句"会色归空观"即摄属于大乘始教之空始教;而第二句"明空即色观"则摄属于大乘始教之相始教;第三句"空色无碍观"则摄属于大乘终教;第四句"泯绝无寄观"则摄属于大乘顿教;"理事无碍观、周遍含容观"则摄属于一乘圆教。

又若将三观与华严四法界相对应,则真空绝相观者,可证入真如理法界;理事无碍观者,可证入理事无碍法界;周遍含容观者,可证入事事无碍法界;至于事法界,繁多无量,若一一观之,则无有穷尽,故不立观。

前小乘教对治外道邪执,因为外道不知诸法自性皆是因缘假合所生,乃执自性实有而起人我执,故以小乘教对治之,而令空人我。然小乘教但空人而不空法,故今大乘始教则对治小乘之执诸法(如前文所云"人我虽去,法执犹存。法执者,谓色、心也";又云"鉴理未明,犹执众生,以为实有"等)为实有,令其明诸法但因缘假合所生,名相是假有,体性皆本空。大乘始教,知诸法因缘生,缘生无自性。虽证此法,犹有刹那生灭,是以仍属有为缘起。

"先简名相"者,即简别名相是假也。"简"即简别义。知名相是假,则入诸法无性;知诸法无性,则知诸法无生矣,是故文云"后入无生门"。

【今初,简名相者。且就世间,随取一物征即得,今且就一枕上征。问:不违世间,唤作何物? 答:是枕。问:复是何? 答:是名。又问:此是何枕? 答:是木枕。】

法相唯识宗之根本教义有"三性"(亦名"三自性")说,即是:一、遍计所执性,二、依他起性,三、圆成实性。其中:

(一)遍计所执性,谓众生迷惑,不了诸法本空,妄于我身及一切法,周遍计度,一一执为实有,故名遍计自性。"遍计"即"周遍计度"义。

(二)依他起性,谓所有诸法,皆依众缘相应而起,都无自性,唯是假有,故名依他自性。"他"即因缘义,"起"即生起义。

(三)圆成实性,谓真如自性,不迁不变,圆满成就,故名圆成自性。"圆"即圆满义,"成"即成就义,"实"即真实义。

今文"简名相"中的"名"即是三性中的"遍计所执性","相"即是"依他起性"。如《大乘密严经》云:"名从于相生,相从因缘起,此二生分别,诸法性如如。于斯善观察,是名为正智。名为遍计性,相是依他起,名相二俱遣,是为第一义。"

根据上引《密严经》可知,一切诸法但是分别而施设,又但以假名而安立,也就是说一切诸法之"相"只是因缘假合而幻现,故无其实,唯是幻妄假相而已,而名则从于相生,相即是幻妄,名自然都无实义。要之,名相是假,如幻如化。假则无实体,法无实体,是故无生。所以名相现有生灭,而体性唯是真如,真如理体,不变不迁,寂湛不动,实无起灭。

在这里,弄懂什么是"名""相""色",尤其是弄清楚"相"与"色"到底有何区别,于正确悟解领会"简名相"这一大段文字的义旨与意趣至关重要,故下面我就先为大家作些通俗易懂、深入浅出的介绍说明。

根据上引《密严经》以及本论前后文义,关于"名",我们知道名乃是基于相而生,亦即是说名乃是口中言说的用来指谓事物的名称概念。关于"色"简单地说,色即是指由因缘假合而一时客观现起之未夹杂凡夫分别情见生灭心行的一切事物与现象——亦即谓离于分别性之一切诸法也,基于如上所释,我们可以了解到所谓"色"者,实则只是真如理体(如来藏)所法尔本具性功德之显用也。色即是因缘假合而一时客观现起之未夹杂凡夫分别情见生灭心行的一切事物与现象,那么什么是相呢? 通俗地说,"相"即是谓基于因缘假合而暂时现起的夹杂了凡夫分别情见生灭心行的一切差别事物与现象——亦即谓由分别缘所生之一切诸法事相也。

今以摩尼宝珠喻说明其义。譬如清净摩尼宝珠映于五色(青、黄、赤、白、黑),随方各现。诸愚痴者,昧于摩尼宝珠体性但是莹净无暇,都无色相,因见五色珠相似而有,便取于(青、黄、赤、白、黑)五色珠相而生各个实有之分别念想。然具智之人则知随方各现之五色珠虽显各个差别相宛然,然实则一体无别(但是摩尼宝珠而已),亦即是说,若离于摩尼宝珠,五色珠等皆无实体性(即自性)可得,五色珠等但是摩尼宝珠自性功能之当体显用尔;五色珠等既离于摩尼宝珠皆无实体性可得,是知五色珠等法尔离于分别性,故实不可取于(青、黄、赤、白、黑)五色珠相而生各个实有之分别念想尔。从上面的辨析可知,摩尼宝珠自性功能是当体显用——即随方映于五色而言,若当体显现之五色珠未夹杂凡夫分别情见生灭心行者即是所谓"色"也,此如智者之见五色珠乃为相应尔。而若昧于摩尼宝珠本自体性,取于(青、黄、赤、白、黑)五色珠相而生各个区别乃至执以为实有之分别念想心者,即是所谓"相"也,取相分别五色珠者,此即诸愚痴者之观五色珠者也。如是执以为各个区别乃至实有之五色珠,实但存在于诸愚痴者之分别念想心中也,而如是唯存在于诸愚痴者之分别念想心中之五色珠者,实则唯是虚妄缘起幻相而已。

下面我们再结合"八识自变自缘"的道理,从唯识的角度来辨析什么是"色"?什么是"相"?这里仅以眼根为例来说明如何是八识自变自缘的道理。首先我们清楚狭义的"相"乃是属于六根中眼根见分(即眼识)所感知观察之对象对境,所以我们只要弄明白眼识门到底是如何观察感知外在客观缘起假合之一切色法(事物现象)的,我们也就能大概弄清楚闹明白到底什么是相,什么是色了。现在,以枕为例来说明。大家不妨都思维一下当我们现在用眼睛(眼根)照了枕时,我们的见觉分是在直接缘枕本身进行观察思量分别吗?其实啊,我们的见觉分此时并非是在直接缘枕本身进行观察思量分别,而是在缘枕(指枕这个事物本身、为色尘)在眼识门(眼根)中所形成的一个枕相进行观察思量分别,换句话说,也就是说当我们用眼睛去思量分别、观察了解外在事物(枕)时,首先是由外在事物(枕)先在我们的眼睛上形成一个物象(即枕相,此即眼识自变功能),然后我们的眼识乃至第六意识心即缘此物象(枕相)再进行思量分别、观察了解认知,此即"眼识自变自缘"的道理。眼识如是,耳、鼻、舌、身、意五识乃至末那识、赖耶识亦复如是。如阿赖耶识之自变自缘,即是如来藏与生灭心合而当体显现为见、相二分,此中见分缘相分自分别,此即是阿赖耶识之自变自缘尔。然而有一点我们需要深入明白的是,如来藏不与生灭心合,其亦当体具有不变随缘而显现一切诸法(事物现象)之性功德也。由如来藏法尔本具之不变随缘性功能而显现之一切诸法,当下并不夹杂凡夫之分别情见生灭心行也。

通过上面的简析说明,我们就很清楚"相"和"色"之间本质的区别何在了。"相"者,只不过是分别缘(谓凡夫之分别生灭心行)所生无有自性而各个差别之一切诸法事相,如是诸法事相但是存于凡夫情见执着分别心中(此中所谓有者,但是"情有",非是实有),具体而言八识自变自缘之相分即皆是今文所谓之"相"也;而"色"则是指不离于如来藏自性功能而当体显现之一切缘起诸法事相,此中并不夹杂凡夫分别情见生灭心行也,具体而言也就是说如来藏(真如理体)本具之性功能法尔显用者,即是所谓"色"也。

下面则是论主杜顺大师举枕拟迷人而自设问,而后自答之,俾以广宣佛义。

彼迷人问曰:"如果不违背世间之言说,请问此是何物呢?"答:"是枕。"

迷人又问:"所谓枕者,复是何耶?"答:"所谓'枕'者,但是名。"

名和物(事)二者,前者是能诠,后者是所诠。具体约枕而言,则"枕"即是名下所诠之事之物,而"名"则是能诠之言说,亦即是说"名"即是用来指谓事物的名称概念而已。是知言说之名,但是假名,都无实义。《楞严经》亦云:"但有言说,都无实义。"

因为"名"者不过只是枕的代名词而已,换句话说,此枕亦可用其他的名称代替指谓。例如"此物""彼物"、"这个东西""那个东西",乃至"甲""乙""丙""丁"、"子""丑""寅""卯"等。是以知名,但是方便言说,都无实义。

彼迷人又问:"此是何枕?"答:"是木枕。"

此一问答,旨在引出下文关于"名"与"句"之间的关系。

【又问:木枕复是何? 答:不是名。又问:既不是名,唤作何物? 答:是句。又问:枕唤作何物? 答:不是句。又问:既不是句,唤作何物? 答:是名。又问:名将何用? 答:名将呼事。】

彼迷人又问:"木枕又是何物?"答:"非是名。"

彼迷人又问:"既不是名,则该唤作何物呢?"答:"'木枕'二字则唤作句。"

这里我们解释一下何为"句","句"者,谓诠释事物之理义为句。《唯识论》曰:"名诠自性,句诠差别。"《俱舍论》曰:"句者谓章,诠义究竟,如说诸行无常等章。"《瑜伽论·伦记》曰:"诠法自性名名,诠法差别名句。"

彼迷人又问:"若如是,那么'枕'又该唤作何物呢?"答:"不唤作句。"

彼迷人又问:"枕既不唤作句,合该唤作什么呢?"答:"'枕'是名,非是句。"

彼迷人又问:"那么'名'能作甚么用处呢?"答:"'名'将呼事,亦即是说'名'可作指谓事物之用。"

【又问:素〔呼〕将来? 答:枕到来也。即指到来者〔问〕:是何? 止不须语,此是默答。更问:定是何物? 答:不是枕。又问:既不是枕,枕向何处去? 答:是名。】

故彼迷人紧接着又问:"既名将呼事,那么就请素将来吧!""素"据文义,则很明显应为"呼"字! 意思是说,既云"名"者用以呼事。那么不妨呼事(枕)来我看!

答:"枕已将到来现前也。"

彼迷人即指将来之枕问曰:"此是何物呢?"智人寂然不作声,这算是默答了。

此处何故"止不须语",而用"默答"的方式来应对呢,此有何意? 此处意谓所诠事者,实是离名之法也。若能现量直示其事物,又何须假名言来作答呢。

彼迷人更问:"此定是何物?"答:"非是枕。"

此物分明是枕,然今又何故答"不是枕"耶? 此中到底是何寓意耶? 此中意云:"枕"这个事物,但是客观存在,本不关"名"事,昔既可约定俗成的将其称作"枕"名,也可约定俗成的将其称作其他无量名。既如是,言其"不是枕"又何尝不可呢。亦即是说,一切名皆不过只是个假名而已,假名皆无实义。

彼迷人又问:"若此不是'枕',那么到底什么才是'枕'呢?"答:"'枕'只是个假名而已。"

由此可知,一切法不可说,不可分别。所说所分别者,唯是假名幻相而已。

【又问:名在何处? 答:口中言说者是。又问:此既不是枕,唤作何物? 答:离言。又问:何以得知离言? 答:由眼见,故假言诠。】

彼迷人又问:"既云'枕'只是个假名而已。那么所谓'假名'者在何处呢?"答:"'假名'者,但是口中言说用来指谓事物的名称概念而已。而口中之言说,并非是有实体之物也。"

彼迷人又问:"此事法既然离枕之假名,那么到底该唤作甚么东西呢?"答:"此事法离言语相文字相,故实不可言说也。"

彼迷人又问:"又怎么知道此事法一定离言呢?"答:"但由眼见此事法,是故假借名言来方便予以诠解指谓。"

此中意谓虽因眼见,故假借于名言来予以诠解指谓,但名言却绝非事法本身,由此可知但是事法一定离言。

【又问:若假言诠,唤作言何物? 答:是事。又问:事有多种,或是相事? 或是色事? 或是理事? 答:此是相事。又问:相亦有多种,或邪? 或方、圆等相? 答:此是方相。又问:方相有多种,言多种者,名同事别? 答:此是枕名下方相。】

彼迷人又问:"如果假借言诠,那么名言者所诠为何呢?"答:"所诠者是事。"

彼迷人又问:"事法有多种,或是相事,或是色事,或是理事,那么此中所言者究属何种事呢?"答:"今此所诠者,即是相事。"

何谓"事",何谓"理"呢? 但凡因缘所生之法即叫做"事",而离因缘造作之法则叫做"理"。

"相事"者,即是指一切事物本身在眼识门中所形成的影像,此影像亦是由诸法因缘和合所形成的"事物"之假相、幻相,故一切事法之"相事"者,但有其相,无有实体。

"色事"者,即是指一切事物之本身,任何事物之本身亦皆不过是缘起性空法,缘起之法非无,只是其相是假、是幻。当知色法实相,即是性空。

至于"理事"者,则谓缘起性空即其理也。

彼迷人又问:"相亦有许多种,或邪(邪当为斜之通假字),或方圆等相。今所言相者,究属是何相呢?"答:"是方相。"

彼迷人又问:"方相亦有许多种,言多种者,名同事别。那么这里所说的究竟是何种方相呢? 比如方桌、方凳、方砖等,皆是方相。今此方相,到底指何而言呢?"答:"此处但约'枕'名下所诠之方相是也。"

【又问:名相事,八识之中是何心摄? 答:眼识门中,第六意识心中名相事。】

彼迷人又问:"此名相事,于八识之中,却是何心识所摄呢?"答:"于眼识门中只自变外在事物之相,而第六意识心缘之则妄生分别,并取相而立名,故有如斯名相事。"

此处意谓:"名相"乃是吾人透过眼识见色而自变形成的幻相、假相,由第六意识分别取著,而立名相事也。

此处但以枕相而言,故言"眼识门中"。其余若声、香、味、触相,则应云耳识门中名声事、鼻识门中名香事、舌识门中名味事、身识门中名触事,第六意识心中名法事也。文中从简,然义则囊括。

【又问:从何处得此名相事,忽然于意识心中现耶?答:从种子来。问:何以得知?答:此枕名相,不得作席名相,故得知从种子来也。问:种子从何处得?答:从邪师边得。】

彼迷人又问:"那么又是从何处得此名相事,于第六意识心中忽然而现耶?"答:"但从第八识阿赖耶识种子中来。"

譬如明镜当境,则于镜中自然显现诸物象。今六识对境,亦自然现诸法相,又由遍计分别而名生。名相既生,而不识生之所由,故有斯问。

言"从种子来"者,即谓第八阿赖耶识中,亲生自果功能差别也。

据唯识所云,梵语阿赖耶,华言藏识。此识染净同源,生灭和合,而具有四分。如摩尼珠,体本清净;又如明镜,能含万像。若以染分言之,无明依之而起,结业由此而生,具足烦恼尘劳,变现根身世界,即前七种识境皆是也。若以净体言之,即本觉心源,离念清净,等虚空界,即后之庵摩罗识是也。无法不含,无事不摄,是名藏识。若转此识,即成佛果。(四分者:一、相分,相即形相,谓此识能变现根身世界及诸法名义相状,皆由第八识此分而生;如镜中所现之影像也。二、见分,见即照了之义。谓此识能照烛一切诸法,及解了诸法义理;如镜中之明,能照万像也。三、自证分,自证取具之法,谓此识能持见分相分,亲证无碍,如镜之圆体,能持其明,能含众像也。四、证自证分,证即能证之体,自证即所具之法。能持前自证分,见分相分皆不离此分,是第八识本体,如镜之背也。梵语摩尼,华言离垢。根身者,眼等诸根色身也。)

由上解释可知,阿赖耶识能执持诸法种子,令其不失。故阿赖耶识,名为藏识,又名一切种。唯有阿赖耶识能持种,余法则不能持种。

为何说种子乃阿赖耶识亲生自果功能差别呢?乃因种子即是第八阿赖耶识自体变现的相分(此即"阿赖耶识自变自缘"也),故曰种子乃阿赖耶识亲生自果功能差别。

第八阿赖耶识与种子之间的关系,即是第八识是种子之体,种子是第八识之用。种子是因,此乃能生义。而所生染净果报,即是所生义。然无论是能生,还是所生,皆属第八识自果功能差别。换句话说,皆乃第八识自体所变现也。

第八识所现相分,既然有无量差别,故种子亦有无量差别。这种种差别,经上名之为"界"。如经云:"一切有情,无始世来,有种种界。如恶叉聚,法尔而有。""界",即种子差别名。

彼迷人又问:"何以得知,意识心中所现名相事,是从种子来耶?"答:"此枕名相,不可作席名相,是故得知意识心中所现名相事,是从种子来也。"

由前论述我们知道种子即是第八识自体相分,而相分有种种差别,所以一切名相,方有差别。今既一切名相之差别实乃缘于阿赖耶识中种子之差别,故知意识心中所现名相事,自当是从阿赖耶识中种子来也。何故?乃因意识心中所现名相事,如果非从种子来的话,则一切名相应无差别。然今诸名相既各个差别,故知意识心中所现名相事,自当皆是从种子而来也。今文中但约"枕名相不得作席名相"而举例说明,意识心中所现名相事皆是从种子来者,此乃比类而推知也。

彼迷人又问:"那种子从何处而得耶?"答:"从邪师边得。"

这里为什么说种子是从邪师边得呢?基于前面的解释,我们已经知道种子即是第八识所变现之相分,第六意识于此第八识之自体相分执为实境,因而产生我执分别取舍。若尅实而论,"法性无分别,分别不可得",既分别不生,则一切诸法实相无相,原无相分可得。然因邪师邪教,故生邪分别,以致第六识执取阿赖耶识相分为实有,乃至引为种子,分别一切名相,故今云种子"从邪师边得"。

【又问:当得之时,云何得? 答:由于见闻熏成种子故。又问:此名相事既在意识心中,即合心内看,何故心外向前看? 答:向前看时,此名相全在心里。又问:何以得知? 答:眼识但见色,名相事在意识心内。】

彼迷人又问:"此种子当得之时,云何而得呢?"答:"由于见闻熏成种子故。"

此即前面所解释的藏识"能藏、所藏、执藏"三义中的"所藏"义,属"现现相望"。我们知道第八识变现相分,此相分复透过前六识之见闻觉知,而返熏成种。

前面我们亦曾介绍过了,依唯识而言,"种子"有二类:

一是本有种子,这是无始以来,第八识中,十法界种子俱全,此类种子皆是本有的,故又名"本性住种";

二是新熏种子,这类种子,不是原来有的,而是由前七识的现行为因,回熏第八识,又成为新的种子藏入于阿赖耶识中,故又名"习所成种"。

又唯识关于种子之生,亦有不同的说法。

有谓种子但由熏习力增长,不由熏习力生。因为无漏种子,法尔本有,不从熏生。有漏法亦应法尔有种,由熏习力而增长,不别熏生。当然这是从种子依第八识体有,而立说的。此即"本性住种"论。

有谓种子者,皆由熏生。当然这是从相分返熏成种,而立说的。此即"习所成种"论。

在此,我们仅作简单地介绍,不详加讨论。

彼迷人又问:"此名相事,既在第六意识心中,则应该第六意识心向内看而有名相。然何故第六意识心向外向前看而有名相呢?"答:"虽是向外向前看,然此名相却全只是在自心里。"

此处迷人意谓:前面既说名相事是基于阿赖耶识所含藏之种子忽然于意识心中现,则名相事自当是在自意识心中了。名相事既是在第六意识心中,则应该第六意识心向内看而有名相,然今何故第六意识心但是向外向前看而有名相呢?于此你智人又当作何解释呢?

显然这里是因为迷人误将"名相"即当作了外在事物(色)本身,而产生的迷惑。

其实啊,一切相分(外境)不过唯心所现,若心不随分别,则于自心实无如是各个差别境相。但因众生无明颠倒,于第六意识心不能如实知见,而于自心所现诸法分别了知,辨别真实,故妄生名相之见,妄执名相为外在实境。一切名相并非外在事物本身,但是外在事物在自六意识心上的投影而已,所以说第六意识心向外向前看时,此名相亦全在心里。

彼迷人闻听如是开示,仍然心有疑惑,故进一步又问:"那又何以得知此名相事只在意识心内呢?"答:"由眼识但能见色,不能见名相。必待眼识见色而自变形成影像后,转入第六意识,第六意识心分别执取,乃生名相之想。所以名相者,无有实体,只是假名幻相而已,故知名相事只在意识心内。"

这里乃是以眼识为例,余识可例推知。

【又问:我迷人,唯见名相;汝智者,既见色者,相貌云何?何者是色?却问迷人:汝见名相,相貌云何?迷人答曰:四棱六面者是。智人问曰:向棱处看,当见棱耶?见色耶?迷人审谛观察,答云:唯见色,不见棱。余棱面上,亦同此问答。迷人问曰:既全是色者,名相何在?智人答曰:名相在汝心中!】

到此迷人仍不能于自心觉悟解了,亦全然不知"名相"与"色法(事物本身)"之间的区别何在,故彼迷人又进一步问道:"我只是一个迷惑颠倒之人,所以唯见名相,汝是智者,你既能见色,那么你说说色的相貌是怎样的?又何者才是所谓的色呢?"

智者却反过来问迷人说:"你说唯见名相,那么请问你所见名相的相貌到底是如何的呢?"

迷人答说:"我看见这个木枕的相,是四棱六面的。"这里"四棱六面"是言枕的形态、相状。

智人进一步问:"那么你向棱处去看!应当是见棱呢?还是见色呢?"迷人审谛观察以后答云:"唯见色,不见棱。"

譬如于冰、水、汽三者审谛观其实质,则三者唯是 H_2O 而已。何故?形态、相状即使不同,然其组成成分却是不二无别也。

其余四棱六面,亦同此问答。其余四棱六面,亦是唯见其色,不见名相者,则回应前文所云"眼识但见色,名相事在意识心内"也。在这里意欲逐渐让迷人弄明白搞清楚"名相"并非即是"色法"本身也。

迷人却反问道:"然今所见既然全是色,而非名相,那么名相究竟在那里呢?"智人答曰:"名相唯是假名幻相,只在你第六意识心中幻化显现而已。"

基于上述,迷人已知所见全然是色,然尤不知名相与色法本身之区别,故生此问,以征问何者是名相?而名相又何在?此义前文解释甚详,故今不再赘言。

【迷人不伏〖服〗。智人问曰:有何所以不伏〖服〗?迷人答曰:如我现见佛授记寺门楼。名相是我心中向前看者,名相亦遂在我心中,何故一人取得?一人取不得?】

"伏"乃通假字,通"服"字。

迷人不服者,乃因迷人于自心不能如实知见,故仍执名相以为是外在事物(色法)本身也。其实即使是外在事物本身,其亦不过是因缘假合而幻现尔。

智人却问:"你既然不服,一定有不服的理由,那就请你说出不服的理由来吧?"

迷人回答说:"譬如我现前眼见佛授记寺的门楼,当我向外向前看时,而佛授记寺门楼之名相,自然地就取得在我心中了,由此可见名相是实有。既然名相是实有,我自然能取名相得,何故你又说我取名相不得呢?"

"一人取得,一人取不得"者。谓"我"只是一人,而名相又复实有,何故你智人一定要说我取名相不得,而我自己却觉得分明能取名相得呢?

此处迷人意谓:名相(佛授记寺门楼)若能向外取得,自然证明了名相(佛授记寺门楼)非是在自心内,而当是在自心外啊;反之,若取不得者,这才说明名相是在心内尔。然今约我迷人所解,名相(佛授记寺门楼)分明能向外取得,这自然强有力的证明了名相(佛授记寺门楼)是在自心外,而非是在自心内啊,汝智人何故要言名相是在自心内呢?

在这里迷人最大的问题,显然即在于迷人是将在自心中所生成的关于佛授记寺门楼的名相,就完全等同于是佛授记寺门楼本身了。这实则是一个极大的误会、误解。迷人即将在自心中所生成的关于佛授记寺门楼的名相,已完全等同于是佛授记寺门楼本身,故有此问。意谓名相既是实有的,何故我自己认为能取得,而你却一定要说我取不得呢?

【智人却问曰:汝取名相来! 迷人答言:已取得讫。智人问曰:取得何物? 迷人答曰:取得名相。又问:名相软耶? 硬耶? 答云:硬。智人云:放着硬,但取名相,莫取硬来! 迷人答:硬及名相俱得。又问:便〖硬〗可见耶? 答:不可见。更问:见何物? 答:但见名相。】

智人深解意趣,乃进一步启发迷人而问道:"你既然认为名相实有,你能取得名相,那不妨就请你取名相来我看看啊?"迷人答言:"我已取得名相了。"

智人却问:"取得但是何物?"迷人答曰:"取得的即是名相。"

智人接着又问:"你既取得名相,那请问你名相是软的还是硬的呢?"迷人答曰:"名相是硬的。"这里是就佛授记寺门楼而言的,因为门楼材料质地是硬的,而迷人又认为在自心所生之门楼名相即是门楼本身,故迷人答云"名相是硬的"。

智人进一步启发道:"且请放着硬,但只取名相,莫取硬来!"此处意谓:软、硬乃是就门楼(色)之质地方面概念而言的,属身识门所摄,而"名相"方面的概念,则属眼识门所摄,故你迷人今但用眼,应该能不取硬,而但取名相来。

迷人回答说:"硬及名相俱得。"此处意谓,硬和名相都是门楼本身而已,故硬和名相不可分割剥离,要得即同得,欲失则俱失。

智人又问:"便〖硬〗可见吗?"迷人答曰:"硬不可见。"我们大家都知道软硬是属于身根触觉分(即身识分)感知觉察的对象,所以软硬只可以触知,而不可以见得。此处"便"字依文义可知,当系传抄笔误,实则应为"硬"字。

智人更问:"你所见何物?"迷人答:"但见名相。"

上既云软硬非可见,故今又承前文义而问,软硬既不可见,那所见者却是何物呢?此处"但见名相"者,意谓软、硬乃是基于身识分所生的觉受,而非眼识分所能知见,于眼识分而言,不过"但见名相"而已。

此段文约软硬释,乃因基于眼识门所生之名相既不与软硬共,则充分说明了名相实非是外在色法事物本身也。而这恰好也进一步说明了前文所云"（名相事，但是）眼识门中，第六意识心中名相事"也，这亦顺理成章的导出了下文智人酬答迷人"名相在迷人心中"之答文也。

【迷人却问：既取名相得，唯取得名相何在？智人答云：名相在迷人心里。】

迷人仍固执地认为名相即是事物（色法）本身，故反过来却问智人道："既然名相可以取得，那么唯取得的名相又在于何处呢？"智人答曰："名相在迷人心中。"

名相是假是幻，故智人不取。迷人不能如实知见，故妄执于自意识心中所生之虚妄名相以为外在实境。智人深解义趣，故答云"名相在迷人心里"。

【迷人不伏〖服〗名相在心中。智人问曰：何以不伏〖服〗？迷人答：既种种名相俱在我心中，何故不齐得硬？答：得硬。若得硬者，是现名相；不得硬者，以是过去名。】

因迷人仍不解名相并非外在事物（色法）本身，故闻说"名相只在自心中"的道理后，颇为不服。见迷人不服，智人即问道："你为什么不服呢？"

迷人答道："门楼之名相与硬皆是门楼本身而已，如果说名相在自心中的话，那么门楼之硬也当是完全在自心中的，既然种种门楼之名相今皆在我自心中，何以种种门楼之硬却不能同一时间于自心中取得呢？"

智人答曰："得硬，若得硬者，是现名相；不得硬者，以是过去名相。"

此处意谓：若得硬者，但是基于缘外在事物本身（即文中所谓"现名相"）而言的；而不得硬者，乃是因为我们现在所了境分别的对象，即所谓的"门楼名相"并非是门楼这个事物本身，其不过乃是"门楼（色法）"透过眼识门中而生的幻相，第六意识又基于幻相起思量分别而于之安立假名，如是假名幻相无有实体。名相即是虚妄，无有实体，又岂可于之分别得硬、不得硬耶！

今分别得硬不得硬者，乃是基于名相而言也，而名相但是前尘影事，是故文云"不得硬者，以是过去名"。

【又难曰：意识不得现量境，云何得有过去现量境耶？答：二种名俱在过去，于中有独行、不触〖独〗行差别故。】

迷人仍然不知不解名相与色法的区别所在，既闻前答所云"现名相""过去名相"的说法，故迷人又进一步难问云："意识不得现量境，为何得有过去现量境呢？"

在前"法有我无门"中，我们讲到过，意识者，不同于前五识，前五识对前五尘时，但是见色、闻声、嗅香、尝味、觉触，而未起分别；而意识则不同，意识生时，即能于五尘之境，强加分别善恶、好丑，而生邪执取舍也。不起分别者即是现量之境，起分别者则非是现量之境，但为过去之境也。而第六意识但以了境分别为性，故第六意识唯对过去之境也。既知意识唯对过去之境，不对现量之境。而前文所说，无论得硬、不得硬皆是第六意识之分别境界故。故迷人紧承前义而进一步难问曰，云何意识能得过去现量境呢？

智人回答："二种名俱在过去，于中有独行与不触（独）行差别故。"此中"触"字，据上下文义可知，实乃"独"字之传抄笔误。

"独行、不独行"者，依唯识而言，第六意识分为两种，即"独行意识"与"不独行意识"者是也。

其中"独行意识"者，又名"独头意识"、"不俱意识"。即谓意识心起时，不与前五识俱，例如梦中虽意识心动，但不与眼、耳、鼻、舌、身五识俱，名独头意识。虽不与五识俱，但意识中所起的名相，皆是过去眼、耳、鼻、舌、身五识的影像。

至于"不独行意识"，又名"明了意识"、"五俱意识"。谓五识起时，必与一分意识心俱。这一分意识，是率尔心，率尔心者，无有分别。故五识起时，必有一分率尔心，这一分率尔心是无分别的；但率尔心后一刹那，必起寻求，分别乃生。

但这独行意识心与不独行意识心所取的名相，俱在过去。何故？因为"独行意识"所起的名相，只是五识过去的影像，所以是过去；而"不独行意识"虽最初一念率尔心是无分别的，但知有名相时，已是寻求心了。率尔心后一刹那起寻求，以寻求心望率尔心，亦在过去。故文云"二种名俱在过去"也。

【又问曰：既二种名相皆是妄识，经云何有独影像？有带质影像？答言：带质者，亦是独影。心缘方相是比量境，故不是现量，故今说别。以共眼识不共故，说别也。】

依法相宗之教义，将所缘之对境，依其性质，可类别为性境、独影境、带质境三种，下面分别解释如下：

（一）性境：指真实之境，此境自守其性，并不随心，即指具有真实体性与作用，由实种子所生起之境，包括第八识之相分（种子、五根、器世间）、前五识及五俱（与前五识之任一者同时生起）意识之相分等。此境有三种不随心，即：

1. 性不随，谓其能缘之见分通于善、不善、无记三性，所缘之相分境，唯无记性，不随能缘之性通于三性。

2. 种不随，谓见分从自见分种生，相分从自相分种生，不随能缘之种子而生。

3. 系不随，"系"指界地系，谓所缘境之界地不随能缘之心，如欲界系之五识、八识及五俱意识缘自界之五尘时，相分与能缘虽为欲界系，而所缘之五尘非随能缘而成欲界系。

（二）独影境："独"者，简别于本质；"影"为影像，即相分。谓依能缘之心之妄分别而变起之境，别无本质，仅为影像，如第六意识之妄分别变出之龟毛、兔角、空华等，全属幻影。此境有三种随心：即：

1. 性随心，谓境与能缘之心同一性。

2. 种随心，谓境与能缘之心由同一种子而生。

3. 系随心，谓境与能缘之心同一界系。

（三）带质境："带质"即兼带本质。谓能缘之心缘所缘之境，其相分有所依之本质，而不得境之自相，此境系由心、境二者之力合成，居于性境与独影境之间，如第七识缘第八识见分之相分，及第六识追想过去之形象者。此境有三种通情本（"情"为能缘之见分，"本"，为本质），即：

1. 性通情本，谓如第七识之见分缘第八之见分时，所变之相分无别种生，一半与本质同种生，一半与能缘之见分同种生，若从本质生者，为无覆无记性，若随能缘之见分生者，则为有覆无记性，其性不定。

2. 界通情本，又称系通情本。谓此相分之界地通于本质与见分之界地系而不定。

3. 种通情本，谓此相分之种子亦随本质与见分而不定。

今此文中论及的是三类境中的后二境。其中独影境即今文中所说之"独影像"，而带质境即今文中所说之"带质影像"。

通过上面的解释，我们可知道带质影像不同于独影像，独影像者，纯系第六意识妄想分别，不借外缘，其心中所起影像，犹如空华、龟毛、兔角，不带实质，所以第六识缘过去五识影像而起自心像，谓之"独影像"，因为过去五识影像，不带质故。第六识缘现前五识影像而起自心像，谓之带质影像。

迷人听闻上面关于"独行（意识）、不独行（意识）"的回答后，越加疑惑，故进一步问道："既然过去现前二种名相，皆是妄识所现。何以经云有独影像与带质影像呢？"

此处意谓，独行意识是基于过去影像、或是虚无影像分别，即是独影像；而不独行意识与五识俱起，所缘乃现境，应当是带质影像啊，既是带质影像，应该是兼有实体的，不应该是纯虚妄的啊？

针对迷人的问题，智人回答道："带质影像者亦是独影像。因为心缘（枕之）方相，是比量境故，不是现量故。今一分为二地来解释，不过是基于共眼识、不共眼识而言的，其中共眼识者，说名带质影像；不共眼识者，说名独影像。并不是说独影像是虚妄的，而带质影像是有实质的。尅实而言，总之心外无法，一切万法唯是一念无明心妄动而幻现，故带质影像者，实亦是独影像，皆由无明妄想分别而生。"

"比量"者，乃唯识所说三量（现量、比量、非量）中之第二量。"比"即比类推理、推论，谓以第六意识比类推理量度知有诸境，如远见烟，知彼有火；墙外见角，知有牛过。又推而广之，见生则知有死，见成则知有坏，即深一层的比类推理量度了。

比量又分为自比量与他比量，"自比量"是论者为自己获得正确的认识，用过往的经验观念而比类推理，此比类推理作用表示于心中；"他比量"是使他人获得正确的认识而比类推理，表示于语言。

【又问：分别何故不同？答曰：分别有显了、有忆持，二种不同。是故有托质影、有不托质影，分别不同故也。】

迷人又问："为什么说是基于一分为二来解释，而有不同的呢？具体有何不同啊？"

智人答："分别有显了、忆持二种不同，显了者是现量境，忆持者是比量境；显了者是带质影像，忆持者是独影像；是故有托质影，有不托质影之分别也。"

【迷人又问曰：我唯见二种名相，汝智者见何法？答曰：智人唯见色法，不见名相。此简名竟。】

迷人接着问："我唯见二种名相，汝智者见何法呢？"

智人答云："智人唯见色法，不见名相。"

方便而言，"色法"有广、狭之分，其中广义之色，为一切物质存在之总称；而狭义之色，则专指眼根所取之对境。兹就广、狭二义分述如下：

（一）色为物质存在之总称。即五蕴中之色蕴，五位中之色法（与心法相对）。乃质碍（占有一定空间），且会变坏者。

经论中对于色有诸种分法,据《俱舍论》卷一载,色包含五根(眼耳鼻舌身)、五境(色声香味触)、无表色等十一种。

唯识宗分色为五根、五境、法处所摄色等十一种。其中,法处所摄色是意识之对境,包括极略色、极迥色、受所引色、遍计所起色、自在所生色等。

于此诸色法中,又依其一一色法之性质可分为三类,即:可见有对色、不可见有对色、不可见无对色。其中:

1. 可见有对色,指狭义之色,即是眼根所对之色尘、色境,可见有对。此又分为三种:

(1)显色,谓青、黄、赤、白、云、烟、尘、雾、影、光、明、暗等十二种。

(2)形色,谓长、短、方、圆、高、下、正、不正等八种。

(3)表色,谓吾人行、住、坐、卧、取、舍、屈、伸等种种动作形态,显然可表示于外,而令人目见者。

盖此皆于五根、五境等色蕴中,特指眼根所取之境,故称为色。

2. 不可见有对色,谓耳、鼻、舌、身四根,对声、香、味、触四尘,虽不可见而有对。

3. 不可见无对色者,谓意根对法尘,既不可见,又复无对。

另尚有其他分类法,略述如下:

4. 分为内色(五根)与外色(五境)。

5. 分为细色(无表色,或指色界之色)与粗色(由极微所成之色,或指欲界之色)。

6. 分为定果色(由定所生之色)与业果色(由业所造之色)。

(二)色为眼根所取之对境。对于声、香等而言,色乃专指眼根所识别之对象,如青、黄等质碍之境,为五境之一,六境之一,十二处之一,十八界之一,又作色境、色处、色界。据《瑜伽师地论》卷一载,色大别有三种,即上面"可见有对色"中所分别之显、形、表三色。

若尅实而言,一切"色法"亦皆缘起如幻,性本空寂,虽分别而实无分别。凡夫不如实知,执为实有,故于无分别之色法而妄生邪执分别耳。

通过上面这样简单辨析名相,我们就将名相解释清楚了。

【次入无生门者。夫智人观色法者,且如色法。眼识得时实无分别,不是不得而无分别,此即是法,眼识亲证,如色无异。】

前解名相,次则当入无生门也。

前释名相,已知名只是假名,相只是幻相,名相性空无体,其不过是意识心中基于分别而生的前尘影像而已,名相虽现有生灭,而实无生灭,故前解名相时,却是早已暗示无生之理了。下面接下来我们再正式的、具体的阐释一下什么是无生的道理。

上文谈到,迷人唯观名相,智人则观于色法。然智人到底又是如何观色法的呢?今文云智人观色法,是"如"色法,智人即是如是正观色法的。

何谓"如"呢?"如"者,不变、不异,无有分别,即不二真如之理也。谓由前正智,观察名相,皆悉如幻,非有非无,名相本空,即真理理。理因智明,智因理发;以智如理,以理如智;是为"如"也。

因为诸法事相虽有差别,然诸法理性同一空寂。以理融事,则事相虽差异,而无分别,不二、不异、不变、不动,故会诸法"如"义者,即入无生门也。

具体而言,以色法"如"故,所以眼识得色时,实无分别;既无分别,则意识心中不应起欣厌好丑之想。凡夫心中起欣厌好丑想者,乃由误取名相为实所致也。故非是眼识不得于色,而是眼识得色之时,意识不得作虚妄邪执分别耳。何故? 乃因意识作分别者即非是"如色法"故。"此即是法"者,谓一切色法于眼识得时不可作虚妄邪执分别,乃是由一切色法之本质、本性所决定,一切色法法尔如是,本来如是,不可作分别故。

既然一切色法本质本性法尔如是,本来如是,不可作分别,是故眼识亲证色法时,实无分别,如色无异。

【及其意识不了,妄计我,生假分别,倒见沉沦,于事中真、妄齐致。何者意识分别不如法也? 言真、妄者,眼识得故名真,意识缘故为妄,真、悬〔妄〕差别不等,是故证法无人。何以故? 法无分别故。】

今文紧承上义,前既云"眼识亲证,如色无异",那一切众生又为何给弄到"于事中真、妄齐致"了呢?

今文释云:但由于一切众生不能如实知一切诸法之本质与本性,于是于无我法中虚妄计执有人、法二我,又基于人、法二我而于一切缘起诸法,妄生分别,以致倒见沉沦于名、相事法之中,终至真、妄不分。为何会如此呢? 全因意识分别,不"如"于法也。

下则接下来进一步释何为真? 何为妄? 文云"眼识得故名真,意识缘故名妄"。文义易见,眼识得时是现量界,故是真;意识是虚妄执取名相,于无分别中妄生分别,故是虚妄。是知五识(眼、耳、鼻、舌、身五识)无罪,罪在第六意识虚妄分别耳。亦正因如此,上文乃云"不是不得而无分别,此即是法"故。

"真、悬差别不等"者,今据上下文义,显而易见,"悬"字当为"妄"字之传抄讹误。

今何故云"真、妄差别不等",即"证法无人(即法无我)"呢?

下答云:"法无分别故。"此处意谓:由前真、妄差别不等,是故证知诸法实无分别;而法无分别,乃因一切诸法皆是缘起假合而有;一切诸法即是缘起假合而有,故知一切诸法无有自性,无有实体;法无自性、实体,是则证知诸法无我。

【经云:"法无分别,若行分别,是即分别,非求法也。"色法既尔,心法亦然,准以思之,如色无异。故经云"五识所得境,当体如来藏"等。】

前文释义已竟,今则引经证。经证者,即是引诸经论中的圣言量以为证据、证明耳。

经云:"法无分别,若行分别,是即分别,非求法也。"因为一切诸法皆乃缘起假合而有,无有实体,皆自性本空,故实无分别。如于无分别之法妄生分别,则但是虚妄的分别见而已,此与诸法法性不相应,故经云"非求法也"。

色法既然如此,而心法亦是同样的道理。此处亦引经证云:"五识所得境,当体如来藏。"

上门中已有解释过何谓如来藏了,今依《大乘起信论》义,更补释之。

"如来藏"者又有二义,即:如实空与如实不空。其中:

（一）如实空，又有二义，即：

1. 无相空，谓如来藏离一切相。

2. 无性空，谓于如来藏中，恒沙佛法同一空寂法性。

（二）如实不空，亦具二义，谓如实心、如实法。

1. 如实心者，即阿赖耶识，此心与无明合，便起妄智；此心远离无明，便起清净真智。

2. 如实法者，如来藏自性清净心中，具一切恒沙佛法无边功德。

五识所得五尘境，究其实，相假性空，无有实体，即是如实空如来藏；而五识随缘所得一切，远离无明时，即是成所作智，具足一切性功德，便是如实不空如来藏。故经云"五识所得境，当体如来藏。""当体"者，即谓当下之体性即是也。

【是则入初门之方便，契自位之妙门。略说大意如斯，广释如经论中说。】

"是则入初门之方便，契自位之妙门"，此乃总结上"入无生门"这一段文之文义也。

"初门"者，初教之门也，亦即大乘始教之门也，亦即诸法本初不生门也，亦即华严四十二字母之最初"阿"字门也；"契自位之妙门"者，即契大乘始教自位也，亦即契本初不生诸法自位也，亦即契"阿"字门自位也。

"略说大意如斯，广释如经论中说"者，文义易见。

【又诸法皆空，相无不尽。于中复为二观：一者无生观，二者无相观。言无生观者，法无自性，相由故生，生非实有，是则为空，空无毫末，故曰无生。经云："因缘故有，无性故空。"解云：无性即因缘，因缘即无性。又《中论》云："以有空义故，一切法得成。"又经云："若一切法不空者，则无道无果等。"】

前即已契入诸法无生门自位，则知一切诸法但是因缘假合而有，故皆无自性，无有实体，即今文所云"诸法皆空"；诸法即空，空则无相，故说"相无不尽"，此是约法义而说耳。下"于中复有二观"者，则是以观智说耳。

若观智而说，于中则开为二观，即：一、无生观，二、无相观。

今先说第一无生观。我们已知，诸法但以因缘而生，亦以因缘而有，既然有属因缘，故诸法无有自性。

"相由故生"者，"由"者由借也，相缘也，依他而有也。谓诸法无有自性，依他而有，相缘而生。故生者如幻如化，而非实有；既然法非实有，是则为空；空则无毫末可得，既不可得，故曰无生。

"因缘故有，无性故空。"乃是因前已释义，今乃引经证、圣言量以为证据、依据、证明耳。经义易解，谓以诸法因缘有，即无自性，法无自性故空耳。

文中"解云：无性即因缘，因缘即无性。"此是解释上句经文，谓因缘及无性，原是一法，不可作二会。因为法属因缘，当体即是无性；以无性故，乃能随缘而成万法；所以因缘与无性，不二而二，二而不二。

文中又进一步引《中论》文云："以有空义故，一切法得成。"此乃《中论·观四谛品》中所说之偈，全偈为："以有空义故，一切法得成，若无空义者，一切则不成。"因为一切法性空，故得相由而成缘起；以缘起故，乃有一切法。如果诸法不空，则不待缘成；不借因缘，则无一切法。

故无性者，真谛也；缘起者，俗谛也。以有真谛故，方成俗谛一切法；若无真谛，则俗谛一切法不成。

文中又更引经证云："若一切法不空者，则无道无果等。"意谓：如果一切法不空，便是一切法决定；如果一切法决定，自是无道亦无果也。

譬如：若凡夫根性决定者，则一切凡夫便不能因修道而至贤位耳；又若三贤位根性决定者，则三贤位众生便不能成四圣果耳；又若菩萨根性决定者，则一切菩萨势必永不能成佛耳。今以诸法性空故，故能随缘；亦以随缘故，故能成诸道果耳。

【第二、无相观者，相即无相也。何以故？法离相故！经云："法离于相，无所缘故。"又经云："一切法皆空，无有毫末相，空无有分别。"由〖又〗如《虚空有门论》云："无性法亦无，一切皆空故。"观如是法，离情执故，故名为观。】

下面接下来释"无相观"。

文云"无相观者，相即无相也。""相"者，谓一切诸法皆乃因缘和合而起，起者即是相耳；"无相"者，谓诸法性空故，则相无不尽，相无不尽故，即是无相耳。今以性空即是缘起，缘起即是性空，故曰"相即无相"。

"何以故？法离相故。"谓以诸法皆无性故，所以一切法离相也。

下又多引经论作证，今总述其义，谓：一切法既离于相，则一切法皆空；皆空故则无有毫末相可得；既无毫末相可得，故唯是空而已，既唯空故，故一切诸法亦不可得；诸法既不可得，故无有分别可生耳。此亦即是说，所谓"无相观"者，即是无分别观也。

若能如是行于无分别观，方能离于凡夫情见分别执着系缚；离于凡夫情见分别执着系缚，即名为无相观。

【问：一切法皆空，云何成观耶？答：只以一切法皆空故，是故得成观也。若不空者，即是颠倒，何成观也。】

由前云当观"一切法皆空"以离情执，心有不解而生疑，故今问曰："如果一切法空，如何能够成观呢？"

此中问者意谓：观者必有能观、所观，即以能观之心，观所观之境。故有此一问。

不知若分能观、所观者，则所谓的"观"者，只不过是意识心在取相虚妄分别而已。

何谓之观？所谓观者，心不随分别即谓之"观"；又不取于相，如如不动即谓之"观"；又离我、人、众生、寿者四相即谓之"观"。作如是观者，即名为"会色归空观"也。故文中答云："只以一切法皆空故，是故得成观也；若不空者，即是颠倒，何成观也。"

因为不空者，但是意识心在取相妄生邪执分别耳，既是虚妄邪执分别，又怎能成就正观呢？《金刚经》亦云："凡所有相，皆是虚妄。"是故不明法空，则举体虚妄，但是颠倒耳，又何能成就正观呢？

（一）"会色归空观"者，谓会集一切色法均归于真空性。此有四门：

1. 色非断空门：谓幻色并非断灭空，而是举体皆真空。

2. 色非真空门：谓实色并非真空。

3. 色空非空门:谓实色与断灭空皆非真空。

4. 色即是空门:谓色空二者均无体性,故即是真空。

这里亦顺便介绍一下与相始教对应的"明空即色观"。

(二)"明空即色观"者,谓真空即是一切色法之本性。乃彰显凡是真者即是俗假,此系由事物之本性而言真空。亦分四门:

1. 空非幻色门:谓断灭空不即是幻色。

2. 空非实色门:谓真空不即是实色。

3. 空非空色门:谓真空并非断灭空与眼前实色,而指真空之本性。

4. 空即是色门:谓说空无我理者,由于空色相即之故。空,即真空;色,则兼幻色。

【问:作如是观者,治何等病耶?答:治上执法之病。何者?法实非有,妄见为有,由妄见故,即谓真如、涅槃可得,生死有为可舍,为斯见故,是故成病。今知法空,如法无谬,故成于观。故经云"如如与法界,菩提及实际,种种意生身,我说为心量"等。又经云:"以无分别空,故云观也。"诸法皆空,相无不尽。略申纲纪,准以思之。】

前面已经具体解释了如何修真空观法,而这里则点出修此观之目的、作用。亦即文中所云"作如是观者,治何等病耶?"答:"治上来执法之病。"

今何故言"治上来执法之病"耶?谓因前"法有我无门",但空人我,只得人无我智,而未空法我,故不得法无我智,而今大乘始教"生即无生门"者,则特破法我执,令得法无我智也。

"何者?"征起文句也。下则具体释曰:"法实非有,妄见为有,由妄见故,即谓真如、涅槃可得,生死有为可舍,为斯见故,是故成病。"

因为一切法缘生性空,元非实有,而迷人不如实知,妄见为有,譬如目有幻翳,则会妄见虚空生花,而虚空实无生花;又以妄见故,便谓有真如、涅槃可得,有生死有为可舍;由于这种妄见,是故妄执成病。

"今知法空,如法无谬,故成于观。"谓如果知道诸法缘生无性,性空无相,便不起妄见,既不生妄见,则不见有,亦不见无,有无双遣,心不随分别,则一切法如如无碍,不二不异,如是修观,便得成就无生观与无相观耳。

下则引经证也。

经云:"如如与法界,菩提及实际,种种意生身,我说为心量。"

"如如"者,"如"谓法性之理体,不二平等;若彼此之诸法皆如,即云"如如",是正智所契之理体也。诸法皆如者,则法界亦如,菩提亦如,实际亦如,种种意生身亦如。换句话说,一切诸法、法界、菩提、涅槃、实际、种种意生身,皆是同一理体,不二不异也。

"菩提"者,华译为觉,乃指能觉知法性的智慧说的,也就是断尽烦恼的人的大智慧;旧译为道,是通往真理的道路的意思。

"实际"者,亦名本际、真际、真如等,谓真如法性为诸际极,故曰实际;又极真如之实理,至于其穷极,谓之实际。

"意生身"者,又作意成身、意成色身等种种名。彼非父母所生之身体,乃是初地以上菩萨为济度众生,依"意"所化生之身,故名意生身。"意生身"具有三义,即:一、遍到,二、速疾,三、无碍。之所以具此三义,因意生身乃随意受生,不受业系故。

又据《楞伽经·一切佛语心品》所载,菩萨有三种意生身,即:

一是三昧乐正受意生身,三昧为梵语音译,以定性为乐,异于苦乐等受,故意译为正受。谓"三昧乐正受",乃华梵双举。谓第三、第四、第五地菩萨修三昧时,证得真空寂灭之乐,普入一切佛刹,随意无碍,故名三昧乐正受意生身。

二是觉法自性性意生身,谓第八地菩萨觉了一切诸法自性之性,如幻如化,悉无所有,以无量神力普入一切佛刹,迅疾如意,自在无碍,是名觉法自性性意生身。

三是种类俱生无行作意生身,谓第九、第十地菩萨觉知一切法皆是佛法,若得一身,无量身一时普现,如镜中之像,随诸种类而得俱生,虽现众像,而无作为,是名种类俱生无行作意生身。

今如如、法界、菩提、实际、及种种意生身,皆唯心所造,唯心所现,是乃唯是一心。故经云"我说为心量"。

又经云:"以无分别空,故云观也。"若当下心无分别,则最初一念无明心不动;最初一念无明心不动,则诸法本初不生;诸法本初不生,则但是真空理体;但是真空理体,则无有各各差别相;既无各各差别相,则相无不尽;既相无不尽,则虚妄分别执着不生耳。此乃约真空绝相观之"会色归空观"而言也。

"略申纲纪,准以思之。""纲纪"者,纲要也。文义显见,不再多做解释。

【前门则得人无我智,此始教菩萨则得人、法二空,亦名法无我智也。】

文义显见,亦不赘言。

至此,则就解释"生即无生门"完毕也。

三、事理圆融门:如来藏理论

在前文中我们提到过,"事理圆融门"即是对应着"大乘终教",也就是说"事理圆融门"所阐述的即是华严宗大乘终教的教理观法。

那何谓"大乘终教"呢? 大乘终教,又作实教、熟教、终教。即说真如随缘而生染净诸法,其体本自清净,故谓二乘及一切有情悉当成佛。如《楞伽》、《涅槃》、《密严》、《如来藏》、《胜鬘》等经,及《大乘起信》、《宝性》、《法界无差别》等论所说均属之。又此教多谈法性,少谈法相,所说法相亦皆会归法性;所说八识,通于如来藏,随缘成立,具生灭与不生灭二义,以其已尽大乘至极之说,故称大乘终教。又以所说皆尽诸法实理,故亦名实教。

一直以来,许多人都弄不清楚华严的五教判与天台的四教判有何区别,有些人甚至武断而草率的就认为华严五判教实质上只是袭取天台旧说,不过在天台圆教之前别加了个"顿教"而已,这种看法与观点具有非常大的代表性与普遍性,此实则全未见出华严判教的独特意义,以及华严、天台二宗在判教上的诸多异趣之所在。下面将就华严大乘终教与天台别教在判教上的不同意趣略作些解释与说明。

我们知道在智者大师建构其判教理论思想体系之时,唯识学尚未系统、完整地传入中国,与此相应的大乘如来藏思想体系之相对于唯识学的独特意义也自然尚未能充分地显示出来,故智者大师基于诸大乘方等经中所彰显的别教菩萨道而判立的别教,从其判教理论模式上包容性而言,虽可将唯识与如来藏学说思想体系摄含在内,但就其实际内容和理论意图而言,却显然不是明确针对唯识和如来藏学说思想体系而设立的。

而华严之判教却正是基于对唯识与如来藏学说思想体系的完备理解与明确洞悉,其始教与终教正是特别针对唯识与如来藏学说思想体系之差异而建立,所开五教中的终教与顿教更是明确指向和依根于大乘如来藏学说思想体系。这实则即是华严、天台二宗所立大乘终教与别教之间意趣的根本不同了。

华严宗对如来藏学说思想体系的发现与认识,应该说这正是华严判教中最具独特意义与价值之所在。而华严宗对如来藏学说思想体系的独特判摄以及系统、详尽的解释与说明,亦实为后世学人提供了一个更为深入系统地学习理解如来藏学说思想体系的真正意义上的途径与方法,这也应该是在判教上华严与天台区别最大,亦非天台所能相比者。

华严宗大乘终教既是完全基于对大乘如来藏思想学说体系的判摄与阐释而建立,这里我们就非常有必要对"如来藏思想"体系的学说作些简略的说明与介绍了。

据有关资料显示,如来藏之思想在印度较唯识说要早成立,其与中观、唯识等思想存在明显不同,然后世在唯识说之外,未别立如来藏,而于唯识说中论述如来藏。我国地论宗则以如来藏为究竟,而立净识缘起说。天台宗认为如来藏即实相,而视其为不可思议之妙法。在华严宗更是彰显并确立了如来藏思想体系的独特意义与价值之所在,在华严宗三祖法藏大师的《起信论义记》中就立有四宗教判,其第四宗即名"如来藏缘起宗";内容含摄《楞伽》、《密严》、《起信》、《宝性》等经论之说,而就华严宗五教判而言,则相当于第三之大乘终教。

若依华严五祖宗密大师《圆觉经略疏》所云,"如来藏"者,具有三义,即:

(一)隐覆义,谓覆藏如来,故云藏也。如《理趣般若经》云:"一切众生,皆如来藏。"《胜鬘》云:"生死二法,名如来藏;如来法身,不离烦恼藏,名如来藏。"《如来藏经》云:"一切众生贪瞋痴,诸烦恼中有如来身,乃至常无染污,德相备足,如我无异。"

(二)含摄义,谓如来法身,含摄身相国土,神通大用,无量功德故。又,亦含摄一切众生,皆在如来藏内故。

(三)出生义,谓此法身,既含众德,了达证入,即能出生故。如《十地论》云:"地智能生无漏因果,亦能生起人天道行。"

此三义者,初依迷时,后依悟时,中间克体。

若以真、妄和合,如来藏有二种行相,即《圆觉经》所云:"如来藏自性差别"以及《大乘起信论》所云:"真如生灭。"

然于真、妄各有二义,真谓不变、随缘,妄谓体空、成事。真中不变,妄中体空,即真如自性也;真中随缘,妄中成事,即生灭差别也。

又初真如性中,复有二种行相,如《胜鬘经》云:"有二种如来藏空智,所谓空如来藏,脱离一切烦恼藏;不空如来藏,具过恒沙不思议佛法。"又《大乘起信论》中亦说"如实空、如实不空",义全同此。

后生灭中,亦有二种行相,谓漏、无漏。无漏复二,即有为、无为;有漏亦二,谓善、不善。

此等行相,皆有业用。

初真性者,有其二种业用,即:一、能持自体恒沙功德,从本已来,不失不坏;二、能御客尘恒沙烦恼,无始时来,不染不污。

后生灭亦有二种业用,即:一、能起惑治业,旷劫长受,六趣生死。故《楞伽》云:"如来藏者,是善不善因,能遍兴造一切趣生,乃至若生若灭。"二、能知真达妄,发心修行,证三乘果。如前所引《十地论》等。由是二种业用故,《宝性论》引经偈云:"无始世来性,作诸法依止,法性有诸道,及证涅槃果。"长行引《胜鬘》释云:"性者,如来藏;依止者,如来藏。是依是持,是建立诸道者,有如来藏,故说生死,是名善说证涅槃者;若无如来藏者,不得厌苦,乐求涅槃。既诸佛因果,始终依之,故入道行人,先须信解,离此别信,信则堕邪。"故《密严经》诃为"恶慧"。《华严》亦云:"不能了自心,云何知正道;彼由颠倒慧,增长一切恶。"据此则了之,方知正道。故《胜鬘》云:"若于无量烦恼所缠,如来藏不疑惑者,于出缠无量烦恼藏,法身亦无疑惑。"《华严》初会普贤即入"如来藏身三昧",意在此也。

然方便而言,"如来藏"即是指一心也。如《大乘起信论》即指一心云"如来藏"。又《楞伽经》亦云:"寂灭者,名为一心;一心者,名如来藏。"

然千经万论,俱说万法一心,三界唯识,宗途有异,而学佛之人罕知,今但以五教,略释其别:

第一、小乘教(愚法声闻教),假说一心,谓实有外境,但由心造业之所感故;

第二、大乘始教(权教),明异熟赖耶,名为一心,遮无境故;

第三、大乘终教(实教,亦即今门所说之教),说如来藏,以为一心,理无二故;

第四、大乘顿教,泯绝染净,但是一心,破诸数故;

第五、一乘圆教,总该万有,即是一心,理事本末,无别异故。

此上五教,后后转深,后必收前,前不摄后。然皆说一心,之所以有斯异者,盖以经随机说,论逐经通,人随论执,致令末代,固守浅权。今本末会通,令五门皆显。诠旨相对,复为三门:

一是以所诠,逆次顺法,从四至一,展转起末。谓本唯非染非净一法界心,由不觉之,名如来藏与生灭合,成阿梨耶识;复由执此为我法故,转起余七,成八种识;各由识体起能见分,由能见故,似外境现。执取此现为定实故,造种种别业共业,故内感自身,外感器界一切诸法。

二是以能诠,顺次逆法,从一至四,展转穷本。谓佛对下劣根性,未能顿达万法所起根本者,且言从业所感,此则初声闻教;次为机稍胜者,说能所感,一切唯识,展转乃至唯一真心名顿教等;皆由根有胜劣故,令说有浅深。若执前前,即迷后后,始终通会,方尽其源。

三是能诠所诠,逆顺本末,皆无障碍。由称法性直谭,不逐机宜异说故,即圆教也。

唯心之义,经论所宗。迷之则触向面墙,解之则万法临镜。又虽此心,凡圣等有,但果显易信,因隐难明。故致浅识之流,轻因重果,落于颠倒。今唯愿诸真修道者,但能深信自心!

由上面的论述可知,"事理圆融门"既是对应着五教之大乘终教,故本门亦主要在于宣说阐明于如来藏一心中,理事如如,事理圆融无碍之理与观行也。

【夫事理两门,圆融一际者,复有二门:一者,心真如门;二者,心生灭门。心真如门者是理,心生灭者是事。即谓空、有二见,自在圆融,隐显不同,竟无障碍。】

通过前面对本门主旨的阐释说明,我们知道本门主要在于宣说开解如来藏一心之事、理两方面的圆融一际,在这里论主参考运用了《大乘起信论》一心二门的理论来予以诠解阐释,所谓一心即是指如来藏,如前所释,我们知道其含摄世间出世间之一切功德,其本身常住不变即是真如理体,亦即"如来藏心真如门";而依因缘生灭变化的一切万法即是真如事相也,亦即"如来藏心生灭门"。

理、事既然只是如来藏心的一体两面,则知理无别理,全事即理;事无别事,全理即事。何以故?随缘不变即其理,不变随缘即其事。不变随缘,随缘不变,唯是一如来藏心,心真如门、心生灭门但是方便分别尔。理事之间,理能成事,事能显理;理成事则理不碍事,事显理则事不碍理,是故事理两门,实圆融一际,无有障碍。

约真如自性"随缘不变,不变随缘"(即如来藏缘起,亦云真如缘起,亦即所谓"性起"者也)云理、事;约差别事相"缘起性空,性空缘起"(即阿赖耶识缘起,亦即所谓"缘起"者也)则言空、有(二见)。实则克体而言,缘起性空之"空"者即理,亦即随缘不变之真如自性也;性空缘起之"有"者即事,亦即真如自性之不变随缘也。

"空、有二见,自在圆融,隐显不同,竟无障碍。""见"者,观视、推度之义,指由眼所见或推想,而对某事产生一定之见解、知见,见有正见、邪见之分别。今既性空缘起,则空不碍有,空而非空,非空而空,此即不思议"空见";又既缘起性空,则有不碍空,有而非有,非有而有,此即不思议"有见"。空、有二见既不思议,互不相碍,故文云"即谓空有二见,自在圆融,隐显不同,竟无障碍"。此如白昼黑夜,昼时明显暗隐,夜时暗显明隐,明暗隐显不同,无有障碍。今见空时,空显有隐;而见有时,则有显空隐,其实空之与有,实无障碍。

【言无二者,缘起之法,似有即空;空即不空,复还成有。有空无二,一际圆融,二见斯亡,空有无碍。何以故?真妄交映,全该彻故!何者?空是不碍有之空,即空而常有;有是不碍空之有,即有而常空故。有即不有,离有边也;空即不空,离无边也。空有圆融一无二,故空有不相碍,互形夺故,双离两边。】

又因"缘起之法,似有即空"(所谓缘起性空也),故知有不异空,有即是空;而"空即不空,复还成有"(所谓性空缘起也),则知空不异有,空即是有;合上二义,是故文云"有空无二,一际圆融"。今即知有空无二,一际圆融,则不复虚妄分别有、空尔;既不复妄分别有、空,则"(有空)二见斯亡";既"(有、空)二见斯亡",则但一真如心也;若但一真如心者,又何曾存在所谓空、有之障碍耶?

空显有隐谓之理,有显空隐谓之事。理事空有原无障碍,而凡夫虚妄分别,妄自执空执有执理执事。若如实知有空无二,一际圆融,则分别二见斯亡,空有则无碍矣。是知有碍者,只因虚妄分别之所致也,虚妄分别元非应理如法也。

"何以故",征问之文也。即是征问何故空有无二,一际圆融,则二见斯亡,空有无碍耶?

"真妄交映,全该彻故!""真"者,即前文所云空也、理也;"妄"者,即有也、事也;"赅"者,包遍也。即所谓真赅妄末,妄彻真源,真妄、空有、理事交互相映,全赅全彻故。

"何者"同前,亦是征问之文也。此即征问前答文"真妄交映"所云何义?

"空是不碍有之空,即空而常有"者,空既是不碍有之空,故虽空而常有。"有是不碍空之有,即有而常空"者,有既是不碍空之有,故虽有而常空。

"有即不有,离有边有"者,谓此中"有"非是落于断常两边之"常边有""实有"也。何故?既然有而常空,故有即不有;有即不有,是离有边有;离有边有者,是离常边之有也。离后"有"字,即常有、恒有、实有义也。

"空即不空,离无边空"者,谓此中"空"非是落于断常两边之"断灭空""顽空"也。何故?既然空而常有,故空即不空;空即不空,是离无边空;离无边空者,则非断灭空也。离后"无"字,即断灭空、顽空、毕竟空义也。

"空有圆融一无二,故空有不相碍"者,既然有而非常,空而非断,所以空有圆融,一际无二,空不碍有,有不碍空。

"互形夺故,双离二边","互形"者,相成也,空是成有之空;有是显空之有,故曰互形。"互夺"者,相摄也,空摄有则有全是空,故空夺有;有摄空则空全是有,故有夺空;有夺空,空夺有,故曰"互夺"。"两边"者,断、常两边也。空成有,有成空,则离断边;空夺有,有夺空,则离常边;故曰"互形夺故,双离两边"。

【故经云:"深入缘起,断诸邪见,有无二边,无复余习。"又经云:"因缘故法生,因缘故法灭,若能如是解,斯人疾成佛。"又经云:"甚深如来藏,恒与七识俱,二种摄受生,智者则远离。"又经云:"染而不染,难可了知;不染而染,难可了知。"】

前文已释法义,下则四引经证以证义启信。

初引经证云:"深入缘起,断诸邪见,有无二边,无复余习。"云何深入缘起断诸邪见呢?

"邪见"者,谓断常、生灭、垢净、增减、有无、内外、正邪等等二边见,悉为邪见。总而言之,凡落能所对待之见,皆为邪见。

若人能具足善巧方便,深入观察缘起,则知诸法缘起无非性空,性空当体缘起。既知缘起性空,性空缘起,则断常、生灭、垢净、增减、有无、内外、正邪等一切能所对待之见俱不可得也;一切见既不可得,当知一切法亦不可得;一切法既不可得,乃至不可得亦不可得,由是则一切邪见俱净尽矣。"有无二边,无复余习","习"者,习气,习气是烦恼、无明之别名。"无复余习"者,谓破除净尽无明烦恼也。

二引经证云:"因缘故法生,因缘故法灭,若能如是解,斯人疾成佛。"

既生是因缘生,于法则无生;灭是因缘灭,于法则非灭。能解一切法本自无生无灭,其人即得迅疾成佛也。

三引经证云:"甚深如来藏,恒与七识俱,二种摄受生,智者则远离。"

前文已释,法身在缠名如来藏,如来藏出缠则名为法身。而在缠之如来藏,即第八阿赖耶识也,又前七识皆依阿赖耶而有,故文云"甚深如来藏,恒与七识俱"。

"二种摄受生","二种"者,谓一切落于能所对待之二边见也。《唯识三十颂》云:"由诸业习气,二取习气俱,前异熟既尽,复生后异熟。""二取习气"者,即能取、所取之习气也,能所即生,则一切断常、生灭、有无等对待之见俱起也,故曰"二种摄受生"。诸有智者深入缘起,断诸邪见,乃得不受异熟生也。

四引经证云:"染而不染,难可了知,不染而染,难可了知。"

染而不染,不染而染,染不染不二,斯义甚深,此实非思量分别所能得解之境界也。如《胜鬘经·自性清净章》云:"世尊!如来藏者是法界藏,法身藏,出世间上上藏,自性清净藏。此自性清净如来藏,而客尘烦恼上烦恼所染,不可思议如来境界。何以故?刹那善心非烦恼所染,刹那不善心亦非烦恼所染。烦恼不触心,心不触烦恼。云何不触法,而能得染心?世尊!然有烦恼,有烦恼染心,自性清净心而有染者,难可了知。"所以染而不染,不染而染,难可了知。能了知此法者,唯佛境界也。

【依是义故,得有止观双行,悲智相导。】

"依是义故",乃承上启下之文也。"是义"者,即谓前文所宣说开解的有关理事、空有等唯是一心,圆融无碍,一际不二义也,依是义故得有止观双行,悲智相导也。换句话说,理事、空有圆融无碍,一际不二之义甚深甚深,元非思量分别之所能通达之境界,故唯当依"止观双行,悲智相导"乃可具足证悟尔。

何故云"依是义故,得有止观双行"耶?

通云止观,"止"者体也,"观"者用也。无体则无用,有用必有体。依体而起用,起用必依于体。止观亦复如是,止显观隐于止,观显止隐于观。有止必有观,有观必有止。离止则观非正观,离观则止亦非正止。故依一心义,必是"止观双行"。"止观双行",又叫"止观双运","行"即运义。

何故云"依是义故,得有悲智相导"耶?

"悲智"者,谓菩萨大悲故,恒不舍一切众生,乃至生生世世普现十方度化一切众生无有穷尽也;又菩萨大智故,恒观一切法空,乃至心不行于分别,则法身湛寂常无动转也。是以悲导智,则法身湛寂而不舍普度十方;以智导悲,则随缘普度十方而不失法身湛寂。方便而言,悲导智即是如来藏不变随缘也,智导悲即是如来藏随缘不变也。

【何者?以有即空而不有,故名止;以空即有而不空,故名观;空有全收,不二而二,故亦止亦观;空有互夺,二而不二,故非止非观。】

此乃以"空有"解释"依是义故,得有止观双行"也。

"以有即空而不有,故名止;以空即有而不空,故名观"者,乃紧接上文"缘起之法,似有即空,空即不空,还复成有"而来。此中意谓:缘起为有,性空为空,缘起即性空,故有即空;性空即缘起,故空即有。以有即空故,所以有而不有,名之为止。以空即有故,所以空即不空,名之为观。

然何故谓"有而不有名止,空而不空名观"耶？其意趣何在？

"有而不有"者,妙有也,明妙有者则恒不舍同体大悲而普现十方度化众生无有穷尽也,此是谓之正止;"空而不空"者,真空也,解真空者则恒观一切法空乃至心不行于分别,此是谓之正观。正止者,止不碍观,即止即观也;正观者,观不碍止,即观即止也。止即观,观即止,止观双行,空有不二。

"空有全收,不二而二,故亦止亦观"者,谓缘起性空不二,缘起即性空,是空全收有;性空即缘起,是有全收空。空全收有则一切皆空,是谓真空;有全收空则一切皆有,乃是妙有。妙有真空,互摄全收,不二而二,是谓亦止亦观也。

"空有互夺,二而不二,故非止非观"者,谓性空缘起不二,缘起即性空,是空夺有,空夺有尽,是谓真空;性空即缘起,是有夺空,有夺空尽,乃即妙有。真空妙有,互夺互尽,二而不二,是谓非止非观尔。

上文乃就止观组合即是四重,言"四重止观"者,无非欲就"四重止观"以明破四重执尔。众生之执,不外四重,所谓"四重执"者:一者执有,二者执空,三者执亦有亦空,四者执非有非空,此亦即所谓"四句"者也。今正观者,破有执;正止者,破空执;非止非观者,破亦有亦空执;亦止亦观者,破非有非空执。如是四执破,则离四句绝百非,是即"止观双行",则悟入诸法实相,亦云证入一真法界,亦云契入一如来藏心尔。

【言悲智相导者,有即空而不失有故,悲导智而不住空;空即有而不失空故,智导悲而不滞有。以不住空之大悲故,恒随有以摄生、以不摄生;以不滞有之大智故,常处空而不证灭。灭则不灭之灭,灭而非灭;生则无生之生,生而非生。生非生故,生相纷然而不有;灭非灭故,空相（法然而不空。空相法然而不空,故生死、涅槃而非一）生相纷然而不有,故涅槃、生死而不殊。】（注:因文有脱落,括号内文字系后人据上下文义而作补遗也。）

同上,此即是以"空有"以解释何故"依是义故,得有悲智相导"尔。

"有即空而不失有故,悲导智而不住空"者,"有即空"者,谓性空缘起之有,只是假有,非是实有也;"而不失有"者,谓性空缘起之有,虽非实有,而亦非毕竟无假有也。若明此理,是故菩萨虽恒观于空,而不住空,能运无缘大慈、同体大悲常化十方,普度众生也。此是菩萨以大悲导大智,不滞空住寂,入于无为正位也。

"空即有而不失空故,智导悲而不滞有"者,"空即有"者,谓缘起性空之空,即是真空,真空即妙有也;"而不失空"者,谓缘起性空之空,虽真空即妙有,然妙有亦即真空尔。若明此义,是故菩萨虽恒不舍一切众生,而亦不滞有,故能行无碍正智、般若妙慧恒不取于相,如如不动尔。此是菩萨以大智导大悲,不住生死,现前即大般涅槃尔。

菩萨不住生死不住涅槃,以如实知生死涅槃,不二而二,二而不二也。故能悲智双运,不相障碍尔。

"以不住空之大悲故,恒随有以摄生、以不摄生"者,谓菩萨以悲导智,故以不住空之大悲,恒随缘以普度众生;虽恒随缘以度众生,而亦不取众生相尔。何故？诸法缘起性空故！恒观一切法空故！

"以不滞有之大智故,常处空而不证灭"者,谓菩萨以智导悲,虽恒观一切法空而恒假大悲方便入于生死，不取不住无为正位尔。何故？诸法性空缘起故！恒不舍一切众生故！

"灭则不灭之灭，灭而非灭；生则无生之生，生而非生。""生"者，生死也；"灭"者，涅槃也。"灭则不灭之灭，灭而非灭"者，诸法性空缘起故！又菩萨以智导悲故！"生则无生之生，生而非生"者，诸法缘起性空故！又菩萨以悲导智故！

"生非生故，生相纷然而不有；灭非灭故，空相（法然而不空）"，由缘起性空，故生而非生，是以生相纷然而不有也；又由性空缘起，故灭而非灭，是以空相（法然而不空）也。

"（空相法然而不空，故生死、涅槃而非一；）生相纷然而不有，故涅槃、生死而不殊。"缘起性空，则泯各各差别相，一相所谓无相，亦即"空相法然"也，又性空缘起，则"空相不空"，即是各各差别相宛然尔，既各各差别相宛然（故生死、涅槃，一而非一）也；同理性空缘起故，则诸相各各差别，亦即是"生相纷然"也，又缘起性空，则"纷然而不有"，即是泯灭各各差别相尔，既泯灭各各差别相，故知涅槃、生死，殊而不殊尔。

同上"止观"门，由生死、涅槃本自非一非异，故菩萨悲智相导，而于生死、涅槃亦成四句，具体内容释于下文。

【何以故？空、有圆融，一不一故，亦可分为四句：以有即空故，不住生死；以空即有故，不住涅槃；空有一块而两存故，亦住生死亦住涅槃；以空有相夺两不存故，不住生死不住涅槃。】

"何以故"征释之文尔。何故生死、涅槃非一非异耶？

"空、有圆融，一不一故，亦可分为四句。"因缘起性空，性空缘起，故性空即缘起，缘起即性空，性空缘起非一非异。缘起者所谓生死也，性空者所谓涅槃尔。既性空缘起非一非异，是以生死、涅槃方便可开为四句尔。

四句者，即：

第一、"不住生死"句。何故云不住生死耶？以缘起性空，生死即涅槃，无生死可住故。

第二、"不住涅槃"句。何故云不住涅槃耶？以性空缘起，涅槃即生死，无涅槃可住故。

第三、"亦住生死亦住涅槃"句。何故云亦住生死亦住涅槃耶？以生死即涅槃，涅槃即生死，离于生死、涅槃外无别境界，生死、涅槃虽一体而不碍两存，故亦住生死亦住涅槃尔。菩萨住生死者，度众生也。菩萨住涅槃者，法身常住也。故曰："一月印千江，千江只一月。"

第四、"不住生死不住涅槃"句。何故云不住生死不住涅槃耶？以缘起、性空非一非异，生死、涅槃非一非异。全生死无涅槃，全涅槃泯生死，生死、涅槃同时互夺，则二者俱不可得。既涅槃、生死俱不可得，故生死、涅槃俱不可住尔。

以悲智对，即"大智"故不住生死，"大悲"故不住涅槃，"悲智双运，悲智俱存"故亦住生死亦住涅槃，"悲智双运，悲智不二"故不住生死不住涅槃。若超此四句，则悟入无分别诸法实相门，通达一真法界、一如来藏心尔。

【其犹水波为喻，高下相形是波，湿性平等是水。波无异水之波，即波以明水；水无异波之水，即水以成波。波水一而不碍殊，水波殊而不碍一。不碍一故，处水即住波；不碍殊故，住波而恒居水。何以故？水之与波，别而不别故！】

上为法释，下则举喻以释。喻为"水波喻"。

"高下相形是波，湿性平等是水。""高下相形"为波之相，此乃就相以明波尔；"湿性平等"即水之性，此乃依性识水也。水之湿性是一，波之高下相异。所以波则有别，而水性平等，实无有异。

"波无异水之波，即波以明水。水无异波之水，即水以成波。"波全是水，离水无波，故见波即是见水，此乃水、波异而不异也。又水外无波，全波是水，故一切波皆因水以成，此乃波、水一而不一也。

"波水一而不碍殊，水波殊而不碍一。"以波夺水，则一性湛然而不碍万象纷然也；以水夺波，则万象纷然而不碍一性湛然尔。

"不碍一故，处水即住波；不碍殊故，住波而恒居水。"波全是水，离水无波，故处水即住波也；又水外无波，全波是水，故住波而恒居水也。

"何以故"以下，总结全文。文义易见。

此中波喻事、喻有、喻缘起，水喻理、喻空、喻性。水、波既不二无别，圆融无碍，是故事理、空有、性相皆圆融无碍，不二无别也。

【经云："众生即涅槃相，不复更灭；亦得涅槃即众生性，不复更生。"又经云："如来不见生死，不见涅槃，生死、涅槃等无差别。"又经云："于无为界现有为界，而亦不坏无为之性；于有为界等亦然。"又经云："非凡夫行，非贤圣行，是菩萨行。"解云：凡夫行者着有，贤圣行者住无，今既有、无无二而二，二而不二，是故双离两失，顿绝百非，见心无寄，故名观也。】

下则四引经证以启信生解。

初引经证，意谓一切生死轮回之众生，当体即是涅槃相，是故不复更灭；譬如波既全体是水，是故无须更求灭波以成水尔。又但诸涅槃，直是一切轮回众生缘起空性，是故不复更生；譬如水既全相是波，是故何须更求灭水以生波耶。

其实众生、涅槃不过相性之别而已。众生是涅槃之相，犹波之与水；涅槃是众生之性，犹水之与波。众生者，众因缘生也。众因缘生必无自性，即此无性，便名涅槃。涅槃无性，无性随缘，即此随缘，复名众生。既是众生即是涅槃，故众生不复更取涅槃，是不复更灭也。既是涅槃即是众生，是故生者不复更生也。

引此经证不过在于彰显说明生死、涅槃是不二无别的，譬如波之与水不二无别尔。

二引经证，意谓：以生死不异涅槃，故如来不见生死；以涅槃不异生死，故如来不见涅槃。

何故生死不异涅槃，涅槃不异生死？因为于一真如法界心中，生死、涅槃不二无别故。于自觉圣智中，生死、涅槃之分别不可得故。

是故十方如来出现于世，非为度生死入涅槃，乃是欲令一切众生舍生死、涅槃二种分别见，而入于诸法甚深不二实相故！

引此经证亦在于彰显说明生死、涅槃不二无别也。

三引经证,经文中"无为界"者即涅槃界也,"有为界"者即生死界也。何故"于无为界现有为界"? 良以性空随缘,故诸各个差别事相炽然滋生也,但亦不坏性空之理;反之"于有为界现无为界"亦复如是。何故? 因为各个有为差别事相皆缘起性空也,虽然缘起性空,然亦不坏缘起事相宛然尔。

引此经证亦在于进一步彰显说明有为界之生死与无为界之涅槃不二无别也。

四引经证云:"非凡夫行,非贤圣行,是菩萨行。"此乃《净名经》中文。论中论主自行解释此句经文。何谓凡夫行? 贤圣行? 及菩萨行耶? 凡夫行者执著于有,"有"者有生死也;贤圣行者住于无,"无"者即是涅槃境界也。今既生死涅槃,有无无二而二,二而不二,是故菩萨不住生死不住涅槃,生死涅槃有无双遣,是谓菩萨行尔。

行菩萨行者,生死涅槃有无双遣,自然心不随分别,妙合中道,由是顿然离四句绝百非,现心无寄,不取于相,如如不动,当体直是一真如法界心(亦即如来藏心)尔,即此是为"空色无碍观"也。

"见心无寄"者,谓不取相生心,心不随诸相分别尔;亦即《金刚经》所云:"不取于相,如如不动。""见"字通"现"字,乃现前、当下、直下之义。"寄"者,寄托、寄泊义;"无寄"者,谓无有语言文字以及形相可以寄托也。

"空色无碍观"者,谓色相举体是真空,真空亦举体而不异色相;以色为幻色,而不碍于空,空为真空,亦不碍于色,故观空色二法无障无碍,不二无别尔。

四、语观双绝门:烦恼即菩提,生死即涅槃

在前文中我们提到过,"语观双绝门"即是对应着"大乘顿教",也就是说"语观双绝门"所阐述的即是华严宗大乘顿教的教理观法。

那何谓"大乘顿教"呢? 大乘顿教,此教修证,皆一时顿成,不落渐次,也就是说,这是一个顿修、顿悟的教门,离言说,离心缘,一时顿解,一念顿成,所谓一念不生,即名为佛,故谓之为顿。此教不说法相,只辨法性,无八识、二无我之差别,亦无五法、三自性的葛藤,不立断证阶位,随时就路还家。《圆觉经》、《维摩诘经》等所说,维摩之默然不二说,圆觉之众生本来成佛说等,即是发挥烦恼即菩提,生死即涅槃之真面目,可谓此教教义。此教异于始、终二教之渐次修成,亦不同于圆教之圆明具德,故另立为一教。

在上门总述中我们提到过,一直以来许多人都弄不清楚华严五教判与天台四教判有何区别,部分不求甚解的人往往简单肤浅地认为华严五教判,不过是吸纳了天台化仪四教中的顿教,将之安立于天台化法四教中的圆教之前而已,此种观点与看法具有极大的普遍性、代表性,而此观点与看法实则全然不知不解华严五教判中安立顿教的甚深意趣之所在,下面就针对此点我们来略作些辨析与说明。

我们知道天台判教中所立的顿教属于天台化仪四教之一,此之顿教是依于说法之形式和所对之根机的区别而作的判摄,其并非是基于教法教理的差异而安立的教判,换句话说,也就是说其本身并无独特的所诠教理,则其自亦不能成为一种独立的能诠

教法。

而华严五教判之顿教，乃完全是基于从教法教理教义的差异角度来进行判摄安立的。相对于前之大乘始教、终教乃是依地位阶级渐次而立，而顿教则不依地位渐次而立。于华严宗而言，顿与渐之差别并非是被理解成基于说法形式上的渐说与顿说之差别（渐说者由小入大，藉浅阶深，渐向真实，此谓渐教；顿说者大不由小，深不藉浅，直显起初，此谓顿教），而是指基于教法教理本身之差别（特征）而言的，盖此顿教之教法乃是直指离言法性以为所诠，法性顿显顿成，离一切地位差别相，故名顿教。

由上辨析显然可知华严五教判之顿教与天台化仪四教所开之顿教，实在是名同而义别，而华严五教判自然亦绝非是简单地将天台化仪之顿教摄入化法四教中而成立也。天台之顿教，系顿说、直说之顿，依说主所对根机之区别而成立；而华严之顿教，系顿显、顿成之顿，乃依能诠教法及所诠教理之区别而成立。盖华严之顿教，有顿显佛境、顿成佛果之义（如《净名经》云："一切众生，即菩提相"），于此顿教中，能诠之所以有顿显之益，正以其所诠有顿成之性。又天台之顿教，乃是相对于渐说而立；而华严之顿教，则是相对于教法教理的阶位差别而立。以若顿入真实法性，则一切阶位差别之相自当泯然不现故（如《楞伽经》云："无所有何次"）。是知，华严、天台二宗所开、所立之顿教，其意义是有根本上的不同的。

另在上门总述中，我们尚有讲到华严五教中的终教与顿教，皆是明确指向和根依于大乘如来藏学说思想体系的，那二者之间又是何关系呢？换句话问，即是二者之间到底有何区别呢？其实顿教之与终教事实上不过是指向大乘了义教（即如来藏学说思想体系）之教理的二种互为补充，同时又有深浅之分的二种教法。二教虽同以如来藏一心为所诠，但终教所指向的乃是依言如来藏一心，而顿教所指向的则是离言如来藏一心。

作为大乘了义教之依言门，终教乃依言诠解说如来藏一心，且其对如来藏一心的诠释是依法相与法性的融通相即之关系来展开的，此乃属从因至果，虽于诸法体性上融通相即，自在无碍，然其尚存名义上的区别。故此教但得知见香，未得解脱知见香也。

而作为大乘了义教之离言门，顿教则通过其独特的教法直接和单独地指向于离言的如来藏一心，其不仅在诸法体性上融通无碍，不二无别，亦销泯一切诸法名义上的区别对待，直下悟到一念不生，诸法圆成，故顿入不二法门，离于一切能所对待，当体只是一如来藏心，亦不作一如来藏心解。何故？得解脱知见香故！

今此"语观双绝门"者，即离言绝虑，心无分别，能所双遣，当体只是如来藏心。何故？理是一心，真空妙有，妙有真空，非染非净，非生非灭，介尔动念，即乖理体故！

【夫语观双绝者，经云"言语道断，心行处灭"者是也。】

本门开篇即直接引经以释何为"语观双绝"尔。何为语观双绝耶？经云"言语道断，心行处灭"，即是"语观双绝"者也。"

"言语道断"者，又作语言道断、言语道过、名言道断。谓言语之道断绝，即"言语思想所不能及"之意。《华严经（六十卷本）》卷五云："远离取相真实观，得自在力决定见，言语道断行处灭。"《维摩经·阿閦佛品》曰："一切言语道断。"《大智度论》卷五云："言语已息，心行亦灭。"此语常与"心行处灭"一词连用。

"心行"者，心念之异名，心者迁流于刹那，皆云心行。"心行处灭"，意指心行之处灭绝，谓远离概念思维之情境。《璎珞经》曰："一切言语断道，心行处灭。"《摩诃止观》卷五曰："言语道断，心行处灭，故名不可思议境。"《仁王经》曰："心行处灭，言语道断。同真际，等法性。"（俗作"同断"者误）。《大乘起信论义记》卷中云："离心缘者，非意言分别故，心行处灭，非思慧境。"即谓法性真如之理，不可用言语说明，亦非分别思慧可知。《起信论疏笔削记》卷七亦云："心行处灭者，以相是心之行处，行犹缘也；既离于相，心无所缘；所缘既无，能缘亦绝，无相真理何思慧之所及乎？"（按："言语道断，心行处灭"一词，与佛典中常见之"言亡虑绝"一词之意亦同。）

"言语道断，心行处灭"，即点明了顿教之独特的能诠与所诠也。顿教之独特的能诠者，即是上所引诸经中所开显"法性无差别"之义的诸经文（顿教中之"言教"），及《维摩》中以默显顿入不二法门的行持（顿教中之"默教"），此即顿教本有之独特的能诠教法。顿教之独特的所诠者，即是顿教隐于诸法自性差别，唯以平等法性为所诠；换句话说，顿教唯以离言法性无差别义为所诠。

又"言语道断"者，非是说要我们绝对无言语、不说话，只是说真如法性非是语言文字之所能及，故研经学教切不可执言废义也。"心行处灭"，亦非是要我们绝对无思、无念，其只不过是教我们不要取相（境）予以邪执分别，但当无所住相而生心尔。如《金刚经》云："不取于相，如如不动。"又如《坛经》云："善知识，于诸境上心不染，曰无念。于自念上常离诸境，不于境上生心。若只百物不思，念尽除却，一念绝即死，别处受生，是为大错。"

【即于上来空、有两门，离诸言论、心行之境，唯有真如及真如智。何以故？圆融相夺离诸相故！随所动念即皆如故！竟无能、所为彼此故！独夺显示染不物故！】

上已引经总释何为"语观双绝"，下则仍如前终教（事理圆融门）一样，依空、有两门来别释之。

"即于上来空、有两门。""空、有二门"者，义同上"事理圆融门"所释，二门亦即《大乘起信论》中所云初一心源之二门，其中不生不灭之心真如门即空门，心生灭门即是有门。有门者，谓如来藏不变随缘；空门者，谓如来藏随缘不变。

"离诸言论、心行之境"者，谓能所双遣，心无所住，不取相分别尔。

"唯有真如及真如智。""真如"者，《起信论》云："一切诸法，从本已来，离言说相，离名字相，离心缘相，毕竟平等，无有变异，不可破坏，唯是一心，故名真如。"此乃约法言、体言。简单地说，"真如"即指遍布于宇宙中真实之本体；为一切万有之根源。又作如如、如实、法界、法性、实际、实相、如来藏、法身、佛性、自性清净身、一心、不思议界。"真"，谓真实不虚妄之意；"如"，谓不变其性之意。真如即大乘佛教所说之"万有之本体"。然详细论究之，则各宗各家所引真如一词之含义各异，今以华严教义而论之。本宗依据性起说而主张本体（真如）即现象（万法），本体与现象不二无别，其中：真如不变随缘，即真如本为万法；真如随缘不变，即万法本为真如。

"真如智"者,谓契合真如理体之智,又谓之如如智。此乃以智言、用言。

又方便说,"真如"即是一真法界妙心,"真如智"即自性清净圆明觉体。

于一真法界,又方便开为两种法界,即理法界与事法界。理法界即真如随缘不变,事法界即真如不变随缘。以理、事法界,乃有四种法界,四种法界者,谓:一、事法界,二、理法界,三、理事无碍法界,四、事事无碍法界。而此四种法界之义,亦不外乎真如不变随缘与真如随缘不变而已。

"自性清净圆明觉体"者,即如来藏中法性圆明觉体。此自性清净圆明觉体,随缘不变,不变随缘。虽处染而不垢,虽修治而不净。依此圆明觉体,能起二种智用:

一者,海印森罗常住用,即真如本觉也;森罗万法,皆此一法之所印,此一法印者,即自性清净心是也,是心即摄一切世间、出世间法,乃一法界大总相法门体也;诸法但依妄念,而有差别,若离妄念,唯一真如,故名海印森罗常住用也。

二者,法界圆明自在用,即华严三昧;谓修此华严三昧,即得称理成德,普周法界而证菩提,即真如之不变随缘义也。

"唯有"者,谓于一切空、有诸法,但离于名相虚妄分别,其实唯是真如本体与真如智用而已,别无他物。

上文直述法义,下则征释之。

"何以故?"征问之文也。即是征问何故云"空、有两门,离诸言论、心行之境,唯有真如及真如智"耶?释文分四:

(一)"圆融相夺离诸相故!"性空缘起,是空不碍有;缘起性空,是有不碍空;空、有无碍,故曰"圆融"。全空即有,是则有夺空尽;全有即空,是则空夺有尽,空、有互夺,故曰"相夺"。有夺空尽则离空相,空夺有尽则离有相,空、有相离,故曰"离诸相"。如是圆融相夺离诸相,即是真如理体。如是真如理体,离诸言论、心行之境,即所谓"言语道断,心行处灭"者也。

(二)"随所动念即皆如故!"动念者,真如不变随缘(性空缘起),即有;反之觉心不动,亦即真如随缘不变(缘起性空),即空。是知空、有即是动念分别尔,故空、有不出现前一念;以空、有不出现前一念故,于一念中,是以动念皆如也。

(三)"竟无能所为彼此故!"既空、有不二无别,又无论动念与否皆如,故一切诸法皆无能、所彼此之分也。以能、所彼此一切诸法皆为同时相应,同时具足圆满,依缘起理而成立,一与多互为一体,无有先后之别故。譬如对镜现像,镜内、镜外俱时顿成,无先后、能所、彼此之分也。

(四)"独夺显示染不物故!"此是明一切诸法,缘起万象,皆一真如法界,非为余物。"独夺显示",譬如对镜现像,俱时顿显,唯是镜体,无复分别。"染不物"者,譬如大海起波,一水顿成,非是另有余物,故曰"染不物"。

上即以此四句,开显"言语道断,心行处灭"之顿教真如理体也。

【经云"唯如如及如如智独存"等。又经云:"诸法寂灭相,不可以言宜〖宣〗。"又经云:"法离一切观行。"又经云:"若解真实者,无菩提。"】

上已直释法义,下则四引经证以证义启信也。

初引经证,经云:"唯如如及如如智独存故。""如如"者,谓法性也,理体也。法性之理体,不二平等,故云"如",彼此之诸法皆如,故云"如如",是正智所契之理体也。故如如者,即是真如法性义也。

"如如智"者,谓真如妙智,本来清净,无明不能覆,烦恼不能染。照了诸法,平等不二,以其智如如境,故名"如如智"也。换句话说,即契合如如理体之智,谓之"如如智"也。《楞伽经》中所言"相、名、妄想、如如、真智"五法,其中"如如、真智"者,即今文中所云如如,如如智也。

二引经证,经云:"诸法寂灭相,不可以言宜(宣)。""诸法寂灭相"者,即是诸法实相,诸法实相即是真如自体相也。真如自体相者,非有相,非无相,非非有相,非非无相,非有无俱相;非一相,非异相,非非一相,非非异相,非一异俱相。如是真如妙相,离于一切言说虚妄心念分别尔。是知"诸法寂灭相,不可以言宜"尔。

三引经证,经云:"法离一切观行。"一切诸法从本以来,离言说相、名字相、心缘相,毕竟平等,无有变异,不可破坏,唯是一心,自心不观自心,譬如眼根不自见眼根,故云"法离一切观行"。又《起信论》云"以一切法皆同如故,当知一切法不可说、不可念。"

四引经证,经云:"若解真实者,无菩提。""真实"者,即诸法法性尔。"解真实"者,即悟解通达诸法法性也。若行人悟解通达诸法法性,则能所双遣,心无分别,亦即所谓"言语道断,心行处灭"者也。然言语道断,心行处灭,则实无菩提可得。故经云"解真实者,无菩提"也。又《金刚经》云"须菩提,实无有法佛得阿耨多罗三藐三菩提。须菩提,如来所得阿耨多罗三藐三菩提,于是中无实无虚。"

梵语"菩提",旧译道,新译觉,道者通义,觉者觉悟义。广义而言,乃断绝世间烦恼而成就涅槃之智慧。即佛、缘觉、声闻各于其果所得之觉智。此三种菩提中,以佛之菩提为无上究竟,故称阿耨多罗三藐三菩提,译作无上正等正觉、无上正遍智、无上正真道、无上菩提。诸佛所得清净究竟之理,以其无灭无生,不变不迁,是为常住果。

【问:若云空有圆融,语观双绝者,即离观行,云何证入耶?答:非是默而不言,但以语即如故,不异于法,是以无言。观行亦尔,反上可知。】

据上释,夫语观双绝者,即离观行;若离观行,则能所双遣;既能所双遣者,则既无能入亦无所入,若如是,又该如何证入呢?于此不解,是故难问曰:"若云空有圆融,语观双绝者,即离观行,云何证入耶?"

问者意谓:语观双绝,是默然无语,木然无修,教义观行均无之谓。其不知语观双绝者,是一法界义,是一心义也。

故答云:"汝会错意也。夫语观双绝者,非是默然无语谓之绝也。但以一切言说本身,当体即是真如不变随缘所现,而所言一切诸法亦当体皆是真如不变随缘之所现,是以言(语)、法如如不二,不别不异也。既解言(语)、法同是一真如心,自心不言自心,是以无言也。观行亦复如是,观行本身即是真如之智用也,而所观一切诸法亦皆真如不变随缘所现,观、法如如不二,同是一真如心,自心不观自心,是故观行绝。"

【故经云:"有三十二菩萨,各说二而不二,不二而二,名入不二法门。次至维摩,默答寂无言说,名真入不二法门。文殊叹曰:'善哉,善哉!默然无言,是真入不二法

门。'"解云：维摩虽默无言，即是说法。何以故？以诸菩萨皆得解故！何者？言说观行，即是法也！】

上直释法义，今则引圣言量以证义启信。

所引乃《维摩诘经》内容。该经《不二法门品》云，三十二菩萨各说二而不二，不二而二为入不二法门。然此诸菩萨所说，皆语观未绝尔。最后文殊菩萨问维摩诘居士，何等是入不二法门？时维摩诘居士默然无言。故文殊菩萨叹曰："善哉，善哉！乃至无有文字语言，是真入不二法门。"

"解云"下是论主自释，以开显上经文之深义也。

何故云"维摩虽默无言，即是说法"耶？因诸菩萨皆解言说、观行本身，当体即是真如不变随缘所现之法。以故诸菩萨皆知维摩诘居士默然无言，语观双绝，正是真入不二法门也。是故今文解云"维摩虽默无言，即是说法"也。

【问：空有无二，遂令大士无言；性相镕融，致使观心无措者，信如其说。今修学者未审，以何方便而证契耶？答：即于此空、有法上，消息取之。何者？以空摄于有，有而非有，有见斯尽；以有摄于空，空而非空，空执都亡；空有即入，全体交彻，一相无二，两见不生；交彻无碍，碍而不碍，两相俱存；互夺圆融而不废，两非双泯。故契圆珠而自在，诸见勿拘；证性海而无骂〔寄、泊〕，萧然物外。超情离念，迥出拟议；顿塞百非，语观双绝。故使妄心冰释，诸见云披，唯证相应，岂关言说。是以维摩默答，欲表理出言端；天女盛谈，欲彰性非言外。性非言外，言即无言；理出言端，不说即说。不说即说故，绝情虑之思议；言即无言故，殄解心之图度。以斯融夺，岂笔说能申，唯证相应。当自知耳。】

虽经上一番征问释答，然尤不知以何方便顿然契入能所双遣，语观双绝之甚深理境性地，是故今特意询问如何证契之方便尔？文中先示领解，后出难问。

领解分云：因为空、有无二，不可分别言说，于是令维摩诘大士默然无言；性相镕融，一体无分，致使观心无滞念留意处（"无措"者，意即无滞念留意处也），信你所说与理无差。领解虽呈，然今修学者，尤未能详尽其意旨，是以进一步难问云：不知以何方便，而能证入契合如是不二真如理体性地耶？

答云："即于此空有法上，消息取之。""消息取之"者，犹言于空有法上，消融取之也。

"何者？"征问之文也。何故云欲证契不二真如理体性地，当于空有法上消息取之耶？

"以空摄于有，有而非有，有见斯尽；以有摄于空，空而非空，空执都亡。""摄"者，尽也，夺也。因为以空尽有，以空夺有，则有全是空；有既全是空，即是有而非有；既有而非有，是则有见斯尽。若以有尽空，以有夺空，则空全是有；空既全是有，即是空而非空。既空而非空，是则空执都亡。

"空有即入，全体交彻。一相无二，两见不生。""即入"者，全称为"相即、相入"，是为华严宗基本教义之一。

"相即"者，乃依一切现象之本体而言，一方为空，另一方必定为有，同时共空或共有绝不能成立,经常两者互融无碍,成为一体化。例如,一构成多之成立,故"一即一切";于此,由一切(空)之立场而言,"自"之"一切"与"他"之"一"融合一体化;同时由一(有)之立场而言,"他"之"一切"尽摄于"自"之"一"而圆融一体化,故亦谓"一切即一"。反之,以一为空,以一切为有,亦同样指"一即一切"。具此等关系者,称为相即。

"相入"者,乃依依缘之作用而言,一切现象之用(作用),在一方为有力,在他方必定无力,同时共有力或无力俱不存在,经常两者之作用互相而非对立,互融而无碍。换言之,万有虽然彼此各差别,然系由平等无差别之实体所缘起,故"实体即现象,现象即实体",实体之外别无现象,现象之外亦无实体,故一切差别之现象蕴含着平等无差别之理,空有二义,本然存在。以是之故,缘乃产生如下之作用,一为有力能容多,多为无力潜入于一,故谓"多即一"。反之,一为无力,多为有力,而说"一即多"。具此种关系者,称之为相入。

今文依空、有谈相即相入义。空即(摄)于有,是空夺有;有即(摄)于空,是有夺空。空潜入有,是空成有。有潜入空,是有成空。空有相即相入,则空有全体交彻,不二无别,空是彻有之空,有是彻空之有,空、有一体无分,以空、有一体无分,是故两见不生。

"交彻无碍,碍而不碍,两相俱存;互夺圆融而不废,两非双泯。""交彻无碍"者,见上所释。"碍而不碍"者,谓空、有二相于表面而言,正好互为矛盾对待,然因其同为平等无差别之真如理体所缘起,故空、有二相亦即蕴含着平等无差别之理,空相当体即是有相,有相亦当体即是空相。是知空相立,不碍于有相存;有相立,不碍于空相存;空、有二相互立俱存,此亦即一真如法界中,空、有无分别而不碍差别相存也。又空有圆融互夺,以空夺有,是不废空而泯有;以有夺空,是不废有而泯空;今不废空、有二法,二者俱非而双泯绝,此亦即一真如法界中,空、有差别相宛然而不碍当体即无分别也。

"故契圆珠而自在,诸见无拘。证性海而无骂,萧然物外。"圆珠是喻,性海是法,此二句乃喻、法双举。"圆珠"者,谓其体性莹净绝瑕,都无色相,由性净故,一切色相,对则现中,自在无碍。然若不了珠体,则所见全是青黄等色;既是青黄,则不见珠体,故生青珠、黄珠诸见。如《华严经》所云:"凡夫见诸法,但随诸相转;不了法无性,以是不见佛。"若了珠体,则知此珠种种之色,一一清净,一一同体,悉是圆珠妙用应现,是以青珠、黄珠诸见不生,既诸见不生,又岂为诸见所拘耶!故今文云"契圆珠而自在,诸见勿拘"。若以三性配之,这里即以"圆珠"喻圆成实性(亦即后文所云"性海"),"现色"喻依他起性,"凡夫定执青珠、黄珠诸见"喻遍计执性。"证性海而无骂,萧然物外"者,譬如圆珠映于五色,随方各现,虽见相不同,然圆珠却是一体。万法虽各各差别事相不一,然同为无差别真如理体之所缘起,是知万法皆如,一体无分,语观双绝,无能无所,泯绝无寄,故文云"证性海而无骂"(据文义,"骂"字似应为"寄"或是"泊"字,即栖止义,寄泊义。"性海无泊"者,谓法性无寄无缘也)。"萧然物外"者,谓既证真如自性,则知万法皆如,既知万法皆如,则语观双绝,一体无分,泯绝无寄,既泯绝无寄,自是超然于各各差别事相之外也。"萧"者,超义、出离义也;"物"者,即指各各差别事物、事法也。

"超情离念,迥出拟议,顿塞百非。语观双绝,故使妄心冰释,诸见云披。"既然性海无寄,超然物外,是以超情离念,迥出拟议,顿塞百非。"迥出拟议"者,谓远离言语心行之境也;既远离言语心行之境,是以百非顿息,诤论不生。"百非"者,由四句生。"四句"者,例如一、有句,二、无(非有)句,三、亦有亦无句,四、非有非无句。如是四句,各自复出四句,乃有十六;此十六句历于过去、未来、现在三世,乃有四十八;复有已起、未起,成九十六;加上根本四句,乃成百非。

又夫语观双绝者,则妄心不起;妄心不起,则诸见不生。是故文云:"语观双绝,故使妄心冰释,诸见云披。""披"者,消散也;"诸见云披"者,谓诸见如云般自消自散也。

"唯证相应,岂关言说。"今此顿教法门,唯显离念境界,而离念境界,非言说之所能及,唯证乃相应尔。如《大乘起信论》云:"以离念境界,唯证相应故!"又经云:"我法甚深,唯证乃知。"是故欲入顿教法门,但当"言语道断,心行处灭",能所双遣,泯绝无寄也。

"是以维摩默答,欲表理出言端;天女盛谈,欲彰性非言外。"因为这种原因,维摩诘居士默答者,欲表理出言端也。"理出言端"者,即谓理出言外,非关言说也。"天女盛谈",亦出《维摩诘经》。在《维摩诘经·观众生品第七》中云:有一天女散华,华至诸菩萨,即皆堕落;至大弟子,便着不堕,一切弟子皆尽神力去华(因为佛制戒律,华堕佛衣或上座衣无苦,若堕余弟子衣,应拂令堕座上,所以一切弟子尽神力去华),而不能令去。天女问舍利弗:"何故去华?"舍利弗答:"此华不如法,是以去之。"意谓佛制华堕弟子衣上,应拂去之,今华堕我衣,不如法、不如律、不如佛所教也,是以去之。天女曰:"勿谓此华不如法。所以者何?是华无所分别,仁者自生分别想耳。若于佛法出家,有所分别,为不如法;若无所分别,是则如法。观诸菩萨华不着者,已断一切分别想故。"此处天女盛谈,欲彰性非言外者,即引这段故事。"性非言外"者,谓言说当体皆如也。

"性非言外,言即无言;理出言端,不说即说。"若解言说当体即如,则自明言即无言也。何故?以解一切言说当体皆如,是以不复取言说相分别故。又若知真如妙理非关言说,自明不说即是妙说也。

"不说即说故,绝情虑之思议;言即无言故,殄解心之图度。"若解不说即是妙说,自然能所双遣,语观双绝,而远离于凡夫之情见思虑,虚妄分别也;又若明言即无言,自然不会执着于言说文字本身,去分别量度,但求知解也。"殄"者,绝灭也;"图度"者,谋求量度也。"殄解心之图度"者,亦即绝灭知解心之谋求量度也。

"以斯融夺,岂笔说能申?唯证相应,当自知耳。"顿教法门,以空、有如是互融互夺,甚深微妙,难思难议,又岂是言语文字所能说明的了的呢?是知顿教之法,唯在亲证,不在言说尔。

【故经云:"如人饮冷水,唯自知也。"此意在言外,勿执言思理;理不出言,莫捐而求理。谛解研窍,复自显然;委细莹磨,故应明耳。但须勤加用力,专志勿移,行住坐卧中无令暂废,久作不已,白皂自分,深可信矣。】

下引经证,以证义启信。

经云:"如人饮冷水,唯自知也。"顿教之法,出乎言虑境界,唯证乃知。如人饮水,冷暖自知也。

"此意在言外,勿执言思理;理不出言,莫捐而求理。""此意"者,谓顿教所显平等无差别之真如妙理也。"意在言外"者,即谓平等无差别之真如妙理,出乎言虑事相之外,故切不可执着言语事相,即以为是理也。《般若经》云:"世人分别,唯分别言语文字。"世人不知言语文字,非理实也。故曰"勿执言思理"。

"理不出言,莫捐而求理。"以一切言说当体皆是真如理体之所缘起,是知一切言说当体即不异于真如理体也;既一切言说当体不异真如理体,故不可捐言而求理也。"捐"者,捐除义。换句话说,其实只要不执着言语为实有,如实知言语无性即是理显;无性随缘,即是言明。言之与理,二而不二,不二而二。言语是世谛,理性是第一义谛。第一义谛无以自明,以世谛而明;世谛无以自立,以第一义谛而立。故若坏世谛,即坏第一义,故曰"莫捐言而求理"也。

"谛解研窍,复自显然。委细莹磨,故应明耳。""谛"者,确实、决定义;"解"者,悟解、了解义;"研"者,研究、考察义;"窍"者,窍要、根本、实质义。"谛解研窍"者,意谓行人若能确实从根本、实质上去对真如妙理进行悟解钻研的话,则真如妙理复自会显然明了也。

"委细莹磨","委"者,的确、确实义;"细"者,仔细、详细义;"莹"者,晶莹、透彻义;"磨"者,琢磨、钻研义。"委细莹磨"者,意谓行人若能确实具足方便善巧,很认真、很仔细地如法琢磨钻研真如妙理,而令真如妙理晶莹透彻的话,则自能将真如妙理相应明了通达于自心尔。

"但须勤加用力,专志勿移,行住坐卧中无令暂废,久作不已,白皂自分,深可信矣。"文义易解,谓行人必须勤加用力修习,专心致志而不改变,于行住坐卧四威仪中,无令暂时废止,这样久久用功而无休歇,自能黑白分明,深解而坚信矣。"皂"者,黑色义也。

【故经云:"如人渴须水,穿凿于高原,施功不已,渐见湿土,知水必近。"又经云:"譬如人钻火,未热而止息,火势随止灭,懈怠者亦然。"又论云:"如人梦渡河水,因勇猛力而得觉也。"若也用功间断,才作还休,求悟终自难期,望解虚盈岁月。何者?无始习业,垢重难穿,虽有觉心,随见〔现〕随灭。若不克勤恳切,无以成于行心。随日妄以为怀,徒自疲于筋力。夫是行者,存意思之。】

下三引经证,以证义启信也。

初引经证,经云:"如人渴须水,穿凿于高原,施工不已,渐见湿土,知水必近。"行人修止习观亦复如是,用功既久,必然透露消息,当知成功不远矣。

二引经证,经云:"譬如人钻火,未热而止息,火势随止灭,懈怠者亦然。"如人钻木取火,若见热相,应更急钻求,方得火出。如果未热而止息,火势便灭。修习止观亦复如是,如果见有消息,宜更勇猛精进,方能有成就也。

三引经证,论云:"如人梦渡河水,因勇猛力而得觉也。"梦中渡河,唯恐沉溺,于是勇猛用力,即便觉醒。修习止观亦复如是,于生死海中抖擞精神勤修止观,令生妙觉,即出生死也。

"若也用功间断,才作还休,求悟终自难期,望解虚盈岁月。"如果用功不能相续无间,求悟终无希望,而所谓的求解脱亦不过是在虚度岁月而已啊。

"何者",征问之文也。前云"若也用功间断,才作还休,求悟终自难期,望解虚盈岁月",这里即征问为什么要这样说也?

因为无始劫来,无明习气业力,垢重难穿,虽有觉悟之心,然随现("现"为"见"之通假字)随灭,是以如果不克勤恳切,则无以成于行心也。若但终日随妄想以为怀的话,便徒自疲劳精力了。故行者于此理应当特别留意,再三思之啊!

本门对应着法界三观中真空绝相观之第四句"泯绝无寄观"。

"泯绝无寄观":"泯绝"者,谓泯绝色(有)、空,离一切相;"无寄"者,谓无有语言文字可以寄托。"泯绝无寄观"者,谓此所观之真空,乃超绝一切对待,离言绝虑而无可寄托,为言解所不及,故必至心境俱灭不可思议之境地,乃见真空之全体。真空之全体者,即是一真如心也,亦即一真法界也。

五、华严三昧门:事事无碍法界缘起

在前文中我们提到过,"华严三昧门"即是对应着"一乘圆教",也就是说"华严三昧门"所阐述的即是华严宗一乘圆教的教理观法。

那何谓"一乘圆教"呢?一乘圆教,即说一乘而完全之教法。此教说性海圆融,随缘起成无尽法界,彼此无碍,相即相入,一位即一切位,一切位即一位,十信满心即摄五位而成正觉,故称为"圆",如《华严经》《法华经》等所说。此教又分为别教一乘、同教一乘二种,其中:一、同教一乘,即随应二乘、三乘等根机而说法,使其入于一多无尽之法界,故将一乘无尽之法,寄显于始教之三乘法,或终、顿二教之一乘法,以说一乘之义,此即天台宗之圆教。二、别教一乘,即别异于二乘、三乘之法,而为一多无尽之一乘法;亦即指华严宗独特之思想。

在详细辨析解说同别二种一乘圆教之前,我们先介绍一下何谓"法界"。据《华严经探玄记》卷十八所云,"法界"具有三义,即:一、因义,为生圣法之因;二、性义,指诸法之真实体性;三、分齐义,谓诸法各持分齐,可区别相状。据上三义可知,此即谓真如或一切诸法,即是"法界"者也。

同时,若依普贤行愿而入之法界(此即依因分而言法界者也),计有有为法界、无为法界、亦有为亦无为法界、非有为非无为法界、无障碍法界等五门之义,故立人法界、法法界、人法俱融法界、人法俱泯法界、无障碍法界等五重之别。

法界之种类固然繁多,然一切终归于一真法界,此即诸佛众生本源之清净心,亦称为一心法界、一真无碍法界(上即依果分而言法界者也)。而若自现象与本体观之,则可分为四义,称为四法界,即:

(一)事法界。"法"指万法,"界"谓分界;诸法各有自体而分界不同,乃构成一千差万别之现象界,称为"事法界"。

(二)理法界。诸法之现象虽繁多,然其真实体性则常住不变,平等一如,超越语言

文字,为寂然圣智之境,称为"理法界"。

(三)理事无碍法界。所有现象界与本体界具有一体不二之关系,其一一之法,相即相入,一与多无碍,法尔圆融,称为"理事无碍法界"。

(四)事事无碍法界。一切现象界互为作用,一即一切,一切即一,重重无尽,事事无碍,称为事事无碍法界。

此外,就法界之全相而言,一切法互为一体化(相即),其作用互入无碍(相入),故说事事无碍、重重无尽的缘起,称为"法界缘起"。观此种法界之构造,即称"法界观"。

前已略加解释了何谓"法界",下面我们再接着详尽辨析解说何谓同、别两种一乘圆教。何谓同、别二教呢? 同别二教之说,系由智俨大师所创,乃依据《大智度论》共般若、不共般若之说,将如来一代圣教大别为三乘、一乘二种,更将一乘分判为同、别二教,而以《法华经》"会三归一"之说为同教一乘,以《华严经》"十十无尽"之说为别教一乘,法藏大师承袭此说,而成此教判之集大成者。

又法藏大师于《华严五教章》卷一中,阐释同、别二教义,明示别教一乘有"性海果分"与"缘起因分"二门。性海果分门不可言说,以其为十佛自内证之境界故;而缘起因分门则可言说,因此系普贤之境界故。

其中,可说的缘起因分门又开为"分相"与"该摄"二门,法藏大师即是以分相、该摄二门来阐释别教一乘,其中,以分相门解释别教一乘之名义,以该摄门解释别教一乘之法体。

由于教法不同,佛教乃分三乘、一乘,若于三乘之外,别立一乘,称为分相门;而将三乘、一乘总摄为一乘者,则称该摄门。分相、该摄二门互存无碍,不异不一;此中不一者即分相门,不异者即该摄门。

分相门系表示别教一乘"语义之相对立场",而该摄门则表示别教一乘"本质之绝对立场"也。

同书卷一中,法藏大师复于解释同教一乘时,亦将同教一乘开为"分诸乘"与"融本末"二门,以分诸乘彰显同教一乘之法体,而以融本末阐释同教一乘之名义。

所谓同教之名义,系以一乘为本,三乘为末,合同融和三一本末,故释其名义为融本末。然同教一乘之法体,乃方便引接分为二乘、三乘乃至无量乘之诸乘,或将一乘分为二乘、三乘乃至无量乘而诱引之者,故所分诸乘即为同教一乘之法体。

同书又将"分诸乘"分别为一乘、二乘、三乘、四乘、五乘、无量乘等六重。第一重之一乘有七义,即:一、约法相交参,谓一乘垂于三乘,三乘参于一乘,两宗交接连缀;二、约摄方便,谓三乘法皆系一乘法之方便法门,故咸称一乘;三、约所流辨,谓三乘悉从一乘而流出;四、约殊胜门,谓以三乘中之大乘为一乘,其权实虽有异,然同为菩萨所乘,故称一乘;五、约教事深细,谓以所说之法深细,故称一乘;六、约八义意趣,谓一乘之说与佛密意之说,皆为八义之意趣;七、约十义方便,《华严经孔目章》将一乘分为正乘、方便乘二种,其中,方便乘有十义,即此十义方便。此六重七义之分别,即祖述《华严孔目章》之所流、所目、摄方便等三义。其中,第一重之七义一乘依所流、摄方便二义,第二重以下之二乘乃至无量乘等五重则依所目一义。"所流"者,谓三乘之法门悉由一乘海流出。"摄方便"者,谓三乘法门乃入一乘之方便,即指三乘之法门为一乘之所流,总为一乘之方便,故称之为同教一乘,此为七义一乘之大要。"所目"者,谓就三乘等之法,非以所流、摄方便等义为一乘,而以三乘等之当体本来即一乘。

所谓"融本末",即同教之名义以一乘为本,以三乘为末,而融合三乘与一乘本末二者。其下复开二门,即:

第一、泯权归实门,泯权归实即一乘,为向上门,乃由"机"而趣向"法界"者也。

第二、揽实成权门,揽实成权即三乘,为向下门,乃由"法"逐"机"而下者也。

泯权而不坏权之故,三乘即一乘,而不碍三乘;揽实之权而不异于实之故,一乘即三乘,然不碍一乘。如是一乘与三乘融摄,其体无二,此即同教之义。

同教一乘之融本末与别教一乘赅摄门之差别,前者承认三乘一乘之本末差别而融合之,后者则不承认三乘一乘之本末差别,而视一切三乘等法本来皆为一乘法。

一乘圆教先总别为同别二教之旨,何故一乘圆教要先总别为同别二教耶?盖因同教一乘主要指《法华经》等所说,别教一乘则指《华严经》所说;然《华严经》中有同教之旨,《法华经》中亦有别教之旨,是故先当总别"同、别二教"也。

又同别二教尚有"定内"与"定外"之区别,即:《华严经》所明示之同别二教,系海印定中所说,故称为"定内同别";《法华经》所明示之同别二教,不依海印定而说,故称为"定外同别"。

此外,澄观、宗密二大师对同别二教之解释,与法藏大师说法稍异。澄观大师于其所著《华严经疏》卷二、《华严经随疏演义钞》卷十等中,以一乘中之圆融具德法门为别教;而以终、顿二教及别教中之一性一相之教义为同教。宗密大师于《华严经行愿品别行疏钞》卷一中,则以性起门为别教,以缘起门为同教。

又别教一乘,从一心中流出二种三昧,即:一、海印三昧,二、华严三昧。其中:

海印三昧,又作海印定、海印三摩地、大海印三昧。华严宗以此三昧为《华严》大经所依之总定。佛说法前,必先入定思惟法义,以及审查根机。如说《法华》时,入"无量义处三昧";说《般若》时,入"等持王三昧";说《涅槃》时,入"不动三昧"。《华严经》七处八会中,每一会均有别定,即第一会入"如来藏三昧",乃至第八会入"师子奋迅三昧"。海印定即此七处八会所依之总定。"海印"者,以喻以立名,即以大海风止波静,水澄清时,天边万象巨细无不印现海面;譬喻佛陀之心中,识浪不生,湛然澄清,至明至静,森罗万象一时印现,三世一切之法皆悉炳然无不现。《华严》大经即依此定中所印现之万有而如实说,故称此为海印定中同时炳现之说也。

华严三昧,又作佛华严三昧、华严定、佛华三昧。修此定乃以一真法界无尽缘起为理趣,为达此理趣而修万行,庄严佛果,称为华严;一心修之,称为三昧。此三昧乃统摄法界,入一切佛法之大三昧。据旧《华严经·离世间品》载,普贤菩萨正受三昧,其三昧名为佛华严。《华严游心法界记》释此三昧名称云,以"华"有生实作用,而释"华"为菩萨万行;以"严"为行成果满,契合相应,垢障永消,证理圆洁;以"三昧"为理智无二,交彻镕融,彼此俱亡,能、所皆绝。又谓华即严,以理智无碍故;华严即三昧,以行融离见故;或华即严,以一行顿修一切行故;华严即三昧,一行即多而不碍一多故;或华严即三昧,以定乱双融故;或三昧即华严,以理智如如故。又对于此三昧能得之位地,《华严探玄记》中约四句以释,亦即:(1)若摄始归终,则在第十地法云地方得。(2)若摄终归始,则在信位满心时得之。(3)若依始终无碍之义,则遍一切位可得。(4)若超绝始终而论,则总不依位。

若将"华严三昧"与"海印三昧"相对照,则华严三昧乃约解行而言,系从因而立名,海印三昧系依果而立。然因果本无二,故此二者为一体之二用。如法藏大师在《妄尽还源观》中,即谓自性清净圆明之体有二用,一为海印森罗常住之用,即海印三昧;二为法界圆明自在之用,即华严三昧。

前面已述本门对应着法界三观之"周遍含容观"。"周遍含容观"者,即四法界中之事事无碍法界。"周遍",无所不在之义;"含容",无法不摄之义。此观以事望事,观全事之理,随事而一一可见;全理之事,亦随理而一一可融。是则一多无碍,大小相含,互摄互容,重重无尽,隐显自在,神用不测,真可谓入华严无尽法界之境,故名周遍含容观。

【但法界缘起,惑者难阶,若先不濯垢心,无以登其正觉。故《大智论》云:"如人鼻下有粪臭,沈麝等香亦为臭也。"故《维摩经》云:"无以生灭心行,说实相法。"故须先打计执,然后方入圆明。】

天台以"具"之一字,彰显其宗;而华严宗对之,则以"起"之一字,益振当家。何故?以本宗之至极,即在于法界缘起故。亦即是说华严宗之教理,以法界缘起为究极。

今就五教而分别之,除顿教外,则各有一缘起对应之,其中:一、说业感缘起者,是小乘教也;二、说赖耶缘起者,是大乘始教也;三、说如来藏缘起者,是大乘终教也;四、说法界缘起者,是圆教也。何故独除顿教呢?乃因顿教为无相离言之宗,不更涉教相之教故,是以独除顿教也。

今略加辨析解说一下何为四种缘起。其中:

一是业感缘起,谓惑、业、苦三道辗转轮回而因果相续。盖"惑"为心之病,"业"为身之恶,"苦"为生死之果报;以心之病为缘而造身之恶,由身之恶为因而感生死之果;如此惑、业、苦三道辗转,互为因果,故称业感缘起。所谓三世因果、十二因缘观即由此而来也。如是论来,虽足知因果之关系,然若问此三法从何生来?则宜为答而辨之也,此是以于业感缘起之次,有赖耶缘起也。

二是赖耶缘起,即业感缘起之所缘而生者。赖耶,阿赖耶之略称,其梵语 a^laya 意译为"藏",乃"种子"之义;意即微细不可知之一大藏识,为一切有情之根本所依;而一切千差万别之现象皆为此藏识所执持之种子所现行,此称"种子生现行",与此同时,彼种子所现行之万法,又于藏识中新熏其种子,此称"现行熏种子"。如是,故知由本有种子、现行、新熏种子等三法之辗转相生,而有"种子生现行,现行熏种子"之关系。赖耶缘起,谓由藏识所执持之本有种子遇缘生现行,次由所现行之万法新熏种子于藏识中,而后更遇缘,则自种子再生现行,自现行再熏种子,如此经由本有种子、现行、新熏种子三法辗转轮回、互为因果而无穷始终。此虽解释清楚了三世因果相之惑、业、苦三道,皆是由吾一心缘起的道理。然若诘问赖耶心反由何而生?则宜当进一步辨而答之也。

若谓由前七识而生,若更诘赖耶与前七识皆由何而生?岂有答复之辞耶?此之所以于赖耶缘起之次,又有如来藏缘起也。

三是如来藏缘起,又作真如缘起。即赖耶缘起之所缘而生者。谓众生之生死流转、还灭涅槃,皆依含真如之如来藏佛性。即一味平等之真如,乃为无始无终不增不减之实体,为染净之缘所驱而生种种之法。其实体有真如门、生灭门二义。就真如门而言,如来藏乃一味平等之体;就生灭门而言,如来藏由染缘而现六道,由净缘而出四圣;盖以"真如之体"为因,"因缘之用"为缘,而现"生灭之相"。由此三法而得生灭之果,即现行之赖耶识。于是知赖耶识乃由如来藏与生灭心合,即名阿赖耶识也。而如来藏更不可诘问从何而生者,何故?以如来藏体为真如,更有所生,即非真如也。

四是法界缘起。由上可知如来藏体为真如,若更有所生即非真如;而如是一切万法为由一如来藏变现者,则论其万法互相融通,可为一大缘起,此即称"法界缘起"者也,缘起之义理即穷极于此,乃为华严一宗之特色。具体而言,"法界缘起"即谓法界之事法,无论有为无为、色心依正、过去未来等,尽成一大缘起,而无任何单独存在者,故以一法成一切法,以一切法起一法。就诸法之势力而言,具有一(一法)多(一切法)相入之义;就诸法之体性而言,具有一多相即之义。华严宗乃以此相入相即之妙义,阐释法界万有相融无碍之极理者也。

夫"法界缘起"既为一乘圆教之法,甚深微妙,难思难议,故惑于理者难阶也。"阶"者,上楼曰阶,下楼曰降。"难阶"者,莫及也。

"若先不濯垢心,无以登其正觉。""垢心"者,妄惑烦恼,无明颠倒之心也;"濯"者,洗之义,洁净之义也。法界缘起惑者莫及,是以欲得证悟通达法界缘起者,则当先净其垢染颠倒、无明烦恼之心,而后乃可登正觉之地也。实则无上正觉本自现成,只为无明颠倒、虚妄烦恼所障,是以不能彰显。今欲显其正觉,故须先净垢心也。

下则引《大智度论》之喻以明。《大智度论》云:"如人鼻下有粪臭,沈麝等香亦为臭也。"所引之文文义显见,故不另释。

又复引《维摩经》以证义启信也。《维摩经》云:"无以生灭心行,说实相法。""实相"又名佛性、法性、真如、法身、真谛等,凡所有相,皆是虚妄,唯此独实,不变不坏,故名实相。经云:"实相无相无不相。"既"实相无相无不相",故此实非是生灭心行之所能通达解了之境界也。今生灭心行说实相者,譬如梦中说觉,觉亦为梦也。

"故须先打计执,然后方入圆明。""计执"即指法相唯识三性之"遍计所执性"也,"圆明"即三性之"圆成实性"者也。"先打计执"者,即先打遍计所执性也。"然后入圆明"者,即入圆成实性也。"须先打遍计执,然后方入圆明"者,即无以遍计执入圆成实之意也。

"遍计所执性"、"依他起性"、"圆成实性"是为三性。《成唯识论》云:"由彼彼遍计,遍计种种物,此遍计所执,自性无所有。依他起自性,分别缘所生,圆成实于彼,常远离前性,故此与依他,非异非不异。"今先准《成唯识论》所说之义,以释三性如下:

一是遍计所执性,又作虚妄分别相、分别性。对于无实体之存在,计执为"实我"、"实法"而起妄执之心,此为"能遍计"。其被识所计度之对境,称为"所遍计"。换言之，由此识与境，而误认心外有实体存在，称为"遍计所执性"。以其存在之相状为迷心所现，故为"当情现相"之法。从真理之观点而言，此性为无实在的"情有、理无"之法，与全无实体的"体性都无"之法。

有关遍计所执性，印度论师多有异说，法相宗系采用护法论师之观点。（1）就"能遍计"而言，安慧论师以有漏之全八识为能遍计，护法论师则主张以第六、第七识为能遍计。（2）就"所遍计"而言，难陀论师视之为"实我、实法"的"当情现相"，护法论师则以为是"依他起性"之"似我、似法"，且以为从真如不可能成为迷情之对象而言，则不能视之为所遍计；但如从"依他起"存在之本体来说，亦可称为所遍计。（3）此外，就"遍计所执"而言，安慧论师主张是见相二分，而护法论师则认为于见相二分上，依迷情所起之"当情现相"方为遍计所执。

二是"依他起性"者，又作因缘相、依他性。"他"，即指由众缘和合所生起之法。因一切诸法皆是"缘合则生，缘尽则灭"，故如虚如幻，而非固定恒常不变之实体，故云诸法皆但"如幻假有"、"假有实无"。然此并非遍计所执而有之迷情，而系藉种种助缘相由而生者，亦即离妄情而自存之"理（即性空真如理体）有、情（即分别缘迷情所生之幻相）无"。此性有"染分"依他起性（即"分别缘所生"者）与"净分"依他起性（即真如不变随缘而现起之诸法，未夹杂凡夫情见分别者也）之别，"染分"指有漏的一切法；"净分"指无漏有为的一切法。然"净分依他"是从远离烦恼之意义而言，净分依他起性则包含在圆成实性中，故"染分依他"即是依他起性。

三是圆成实性，又作第一义相、真实相。依他起性的真实之体（真如）乃遍满一切法（圆满）、不生不灭（成就）、体性真实（真实）者，故称"圆成实"。真如离一切相（无相），一切法之本体悉皆真实，故为"真空妙有"；又此性仅能由觉悟真理之智慧而得知，故为"理有、情无"。

以上三性具有不即不离之关系。若以蛇、绳、麻三物为喻，则愚人（能遍计）于黑夜中见绳，信以为真蛇（实我相之遍计所执性），遂心生恐怖；后经觉者（佛、菩萨）教示，而知非蛇（生空），仅为似蛇之绳（指依他起性之假有）。且更进一步了解实际所执著之绳（实法相之遍计所执性）亦不具实体之意义（法空），其本质为麻（圆成实性）；绳（依他起性）仅为因缘假合，由麻而成之形态。

法相唯识宗又有三无性之说，三无性乃根据佛之密意所立，即基于三性之说，又恐众生执有，故显示三性各具空义。今仍据《成唯识论》所说之义，三无性即：

一是相无性，针对"遍计所执性"而立。众生既于世间之相处处计著，执为实有；为除此妄执，遂立"相无性"，谓一切法皆无自性。

二是生无性，针对"依他起性"而立。万法乃从众缘而生，为虚假之存在（缘生），故其性质不定。而不若佛教以外之学派或凡夫认为是自然生，故亦无如彼等所执之体性，例如幻化之事物。

三是胜义无性，针对"圆成实性"而立。真如乃根本无分别智之对象（殊胜之真理），故虽为一切存在之真本质，却不受任何特定之性质所规定，已离我执、法执，犹如虚空一般。

此三无性之中,"生无性"、"胜义无性"乃针对"依他起"、"圆成实"之二性而说无性,故其体不能谓为毕竟空无(即断灭空)也。

由以上三性三无性之说,而立"非有非空"之中道,即三性具有不即不离之关系,其中遍计所执性是"情有、理无",依他起性、圆成实性是"理有、情无",故合三性而明中道,是为"三性对望之中道"。又三性各具情有理无、假有实无、真空妙有(无相与真实)等性质,故设立每一性之中道,称为"一法中道"。

又观三性之存在为唯识无境,称为唯识三性观、三性观行。即遍计所执性为虚妄之唯识性,圆成实性则为真实之唯识性;依他起性为世俗之唯识性,圆成实性则为胜义之唯识性;所以说"圆成实于彼,常远离前性",即远离依他起之分别缘生性与遍计所执之虚妄性也。又说明观此三性之顺序、方法者,称为五重唯识观。此外,悟入三性之顺序则有遍依圆、依遍圆、圆依遍三种。

以上乃就法相唯识宗而释三性,然法相唯识系以一切事物性质与状态之相异点,即"性相隔别"之立场而立三性说。而华严宗所释则不同于此,华严宗乃是基于"性相圆融"之立场而论三性,从根本上说,认为一切存在(诸法)无非是真如所现。即:

第一、圆成实性之真如有"不变"与"随缘"之二义,"不变",即远离生灭变化之义;"随缘",即随染、净之缘而各个存在。

第二、依他起性义则有"似有"与"无性"二义,自其体上言,是为真如,以其超越生灭,故为"无性",然由因缘而生,故为"似有"。

第三、遍计所执性亦具"情有"与"理无"二义,因由凡夫妄情误执心外有实我实法之存在,故为"情有";然其"我"、"法"之相,于理不可得,且因真如无妄染,故为"理无"。

此中不变、无性、理无三者,称为"本三性";而随缘、似有、情有三者,称为"末三性"。至于三性之同异,以为圆成实中之不变义、依他起中之无性义、遍计所执中之理无义,皆由不坏"末有"而说真如一心之"本",故三性一际,同无异也。又圆成实之随缘义、依他起之似有义、遍计所执之情有义等,系由不动心真如之"本"说世界"末有",故三义亦无不同。据此,解释唯识宗所说之三自性,谓"三性一际,举一全收,真妄互融,性无障碍",以表达法界缘起之状况。此亦即是说,自本三性之意义言,真如随缘之一切现象(诸法)即真如,故称三性同无异;自末三性之意义言,亦因真如随缘而成为诸法,故亦说三性同无异。然就本三性"诸法即真如"、末三性"真如即诸法"之意义而言,则本末之三性于名义上则不一。由上解说可知,如此三性,实乃三性一际,举一全收,真赅妄末,妄彻真源,性无障碍也。

如上所述我们可知,华严之三性一际说虽是吸取印度唯识学派的三性说而创立的,但它和唯识学派的观点学说思想大有不同,二者之间主要的不同点略述如下:

第一、于"遍计所执性",唯识学派认为"能遍计"的只是第六识和第七识,"所遍计"的也限于依他生起的色(物质现象)心(精神现象)诸法;而华严则认为"能遍计"通于所有八识,"所遍计"除依他起的色心诸法外,还包括真如在内。

第二、于"依他起性",唯识学派所讲的"他"指识,主张依识而生起万有诸法;而华严所说之"他"乃指真如,认为一切万有诸法皆为真如不变随缘而所显现也。

第三、于"圆成实性",唯识学派乃是基于性相隔别的立场,以一切万有差别诸法和识的真实性为圆成实性,而华严则是以色、心(识)诸法的绝待不二、性相圆融性为圆成实性。亦即是说,唯识学派认为真如只有不变义,而无随缘义;而华严则主张真如既有不变义,亦有随缘义,真如虽有随缘义,但又不违于真如不变义。

上述不同点要而言之,即唯识学派始终是站在一切染净诸法性相各各隔别不同立场上来立三性说的。换句话来说,亦即说唯识学派始终只是基于"阿赖耶识"(如唯识虽认为万法唯识,然万法于阿赖耶识中之各自种子,其性相却始终是各各隔别不同的,这即是决定一切染净诸法性相始终各各隔别不同的本质所在)的立场上来立三性说的,这种基于"性相隔别"的立场而立的三性学说,强调遍计所执性与圆成实性绝对对立,认为只有从依他起性上才能认识一切缘起诸法的实相。

而华严则是完全站在一切染净诸法"性相圆融"、"绝待不二"的立场上来讲三性的。换句话来说,亦即是说华严完全是站在一切染净诸法直下只是真如"不变随缘、随缘不变"的立场上来言三性的,其主张遍计所执性和圆成实性也是融通的,如此三性,实乃三性一际,举一全收,圆融无碍尔。

【若有直见色等诸法从缘,即是法界缘起也,不必更须前方便也。如其不得直入此者,宜可从始至终,一一征问,致令断惑尽迷,除法绝言,见性生解,方为得意耳。】

"直见色等诸法从缘"者,即直接如实知见色等诸法依他起,随缘无性,无性随缘。依他圆成,俱时顿现,如对镜现影,不假方便,亦无渐次先后,如此直下即是法界缘起者也。

如其不得直入者,则当如文所云"从始至终一一征问,致令断惑尽迷,除法绝言,见性生解,方为得意耳"。

如果不能直接得入法界缘起者,便须假方便,渐次而入。譬如先观色等诸法,因缘所生;再观法属因缘,自无自性;后观无性之法,相即相入,举体全收,圆融无碍,即能断惑尽迷,除法绝言,见性生解,悟得法界缘起无上微妙意旨尔。"断惑尽迷"者,谓不取相生心也;"除法绝言"者,谓如如不动,心不行于分别也;"见性生解"者,谓通达法性圆融无碍,摄入无尽,由此即得悟入无尽法界,事事无碍之境界也。此是言假诸方便,渐次而入者也。

【问曰:云何见色等诸法,即得入大缘起法界耶?答曰:以色等诸事,本真实亡诠,即妄心不及也。故经云:"言说别施行,真实离文字。"是故见眼耳等事,即入法界缘起中也。何者?皆是无实体性也,即由无体,幻相方成。以从缘生,非自性有故,即由无性,得成幻有,是故性相,相浑融,全收一际,所以见法,即入大缘起法界中也。】

上则总述其义,下则难问释疑也。

难问曰:"云何见色等诸法,即得直入大缘起法界耶?""大缘起法界"者,即是事事无碍法界也。事事无碍法界者,一即一切,一切即一,相即相入,重重无尽,事事无碍,此即一真法界性,亦是一大总相法门体,故事事无碍法界即是"大缘起法界"者也。今于法界无碍缘起深义有疑,故难问云:云何见色等诸法,即得入大缘起法界耶?

答曰："以色等诸事，本真实亡诠，即妄心不及也。"此是何义？以色等诸事当体即如，故色等诸事，亦即一切诸法从本以来，即离言说相，离名字相，离心缘相，毕竟平等，无有变异，不可破坏，唯是一真如心也。一真如心者，元非取相分别之妄心之所能通达之境界也。故今文云"色等诸法，本真实亡诠，即妄心不及也"。

次引经证以证义启信。所引经文云："言说别施行，真实离文字。""别施行"者，即假施设，方便施设也。假立非实，因为真实亡诠，离文字相也。故《楞伽经》云："说通授童蒙，宗为修行者。"

"是故见眼耳等事，即入法界缘起中也。""眼耳等事"者，即色等诸法也。色法（详见"生即无生门"中所释）略说有十一种，即眼、耳、鼻、舌、身等五根，及色、声、香、味、触、法等六尘。见如是等事，便知依他无性，无性缘成，即入法界缘起也。

"何者？"征问之文也。亦即征问何故云"见眼耳等事，即入法界缘起中也"？"何者"以下，即是解释之文也。

"皆是无实体性也，即由无体，幻相方成。"以眼耳等一切诸法，但是缘起假合，故皆无真实体性；又以诸法无自性故，方能随缘成眼耳诸幻相尔。

"以从缘生，非自性有故，即由无性，得成幻有；是故性相，相浑融，全收一际，所以见法，即入大缘起法界中也。"因为诸法从缘而有，非自性有故；同时因为无性，方能成其幻有事相。如是无性幻有，幻有无性，性相互相浑融，一际无分，圆融无碍，不二无别也。能如是知者，"所以见法，即入大缘起法界中也"。"见法"者，则不仅仅局限于色法也，广说若见一切法，皆得入大缘起法界中也。

【问：既言空、有无二，即入融通者，如何复云见眼、耳等即入法界中耶？ 答：若能见空、有如是者，即妄见心尽，方得顺理入法界也。何以故？ 以缘起法界离见亡情，繁兴万像故！】

既言空、有不二无别，当是相即相入，圆融无碍，能所双遣，无复分别也。今既能所双遣，无复分别，则不当再见眼、耳等色法啊。今云何复云见眼、耳等，即入法界中耶？ 如此解说，岂不是重复分别吗？ 于此有疑，是故难问云："既言空、有无二，即入融通者，如何复云见眼、耳等即入法界中耶？"

答云：若知空、有依他无性，无性缘成者，则妄心皆尽，而心自不随各个差别诸法邪执分别尔；既邪执分别不生，自得顺理入大缘起法界也。何故？ 一切差别事法皆是缘起假合而有，本无分别，分别不可得，只因众生迷妄颠倒，而于无分别缘起诸法强行分别善恶好丑，是空是有，是以昧于法界缘起之理也。今但得邪执分别不生，离见亡情，则缘起法界，法尔繁兴万像，事事圆融无碍尔。如《坛经》中云："若于转处不留情，繁兴永处楞伽定。"又如古德云："当于（无分别）真空中，炽然建立一切诸法尔。"

是知法界缘起，一即一切，一切即一；二即不二，不二而二。非是二外有不二，不二外有二；若二外见不二，不二外见二者，皆凡情妄见也。

【问：既知如是，以何方便令得入耶？ 答：方便不同略有三种：一者、征令见尽。如指事问：云何者是眼？ 如已前小乘中六种简之。若入一切诸法但名门中收，无有一法非名者，复须责其所以知眼等是名，如是展转责其所以，令其亡言绝解。】

通过前一问答,已知缘起法界,但离见亡情,法尔繁兴万像。故今乃进一步咨问得入法界缘起之方便渐次也。问云:"既知如是,以何方便令得入耶?"

答云:若问得入之方便,略说有三种,即:一、征令见尽,二、示法令思,三、显法离言绝解。又方便而言,其中:初"征令见尽"者,即对应着小乘及大乘始教根性人之所行方便法门尔;次"示法令思"者,即对应着大乘始教及大乘终教根性人所行之方便法门尔;三"显法离言绝解"者,即对应着大乘终教及大乘顿教根性人所行之方便法门尔。由是可知此三方便乃是辗转玄妙,一道贯之,渐次深入,直臻一乘圆教,无尽法界缘起之关系尔。

今初,先释第一种得入方便:"征令见尽。"

《大般涅槃经》中佛云:"舍利弗,若诸世间所知见觉,我与菩萨亦知见觉;世间众生之所不知、不见、不觉,亦不自知不知见觉;世间众生所知见觉,便自说言我知见觉。舍利弗,如来一切悉知见觉,亦不自言我知见觉,一切菩萨亦复如是。何以故?若使如来作知见觉相,当知是则非佛世尊,名为凡夫;菩萨亦尔。"又《楞严经》亦云:"知见立知,即无明本;知见无见,斯即涅槃,亦名解脱。"由上所引经文,我们可知,众生之所以不得入大缘起法界者,皆因被执见之所障蔽尔。今但令众生见尽,自得本性智圆,本性智圆直下便得入法界大缘起也。

"如指事问云:何者是眼?"欲释"何者是眼",则当如前"法有我无门"中所说之六种义而简别之。前文于小乘"法有我无门"中所说六义者,即:一、名,二、事,三、体,四、相,五、用,六、因,六义之具体内容,一一见于前释。

所问眼、耳等事,若一一皆以"名、事、体、相、用、因"六义予以识别破析之,则知世、出世间一切诸法皆由我立,我相(人我相)即空,法亦无实,但如来为度众生,假立名字而已。即今文中所云"若入一切诸法但名门中收,无有一法非名者"也。

既知一切诸法但名门中收,无有一法非名者,今复进一步责问名之所以,则知眼等假名幻相,唯是第六意识心一念无明分别所现尔(释文详见"生即无生门"中"简名相"一段文)。既解此义,便可亡言绝解,顿入无分别观行也。此是为第一种方便,"征令见尽"也。

【二者,示法令思。此复有二门:一、剥颠倒心。既尽如指事,以色、香、味、触等,夺其妄计,令知倒惑。所有执取不顺于法,即是意识无始妄见熏习所成,无始急曳,续生三界,轮环不绝,若能觉知此执即是缘起,当处无生。二者,示法断执。若先不识妄心,示法反成倒惑;若不示法令见,迷心还着于空,所以先剥妄心,后乃示法令见。】

下释第二种方便:"示法令思。"

一切诸法,无非"性空缘起"、"缘起性空"。其中,"缘起性空"即是法性(即真如平等理体),"性空缘起"即是法相(即各各差别事法)。说法性为欲破其有执,说法相为欲破其空执。若二执销殒,则理事、性相圆融无碍,不二无别,但是一真如心尔,亦即唯是"一真法界"者也。

为明此义,于中复开为二门,即:一、剥颠倒心,二、示法断执。

今初,先释"剥颠倒心"。"颠倒心"者,即指唯识三性之"遍计所执性"也。诸法缘起性空，无有实体，当处无生，若人不如实知依他（诸法）无性，则妄执诸法以为实有，即此妄执，即是遍计所执之"颠倒心"也。

"既尽如指事，以色、香、味、触等，夺其妄计，令知倒惑。"若颠倒心者，必妄执色、香、味、触诸法皆为实有，此则违理。欲令顺理，则当于此颠倒心予以破斥剥夺；欲破斥剥夺其颠倒心，则当指事以明，即文所云"既尽如指事，以色、香、味、触等，夺其妄计，令知倒惑"者是也。一切色、香、味、触诸法，皆是依他无性，无有实体，若解此义，便可夺其颠倒妄计之心，令其自知所起颠倒迷惑，所有执着，是为不顺于法也。

"所有执取不顺于法，即是意识无始妄见熏习所成。"前已剥其颠倒心，夺其妄计，从而令其自知所有执取为不顺于法也。而其倒惑，所有执取之所以不顺于法者，乃因其皆由第六意识，从无始无明，因邪师邪教，分别法执，妄见熏习之所成也。本来色、香、味、触诸法，皆唯第六意识心最初一念无明分别心所现，但是假名幻相尔，然由意识无始妄见熏习，以至颠倒执以为实有，故生颠倒妄执心也。

"无始急曳，续生三界，轮环不绝。"颠倒妄执心既起，则无始无明牵引而续生三界，乃至从此即生生世世轮回不绝尔。"曳"者，牵引之义也。

"若能觉知此执即是缘起，当处无生。"若能觉知所执色、香、味、触等诸法，皆是依他缘起，悉无自性，便得当处无生也。何故？法无自性，诸法本初不生故！

次释"示法断执"。

"示法断执"者，既知色等诸法，但是妄心颠倒所执，元非实有；虽非实有，然亦非毕竟无。何故？以从缘生，故非实有，然由其自体性空故，却成幻有；故知诸法性空幻有，幻有性空，性空幻有浑融无碍，不二无别，但是一真法界，是谓"示法断执"也。

"若不先识妄心，示法反作倒惑；"如果不先识知，取诸法相皆妄心倒惑所执，便径示之以法，彼人将转执于法，反成倒惑也。故须先破其颠倒心，然后示之以法，方能得入真实也。换句话说，即先当通达诸法缘起性空，无有实体义，方可示以诸法性空缘起，幻有宛然，元非毕竟无义（即绝非是断灭空、顽空）也。

"若不示法令见，迷心还着于空；所以先剥妄心，后乃示法令见。"若单明诸法缘起性空，无有实体义，则易着于偏空一端尔。为免此过，故于信解通达诸法缘起性空，无有实体义之后，当进一步为之开解指示诸法性空缘起，幻有宛然，元非毕竟无义尔。如是缘起性空，性空缘起，缘起、性空浑融该彻，不二无别，即得开示悟入诸法甚深中道义也。

注：于佛典中，"法"之用例极多，而语意不一，总括之，可概括为"任持自性"、"轨生物解"二义。"任持自性"，意指能保持自体的自性（各自的本性）不改变；"轨生物解"，指能轨范人伦，令人产生对一定事物理解之根据。就"任持自性"之意义而言，法乃指具有自性之一切存在；就"轨生物解"之意义而言，法乃指认识之标准、规范、法则、道理、教理、教说、真理、善行等。今文所说之"法"，乃偏就"任持自性"而言尔。

【三者，显法离言绝解。就此门中亦为二：一、遮情，二、表德。言遮情者。问：缘起是有耶？答：不也，即（空故！缘起之法，无性即空。问：是无耶？答：不也，即有故！以缘起之法，即由无始得有故。问也）亦有亦无耶？答：不也，空有圆融，一无二故！缘起之法,空有一际,无二相故也。如金与庄严具思之。问:非有非无耶? 答:不也,不碍两存故! 以缘起之法,空有互夺,同时成也。问:定是无耶? 答:不也,空有互融,两不存故! 缘起之法,空夺有尽,唯空而非有;有夺空尽,唯有而非空;相夺同时,两相双泯。】

下释第三种方便:"显法离言绝解。"

于方便中,既已征见令尽,示法令思已,此第三则显法离言绝解也。就此门中复开为二,即:一、遮情,二、表德。"遮"即遮止、排除义;"表"即彰显、开显义。所谓"遮情"者,谓遮除、排除情见执着分别,故离一切;"表德"者,谓直显一法界之德,故即一切。"离一切"者,离遍计执也;"即一切"者,显圆成实也。

今初,释"遮情"。言遮情者,"离四句"分别。

初问:"缘起之法是有耶?"答:"不也,即空故。以缘起之法,无性即空。"

此是第一句。问缘起法是有耶? 答,不有。因为缘起法无有自性,当体即空故。

此是"离有"一句,即此句以明不可执有也。

二问:"是无耶?"答:"不也,即有故。以缘起之法,无性缘成故。"

此是第二句。问缘起法是无耶? 答,不无。因为无性随缘成诸法,当体即有故。

此是"离无"一句,即此句以明不可执无也。

三问:"亦有亦无耶?"答:"不也,空、有圆融,一无二故。缘起之法,空有一际,无二相故也。如金与庄严具,思之。"

此是第三句。问缘起法是亦有亦无耶? 答,非是亦有亦无。因为亦有亦无是二边,然缘起法空有一际,一体圆融,不二无别,无有二相,故缘起法非是亦有亦无也。

"如金与庄严具"者,是譬喻说。譬如金性与金钏,一体无二,金性全现于钏,金钏全是金性,金相即是钏相,钏相即是金相,无二相也。

此是"离亦有亦无"一句,即此句以明不可执亦有亦无也。

四问:"非有非无耶?"答:"不也,不碍两存故,以缘起之法,空有互夺,同时成也。"

此是第四句。问缘起法是非有非无耶? 答,不是非有非无。因为缘起即是无性,故不碍无存;无性即是缘起,故不碍有存。"空、有互夺同时存"者,空夺有,则全有是空,是则空存;有夺空,则全空是有,是则有存;故空、有互夺,同时俱存也。既空、有同时俱存,所以缘起法,不是非有非无。

此是"离非有非无"一句,即此句以明不可执非有非无也。

言"遮情"者,即此离四句者是也。此乃为破众生情见分别执着,故当离四句分别执着也。何故? 以执有边为不如法,执无边亦为不如法,执亦有亦无、非有非无亦复如是;总之,但有所执即为不如法。一切不住,一切不着,所谓知法不住法,方是缘起义也。故《金刚经》云:"应无所住而生其心"也。

又问云:"(缘起法)定是无耶?"此一问难乃是基于第四"非有非无"句而来,此中问意为何? 其意谓:汝既言空、有互夺,空夺有则无有,有夺空则无无,此岂非是定无耶?

于此问难,下则答云:非是定无也。因空、有互融互夺,则空、有两不存也,云何可云定无耶？何故？以缘起之法，空夺有尽，唯空而非有，是有成空也；有夺空尽，唯有而非空，是空成有也；如是空、有互成，则圆满成就一切法，即是圆成实性也。又空夺有尽，则有相亡；有夺空尽，则空相泯；相夺同时，如是一切相俱亡俱泯，相泯性显，非是毕竟无也，只是远离遍计执性也。离尽遍计执，会归圆成实，方为"遮情"也。

【二、表德者。问：缘起是有耶？答：是也，幻有不无故！问：是无耶？答：是也，无性即空故也！问：亦有亦无耶？答：是也，不碍两存故！问：非有非无耶？答：是也，互夺双泯故！】

次释"表德"。

"遮情"是"离四句"，"表德"则是"即四句"。离四句者，一法不立，正遣执情；即四句者，一法不舍，恰彰性德。今此表德，即明一真法界者也。"一真法界"者，"一"，即无二；"真"，即不妄；交彻融摄，故称"法界"。即是诸佛平等法身，从本以来不生不灭，非空非有，离名离相，无内无外，唯一真实，不可思议，故称一真法界。又一真法界者，说有一切有，说无一切无，说亦有亦无、一切亦有亦无，说非有非无、一切非有非无，如是性海圆融，相即相入，一即一切，一切即一，缘起无尽，事事无碍，即是一真法界尔。

初问：缘起是有耶？答：是也，幻有不无故！

此是第一句。问缘起法是有耶？答，是有。因为一切法幻有而不无，性空之法，当体即是缘起幻有故。

此是"即有"一句，以明缘起法幻有不无也。

二问：是无耶？答：是也，无性即空故也！

此是第二句。问缘起法是无耶？答，是无。因为一切法无性即空，缘起无性，一切法当体即空故。

此是"即无"一句，以明缘起法无性即空也。

三问：亦有亦无耶？答：是也，不碍两存故！

此是第三句。问缘起法是亦有亦无耶？答，是亦有亦无。因为空入有，则空成有；有入空，则有成空；既然空有互成，则不碍两存，故是亦有亦无。

此是"即亦有亦无"一句，以明缘起法不碍有、无两存也。

四问：非有非无耶？答：是也，互夺双泯故！

此是第四句。问缘起法是非有非无耶？答，是非有非无。因为有夺空，则空相泯；空夺有，则有相泯；互夺同时，二相俱泯，故是非有非无。

此是"即非有非无"一句，以明缘起法有、无二相，互夺双泯也。

【又以缘起故，是有；以缘起故，是无；以缘起故，是亦有亦无；以缘起故，是非有非无。】

于法界而言，任举一法，无非性空缘起，缘起性空。故文云"又以缘起故，是有；以缘起故，是无；以缘起故，是亦有亦无；以缘起故，是非有非无。"

"以缘起故，（诸法）是有"者，以诸法无性缘起，幻有不无故。

"以缘起故，（诸法）是无"者，以因缘所生法，无性即空故。

"以缘起故，（诸法）是亦有亦无"者，以诸法缘生无性，故一切法无；又诸法无性缘起,故一切法有;故以缘起,一切法亦有亦无。

"以缘起故,(诸法)是非有非无"者,以诸法缘生无性,故一切法非有;又诸法无性缘起,故一切法非无;故以缘起,一切法非有非无。

【乃至一,不一,亦一亦不一,非一非不一;多,不多,亦多亦不多,非多非不多;如是是多,是一,亦是多亦是一,非是一非是多;即、不即四句,准之如是。】

"乃至"者,乃谓"一""多"等,可如"有、无"一样予以类比推知也。实则文中"一"即是"不多","不一"即是"多",故知"多、不多"者,即是反上"一、不一"而立说也。又言"一"、"多"者,此中含有"离四句",便是"即四句"的道理。何故?以"多"即是"不一","不多"即是"一",故知"多"则离"一","一"则离"多";"不多"则离"不一","不一"则离"不多";"亦多亦不多"则离"亦一亦不一","亦一亦不一"则离"亦多亦不多";"非多非不多"则离"非一非不一","非一非不一"则离"非多非不多"也。

下乃别约一、多所成离、即各四句予以详释之。

今初,约"离四句"以"遮情"。"离四句"者,具体如下:

初问:缘起法是一(不多)耶?答:不也。以诸法皆众缘所成故。

此是"离一(不多)"一句,即此句以明不可执一(不多)也。

二问:缘起法是多(不一)耶?答:不也。以因缘所生法,皆合成一总相故。

此是"离多(不一)"一句,即此句以明不可执多(不一)也。

三问:缘起法是亦一亦多(亦一亦不一、亦多亦不多)耶?答:不也。因为亦一亦多是二边,然缘起法一、多一际,一体圆融,不二无别,无有二相,故缘起法非是亦一亦多也。

此亦譬如金性与金钏,一体无二,金性全现于钏,金钏全是金性,金相即是钏相,钏相即是金相,无二相也。

此是"离亦一亦多"一句,即此句以明不可执亦一亦多也。

四问:缘起法是非一非多(非一非不一、非多非不多)耶?答:不也。以因缘所生法,皆合成一总相,故不碍一存;以诸法皆众缘所成,故不碍多存。若一、多互夺则同时存也,一夺多,则全多是一,是则一存;多夺一,则全一是多,是则多存;故一、多互夺,同时俱存也。既一、多同时俱存,所以缘起法,不是非一非多也。

此是"离非一非多"一句,即此句以明不可执非一非多也。

上即是以"离四句"以排情也,次以"即四句"以表德也。"即四句"者,具体如下:

初问:缘起法是一(不多)耶?答:是也。以因缘所生法,皆合成一总相故。

此是"即一(不多)"一句,以明因缘所生法,皆合成一总相也。

二问:缘起法是多耶?答:是也。以诸法皆众缘所成故。

此是"即多(不一)"一句,以明诸法皆众缘所成也。

三问:缘起法是亦一亦多(亦一亦不一、亦多亦不多)耶?答:是也。以因缘所生法,皆合成一总相,故不碍一存;以诸法皆众缘所成,故不碍多存。若一、多互夺则同时存也,一夺多,则全多是一,是则一存;多夺一,则全一是多,是则多存;故一、多互夺,同时俱存也。既一、多同时俱存,所以缘起法,是亦一亦多也。

此是"即亦一亦多"一句,以明缘起法不碍一、多两存也。

四问:缘起法是非一非多(非一非不一、非多非不多)耶? 答:是也。因为一夺多,则多相泯;多夺一,则一相泯;互夺同时,二相俱泯,故是非一非多也。

此是"即非一非多"一句,以明缘起法一、多二相互夺双泯也。

文中"如是是多,是一,亦是多亦是一,非是一非是多",犹云"如是以缘起故,诸法是多;以缘起故,诸法是一;以缘起故,诸法亦是多亦是一;以缘起故,诸法非是一非是多也。"据上文所释,此中文义已显见,故不别释耳。

"即、不即四句,准之如是。""即、不即四句"者,便是"即四句"与"离四句"也。即四句、离四句的道理,亦复可据上类比推知,故不复赘言也。

【遮、表圆融无碍,皆由缘起自在故也,若能如是者,方得见缘起法也。何以故? 圆融一际,称法见故! 若不同前后见者,是颠倒见,非正见也。何以故? 前后别见,不称法故!】

前约"空、有"、"一、多"等详释"遮情"与"表德",下则总结其义。

"遮、表圆融无碍,皆由缘起自在故也,若能如是者,方得见缘起法也。"通过前面约"空、有"、"一、多"等详释"遮情"与"表德",我们已知,遮、表之所以圆融无碍者,皆因于法界而言,任举一法,无非性空缘起,缘起性空者也。而性空即缘起,缘起即性空,性空、缘起不二无别,一际圆融,自在无碍,是以遮情与表德亦是一际不二,圆融无碍也。若能如是遮、表一际不二,圆融无碍,即能见缘起法也。

"何以故?"征问之文也。即是征问"何故云当遮、表圆融无碍,一际不二,方得见缘起法也?"

"圆融一际,称法见故!"因为若能遮、表圆融无碍,一际不二,即能如缘起法见缘起法,不异缘起法见缘起法也。"称"者,即如义,不异义也。

"若不同前后见者,是颠倒见,非正见也。何以故? 前后别见,不称法故!""前见"者,即遮情也;"后见"者,即表德也。所谓"若不同前后见者",即是遮、表不能圆融无碍,一际不二也。如果遮、表不能圆融无碍,一际不二,便是颠倒见,非为正见也。何故? 因为前后别见,即非称法见、如法见也。

【问:如是见已,云何方便入法界耶? 答:言入方便者,即于缘起法上,消息取之。】

通过前文所释,今则已知当如何真正称法、如法见缘起诸法了,然犹不知该如何方便入大缘起法界也,是以进一步难问云:"如是见(缘起法)已,云何方便入法界耶?"

针对上面的问难,杜顺禅师答云:"言入方便者,即于缘起法上,消息取之。"

今何故可于缘起法上消息取之,即能得入大缘起法界耶? 此乃因一切诸法皆具足缘起因门六义故。何谓缘起因门六义耶? 华严宗认为,由缘起而引生万法之因有六意义,详称"缘起因门六义法",略称"因六义"。此六义之内容略述如下:

(一)空有力不待缘:谓诸法缘起之因,系念念生灭,无自性,故其体为"空";生灭同念,而不生不灭之生灭则由灭而有生,即由灭故,能为因而引生果,故谓"有力";此灭乃任运而自谢灭,不需借助其他缘力即能生果,故谓"不待他缘";总言之,即可成为因之法,其体空,但生果之力完全在此而不待其他缘力。《华严五教章》卷四云:"由刹那灭故,即显无自性,是空也。由此灭故,果法得生,是有力也。然此谢灭非由缘力,故云不待缘也。"

此"空有力不待缘"与种子六义中的"刹那灭"义相似,故借"刹那灭"之义说明"空有力不待缘"。

(二)空有力待缘:系依种子六义中的"果俱有"之义而立。意谓诸法缘起之因,其体虽空,但有力用,与缘相待而生果。《华严五教章》卷四云:"由俱有故方有,即显是不有,是空义也。俱故能成有,是有力也。俱故非孤,是待缘也。"

(三)空无力待缘:系依种子六义中的"待众缘"之义而立。指诸法缘起之因,其体性为空,无生果之力用,须待他缘之力始可生果。《华严五教章》卷四云:"三者是待众缘义,何以故?由无自性故,是空也。因不生缘生故,是无力也。即由此义故,是待缘也。"

(四)有有力不待缘:系依种子六义中的"性决定义"而立。指诸法缘起之因,其体为假有,生果之力用完全在此,而不待他缘之力用而引生果法,称为有有力不待缘。《华严五教章》卷四云:"四者决定义。何以故?由自类不改故是有义;能自不改而生果故,是有力义;然此不改非由缘力故,是不待缘义也。"。

就如来藏而言,如来藏之体不变,如波之体全为水,故谓"有";其体不变而随缘显现诸法,恰如净镜之现万象,故云"有力";其体不变,以因为全有力,不借助他缘之力即能引生诸法,故谓"不待缘"。

(五)有有力待缘:系依种子六义中的"引自果"之义而立。指诸法缘起之因,其体假有,虽具有引生果之力用,尚需与缘相待而引生果。《华严五教章》卷四云:"由引现自果是有力义。虽待缘方生,然不生缘果,是有力义;即由此故,是待缘义。"

此犹如来藏之因,由无明之缘而随缘生自果,称为"有有力";须借无明,是为"待缘"。

(六)有无力待缘:系依种子六义中的"恒随转"之义而立。指诸法缘起之因,其体假有,所生之结果必是待缘,即生果之力用完全属缘;因无力而待缘,故称"有无力待缘"。

以如来藏而言,一切法如驶流,如来藏于无始已来恒随逐无明而生果,故是"有";而无力又随逐,是"无力待缘"。《华严五教章》卷四云:"由随他故,不可无;不能违缘故,无力用;即由此故,是待缘也。"

此因门六义之说,原是华严二祖智俨大师所倡,其后,三祖法藏(贤首)大师承之,依据《十地论》卷八、《杂集论》卷四之说,以及《摄大乘论》、《成唯识论》所说的种子六义而立。

华严教义之特点即在于就"体之空、有"说"相即",又就"用之有力、无力"说"相入"。换句话说,其特点在就诸法之体、用巧论"相即、相入"无碍圆融。依此而言,所谓缘起因门六义,即就用之"相入"而论因、缘之有力、无力。因此,因门六义之名虽以法相宗种子六义为根据,然二者义理实大相径庭。兹举二宗主要相异之处如下:

第一、法相宗所谓种子六义,乃就有为生灭之阿赖耶识而论,与真如法性之如来藏心全无交涉;又所谓有为、无为永别,亦但就有为事相而论。但是,华严宗所谓因门六义,乃就如来藏心不守自性随缘之所而论。

第二、法相宗就有为种子谈六义,而不谈空。但是,华严宗于因之上立空、有而论六义。

第三、法相宗所说之种子六义,六义缺一不可,否则不能成为种子。华严宗之六义则举一全收,虽定为六义,举一即备其他五者。

除上述三点之外,前者仅限于第八阿赖耶识,不通其余七转识,然华严宗谓一切诸法皆如来藏随缘法,别无自性,故皆具足此六义。

【何者? 即此缘起之法,即空无性;由无性故,幻有方成。然此法者,即全以无性性,为其法也,是故此法即无性,而不碍相存也。若不无性,缘起不成,以自性不生,皆从缘故!】

"何者?"征问之文也。"何者"下则解释于缘起法上如何具足善巧方便的消息取之,乃得入于大缘起法界也。

"即此缘起之法,即空无性;由无性故,幻有方成。"所谓消息取之者,法以缘起,必无自性。若法自性有,则不必待缘起,所以缘起之法,必然无性。同时正因为无性故,幻有方成。因为无性,方能随缘成事故。所以缘起之有,即无性之空;无性之空,即缘起幻有。有、空是圆融一际,不二无别,自在无碍。如是于缘起诸法消息取之,即得入大缘起法界也。

"然此法者,即全以无性性,为其法也,是故此法即无性,而不碍相存也。"任举一缘起法,莫不皆是缘起性空、性空缘起,故知无有一法莫不皆是以无性为性也。既缘起法是以无性为性,是知即此缘起法当体无性,而不碍幻相宛存也。何故? 既然缘起法即是无性,无性方成缘起,故此缘起法,无性当体即不碍幻相宛存,幻相宛存当体亦不碍无性尔。

"若不无性,缘起不成,以自性不生,皆从缘故。"无性方能随缘成事,如果不是无性,缘起便不成了。因为法有自性,则是不生,法生必然从缘。又自性若生,则是自性还生自性,此则不应理尔。

此一段文即示缘起诸法于因体上法尔具足空、有二义也。

【既全收性尽,性即无为,不可分别,随其大小,性无不圆。一切亦即全性为身,是故全彼为此,即性不碍幻相,所以一具众多。既彼此全体相收,不碍彼此差别也,是故彼中有此,此中有彼。】

"既全收性尽,性即无为,不可分别。"既然缘起法即是无性,无性方成缘起,故此缘起法,无性当体不碍相存,相存当体不碍无性。又既相存当体不碍无性,故知缘起法者,相存当体即全收(无、空)性尽也。相存当体既全收(无、空)性尽,故诸法当体但是幻相,无有实体;诸法既无有实体,故诸法本初不生;诸法既本初不生,故诸法当体性即无为,不可作分别也。

"随其大小,性无不圆。"缘起诸法,事相上虽千差万别,然缘起事相当体全是无性之理。以理融事,则缘起事相差而无差;以事显理,则无性之理无差而差;差而无差,无差而差，圆融不二。故缘起诸法无论事相上之大小差别如何，而其性既皆是无性，故实无本质区别，莫不皆是圆满不二空性理体之显现也。譬如取一块金，以之塑成指环、手镯、盏、盆等一切器物，指环、手镯、盏、盆等器物虽各各大小相状不一，然金性一体圆满，不二无别。

"一切亦即全性为身，是故全彼为此，即性不碍幻相。"此中"一切"者有二义：一、谓直下相望各自别异之法，而言一切者也，此即谓法界万有差别诸法是也；二、谓任彼一法即各自本具有无量性德与能具之法对望，而言一切者也，此如前金譬中，金亦能辗转塑成指环、手镯等无量器物，器物相状虽无量，然金性即是一体圆满，平等不二也。以上二义皆通，何故？以诸法皆属缘起故，故诸法莫不皆全以无性为体；既然诸法全以无性为体，故一切诸法莫不皆全性为相，亦即是说诸法莫不即相当体即性，即性当体亦即相也，此亦即是说一切诸法莫不当体皆即性不碍相，相不碍性也。"彼"即指"性"，"此"即指"相"。

"所以一具众多。"此亦约前二义通，初、即约直下各自别异之法界诸法也，法界诸法皆属无性缘起、缘起无性，故诸法无性是一，缘起幻相是多，既然无性不碍幻相，所以一具众多。二、即约任于一缘起法，其莫不当体即具足无量之德也。何故？以诸法既皆是无性缘起，故一切诸法其体性即皆是无别，由是故知任于一法之性即具足幻现一切诸法之德也。反过来说，若一法中本不具幻现一切诸法之德的话，则无论遭遇何种因缘，无毕竟不会生出有来，故亦不会有变化而幻现诸法的事情。此有如镜面若缺少映象之德的话，则虽对着万象亦绝不会有丝毫映现一样。如是任于一缘起法而言，亦是无性是一，而缘起幻相是多，既然无性不碍幻相，所以一具众多。

"既彼此全体相收，不碍彼此差别也，是故彼中有此，此中有彼。"此亦约前二义通，初、即约直下各自别异之法界诸法也，法界诸法即皆无性不碍幻相，故于千差万别之幻化诸法而言，即皆是彼此全体相收，而又无碍彼此各各差别也；又诸法既皆是彼此全体相收，而又无碍彼此各各差别，故于千差万别诸法而言，莫不皆是此法中当体即具有彼法之德，而彼法中当体亦具有此法之德也。二、即约任于一缘起法，其莫不当体即具足无量之德也。任一缘起法既莫不皆当体即具足无量之德，故千差万别诸法莫不皆是此法中当体即具有彼法之德，而彼法中当体亦具有此法之德也。

此段文即是宣说开示，缘起诸法即于因体上法尔具有空、有二义，故诸法必一、多相即相入，融通无碍，缘起无尽也。

【故经云："法同法性，入诸法故。"解云：法者，即举缘起幻有法也；同性者，缘起即空而不碍此相，故全收彼为此。以彼即空而不碍彼相故！既此、彼全收，相皆不坏，是故此中有彼，彼中有此。非但彼此相收，一切亦复如是。】

上已直释法义，今则引经证以证义启信也。

所引经云："法同法性，入诸法故。"

论主于所引经文自有释解，下于论主解文逐句释之如下：

"法者，即举缘起幻有法也；"此即解释经文中第一个之"法"字也。何谓"法"呢？"法"即是指任一缘起幻有之法也。解文中缺失对"法性"的解释，那何谓"法性"呢？

"法性"谓缘起法皆为无性缘起,故"无性"即为一切法之本性(体性)与共性,是知"无性"即是诸法"法性"尔。

"同性者,缘起即空而不碍此相,故全收彼为此。""同性者"即经所云"法同法性"者也。何谓"法同法性"呢?此谓缘起幻有之法当体即是法性(无性、空性)者也。换句话说,也就是说缘起幻有之法当体即与法性(无性、空性)不二无别也。何故?以诸法缘起无性,而不碍幻有法相,故不离幻有法相当体即是诸法法性,所谓无性者也。"不离幻有法相"者亦即文中所云"全收彼(幻有法相)"也。

"以彼即空而不碍彼相故!既此、彼全收,相皆不坏,是故此中有彼,彼中有此。"诸法缘起性空而不碍幻有法相,故不离幻有法相当体即是法性,不离法性当体亦即是幻有法相。所以全收法相即法性,全收法性即法相。法性法相彼此全收,而不坏诸法性相。既性相彼此全收,而亦不坏于性相二者,是知法性中当体即圆具法相,而法相中当体亦圆具法性。法性与法相其实不二无别,圆融一际尔。

"非但彼此相收,一切亦复如是。"前乃约一法而言,约一法而言既皆性相彼此互收,性相不二无别,于一切法而言,亦莫不如是也(何故?诸法皆性空缘起,缘起性空故),是故诸法一多相即相入,重重无尽,圆融无碍。

【故经云:"一中解无量,无量中解一;展转生非实,智者无所畏。"又云:"于一法中解众多法,众多法中解了一法。"】

于前解文所述之义,今则再二引经证,以证义启信也。

初引经证。所引经云:"一中解无量,无量中解一;展转生非实,智者无所畏。"因诸法皆属缘起,故法法不二无别(于其有皆是幻有,于其空皆是性空);既法法无别,是以但真实解了一法,即是圆满解了一切诸法也;又若能圆满解了一切诸法,则必能真实解了任一法尔。此恰如经所云"一中解无量,无量中解一"也。

"展转生非实,智者无所畏。"因缘所生法,缘起无性,故非实有;然无性缘起,幻有不无。智者解了如是甚深中道缘起义,是以无所畏也。

二引经证。所引经云:"于一法中解众多法,众多法中解了一法。"此与"一中解无量,无量中解一"意思完全一样,故不再另行解释。

【如是相收,彼此即入,同时顿现,无前无后,随一圆融,即全收彼此也。】

如是一法多法相收,彼此互摄互入,同时顿现,无前无后。犹人照镜,对镜现影,无前无后。由于这种道理,故知一念十世,尘刹圆融。随一圆融,全收彼此也。

此一问一答一大段文字,即是开解宣说一切诸法于其因体莫不皆当体即具有空(性)、有(相)二义,于其作用而言亦莫不直下即具有有力、无力二义;另诸法尚有待缘、不待缘之区别关系。而基于体、用各自二义,故一切诸法又莫不于当下即具有相即相入之关系与作用尔。其中,基于体之空有二义,成诸法相即之义;依作用之有力、无力二义,则成诸法相入之义。又诸法直下具有待缘、不待缘之区别,故诸法又具有同体、异体之义也。于异体门而言,即是相望各自别异之法,论诸法相即相入之关系尔;于同体门而言,即是诸法皆各自本来具有无量之德与能具之法对望,此亦相即相入之真义也。即此同体、异体,相即相入之义理即是宇宙间万事万物,一切诸法无一不具足者也。

若从横的方面来加以考察，森罗万象虽是划然现出差别之相，然其体同一无差别，不但空有相即，融通无碍，且自他相助，一多涉入，相入无碍，重重无尽，有如珠光互映。《华严经》云："于一微尘中，示各那由他，无数亿诸佛，于中而说法；于一微尘中，现无量佛国，须弥金刚围，世间不迫迮；于一微尘中，现有三恶道，天人阿修罗，各受其报业。"

若从纵的方面来加以考察，三世之法虽异，然其体同一无差别，空有相即，现在之外无过去、未来，过去之外无现在、未来，未来之外无过去、现在。而有过去故有现在，有现在故有未来，若无过去，哪有现在？无现在又安有未来？所以现在摄于过去，未来摄于现在，三世摄入，毕归一世。将此恒及无限的过去，推至无穷的未来，其关系极复杂，重重无尽，实难以测度。《华严经》云："或以长劫入短劫，短劫入长劫；或以百千大劫为一念，或一念即为百千大劫；或过去劫入未来劫，未来劫入过去劫。"

如此于时间、空间相即相入，无碍自在，是法性的实德，法尔的妙趣，而不是分别情调的境界，故须打破遍计凡情，始能够信解契入圆成实也。

【问：法既如是，智复如何？答：智顺于法，一际缘成，冥契无简，顿现不无先后。】

"智"与"法"乃是一体两面，其中法为体，智为用，体必起用，用必依体，体用不二无别。如《大乘起信论》云："所谓从本以来，色心不二，以色（法）性即智故，色体无形，说名智身；以智性即色（法）故，说名法身遍一切处。所现之色无有分齐，随心能示十方世界，无量菩萨，无量报身，无量庄严，各各差别，皆无分齐，而不相妨，此非心识分别之所能知，以真如自在用义故。"

前既已通达诸法体性，但是"如是（一多）相收，彼此即入，同时顿现，无前无后，随一圆融，即全收彼此。"然尤不明如何依体起用，显发犹如帝网天珠，重重无尽之境界尔，是故进一步咨问曰："法既如是，智复如何？"

于上难问，论主答云："智顺于法，一际缘成，冥契无简，顿现不无先后。"一切诸法，即是同时相应，同时具足，同时圆满，依缘起理而成立，无先无后，不可分别。是故欲入法界缘起者，但当心（智）不随分别，入于法性之流，自然诸法一体缘成，俱时顿现，犹如帝网天珠，珠珠相互辉映，重重无尽，自在无碍尔。

"一际缘成"者，即谓真如随缘不变，不变随缘尔；"一际"即一体（体者，即是真如理体）也。"冥契无简"者，"简"是识别、分别之义，"冥契无简"即谓心智既顺于诸法法性，自得冥契于无分别法性理地之境也。"顿现不无先后"者，犹言"顿现元无先后"尔，今智与法既然"冥契无简"，则心无分别；心无分别，诸法自然俱时顿现，无先无后也。此犹如对镜现影，无论外物是远、是近，是大、是小，于镜中现象则是一时俱现，无有先后之别尔。

【故经云："普眼境界清净身，我今演说人谛听。"解云："普眼"者，即是法智相应，顿现多法也，即明法唯普眼智所知，简非余智境界也；"境界"者，即法，明多法互入，犹如帝网天珠，重重无尽之境界也；"清净身"者，即明前诸法，同时即入，终始难原，缘起集成，见心无寄也。】

上乃直述法义，今则引经证以释义启信也。

所引经证云："普眼境界清净身，我今演说人谛听。"欲解所引经文，首先我们应该要次第弄明白何谓"普眼"？何谓"普眼境界"？又何谓"普眼境界清净身"也？

于此论主自释解云："'普眼'者，即是法智相应，顿现多法也。即明法唯普眼智所知，简非余智境界也。"在心曰知，在眼曰见。"普眼"者，即谓开佛知见，见佛法身之妙智也。开佛知见者当"法智相应"，见佛法身者当法智"冥契无简"也；若法智相应，冥契无简，则诸法顿现元无先后也。如是亦即是"性起"也，性起之境界唯普眼妙智之所知见也，此非余智所能知见之境界也。

又贤首国师于《华严策林》中亦有释"普眼"来着，其云："云何方名普眼？私答，五缘为因，称眼为果。"此即是说"普眼"者，亦即谓佛所圆具之五眼（肉眼、天眼、慧眼、法眼、佛眼）也。"五缘为因"者，即是对五眼而说，亦即：一、肉眼，缘粗色；二、天眼，缘细色；三、慧眼，缘真空理，故二乘人只知缘起性空，沉空滞寂，着于偏空；四、法眼，是菩萨所具，菩萨见性空即是缘起诸法，故出空入假，普度十方；五、佛眼者，圆具五眼，缘而无缘，无缘而缘。故曰"五缘为因，称眼为果"也。普眼境界清净身，示唯清净法身佛所具。普眼境界极高，故如贤首国师，犹言"私答"也。

"境界者，即法。明多法互入，犹帝网天珠，重重无尽之境界也。"境界者即是法，故"普眼境界"者即是能"明多法互入，犹帝网天珠，重重无尽之境界也"。帝释殿上有珠网，珠光交融，互摄互入，重重无尽。此珠光摄彼珠光复入彼珠光，彼珠光摄此珠光复入此珠光，一珠光摄多珠光复入多珠光，多珠光于一珠光亦复如是，乃至一切珠光摄一切珠光复入一切珠光。这样互摄互入重重无尽，是为多法互入也。如此微妙不思议境界，唯是普眼所能通达之境界，而非余智所能知见之境界也。

"清净身者，即明前诸法，同时即入，终始难原，缘起集成，见心无寄也。"诸法若同时即入者，则诸法同时成立，同时相应，同时圆满，顿现无有先后，如是境界实非思量分别所能通达之境界，如是境界"唯证相应，非关言说"也。是故文云"终始难原，缘起集成，见心无寄也。""始终难原"者，谓不可以通过思量分别心去考察、推究缘起诸法之本末始终也。"原"者，即考察、推究本源义。"缘起集成"者，即谓诸法皆依缘起理而成立，一多互为一体，无先无后也。

实则此处"清净身"者，即是指如来法身也。如来法身者，谓本有法性之身，若佛出世及不出世，常住不动，无有变易也。如是法身境界，唯佛智慧所知所见也。如《大乘起信论》云："复次，初发意菩萨等所见者，以深信真如法故，少分而见。知彼色相庄严等事，无来无去，离于分齐，唯依心现，不离真如，然此菩萨犹自分别，以未入法身位故；若得净心，所见微妙，其见转胜，乃至菩萨地尽，见之究竟。若离业识，则无见相，以诸佛法身，无有彼此色相迭相见故。"论中"若离业识"者，即是今论中"见心无寄"也。

【然帝释天珠网者，即号因陀罗网也。然此帝网，皆以宝成，以宝明彻，递相影现，涉入重重，于一珠中，同时顿现，随一即尔，竟无去来也。】

前文阐释法义时，只略提帝网天珠喻，今则以喻详释之。初则总释之。

"因陀罗"者，梵语，汉译天帝，即释提桓因，简称帝释。故"因陀罗网"又作天帝网、帝网，为帝释天之宝珠网，乃庄严帝释天宫殿之网。此帝网乃以无量宝珠，珠珠相次结成,又宝珠明彻,光光辉映,递相影现,涉入重重。任一宝珠莫不同时顿然映现自他一切宝珠之影,又一一影中亦皆映现自他一切宝珠之影;如是宝珠无限回互辉映,重重影现,互显互隐,重重无尽。一珠如是,余一一珠亦复如是。虽然涉入重重,而光影竟无来去也。

何故涉入重重,而光影竟无来去耶?因光影唯是于宝珠珠光(明性)中所现之影像,于珠中之影像不可言有来去也!

于宝珠即如是,于缘起法亦然。缘起诸法一多即入,互相显发,重重无尽。然诸法虽涉入重重,竟无来去也。何故?缘起诸法体性皆如,是故缘起诸法但是于真如理体中所现之诸幻相尔。此譬如珠中影像,但是于宝珠珠光中所现之虚幻光影尔,故实不可言有来去也。而《华严经》即是以因陀罗网来譬喻缘起诸法之一与多,相即相入、重重无尽之义;若依境而言,称为因陀罗网境;依定而言,称为因陀罗网定;依土而言,称为因陀罗网土;此皆为显示事事无碍圆融之法门也。

又在杜顺和尚于其所述《华严一乘十玄门》中,第二门便是"因陀罗网境界门"也。

【今且向西南边,取一颗珠验之,即此一珠,能顿现一切珠影;此珠既尔,余一一亦然。既一一珠,一时顿现,一切珠既尔,余一一亦然;如是重重,无有边际。有边,即此重重无边际珠影,皆在一珠中,炳然高现,余皆不妨此。】

上已总释之,下任举西南一珠别释之。

"今且向西南边,取一颗珠验之,即此一珠,能顿现一切珠影;此珠既尔,余一一亦然。"今顺文,且但向西南边取一颗珠验之,西南边这一颗珠中,即能一时顿现一切珠影;西南边这颗珠既然如此,余一一珠莫不如此也。

"既一一珠,一时顿现,一切珠既尔,余一一亦然。如是重重,无有边际。"此段文字太过简略,意思表达的不是很明确。今据上下文,予以会通之。其意思似应为:前西南这颗宝珠既然能顿现一切珠影,余一一珠亦复如是能顿现一切珠影。而顿然映现一切珠影之一一珠又莫不同时顿然映现于此西南一宝珠之中,西南这颗宝珠既如是,余一一珠亦莫不如。如是宝珠无限相互辉映,重重影现,互显互隐,重重无尽,无有边际也。

"有边,即此重重无边际珠影,皆在一珠中,炳然高〔显〕现。"前云宝珠无限相互辉映,重重影现,互显互隐,重重无尽,无有边际。今则方便释云,若说"有边"的话,则即此重重无边际珠影,皆在一珠中,炳然重重显现者也。亦即是说,即此"一珠"方便说即是一切珠与重重无尽珠影之边际也。"高"者,重重之义也。

"余皆不妨此。"文义易见。一珠如是,余一一珠,皆可准以思之也。

前但就喻释,今结合法义,则"任举西南一珠"者,亦即如任举西南一缘起法也。任举西南一法,此法当体即如,是故此法当下即能缘起一切诸法尔;换句话说,亦即是说此法当下即能顿然圆摄一切诸法之性相功德也。何故?真如理体本具如是圆满不思议功德故。于西南一法既如是,于一切法亦复如是也。

又如珠然,一多诸法回互缘起,交相显发,则重重无尽,无有边际也。

又如珠然,方便说"有边",亦即是说,即此重重无尽缘起诸法,当下即顿然圆摄于西南此一法之中尔，即此一法即具足一切诸法也，故即此一法亦可方便说是一切诸法与重重无尽缘起诸法之边际也。于一法既如是，于一多诸法亦可类比思之也。

【若于一珠中坐时，即坐着十方重重一切珠也。何以故？一珠中有一切珠故！一切珠中有一珠时，亦即〖坐〗着一切珠也。一切反此，准以思之。】

文义易见。

因为一珠中有一切珠，一切珠中有一珠，故于一珠中坐，即于一切珠中坐。

"一切反此，准以思之。"一珠中有一切珠，一一珠中亦皆有一切珠，故曰"一切反此"。根据这种道理，思之可得也。

此即开显佛如来"一为无量，无量为一；小中现大，大中现小"之广大不思议境界也。一法既当体圆摄一切诸法之性相功德，是故一法即是一切法，一切法即是一法尔，是故诸佛如来，于一法中转大法轮，即是于一切诸法中皆转大法轮尔。一法既如是，于余一切诸法亦复如是也。

【既于一珠中入一切珠，而竟不出此一珠；于一切珠入一珠，而竟不起此一珠。】

既一珠中影俱一切珠，是故"于一珠中入一切珠，而竟不出此一珠"；又既一切珠皆影入一珠中，是故"于一切珠入一珠，而竟不起此一珠"也。"出"者，去也；"起"者，来也。不出不起者，无来无去也。

上一段文亦乃开显佛如来"不动道场，遍十方界；身含十方无尽虚空，于一毛端，现宝王刹；坐微尘里，转大法轮"之广大不思议境界也。《金刚经》云："如来者，无所从来，亦无所去，故名如来。"

【问：既言于一珠中入一切珠，而竟不出此一珠者，云何得入一切珠耶？答：只由不出此珠，是故得入一切珠！若出此一珠入一切珠者，即不得入一切珠也。何以故？离此珠内无别珠故！】

下则针对四番问难，四番释疑。

初一问难，紧承上文而来。上文既云"于一珠中入一切珠，而竟不出此一珠；于一切珠入一珠，而竟不起此一珠。"今闻之不解，是以难问云："既言于一珠中入一切珠，而竟不出此一珠者，云何得入一切珠耶？"此处问者但见诸珠互相质碍，故而实执珠珠各别，皆为实有，故而生疑。意谓既珠珠各各质碍，皆为实有，云何可不出离于此一珠，而得入于余一切珠耶？这于理说不通啊！此亦即是说，问者既定执宝珠实有，各各质碍，则光影定当实有来去也。此处问者不知珠喻乃但约诸珠珠光一际，无有分齐，能影像相互摄入，圆融无碍，重重无尽，竟无来去也；以喻缘起诸法皆如，全体交彻，不二无别，是故缘起诸法亦能相互即入，缘起无碍，重重无尽，竟无来去也。

针对难问，今论主答云："只由不出此珠，是故得入一切珠。"何故云"只由不出此珠，是故得入一切珠耶"？珠珠珠光（明性）无别，皆能交互影现，重重无尽，是故不出一珠，即能入一切珠也。如果实执定当出此珠，乃得入彼珠者，则是人实不知何为珠之珠光义也。珠之珠光义者，即是诸珠皆能彼此交光影现，圆融无碍，重重无尽尔。诸珠既能彼此交光影现，圆融无碍，重重无尽，是故不出一珠，即能入一切珠也。如是缘起诸法皆如，法法一体，无有分齐，而真如理体当体即圆摄圆具一切差别事法无尽性相功德，是故不出此一法，即得入一切诸法尔。于一缘起法既如是，于一切缘起诸法亦复如是也。

"若出此一珠入一切珠者，即不得入一切珠也。何以故？离此珠内无别珠故。"如前所述，珠网摄入，重重无尽者，非是言有形之珠，而是言浑融一际，无有分齐之光网（珠光全体交彻，一际无别）也。珠虽是多，然珠光一际，无有分齐。珠光既无有分齐，是故实不可言出此一珠（光），乃得入彼一切珠（光）也。何故？离此一珠（光），无别一切珠（光）故。如是缘起诸法皆如，一际无别，故亦实不可言出此一法，而入彼一切法也。何故？离此一法，则无彼一切法故！

【问：若离此珠内无一切珠者，此网即但一珠所成，如何言结多珠成耶？答：只由唯独一珠，方始〚始〛（此处多了一"始"字）结多为网。何以故？由此一珠独成网故！若去此珠，全无网故！】

此是第二番问答也。

本问是紧承第一问而来，前答云"离此珠内无别珠故"，闻者不解，是以进一步难问云："若离此珠内无一切珠者，此网即但一珠所成，如何言结多珠成耶？"此中问者，因执着于珠喻中珠珠各各质碍，是故定执珠网必是结多珠以成，前既云离此珠内无一切珠者，今若据理推之，则此网即但一珠所成也，此与问者所知的"珠网必是结多珠以成"完全相违，是故今必然要进一步进行征问以释疑也。

实则珠喻者，即是约珠光能交互影映，一体不分而言喻也。喻中此一珠光，即融尽一切珠光；一切珠光，与此一珠光，一际无分；故离此一珠光，更无别一切珠光也。是知珠虽是多，然珠光一际，无有分齐，此中有彼，彼中有此，一一珠内各有一切。故今论主答云：由于珠光浑融为一，无有分齐，又由于光网一即多，多即一，故"唯独一珠（光），方始结多（珠光）为网"也。此即珠珠"交相影映，圆融无碍，一为一切，一切为一"的道理也。

"何以故？由此一珠独成网故。若去此珠，全无网故。"如前所释，既光融为一，此一珠光，即多珠光，多珠光即一珠光。一多互摄互入，一体不分，方成就光网。故云由此一珠（光）独成网也。又既一多珠光互摄互入，一体不分，故去此一珠（光），亦即去彼一切珠（光）也；既去彼一切珠（光），则全无网也，是故文云"若去此珠，全无网故"。

于光网既如是，于一缘起法界亦复如是。缘起诸法皆如，一体不分，故去此一法，亦即去彼一切诸法也；既去彼一切诸法，则全无缘起法界也。反过来说，由于缘起诸法皆如，一体不分，故但得一缘起法立，则一切缘起法皆立；既一切缘起法立，即整个缘起法界立也。是故但由一缘起法立，便可独成整个缘起法界也。

【问：若唯独一珠者，云何言结成网耶？答：结多珠成网者，即唯独一珠也。何以故？一是总相，具多成故！若无一，一切无故，是故此网一珠成也。一切入一，准思可知。】

此是第三番问答也。

本问亦是紧承前问而来，前问问："若此网即但一珠所成，如何又言结多珠成耶？"此中问意在于"云何言网乃是结多珠成耶"？此中明显乃是基于定执珠珠各各质碍，是故由之便实执蛛网乃是由多珠以结成网也,即此所执,故而予以难问。今问意则与前不同,但由前问释答,问者已不定执珠网由多珠结成,而是针对既珠网唯独一珠所成,云何可言结成网耶? 此中问意在于既是一珠独成网,于一珠而言,不可云"结"网也。此乃因问者仍是着事相立说,不知此是据理立言也。此珠喻中,所谓网者,是"珠光"网,而非"珠粒"网。珠光浑融,一体无分,非珠无分也。犹如一室千灯,其光为一,非灯无分也。故珠光融而无分,此无分之光,是一一珠光所成,若无一一珠光,云何有此光网耶? 问者不解此义,是以进一步难问云:"若唯独一珠者,云何言结成网耶?"

针对难问,论主答云:"结多珠成网者,即唯独一珠也。"意谓结多珠成一光网(珠网)者,珠光虽一体无分,然光网系一一珠光所成。何以知之? 以若减掉一部分珠光,则此光网必暗,故知光网为一是其总相,而此总相,由多珠光所成;若无其一,则多珠光所成之总相亦无,是故此总相之光网,由一珠(光)所成也。此乃一入一切,一成一切成也;此中一即是总相,一切则是别相。例如由一进而为十,若无一则十不成,是知十者,由一成故十成也。

又若一切入一,则一切成一成也;此中一切即是总相,一一之一则是别相。例如十乃由十个一和合,今若十成,则一亦自成也。何故? 十由十个一所成故! 十既成,故十个一亦成;十个一既成,则其中任一皆成也。此可反上"一入一切"思而知之也,是故文云:"一切入一,准思可知。"

于光网(珠网)如是,于一缘起法界亦复如是也。谓一切缘起法形成一缘起法界,缘起诸法虽皆如,一体无分,然缘起法界系由一一缘起法所成也。故知缘起法界为一,是其总相,而此总相,由多缘起法所成;若无其一,则多缘起法所成之总相亦无,是故此总相之缘起法界,由一缘起法所成也。

【问:虽西南边一珠,总收十方一切珠尽无余,方各各有珠,云何言网唯一珠成耶? 答:十方一切珠者,总是西南方一颗珠也。何以故? 西南边一珠,即十方一切珠故!】

此是第四番问答也。

此问任约西南边一珠为喻,问者虽已信解西南边一珠,能总收十方一切珠尽无余;然犹执事碍理,不知"法不如然,喻同非喻,一分相似,故以为言。"问者因见方各各有珠,又珠各各质碍,由是故定执珠网必是由各方无量珠而结成也。是以反复难问云:"虽西南边一珠,总收十方一切珠尽无余,(然)方各各有珠,云何言网唯一珠成耶?"

针对此番难问,论主答云:"十方一切珠(光)者,总是西南方一颗珠(光)也。何以故? 西南边一珠(光),即十方一切珠(光)故。"因西南边一珠与十方一切珠,光光摄入,珠影重重。故知十方珠光,必全入此西南边一珠光中;不可能十方珠光,一部分入于此西南边一珠之光,另一部分不入此西南边一珠之光;此摄入关系,必是全摄全入,不可能有所例外;取任何一珠之光,皆必全摄全入;故十方一切珠光,总是一珠之光也。反过来说,西南边一珠之珠光既与十方珠光浑融一体,无有分齐,故但西南边一珠光,即是十方一切珠珠光尔!

缘起法界亦复如是,诸法圆融无碍,一即一切,一切即一,摄入重重,不可思议。

【若不信西南边一珠,即是十方一切珠者,但以墨点,点西南边一珠者,一珠着时,

即十方中皆有墨点；既十方一切珠上皆有墨点，故知十方一切珠，即是一珠也。】

此乃约墨点以证成西南边一珠，即是十方一切珠者也。

帝释珠网者，一珠中有一切珠影，一一珠各有一切珠影。故以墨点西南边一珠者，则十方一切珠中皆有墨点。既十方一切珠皆有墨点，故知十方一切珠即是一珠也。

【言十方一切珠，不是西南边一珠者，岂可是人一时遍点十方一切珠耶？纵令遍点十方一切珠者，即是一珠也。】

此乃以反问而证成西南边一珠，即是十方一切珠者也。

如果说十方一切珠，不是西南边一珠者，然明明十方一切珠皆有墨点。岂是此人，遍以墨点十方一切珠耶？事实当然并非如此，今此人不过但以墨点西南边一珠，便至十方珠中皆有墨点也。既十方一切珠皆有墨点，故知十方一切珠，即是西南边一珠也。

又纵然遍点十方一切珠，即是但点西南一珠也。何故？因为十方一切珠，皆入西南边一珠故。

【此一为始既尔，余为初亦然。重重无际，点点皆同，杳杳难原，一成咸毕。如斯妙喻，类法思之。】

此即开显缘起诸法皆具足"主伴圆明具德门"也。

"此一为始既尔，余为初亦然。"句中"始"、"初"二字，其义相同，皆为"主"义。即以此为主，或以余为主，都是一样。缘起诸法，随举其一为主，则余一切法即为伴，如此互为主伴，圆融无碍，重重无尽，具足一切德。譬如若以此西南边一珠为主，则余一切珠相对于西南边一珠而言即是伴；余一切珠皆入此西南边一珠，此西南边一珠亦摄尽余一切珠；西南边一珠既如是，于余一一珠亦复如是，如是主伴圆融，重重无尽，一法生时万法随之而生，任举一法皆是法界的全相也。

"重重无际，点点皆同；"前既互为主伴，圆融无碍，故于任一珠上点一墨点，莫不重重无尽，点点皆同，具足一切德也。

"杳杳难原，一成咸毕。""杳杳"者，深远不可测度也。形容重重无尽，不可思议。于一珠着墨点，则一切珠皆有墨点。"一成咸毕"者，即所谓缘起诸法皆为俱时顿现，同时相应，同时具足圆满，依缘起理而成立，一与多互为一体，无有先后之别也。此良由缘起实德法性，海印三昧力用故得，元非是方便修缘所成，故得"一成咸毕，俱时顿现"也。

"如斯妙喻，类法思之。"文义易见。如是帝网天珠之妙喻，当结合法义思之，即得通达于甚深微妙法界缘起也。此诚如《法华经》所云"一切有智者，皆因譬喻而得解"也。

【法不如然，喻同非喻；一分相似，故以为言。何者？此珠但得影相摄入，其质各殊，法不如然，全体交彻故！】

虽说"一切有智者，皆因譬喻而得解"，然任何譬喻皆不能真实圆满譬喻诸法实相尔，亦即是说"法"与譬喻还是有所不同的。是故文云："法不如然，喻同非喻。"

"一分相似，故以为言。"喻与法既有所不同，那何以又每每举喻以释法耶？此乃因喻与法，但有一分相似，即以为言，以令闻法者依此一份相似，而于法生解也。

"何者？此珠但得影相摄入，其质各殊，法不如然，全体交彻故！"此即仍约珠喻以说明道理也。譬如举珠喻者，乃因其光影互相摄入以为言也；然审乎珠体，却是其质各殊。于法则不然，法者全体皆如，交彻无碍，一际无分，于此则元非珠喻所能完全譬喻得了的也。

【《华严经·性起品》云："为饶益众生令悉开解故，以非喻为显现真实义。"】

上则直述法义，今则引经证以证义启信也。

所引经证乃旧译六十卷本《华严经·性起品》文，经云："为饶益众生令悉开解故，以非喻为显现真实义。"即是说为饶益众生，欲令众生皆开解故，故以非喻（帝网喻，仅一分相似真实而已，故说"非喻"。）为显现诸法真实义也。

所引经文意思很容易理解，下面我们详加解释一下何谓"性起"？"性起"与"缘起"又有何不同？

"性起说"是华严宗最精彩的理论。华严宗说法界缘起，以法界事法：有为无为、色心依正、过去未来，互相融通而成一大缘起。即宇宙的森罗万象，都互为因果。所以以此一法为能缘起，则其他一切万法都是所缘起。又以其他一切万法为因，则此一法便是果。自它互为能缘起所缘起，相资相待，圆融无碍，总收法界为一缘起。华严宗为了把法界缘起的宗义，区别于其他宗派的缘起论，依"一乘法界缘起之际，本来究竟离于修造"（《华严·孔目章》卷四《性起品·明性起章》）的义旨，叫它作性起。

性起的意义是体性生起。具体地说，即是不等待其他因缘，但依自体本具的性德生起。如《修华严奥旨妄尽还源观》说："依体起用，名为性起。"一乘法界缘起之际，本来究竟离于修造，所以，"起即不起"。但所谓离修造，意味着离相，法性要在离分别心中方现前，所以说为起，此即以不起为起，非有起相之起，所以"不起即起"。

性起这个术语，源出晋译六十《华严·宝王如来性起品》，本品在于显示如来以无量因缘成等正觉出兴于世，故唐译八十《华严》把它译作了《如来出现品》。依贤首宗的宗义，此如来即是《华严经》的十身佛，亦即十身具足的法身佛。十身佛有两种：一解境十佛，一行境十佛。现在指的是解境十佛。即：一、众生身，二、国土身，三、业报身，四、声闻身，五、缘觉身，六、菩萨身，七、如来身，八、智身，九、法身，十、虚空身。均大体就众生世间、器世间、智正觉世间三种建立，所以叫他融三世间十身，或者叫作圆满无碍法界身。此即圆行菩萨以解了心照宇宙法界时，不论有情非情森罗万象都是佛身，因此用十数束表无尽的深意，说它作十身。亦即网罗法界全体称为如来。所以法藏大师于《华严经探玄记》中云："不改名性，显用称起，即如来之性起。又真理名如名性，显用名起名来，即如来为性起。"此亦即是说，法藏大师将"性起"分为了人、法二种解释，即：

第一、从不变的佛之本性显现教化之作用，即"如来之性起"。

第二、真理本身起作用，即"如来为性起"。

同书中又举示理、行、果等三义，即：

第一、理性起，谓万有本来真实之本性（理性）依智而显现。

第二、行性起，谓闻教而起行、成果。

第三、果性起，谓完成佛果而起教化之作用。

换言之，宇宙万法乃性起之"果体"，其理、行则为性起之"起用"，此为果佛之说法。如此有三种性起，但法藏大师所明主要是果性起。就是在如来果上，真如法性不等待其他因缘，顺自性全体起为世出世间、迷悟、情非情一切诸法，所谓性海无风，金波自涌。

又于慈恩宗说真如凝然不作诸法，所以无性起义。华严宗反之，说真如法性湛然灵明，全体即用，所以法尔常为万法，法尔常自寂然；寂然是全万法的寂然，这和虚空断空不同；万法是全寂然的万法，这和遍计倒见定相的事物有异。既然世出世间一切诸法全是性起，就性外更无别法，所以宇宙万物虽森然差别，而浑然圆融，横尽十方，竖穷三际，一一法都彼此互收，一一尘都包含世界相即相入，无碍溶融，主伴具足，重重无尽。

而与"性起说"相对之"缘起说"，则有二义，即：

第一、系应众生根机而说不可思议之佛果境界（缘起因分）。

第二、一切现象之存在依因缘而生起。有关后者之缘起，据法藏大师之《华严经问答》所说，谓三乘之缘起，若诸缘集聚则"有"，诸缘离散则"无"，此称修起之缘起；相对于此，而一乘之缘起则谓缘之集聚实非有，缘之离散亦非无，故称性起之缘起。亦即对华严一乘之缘起而言，乃以"无自性"空之理为因，以有力、无力为缘之重重无尽之缘起；此系就事物皆无固有自性、随缘而起之观点而说缘起也。又"无自性"即谓事物本来具足之真实本性，非随缘而有所增损，常显自在之作用，故就此点而言，即称性起。

今举譬喻以明。譬如海水起波，波无别波，全是海水；海水以外，更无别波；此喻如性起。因风起浪，浪因风而起，此是喻缘起。然而虽因风起浪，浪无自性，全浪是水；故缘起虽见次第，但其结果，与性起同一法界也。若明同一法界，则知无起而起，起而无起，是谓不思议缘起。是知性起者，起是法界自体功能，起不从缘；言缘起者，是入法界之近方便，谓缘起无性，即入法界也。

如上所述，"性起"与"缘起"不同，二者乃相对而言。"性起"即从性而起之意，亦即从佛果之境界说事物之现起；"缘起"为依缘而起之意，亦即从因位之境界论说事物之现起。据《华严经·宝王如来性起品》所说，性起属果，乃卢舍那佛之法门；据《普贤菩萨行愿品》所说，缘起属因，乃普贤之法门。

然关于性起是否包含烦恼所污染之现象（染法），则有异说。染法依真如法性（事物真实之本性即无自性）而显现，乃不离法性，然系违法性而起，故对性起有二说，即：

一是唯有性起而不含染法之性起唯净之说。

二是染净诸法悉为性起所作用之性起两通之说。

以上两说一般以前说为主。

此外，天台宗之性具说，基于现象即实在之理，主张一切现象本来具足三千诸法，视佛界之果德与九界之迷皆相同，依此而说法界。反之，华严宗之性起说，主张法性为唯一之理性,称为一心法界,以性起之自体说万象之缘起,欲将九界之迷导向佛果。换句话说,即天台、华严两宗尽管都阐明法界圆融义,但华严宗站在佛的果智上谈诸法的融通,说法界森罗诸法,都是毗卢遮那如来果满的本性所起;天台宗谈因心的本具,说在迷因位的凡心本来法尔圆具十界三千色心诸法。所以天台宗以性具法门自许,而华严宗树立性起法门和他对垒。

【如是微密法,无量劫难闻;精进智慧者,乃闻如来藏(云云)。经云以非喻为喻等也,诸有行者,准喻思之。】

文义显见。

此是无上甚深微妙法,无量劫难以得闻;唯有于佛道精进有智慧的人,方能听闻受持此甚深如来藏。此大缘起法界,即甚深如来藏性也。

经云:不可喻之法以非喻为喻而明之也。诸修行者,根据譬喻思之,则得其法也。

【卢遮那佛过去行,令佛刹海皆清净;无量无数无边际,彼一切处自在遍。如来法身不思议,无色无相无伦匹;示现色相为众生,十方受化靡不现。一切佛刹微尘中,卢遮那现自在力;弘誓佛海震音声,调伏一切众生类。】

【行人修道,简邪入正,止观法门一卷。】

【华严杜顺和上略出记】

"卢遮那佛",为佛之报身或法身。又作毗卢遮那、卢舍那、流舍那、净满。各宗说法不一,如华严宗以卢舍那乃毗卢舍那之略称,二者均为报身佛之称号,译为光明遍照,乃华严经所说莲华藏世界之教主;至于天台宗或其他各家,则以"毗卢遮那"为法身佛称号,"卢遮那(或曰卢舍那)"为报身佛称号,"释迦牟尼佛"为化身佛称号。故有清净法身毗卢遮那佛,圆满报身卢舍那佛,千百亿化身释迦牟尼佛之说。

其实报身圆满,即是证得法身也,所以华严谓毗卢遮那与卢遮那,只是梵名具略之别而已。化身佛示现生灭,报身佛有生无灭,法身佛非关生灭。故知报身圆满,即是法身真实成就也。

"卢遮那佛过去行,令佛刹海皆清净,无量无数无边际,彼一切处自在遍。"谓菩萨久远劫修习十度万行,烦恼尽性德圆,净佛国土,圆满菩提,证佛法身也。梵语"(毗)卢遮那",华言遍一切处,谓烦恼体净,众德悉备,身土相称,遍一切处,自在无碍,能为色相所作依止,具无边际真实功德,是一切法平等实性,即此自性,亦名法身。是以今文云"无量无数无边际,彼一切处自在遍。""佛",梵语具云佛陀,华言觉,谓理性之体,本来觉了也。

"如来法身不思议,无色无相无伦匹,示现色相为众生,十方受化靡不现。"此是言法身无相,无相随缘现一切相,所谓实相无相一切相也。故由法起化,普度十方,为度众生,示现色相,化现十方者也。此说明以法界缘起故,佛由法起化,能普化十方,无刹不现身也。"法身现色"之义,如《大乘起信论》所云:"即此法身是色体故,能现于色。所谓从本以来,色心不二,以色性即智故,色体无形,说名智身;以智性即色故,说名法身遍一切处。所现之色无有分齐,随心能示十方世界,无量菩萨,无量报身,无量庄严,各个差别,皆无分齐,而不相妨,此非心识分别之所能知,以真如自在用义故。"

"一切佛刹微尘中,卢遮那现自在力,弘誓佛海震音声,调伏一切众生类。"法界缘起,性海圆明,备具众德,一即一切,一切即一,一多相即,摄入重重,主伴具足,事事无碍,即能调伏度化、究竟利益一切众生之类也。是故今文云如一切佛国土碎为微尘,于此无量无数无边微尘中,卢遮那佛能不违大宏誓愿,而自在示现无碍力用,调伏度化一切众生之类也。

"行人修道,简邪入正,止观法门一卷。"总结上文。

"华严杜顺和上略出记。"明其出处,并尊华严宗主。

（释华梵:杭州佛学院法师）

华严思想的渊源与东传

王 瑛

一、学术界关于古代印度华严思想起源的研究

目前,学术界一般认为,《华严经》的编集经历了很长时间,大约在公元 2 世纪—4 世纪中叶,最早流传于南印度,以后传播到西北印度和中印度。有人认为,在梵本《华严经》及《大方广佛华严经》第五十八卷中都提到"ysa"一字,这是于阗文而不是梵文。所以,他们推测《华严经》可能形成于于阗(现今新疆和田)地区。因此,关于该经出现的年代和传播的地区还有待进一步研究。

如上所说,关于华严思想的起源,到目前为止,还是学术界研究的薄弱环节。目前还没有直接的资料可以说明华严思想在古代印度的产生情况。所以就此方面的研究,只能从间接的资料入手,以尽可能梳理出早期华严思想在古代印度产生与发展的情况。

所谓早期的华严思想,就是蕴含了华严思想某些内容,或作为以后华严思想进一步发展的基础性经典所宣扬的大乘佛教理论。然而,关于这类经典在古代印度的产生及流布情况,现在所能见到的相关记载并不多。笔者收集到的相关资料大致可以分为三种:一是早期经典中关于华严的记载;二是后来的佛经、论及相关著述中关于华严的引用;三是《华严经》自身的相关内容。在研究方法上基本可以从地域、时间和思想形态三个方面入手。

印顺法师《初期大乘佛教之起源与开展》认为,《华严经》是在阐明佛菩萨行与果的大方针下,将相关的经本以古人称之为"随类收编"的方式编集起来而形成。[①] 在众多早期单行经中,相当于《入法界品》的经本在龙树的《大智度论》中称为《不可思议解脱经》,其单行本一直流行到中国唐代,如唐般若所译的四十卷本《华严经》。可以看出,此品经在出现时间上比较早,在流行时间上比较长,且其中有很多关于古代印度地名的记载。因此,此品经是学术界关于华严思想起源问题的重点研究对象。此方面的

---

① 印顺:《初期大乘佛教之起源与开展》,台北:正闻出版社 2003 年版,第 102 页。

工作日本学者做得较早,笔者主要参考有代表性的中国和日本学者对此问题的研究,结合自己的思考,尽力梳理出古代印度华严思想的渊源。

(一)关于华严思想产生的地域

日本学者对《华严经》的起源地有一些研究,主要有两种观点:其一,以承继并依循中村元的成果而进行进一步研究的木村清孝为代表,认为《华严经》的原型《入法界品》是以南印度为背景而成立;其二,以高峰了州为代表,认为《入法界品》的成立虽在南印度,但《华严经》应编集于以于阗为中心的中亚地区。①

吕澂在其《中国佛学源流略讲》中参考日本学者的观点,指出:"在印度,华严一类经典是当公元第二世纪中叶先流行于南方的。这只要看经文的重要部分《入法界品》以福城作根据地,并提到了当地的大塔,便可了然。福城即是东南印度滨海的驮那羯磔迦城,大塔也就是阿摩罗跋提塔。"②杨维中在吕澂关于《入法界品》成立时间的研究基础上,通过论证认为《入法界品》的产生应当在公元150年左右。③

魏道儒通过对汉译《入法界品》与《罗摩伽经》的比较研究,认为《入法界品》出自东方人之手。东方人士概括华严经学,借用印度圣地编造求法故事,其地名涉及北印度、中印度以及南印度的一些地区。认为以《兜沙经》、《本业经》为主的文殊类经典产生于在贵霜统治下的北印度和我国"新疆"地区,《入法界品》大约编成于"和田"地区。

(二)关于华严思想产生的时间

1. 从汉译华严类经典入手的研究

印顺把域外华严思想分三个时期,并分别做了时间的推定。其文说:"《华严经》是不同部类的综集。集出的时间,应大分为三期:一、初编,如《兜沙经》、《菩萨本业经》等所表示的,在西元150年时,一定已经集成。二、《入法界品》与《世界成就品》等,《大智度论》已加以引用,推定为龙树以前,西元150—200年集成。三、集成现存《华严经》那样的大部,近代学者作出不同的推论,依个人的意见,赞同西元三世纪中说。"④

吕澂认为在龙树以前就有《入法界品》单本经在世,《入法界品》中所提到的大塔就是阿摩罗跋提塔。根据现存大塔的栏柱铭题来看,塔建于公元130年以后,提到它的《入法界品》的成立时间应该要迟于此。他通过对高峰了州《华严思想史》中相关内容的进一步研究及对当时印度社会状况的分析,提出《入法界品》于公元2世纪中期先流行于印度南方。

魏道儒《中国华严宗通史》依据西秦僧人圣坚所译的《罗摩伽经》与《入法界品》在善财童子"西行"与"南行"问题上的不同,认为:《入法界品》的产生不早于公元250

---

① [日]高峰了州著,释慧岳译:《华严思想史》,台北:中华佛教文献编撰社1979年版,第8页。
② 吕澂:《中国佛学源流略讲》,中华书局1979年版,第367页。
③ 杨维中:《〈华严经〉的形成、汉译、基本思想及其修行意义》,高雄:《普门学报》第26期,第89页。
④ 印顺:《初期大乘佛教之起源与开展》,台北:正闻出版社2003年版,第1020—1021页。

年,不迟于《六十华严》的编集。① 对此观点,杨维中《〈华严经〉的形成、汉译、基本思想及修行论意义》一文中认为:《罗摩伽经》译出时间为 388 年到 412 年之间,而以此为资料推定《入法界品》最早形成于公元 250 年是不可靠的。②

2. 从诸经论引用入手的研究

日本学者高峰了州在其《华严思想史》中通过对现存经论关于华严相关内容的记载和引用进行研究,认为集成本中的《名号品》、《光明觉品》、《净行品》、《十住品》、《十地品》、《十定品》、《十忍品》、《性起品》、《离世间品》、《入法界品》约成于公元150—250 年间,其中的《名号品》、《十地品》、《入法界品》形成于公元 150 年前后,是最早的华严典籍,约在公元 250—350 年间,逐渐编成现存的《六十华严》。③

木村泰贤在其《大乘佛教思想论》第三章中通过对龙树及其弟子一系的著作中关于华严的引用进行了考证,认为,大本华严是否在龙树时代全部都有是不能判定的,但《十地经》及《入法界品》的存在,从龙树的作品中是可以判定的。他还认为,从译经史来看,支娄迦谶、支谦到竺法护译的多数华严类经典,可以证明《华严经》的大部分在龙树以前已经形成了。④

魏道儒在前人研究的基础上,在其《中国华严宗通史》第一章中提出了三阶段说:最早形成的是以《兜沙经》、《本业经》为主的文殊经典,形成时间约在公元 1 世纪下半叶到 2 世纪中叶;第二阶段是以竺法护所译的《如来兴显经》、《度世品经》和《等目菩萨所问三昧经》为主的普贤类经典,产生年代不迟于公元 200 年左右,其中《等目菩萨所问三昧经》产生时间要更早;第三阶段是《入法界品》在以上两阶段完成之后产生,时间不早于公元 250 年。⑤

综上所述,关于华严思想的起源问题,大致可摸出如下线索:相当于《入法界品》母本的早期华严类经典,约于公元 2—3 世纪产生于东印度东南部地区;从《入法界品》与《兜沙经》、《本业经》在《华严经》整体思想结构中所处的位置及相互关系分析,以《兜沙经》、《本业经》母本为特征的"十地"类华严类经典的产生时间要早于《入法界品》母本,而《入法界品》和《十地经》类的华严经典的产生时间一定要早于龙树的时代(公元 2 世纪);相当于《六十华严》母本那样真正意义上的华严思想,是在华严类经典从南印度流向北印度及中亚的过程中不断丰富,进而于公元 3—4 世纪间在于阗地区集成的。

---

① 魏道儒:《中国华严宗通史》,南京:江苏古籍出版社 2001 年版,第 46 页。

② 杨维中:《〈华严经〉的形成、汉译、基本思想及其修行意义》,高雄:《普门学报》第 26 期,第 90 页。

③ [日]高峰了州著,释慧岳译:《华严思想史》,台湾:中华佛教文献编撰社 1979 年版,第 5—6 页。

④ [日]木村泰贤著,演培法师译:《大乘佛教思想论》,台湾:中央图书馆出版品预行编目资料,第 53 页。

⑤ 魏道儒:《中国华严宗通史》,南京:江苏古籍出版社 2001 年版,第 43—46 页。

二、古代印度华严思想的流布与演进

通过以上对华严思想起源问题的梳理,大致可以清楚,华严类经典在龙树以前就已经出现,在龙树的著作中已经有所涉及;从龙树求学所经地区来看,他主要在北印度"雪山"和南印度"龙宫"得到并学习了大量大乘经典。由此可知,华严类经典形成的地域与大乘般若思想源起流布的地区基本相吻合,应该是出现于东印度或东南印度,进而流传到中印度、北印度和中亚地区;从思想内容上观察,学术界一般认为最早出现的大乘经典是般若类经典,华严思想至少是在般若思想关于佛及菩萨的相关理论基础之上产生的,早期华严思想主要是涉及佛性(佛功德、佛刹)与菩萨行法(十地)等内容。到了龙树的时代,大乘思想真正开始兴起,龙树和世亲对大乘佛教思想的研究和整理,奠定了整个古代印度大乘佛教发展的基础。华严紧接般若而出,它早期在印度演进的情况,现主要以龙树、世亲等对其的信奉与传扬为线索进行考察。

(一)龙树时代的华严思想

龙树被后世奉为第二佛陀,是印度佛教历史上坐标式的人物,许多重大的佛教理论问题的发展演变轨迹,均可以从他的身上看出一些分明的迹象。

作为大乘中观学派的实际创始人,龙树主要发展了大乘般若空观思想,主张大乘可以通摄小乘,进一步完善了大乘菩萨修行的理论,奠定了印度中观派的理论基础。因此,要从龙树与华严思想的关系考察早期华严思想的情况,有必要从《般若经》与《十地经》的关系入手进行考察。

《大品般若》中强调菩萨十地行法的主要是《发趣品》,其十地是:初"乾慧地"说十不可得;第二"性地"是常念八法;第三"八人地"是行持五行;第四"见地"是不舍十法;第五"薄地"是远离十二法;第六"离欲地"是具足六波罗蜜;第七"已作地"是远离恶二十法而充足善二十法;第八"辟支佛地"是具足二种五法;第九"菩萨地"是具足十二法;第十"佛地"是成就圆满。前五地是针对小乘修行的,到第六地才属于大乘菩萨行的内容,后五地则具有向大乘发展的趋势。而此品经中说:"过乾慧地、性地、八人地、见地、薄地、离欲地、已作地、辟支佛地、菩萨地,过是九地,住于佛地,是为菩萨十地。如是,须菩提,是名菩萨摩诃萨大乘发趣。"即是将十地结构作为大乘修行的要求,这体现了大乘容摄小乘的理论要求。

龙树《大智度论》有:"何以说发趣地?答曰:大乘即是地,地有十分,从初地至二地是名发趣,譬如乘马趣象,舍马乘象,乘象趣龙,舍象乘龙。问曰:此中是何等十地?答曰:地有二种,一者菩萨地,二者共地,共地者,所谓乾慧地乃至佛地,菩萨地者,欢喜地、离垢地、有光地、增曜地、难胜地、现在地、深入地、不动地、善根地、法云地,此地相如《十地经》中广说。"①从此处对《十地经》的引用和研究,至少可以知道龙树时代《十地经》类的华严经典已经流行,或者可以说此时的华严思想主要是"十地"为组织形态的菩萨行理论。

至于为何分"菩萨地"与"共地",而将华严十地设为"菩萨地",《大智度论》的解释是:"离欲地者,离欲界等贪欲诸烦恼,是名阿那含,于菩萨离欲因缘故得五神通。已作地者,声闻人得尽智、无生智,得阿罗汉,于菩萨成就佛地。辟支佛地者,先世种辟支佛道因缘,今世得少因缘出家,亦观深因缘法成道,名辟支佛。辟支佛,秦言因缘亦名觉。菩萨地者,从乾慧地乃至离欲地如上说。复次菩萨地,从欢喜地乃至法云地皆名菩萨地。有人言,从一发心来,乃至金刚三昧名菩萨地、佛地者,一切种智等诸佛法,菩萨于自地中行具足,于他地中观具足,二事具故名具足。问曰:何以故,不说菩萨似辟支佛地? 答曰:余地不说名字,辟支佛地说辟支佛名字故。"②由此可知,龙树认为从"乾慧地"到"离欲地"等般若十地的前六地是小乘成就辟支佛的修行阶位,般若及华严十地是菩萨向佛果修行的阶位。由此可以推定,此时期以龙树为代表的大乘学者认为,华严十地思想更能完整说明菩萨行法,较之已出的般若经而言,华严十地思想具备更成熟的大乘菩萨理论。

龙树求学和创立学说的活动范围主要是南印度。吕澂在其《印度佛学源流略讲》中认为,龙树在北印度求学之后,回到南印度创立学说。③《龙树菩萨传》中提到龙树在雪山和龙宫得到很多大乘经典的故事,雪山和龙宫应该就是指北印度和南印度。由此可以推定,此时华严思想流行的范围应该是在北印度和南印度。

一般认为集中体现龙树对华严思想之继承的著作是《十住毗婆沙论》。魏道儒在《中国华严宗通史》第二章第二节中认为,现存《十住毗婆沙论》汉译本十七卷,主要解释十地中的第一地和第二地,本来第一地和第二地是把小乘佛教教理纳入菩萨行的范畴,但此论中的解释多限于小乘佛教教义,名词术语多引《阿毗昙》,并无过多发挥。但是龙树主张以大乘摄小乘,以大乘菩萨理论把小乘佛教纳入大乘范畴。④ 因此,《十住毗婆沙论》反映了在大乘与小乘同时流行的时代,印度早期大乘学者对新出的华严思想进行研究的复杂情况。

综上所述,大致可以推定:在小乘佛教于北印度和南印度还占据一定地位的早期华严思想时代,以般若为主的大乘思想已经十分活跃,进一步发展而新出的华严思想已经在印度腹地南北相当的地域范围内流行,以龙树为代表的大乘学者已经开始了对初期华严思想的研究。

(二)世亲时代的华严思想

世亲也是一位被称为第二佛陀的里程碑式伟大思想家。他大约是公元4—5世纪

① 龙树:《大智度论·释发趣品第二》卷四十九,《大正藏》第25册,第411页。
② 龙树:《大智度论·灯喻品第五十七之余》卷七十五,《大正藏》第25册,第586页。
③ 吕澂:《印度佛学源流略讲》,上海:上海人民出版社2005年版,第89页。
④ 魏道儒:《中国华严宗通史》,南京:江苏古籍出版社2001年版,第58—59页。

北印度犍陀罗地区人,其著作奠定了印度瑜伽派的理论基础。据《大唐西域记》卷五的相关记载,世亲初学小乘,后经其兄劝导而皈依大乘,他趋向大乘是因为在访问其兄无著时,听到有人夜诵《十地经》而深有所悟。可见世亲的学说与华严思想的渊源很深。据高峰了州《华严思想史》第四章所述,世亲是依据华严《十地经》并且接纳了《摄大乘论》的思想而组织《唯识论》的。① 借助世亲的华严思想,可以窥探公元4—5世纪印度华严思想流传的一些情况。

世亲的华严思想集中体现于他所作的《十地经论》。此论在中国由鸠摩罗什和佛陀耶舍译出之后,出现了一批以研究它为主的"地论师",从而促进了中国华严学的新发展。魏道儒在《中国华严宗通史》第二章就此论对《十地经》的发挥,提出了三个方面的内容:第一,对《十地经》中"十"和"三昧"的理论做了初步发挥;第二,对"六相"理论进行了活用和发挥;第三,将"一心缘起"与"阿赖耶识缘起"联系起来论证。② 笔者就从这三个方面入手,考察世亲对华严思想的发挥,以把握世亲时代华严思想的发展状况。

《十地经》中所展现的"十"的概念是早期华严关于"一"与"多"这类概念的一种理论。关于这个问题,《十地经论》中说:"何故定言十亿佛土? 为说十地故。此经如是多说十数,彼佛先作是愿,今复自加,后余佛加故,言卢舍那佛本愿力故加。何故加? 为说此法故加。复云何加? ……如实说菩萨十地差别方便故。"③把多说"十"的原因解释成为讲菩萨"十地",即是就经解经,并没有新的理论创建。因此,并没有受到后来中国地论师的重视。但又说是为"言卢舍那佛本愿力"而多说"十",这反映了早期华严"法身"观念发展的情况以及"法界缘起"思想的萌芽。

《十地经》中讲到"三昧"的地方很多,而《十地经论》卷一在解释三昧时说:"何故如来作如是愿? 显示多佛故。此三昧是法体,本行菩萨时皆名金刚藏,同说此法。今成正觉亦名金刚藏,故不异名加。"④此处将"三昧"视为"法体"的思想,应该是在般若学"自性空"理论的基础上,融汇了"卢遮那佛法身"思想发挥而成的。然而,此处的"法体"具有显示多佛世界的能力,这种思想的提出,更明显地反映了"法界缘起"思想的萌发。

《十地经》中的"六相"是指:总相、别相、同相、异相、成相、坏相,称为"助道法",即菩萨上求菩提下化众生所行的"方便",是辅助性手段。《十地经论》中的解释是:"方便者,如《经》总相、别相、同相、异相、成相、坏相故,说一切菩萨所行如实地道及诸波罗蜜方便业故。"这也是以经解经,没有什么发挥。然而,将"六相"用于解释经中以"十"的概念为基础的组织体系,却是本论的一大创新。《十地经论》卷一谓:"一切所说十句中,皆有六种差别相门,此言说解释,应知除事。事者,谓阴、界、入等。六种相者,谓:

---

① [日]高峰了州著,释慧岳译:《华严思想史》,台湾:中华佛教文献编撰社1979年版,第38页。
② 魏道儒:《中国华严宗通史》,南京:江苏古籍出版社2001年版,第61—64页。
③ 《十地经论》卷一,《大正藏》第26册,第124页。
④ 《十地经论》卷一,《大正藏》第26册,第124页。

总相、别相、同相、异相、成相、坏相。总相是根本入,别相者余九入,别依止本,满彼本故;同相者,入故;异相者,增相故;成相者,略说故;坏相者,广说故。"①这里用"六相"来论述"第一句"与"其余九句"的关系,"总相、别相"是说首句与其余九句之间是总和分的关系,"同相、异相"是说首句与其余九句之间是同一性与差别性的关系,"成相、坏相"是说首句与其余九句之间是概说和详说的关系。这里虽然也是以经解经,但却可以看出是对华严思想进行了系统性的研究所作的发挥,具有创造性,是华严方法论的新发展。

《十地经》在分析"心"与世界的关系时,认为世界是由"一心所作",谓之:"是菩萨作是念:三界虚妄,但是一心作。如来所说十二因缘分,皆依一心。""十二因缘分"即"十二因缘",小乘佛教时期,用来解释人的生命与轮回,后来大乘时期,十二因缘观逐步扩展为解释整个世界万物的"法"。此经中的"十二因缘"是依"心"而成立的,从而三界由"心"所作。这是华严思想对"缘起"理论的发展,即"一心缘起"观。此观念在《大乘章义》和吉藏《中观论疏》中都有直接的引用,对后来中国佛学的发展影响巨大。世亲是唯识学的创始人,他在解释《十地经》缘起观时,把"三界唯心"和"十二因缘唯心"与阿赖耶识结合起来讲。论中说:"云何余处求解脱? 是凡夫如是愚痴颠倒,常应于阿梨耶识及阿陀那识中求解脱,乃于余处我、我所中求解脱。此对治,如经:是菩萨作是念,三界虚妄,但是一心作,乃至老坏名死故。"②这里的"一心"与"阿赖耶识"具有同样的性质,都是菩萨求得解脱所必需认识到的真理,即世界万物产生的根源,这是华严本体论思想的发展。然而,《十地经》被认为在龙树时代以前就已经流传于世,且关于"心"的讨论在小乘部派佛教时期就很活跃,而在大乘佛教时期有了新的发展。由此可以推定,世亲的"阿赖耶识"思想是在吸取华严"一心缘起"理论的基础之上形成,并且反过来又对华严思想的发展产生了一定的影响。

综上所述,在世亲时代或者稍后,古代印度华严思想在大乘佛教活跃的背景下,已经开始出现了系统性的建构。佛的"法身"思想开始形成;"一心缘起"观开始出现两个方面的发展趋向:一是孕育而出的"阿赖耶识"缘起论,二是"法界缘起"思想的萌芽。世亲约是公元4—5世纪的人,早期主要经活动于印度西北部犍陀罗地区。在此稍前约公元1—3世纪中后期,北起花剌子模,南达文迪亚山脉,西至咸海,东逾葱岭的广大地域里形成了强大的贵霜帝国。贵霜是中亚历史上最重视和发展佛教的帝国。犍陀罗是贵霜在北印度重要的佛教中心,以小乘为传统的北印度佛教到了贵霜时期已经呈现出大乘、小乘共存并进的形态,大乘的发展为稍后以世亲为代表的佛教僧人对华严思想的研究准备了必要的思想基础和学术氛围。

世亲时代的华严思想在西北印度和中亚地区已经相当活跃。另一方面,在《六十华严·菩萨住处品》里,出现了震旦(中国)、边夷(疏勒)、罽宾、犍陀罗等国名。由此说明,《六十华严》那样全面而庞大的华严思想内容,是在贵霜帝国所提供的地域性条

---

① 《十地经论》卷一,《大正藏》第26册,第125页。
② 《十地经论》卷八,《大正藏》第26册,第170页。

件下完成了必要的前期准备,进而在靠近中国丝绸之路西端的中亚和于阗地区丰富并
健全起来的。

三、中亚与华严思想的东传

印度佛教向中国内地的传播在早期主要通过陆路借道中亚的途径。华严思想入
华的历史也是这样。早期华严思想从其产生地南印度,传播到印度西北地区,进而流
布到中亚,经于阗地区通过河西走廊进入汉地。所以,古代的中亚地区便成为华严思
想入华的重要中转站。通过这个中转之地,印度的华严思想在向外扩张中得以站稳脚
跟,并以此为根据地进一步向东传播。这个中转站既提供了印度华严思想集结壮大的
充足时间,也提供了印度华严思想不断完善乃至进一步发展的历史机遇。而这些都直
接影响到华严思想向中国传播的历史进程。所以,研究包括于阗在内的古代中亚地区
的华严传播史是理解华严入华的前提和基础。

关于华严思想在印度西北地区和中亚的流传与发展情况及其与华严思想向中国
传播的关系,学术界虽有了一些研究,但还显得零散,也缺乏系统全面。本章以贵霜和
于阗为对象,对古代中亚与华严思想东传入华之间的联系略陈管见。

(一)贵霜佛教与华严典籍东传汉地

公元前 176 年,位于我国敦煌、祁连山一带的大月氏为匈奴所败,大部分离开故
土,西征大夏。半个世纪后,西迁的大月氏分为贵霜、休密、双靡、肸顿、都密五部。到
公元 1 世纪初,贵霜部首领丘就却统一其他四部建立贵霜王朝。其后,经阎膏珍(约
105—130)、迦腻色伽(约 140—163)的东征西讨,贵霜势力一度北起花剌子模,南达文
迪亚山脉,西至咸海,东逾葱岭,形成了一个地处东西方交汇地、连接中国与西方及中
国与印度的强大帝国。被征服地的统治者以地方统治者的身份出现,臣服于贵霜帝王
并受其统治,贵霜帝王被称为"王中之王"。贵霜帝国的统治区域是印度、波斯、希腊和
中国四大文化的交汇地。由于特殊的历史传统、民族的多样性与特殊的地域性,贵霜
境内存在着多种宗教。但出于在其特殊的广阔地域中实现统治的需求,贵霜的宗教政
策在总体上讲比较宽容和开放,贵霜是中亚历史上最重视发展和利用佛教的帝国。王
治来著《中亚史》第一卷第五章中讲到丘就却的货币上就刻有佛像,并刻有"正法之保
护者"的铭文,这足以看出他对佛教的态度了。[①] 至于迦腻色伽王作为全力扶植佛教
最有名的贵霜帝王已是公认了的,在他统治时期,迦湿弥罗(克什米尔)成为古代印度
乃至佛教世界的发展中心,且这种形势历经了很长的一个时期,北印度的佛教与南印
度案达罗王朝的佛教成为当时佛教最为兴盛的两大中心。在对外的传播方面,以贵霜
为中心的北印度由于其特殊的地域性,则更具有创造力和影响力。

---

① 王治来:《中亚史》,北京:中国社会科学出版社 1980 年版,第 96 页。

在贵霜大月氏人接受并利用和发展佛教的同时,大乘佛教兴起,大量的大乘佛教经典不断形成。大乘佛教经典在对小乘部派佛教理论,尤其是对"说一些有部"庞大而繁琐的理论进行反驳的过程中,成长并形成了早期大乘以"般若"为特征的"空"观思想。针对小乘部派佛教一味论证法的"有"、"数"而减弱了对"佛"的崇拜,大乘发展菩萨思想,提高佛的至圣地位,发展多佛思想,宣扬菩萨道,从理论上提高佛的地位,以佛教实践方式的转变,进一步扩大佛教的社会基础。大乘佛教逐步成为中亚地区佛教的主流。而从整个印度佛教发展的视野来看,在吸收继承部派佛教和早期大乘思想尤其是般若思想的基础上,早期华严类经典开始涌现,华严思想随着华严类经典的出现逐步丰满,并不断进入中亚地区。

早期大乘以般若为主流,如吕澂在其《印度佛学源流略讲》中所说,般若类经典产生于以摩揭陀为中心的东北印度,随着社会变迁和学说的发展,转向以南印度的案达罗为中心,并逐步成熟,此后在西北印度的贵霜帝国一度繁荣。① 华严思想正是在般若思想基础上发展起来的,所以其在古代印度流布的线索应该大致同于般若思想流布的脉络。从本文前面介绍学术界关于华严思想起源研究的部分可以看出,华严思想在古代印度的产生和流布的脉络与般若思想传播的线路基本上是一致的。贵霜帝国的繁荣及其崇佛政策在华严思想的发展中起到了极大的作用。可以说,产生于印度腹地的华严思想在贵霜帝国的有利环境中不断健全,之后很快出现了像世亲这样的佛教僧人,开始了对早期的华严单本经产生兴趣,并在研习的同时不断推广,华严思想逐渐在贵霜成长起来。随后,华严思想经过贵霜与中国文化交汇的于阗地区传入中国内地,甚至在于阗编纂而成如六十华严母本那样成体系的大部《华严经》,并由于阗直接传入中国。

以上是从历史学的视角对贵霜在华严思想东传的过程中所起的作用进行的分析。此外,我们还可以从华严思想东传的人力载体——域外来华僧入手进行更具体和明确的论述。

从东汉到西晋,传译华严典籍的大月氏人可分为三类:一是来自贵霜的月氏人,如支娄迦谶;二是归附东汉居住内地的大月氏人后裔,如支谦;三是具有汉化倾向仍居敦煌故地的大月氏人,如竺法护。

支娄迦谶来自贵霜,直接成长于贵霜的佛学环境中,他是带着贵霜的佛学思想并将华严思想传入中国的第一人,他所翻译的《兜沙经》是最早传入中国的华严类经典,并且具有奠定中国华严思想初期结构的意义。魏道儒在《中国华严宗通史》第一章中讲到,此经吸收了小乘佛教对佛国世界的神话描述,但释迦的"分身"说明显地把释迦描述为"佛中之佛",这可能是贵霜帝王自称"王中之王"而在宗教上的曲折反映。它产生的下限不应迟于迦腻色伽时期,即在公元150年之前,这与此经形成于支谶来华之前的时间不违。它的上限不应早于丘就却时期。其产生地应该接近贵霜统治腹地

---

① 吕澂:《印度佛学源流略讲》第三讲、第五讲,上海:上海人民出版社2005年版。

的西北印度。①

支谦师承于支谶,他所译的《本业经》也是早期华严单行经本的一种,该经在思想内容上直接承自《兜沙经》,除了华严学说之外,该经呈现出明显的儒家伦理色彩,如提倡"孝事父母"、"顺教妻子"等,一般认为这是汉化的支谦所加进去的内容。魏道儒对照东晋、西晋所译的相关单行经,认为与支谦译的《本业经》有相同风格,从而提出这是经本原来就具有的内容。他认为,公元 2 世纪中叶前后贵霜势力已扩展到葱岭以东,吞并了疏勒、莎车及于阗一带,此地区成了中国儒家文化与印度佛教文化交融的热点地区。《本业经》在这种背景下形成具备儒家文化的特色,是《兜沙经》传到新疆地区之后经汉化的信徒发挥而成。总之,《本业经》是在贵霜帝国的历史背景下,在域外华严思想与中国文化的交融中形成的,而提供这种可能的条件则是贵霜在北印度和中亚地区所实现的政治统一及其开放的宗教文化政策。

竺法护成长在当时中国迎接西域文化区的前哨——敦煌,后游学于贵霜一带。据说他精通西域三十六国的语言,可见对整个中亚包括西北印度一带文化的熟悉程度。正是这样博大深厚的中亚文化熏陶,使他不但能轻松地来往于中国内地与西域之间,也能够灵活掌握中亚地区的佛教文化,对这里流行的华严思想当然能融会贯通。例如,在他所译的经典中,《等目菩萨所问经》所讲的"法身"分身说,在思想发展上明显是继承《兜沙经》释迦分身说进一步发展而来的,这应该是在贵霜一带华严思想较活跃的佛学环境中发育而出的。总之,中亚的佛教文化造就了竺法护的文化生命,而竺法护则成就了早期华严入华的灿烂一页。

以上所述支谶、支谦、竺法护三位大师,对华严思想的初传起到了承前启后的作用(后文将做详细论述)。这正好体现了贵霜对华严思想东传所起到的核心作用。因为这里既是印度华严思想北传的阵地,也是华严思想体系不断成长完善的摇篮,更是华严思想传入中国的桥梁,在南亚和中亚之间以及中印文明之间的文化交往中发挥了不可替代的作用。

(二)于阗与华严东传

于阗位于古代中国丝绸之路西端南口,即今新疆和田(Khotan)。公元 3 世纪前后称为瞿萨旦那,印度人称屈丹,自古即为印度—波斯—中国之间的贸易通道和文化交往的要冲,也成为华严思想传入中国内地的主要中转地。

《出三藏记集》卷十三《朱士行传》记载,三国时代的魏甘露五年(260),朱士行在于阗获得《放光般若经》梵本,当时该国僧侣仍奉小乘佛经为正典。② 至公元 5 世纪,此地始传大乘佛教,并在公元 5—8 世纪期间,成为佛教文化的一大中心地。又据《高僧传·法显传》记载,法显于晋隆安五年(401)初到于阗,其国丰乐,人民殷盛,尽皆奉

---

① 魏道儒:《中国华严宗通史》,南京:江苏古籍出版社 2001 年版,第 43 页。

② 僧祐:《出三藏记集》卷十三《朱士行传》,《大正藏》第 55 册,第 97 页。

法,以法乐相娱,僧众数万人,多学大乘。①《大唐西域记》卷十二亦述及此国人性温恭,知礼仪,崇尚佛法,伽蓝百余所,僧徒五千余人,并习学大乘法教。② 直到公元 11 世纪初(宋代),信奉回教的维吾尔族征服于阗,于阗佛教随之衰颓。

从早期传译华严单本经的僧人分析,华严经在初期传译时,最重要的传译高僧主要是支娄迦谶、支谦和竺法护,三者都受到域外文化的熏陶。支娄迦谶是大月氏人,曾游学于中亚一带。支谦是支娄迦谶的弟子,是东汉时期归附于汉朝的月氏人。竺法护祖先为月支人,世居敦煌,其时,内地大乘经典还很不健全,于是他西行求学,遍通西域三十六国语言。从支娄迦谶游学后经新疆地区过河西走廊再入汉地的过程来看,可能会与于阗有关。支谦师承于支娄迦谶,在思想上有所继承是肯定的。竺法护是敦煌故地的大月氏人,深知汉地大乘不备而西游求学,他译的华严经典较前人所传更全面和完备,当代很多学者认为其所传经典是在于阗编纂而成的。由此可知,支娄迦谶、支谦和竺法护与于阗的关系是可以肯定的。

从华严译本考察,除了单行经不少由于阗传来之外,集成大本《华严经》也均是由于阗传来的。第一部《六十华严》为东晋佛陀跋陀罗在公元 418—421 年所译,《出三藏记集·出经后记》载:"《华严经》胡本凡十万偈,昔道人支法领,从于阗得此三万六千偈,以晋义熙十四年岁次鹑火三月十日,于扬州司空谢石所立道场寺,请天竺禅师佛陀跋陀罗,手执梵文,译胡为晋,沙门释法业亲从笔受。时吴郡内史孟顗,右卫将军褚叔度为檀越,至元熙二年六月十日出讫。凡再校胡本,至大宋永初二年辛丑之岁,十二月二十八日校毕。"③关于求经原委,梁《高僧传》卷六载:"初,经流江东,多有未备,禅法无闻,律藏残阙。远慨其道缺,乃令弟子法净、法领等远寻众经。踰越沙雪,旷岁方反,皆获梵本得以传译。"④从以上记载可知,《六十华严》是慧远令其弟子从于阗求来,后请印度僧人佛陀跋陀罗组织译场译出的。第二部《八十华严》为实叉难陀于公元695—699 年译出,《开元释教录》卷九载:"沙门实叉难陀,唐云喜学,于阗国人,智度弘旷,利物为心,善大小乘兼异学论。天后明扬佛日,敬重大乘,以华严旧经处会未备,远闻于阗有斯梵本,发使求访,并请译人实叉与经同臻帝阙,以天后证圣元年乙未,于东都大内大遍空寺译华严经。天后亲临法座,焕发序文,自运仙毫,首题名品,南印度沙门菩提流志、沙门义净同宣梵本,后付沙门复礼、法藏等,于佛授记寺译,至圣历二年己亥功毕。"⑤由此记载可知,唐译《八十华严》来自于阗,而且主持译场的实叉难陀也是从于阗请来的。

根据《华严经》经文中提到的线索考察,亦可明显找到和于阗有关的记载。《六十华严·菩萨住处品》记载:"真旦国土有菩萨住处,名那罗延山,过去诸菩萨常于中住。

---

① 法显:《高僧法显传》卷一,《大正藏》第 51 册,第 857 页。
② 玄奘:《大唐西域记》卷十二,《大正藏》第 51 册,第 943 页。
③ 僧佑:《出三藏记集》卷九《出经后记》,《大正藏》第 55 册,第 61 页。
④ 慧皎:《高僧传》卷六,《大正藏》第 50 册,第 359 页。
⑤ 智升:《开元释教录》卷九,《大正藏》第 55 册,第 566 页。

边夷国土有菩萨住处,名牛头山,过去诸菩萨常于中住。"①日本学者高峰了州在其《华严思想史》中认为:此处所说的"牛头山"是于阗的"瞿室饶伽山",与《大唐西域记·萨旦那国》所说王城之西南牛角指山是同一地方。《大集经》卷四五载:"复以阎浮提中震旦汉国名那罗耶那弗罗婆娑牟尼圣人住处,付嘱海德龙王。复以阎浮提内于阗国中水河岸上牛头山边近河岸侧,瞿摩婆罗香大圣人支提住处。"②澄观在其《华严经疏》也认为牛头山在于阗:"然牛头山在今于阗国,此云地乳,佛灭百年方立此国。具如西域记,以集经之时未开,尚属疏勒故耳。晋本但云边国,故或指江表牛头。今译既明,定非此也。"③由此来看,华严的集成和向中土的传播和于阗是有必然联系的。大本《华严》在于阗完成编集是可能的,于阗是华严思想向中国传播的最主要的中转地。

(王瑛:清华大学哲学系博士)

---

① 《六十华严·菩萨住处品》,《大正藏》第 9 册,第 590 页。
② 《大集经》卷四五,《大正藏》第 45 册,第 294 页。
③ 澄观:《华严经疏》,《大正藏》第 35 册,第 860 页。

《金刚经》与禅宗思想

释昌莲

《金刚经》者,乃般若系典籍之纲要,与《心经》同味。般若乃诸佛之母,菩萨之真因,众生之佛性,生灵含识之大本也。由向背之分,故有圣凡之别。可见众生日用现前之见闻嗅尝觉知之作用,的确皆般若之光的独露现觉也。故《智论》曰:"佛法大海,信为能入,智为能度。"灵山一会,得度弟子,虽出生死,然因不信此法而无成佛之分,故累烦世尊多方弹呵,以彻底淘汰凡小情执、全盘融通大乘根性。而劣解之徒依旧辗转生疑,宁可沉空滞寂而不愿出生度生,以为非自己智分之所能。因其疑根不拔,故本有之智光隐晦不现。至此金刚般若会中,如来以金刚般若智而决疑之,直下令其凡圣情尽、生灭见亡,复其人人本有之智光,真常独露,体自如如。如是始信个中之阿耨多罗三藐三菩提自性清净心,无欠无余,可谓"本来无一物,何处惹尘埃"。既识得个中元无一法障碍己灵,则法法皆妙、头头合道也。金刚般若睿智直拔生死疑根、顿绝凡圣情见、圆离生灭断常空有诸相,不著四相,无住六尘,契如如之本体,合空空之妙用,故此经如来为发大乘者说、为发最上乘者说,非浅识薄德者所能解悟真谛也。由是此经自传译东土以来,人们竞相传诵、书写流通、化化不绝、佛佛授受。特别是禅宗一法,达摩初阐之时,以《楞伽》为印心之教证。但至五祖弘忍时,则以《金刚》替代《楞伽》,并常劝人"但持《金刚》,自能见性,直下成佛"也。而六祖慧能最初以一个卖柴汉之身份,因闻"应无所住,而生其心"一句而豁然有省,终得五祖之印证而嗣祖传灯。再如德山宣鉴、中峰国师等,皆与此经有不解之因缘。正因此经发挥向上一着,单刀直入里巷,的指人心,见性成佛之旨故,历来被宗门法将视若至宝,并以之印心证信。所以,此经翻译东土以来,广为流传读颂,家喻户晓,甚至连目不识丁的卖饼婆竟能道出经中要旨,直问得德山哑口无言。《金刚经》在中原大地上的影响十分巨大,仅在隋唐时就有八百家注疏之说,更何况其后乎!因其超言绝表的文字,渗透着绝对的智慧,隐藏着严峻的机锋,字字珠玑直指人心,句句箴言彻见佛性故,受到阐扬禅宗人士的极力推崇。千百年来,《金刚经》与禅宗结下了不解之缘,形成了一系列坐断天下人舌头的极端公案,以及禅境优美的诗歌偈颂等。

《金刚经》主要是依缘起而谈性空,虽然重点在于阐扬诸法之性空层面,但又强调须以六度万行庄严缘起之现象界。性空不碍缘起,缘起无碍性空。之所以即缘起而明性空者，即是要令行人莫执著迷惑于缘起现象界之种种假有，应即诸法缘起识得性空层面，以彻悟自心，照见自性也。佛教修行的根本在于：内以净化心灵、外以万善庄严。《金刚经》主要围绕"善男子、善女人发阿耨多罗三藐三菩提心，云何应住，云何降伏其心"展开宣说，令"饥得食渴得浆，病得瘥热得凉，贫人遇宝缨子见娘，飘舟到岸孤客饭乡"，此乃川老颂如来宣说此经之本怀，故以"旱逢甘泽国有忠良，四夷拱手八表来降，头头总是物物全彰，古今凡圣地狱天堂，东西南北不用思量，利尘沙界诸群品，尽入金刚大道场"而煞尾。经中须菩提之"闻说是经，深解义趣，涕泪悲泣，而对佛言：希有世尊！佛说如是甚深经典，我从昔来所得慧眼，未曾得闻如是之经……"等文，皆是说明众生无始以来没落真心、轮回生死之畏惧，川老颂曰："自小年来贯远方，几回衡岳渡潇湘，一朝踏着家乡路，始觉途中日月长。"行人若能穷妄归真，自可识得还乡路，便归家稳坐，悠哉悠哉！到"饭来开口睡来合眼"之境，可谓"千尺丝纶才下垂，一波才动万波随；夜静水寒鱼不食，满船空载月明归"也。

金刚般若以实相为体，以观照为用，以文字为相，以六度万行为眷属，以第一义空为境界。又六度万行须以般若金刚无所得智为前导，而此无所得智须依文字般若起观照般若方能生起，并能以此无所得智证实相般若而契第一义空之禅悟境界。正因如此，如来宣说《金刚经》犹若灵龟扫尾一般，即立而破，直指我人即心自性，并无一法与人也。其意旨贵在为令行人因文悟道，歇狂心、生菩提，以复清净自性之本来面目。人多认为此经乃空宗破相，实则辜负佛恩也大矣！岂不知此经即相显性，欲令人由文字般若悟得无所得之般若第一义空中道理，并依此理而尽法界称性广行六度万行也。如是广行六度万行，则犹若"饥来吃饭饿来眠"一般，自然而然，任运随缘。

《金刚经》的语言特点主要体现在"所谓、即非、是名"之三段转文及"所谓、即非"之二段转文处。肯定的同时意味着否定的肇始。二段转文者，主要是为了破除人我遍计所执之妄有，故以"所谓"随俗谛先举我人凡情圣解之遍计所执，以"即非"依真谛彻底泯除现象界之二元对立观念，令其当下知归，即俗见真，以复其清净菩提自性。上半卷经文着重在于破除行人之遍计所执，以彻底粉碎人我执四相，明悟佛理之灵明洞彻、湛寂恒常，人人本有，个个圆成，从而尽虚空遍法界称性发愿度生，以降伏其心也。三段转文者，主要是为了破除诸法依他所起之变幻，故以"所谓"随俗谛举依他所起之根尘识界一切诸法，要知外指山河大地，森罗万象，内指根尘识想，瞬目扬眉，一切诸法无非因缘和合则生、别离则灭，无一法不依他而起也。此性本有，乃非真非妄，即妄即真也。以"即非"就真谛而泯相融性，彻显诸法之究竟空性。但这种"即非"的否定"所谓"，容易使中下之流误堕断灭空、恶趣空，故末尾以"是名"一句而统合，既不否定"所谓"的缘起价值观，又不否定"即非"的不变随缘性，双照双遮，即空有二边而归中道一实相。下半卷经之三段转文的层层否定，不但要令行人识得遍计本空，更令识得依他如幻，以亲自荐得真如佛性之处处圆成。不论是二段转文还是三段转文，皆是如来破执之语言文字利器而已，须句外透关，参而悟得方许摸着如来鼻孔。切忌欺瞒，否则认驴鞍桥为阿爷下颔。行人若能识遍计所执性之本空、依他所起性之如幻，二性皆归圆成实性，一圆成则一切圆成，则一切诸法，法尔圆满，任运成就，一一无非真如佛性、真实义谛。此性人人本具,生佛同有,乃全妄即真,绝妄纯真之谓也。

《金刚经》超越诠表的语言闪烁着卓越的智慧,否定否定再否定的口气道出了破执解缚的辣辣手段,彻悟祖师作《金刚般若经颂》云:"刚道即非又是名,等闲一举便超情;有求有得全封见,无说无闻总隔程;如是降伏如是住,若为色相若为声;分明一段劫前境,八百余家画不成。"经文谱写了非实非虚、空有双遣的无所得的般若中道思想,非虚故不堕无为坑、生断灭见;非实故不著四相、不住六尘。如是故示如如之本体,行空空之三昧,解行并进,契证第一义空,即二边而归中道;彻证诸法实相,契合禅悟境界。如来宣说金刚般若,犹若于虚空中挥舞太阿剑,既不伤锋又不犯手,收放自如,生杀不定,出言吐语绝无拖泥带水之嫌,瞬目扬眉悉符即心自性之道。在否定方面,经文一味强调破我人之种种执著,并非是破万德庄严所成之华藏界,以故要令行人不著四相、无住六尘,乃至一切境界不住,同时尽法界称性广行六度万行以庄严国土,唯恐行人沉空滞寂而著法相,不肯入世度生,故更进一步地否定之曰:"是故不应取法、不应取非法,以是义故,如来常说:汝等诸比丘!知我说法如筏喻者,法尚应舍,何况非法",此要令行人不著一切相、法相非法相,不住一切境、有境、空境、空空境,发菩提心、行菩萨道也。最后便将如来境界和盘托出,即无所得之般若中道思想,主要体现在:无得无证、无闻无说、无去无来、无法发菩提心、布施即非布施是名布施等方面。总之,《金刚经》即缘起而谈性空,虽性空而不坏缘起,此乃空有不二、真俗圆融也。在缘起方面强调广行六度万行,以实现缘起的价值观;在性空方面强调不著无住,于一切境界而不染着,始终保持本有之清静心,念念无上菩提,心心萨婆若海。缘起者,耀行布于义天;性空者,泯性相于实地。经文着重于诸法缘起处而指归向上,欲令行人识得菩提清静自性,亲见本来面目。经中否定意味十足,否定否定之再否定,实乃破执之具,并无实法于人,故千万勿死于如来句下,莫向死水潭里淹煞自己性命。要知否定乃如来之顶门棒喝,具手眼者自能虎口逃生,扭转机关,彻悟自心,亲见本性。故经多以否定意味而指渠,令渠当下知归,返妄证真。否定的彻悟,实乃本经之究竟极则处。至于禅宗,亦是单提向上一着,佛尚无着落处,何况其法?此乃真谛一泯一切皆泯,即实际理地,不受一尘,以显性体也。《金刚经》之性空的去执解缚处,与禅宗之单提向上一着不谋而合。今就依此经,从如下几个方面试论本经与禅宗之关联处。

一、《金刚经》与六祖悟道

总括如来一代时教,其务本之学大约有五:一、持戒修身,曰戒学,名为律宗;二、参禅悟道,曰定学,名为禅宗;三、闻法习观,曰慧学,名为教宗;四、持咒修身,曰密意加持,名为密宗;五、念佛发愿,求生净土,曰方便学,名为净土宗。其中,律宗戒学、教宗慧学均有大、小乘之别;密宗乃如来密意加持,独被上根利智之人;净土宗乃方便胜异学,唯是大乘特别法门;禅宗定学,独为最上乘也。又,律是佛身,禅是佛心,教是佛语。故佛说经、律、论三藏,以诠定、戒、慧三学也。足见,经、律、论三藏之同源,犹众星之拱北;戒、定、慧三学之共体,若万水之朝东;难怪后来蕅益子提出了"律教禅的统一与儒释道的同源"之说。佛以此律教禅三法成等正觉,亦以此三法普度众生。众生果能依之修行,众生三业可转化为佛之三业,则烦恼即菩提,生死即涅槃。又恐众生宿业障重,不易转化,如来则以陀罗尼加持之力熏陶之。更恐根机或劣,不能解脱,若再一受生,则永无解脱矣。于是特开一净土法门,普令圣凡,于现生同证真常。由是可知,律为禅、教、密、净之基址,净为禅、教、律、密之归宿;一切法门依律而建立,一切行门以净为归宿。若不持净戒,修何法门,终无所成,犹如沙滩上建高楼,未成即坏。若修其余法门,不以净土为归,亦难保即生成办。律如地球,人不能离开地球而居住;净如空气,人不能没有空气而呼吸。古德说:"净土法门,如天普覆,似地均擎。"实乃一切法门之归宿。

大法东来,至隋唐之际,佛法意气活泼,八宗并弘而盛行于世。但论其行门,乃以禅、净二门为其主流。此部《金刚经》,自姚秦译主罗什三藏法师翻成华文以来,赢来诸多人士的青睐,尽朝野以流通,广为人们读、诵、书写、演说。此经实乃禅宗之一部宝典,在禅宗史上占有极其重要的地位。最初达摩东来,以四卷《楞伽经》印佛心印,单传直指,至五祖弘忍则以《金刚经》印佛心印,取代了《楞伽经》的地位。达摩传了不可得心,慧能传无住真心,名则有二,心则唯一。这个心,人人本有,个个不无。古德云:"三点如众星,竖勾似斜月;披毛从此出,成佛也由他。"这个心,在《楞严》曰"常住真心",在《圆觉》曰"圆觉心",在《华严》曰"真如心"。之所以将《金刚经》列入禅宗宝典,原以六祖慧能大师初闻他人诵此经而忽然悟道也。

据史料可知:禅宗初祖达摩入我中国传佛心印,以佛之衣钵用表信凭。达摩传慧可,慧可传僧粲;僧粲传道信,道信传弘忍;弘忍传慧能,是为单传六代。慧能即禅宗之第六代祖也。慧能大师与《金刚经》宿有因缘,在客栈闻客诵此经悟道,后来阐扬大教时亦多次劝人受持读诵此经。

根据《六祖坛经》的记载,慧能大师的悟道与《金刚经》有其不可分割的因缘所在,因其先师五祖弘忍宣说《金刚经》,以故六祖慧能之后的禅门尊宿皆以《金刚经》为印心之宝典,直至《楞严经》传译东来,《金刚经》在禅宗史上仍占有重要地位,历来广为传诵,普遍流通。但如上之文道出了参禅悟道者"明心见性"的标准,亦交代了"肉边菜"的来由,更指出了参禅的根本宗旨与方法。此三点实则重要,不能不言。

所谓明心见性之标准,即如经云:"应无所住,而生其心。"若将此二语共成一意则可,若单取上句或只取下句则不可,原以上句谈理、下句论事故,理之与事由来不二,可谓是"合之双美、离之两伤"也。六祖未见黄梅五祖时,闻客诵此二句便于言下大悟,及至见到黄梅后尽极神力亦只道得个"本来无一物"耳!后至闻五祖讲到此二语时,始知个中所得真未曾有,故开口连道五个"何期",如《坛经》云:"何期自性,本自清净;何期自性,本不生灭;何期自性,本自具足;何期自性,本无动摇;何期自性,能生万法。"此乃真见性之标准,便是亲见本来面目的真实样子。六祖乃上上根人,一闻便悟,这正如黄梅所说"不得迟滞,思量即不中用,见性之人,言下须见。若如此者,轮刀上阵,亦得见之。"宗门所谓的"明心",即指人人本有之无住真心,所谓的"见性"便是个个不无之菩提自性。明心见性之人，其知见与三世诸佛无二无别，但其惑业丝毫未伏未断，生死仍旧未了，故凡真修行人明悟心性后，则更加勇猛精进之。之所以先求明心见性者，原以悟后起修绝无盲修瞎炼之过咎也，蕅益大师亦强调"修行以求圆解为急务"之旨。凡悟道之人，其出言吐语超乎寻常，绝不拖泥带水，甚全无指味，但句句指归本分，言言皆须见谛，可谓"潜通佛智、暗合妙道"。此乃禅须教印之由来也。知此道理，以免未彻悟者，滥充知识，贻误前程，耽搁光阴，虚浪人生也。

所谓的"肉边菜"之由来，更是交代得甚为清楚。如经云："慧能后至曹溪，又被恶人寻逐，乃于四会，避难猎人队中，凡经一十五载，时与猎人随宜说法。猎人常令守网，每见生命，尽放之。每至饭时，以菜寄煮肉锅。或问，则对曰：'但吃肉边菜'。"其主要原因是为了免恶人的追逐而避难猎人队中，为成道业而保养色身故，不得不然只好"但吃肉边菜"也。这好比古时之内蒙、西藏等高原雪地的喇嘛一样，除了肉食外而无蔬谷可食，只好吃别人丢弃的剩肉，或冻死、饿死的牛羊之肉，但喇嘛若作大法会时亦须净素七日。六祖匿迹猎队一十五年中，尽力放生、随宜说法、但吃肉边菜，可谓正是善自护持佛法、密密潜修自心之时，亦是为后人做修行之榜样，原以六祖在那样如此恶劣的环境中亦能尽力放生、随宜说法、但吃肉边菜也故。可如今之学法魔子，往往以"但吃肉边菜"为借口而大开荤戒，不以为耻，反以为荣。即便今之高原之喇嘛亦应食素，因为古时之高原气候恶劣、交通不便无有蔬谷可食，可今天交通如此发达、贸易繁荣，若按随方毗尼而论，岂不可戒荤欤！六祖之"肉边菜"出于时节因缘，欲真正修学佛法者，务须了断此"但吃肉边菜"之侥幸心理，唯有真心戒杀食素方契佛心。《金刚经》之"法尚应舍，何况非法？"二语，正是对治此种邪见也，智者善思量。

至于参禅之根本宗旨与方法，其参禅一法贵在发疑，可谓"大疑大悟，小疑小悟"也。若不发疑情，则久参成弊病矣。就如六祖开悟偈云："菩提本无树，明镜亦非台；本来无一物，何处惹尘埃？"此中虽则以前二句突出第三句之重要，并以末后一句之反问语而更为有力地加重了第三句之重要，却末后一句又为后人留下了疑问，行人若能从句下大发疑情而用力参究，自可知六祖之话头落处，亦可得个消息也。再如六祖对惠明上座曰："不思善，不思恶，正与么时，那个是明上座本来面目？"此六祖乃就善恶情面上指渠，为令明上座晓得个无善无恶的。而这个无善无恶的，名有多种，或曰本性、或曰真心、或曰佛性、或曰本觉等。天机深者，不被名言所染而能悟名言。这些皆暗示了参禅须发疑情，否则难得有个落处。所以《金刚经》全是以断疑生信、绝相超宗为主旋律展开宣说的，故宗密大师将此经科为二十七疑也。

参禅之所以须发疑者，原以参学禅宗须从空门而入故，可谓"离心意识参，绝凡圣路学"也。要知邪疑乃障道逆缘，而正疑乃悟道正因也。净土宗则是以有门而入，所以务必深信西方之有、弥陀之真也，否则难以发自彻底悲心念佛求生西方也。禅净最初入门不必同，最后归元未曾异，可谓四教十六门、门门无不观音入理之门，三乘五性人、人人本有古佛堂前之心。即如《金刚经》虽则即缘起而谈性空，但不坏缘起。若无缘起，谁为性空？故本经既谈空以断疑破执，同时又申如实不空义以该六度万行也。

二、《金刚经》的"发菩提心"与禅宗的"明心见性"

就经题来看,以金刚喻说比况般若,犹若"因指见月"一般,此乃如来善巧方便之说,实无一法于人也。以故行人应因指见月,切莫误指为月也。金刚之体最坚,无一物能坏;金刚之用最利,能坏一切物。般若乃诸佛众生共有之真如佛性,般若之体本来寂静,即实相般若是也;般若之用举体圆明,即观照般若是也。实相无相之本体,生死烦恼、菩提涅槃等法俱不能到,故喻之金刚最坚无一物能坏;照观深喻之妙用,能空生死烦恼、菩提涅槃等法,故喻之金刚最利能坏一切物。此《金刚经》在六百卷大部般若中名"能断"分,则知今以金刚喻般若,唯重最利能空一切诸法也。此经从须菩提启请以去,至第三十一分之"不取于相,如如不动"止,通是以观照般若之功用,令其不取心相、不取法相,亦不取非法相。以观照般若既照心相、法相、非法相无性,又照心相、法相、非法相本寂,双照双遮心相、法相、非法相咸皆同成一清净菩提心。

然众生皆认为心相、法相、非法相等皆有实体实用,如何得知心相、法相、非法相无性本寂而不取呢?故后以金刚观照深喻喻之,于相互映衬的对比观照中亲自荐得心相、法相、非法相等,皆属有为、梦幻泡影、电光雨露,如是则知世出世间一切有为诸法不待排遣而自空矣。既知"诸法从本来,全是寂灭相",若执相求取菩提,则白云万里、咫尺天涯矣。之所以观自在菩萨行深般若波罗蜜多时,能照见五蕴皆空,度一切苦厄,原以观自在菩萨一味不取故,则世出世间一切诸法一无所有。此乃真谛一泯一切皆泯,真如门中一法不立故。又一切诸法并非因不取而后无,而是从本以来就无也,故六祖说:"本来无一物,何处惹尘埃。"只因众生执取成有,若能当下返妄归真,则自能还诸法一个清净本来面目也。而这个本来面目,即是我人本具之阿耨多罗三藐三菩提心也。

此金刚之名,即是梦幻泡影等喻;以金刚深喻喻空一切诸法,故称金刚喻。经文先法后喻,经题先喻后法,彼此遥峙相望,隐显得当。梵语"波罗蜜",即是"彼岸到"的意思,此则彰显般若乃是生佛凡圣同禀共赋之真如佛性,故以金刚深喻喻空一切诸法、究竟到彼岸也。良以众生不能善用此本有之佛性,逢色被色粘,遇声为声转,处处系缚黏着不得解脱,长期以来不能超色越声,逐境流转,轮回生死此岸。诸佛因善用般若佛性故,照色色空,照声声寂,不被色粘声转,达境唯心,故长处涅槃彼岸也。其实,此岸彼岸,非实有两地,同是一境。关键在于超色声与否,超则此岸即彼岸,不超则彼岸是此岸,转名不转体也。般若与妄见,亦只同一佛性妙用,只因觉与不觉故,致使别有其名而已,并无实性之别也。如来禀此般若佛性宣说一卷灵文,以被现前、未来之机宜,从始至终,皆以无相一线贯穿到底,以令"不取于相,如如不动"也。若依相言,则有体有宗、有相有用、有法有喻等差别名义,迫不得已强合名之曰《金刚般若波罗蜜经》。若依性说,此经举体唯一如如不动之清净菩提心,了无能所法喻、体宗相用之分也。就只从经题来看,如来则于群相俱现处指渠,令伊识得无性本寂之庐山真面目也。而此真面目,即是纯一清净自性菩提心也。

单就经题而论,藉金刚深喻明示般若乃三世诸佛、一切众生所同禀共赋之真如佛性,世出世间一切诸法皆依此真如佛性施设建立之,原以"人同此心,心同此理"故,不论智愚凡圣皆可握此灵珠而成等正觉也。全卷《金刚经》,皆以须菩提赞叹启请之问而展开宣说,如来父母之辗转酬答,无非是将此人人本有之真如佛性究竟指归一清净菩提心也。所以,如来护念的是这个菩提心,如来咐嘱的亦是这个菩提心,这个菩提心即是如来之心印。然这个菩提心不外乎大悲与大智,以故如来教以内不取心相而降伏攀缘之妄,外不取法相、非法相而安住于广行六度万行。内不取心相即大悲,外不取法相、非法相即大智,内统外合,悲智双运,同一自性清净菩提心也。可见,菩提心以大智为前导,以大悲为后盾。以大智故不住生死,则发无相度生誓愿以降伏自心烦恼;以大悲故不住涅槃,则饶益众生以广行六度万行。上半卷经文自须菩提启请以去,至"当知是经义不可思议,果报不可思议"止,皆是详细委说我人常情遍计所执之心相、法相、非法相等本空,情有性无,犹若龟毛兔角,了无实体可指。破我人常情之遍计所执性,贵在遣人法二执,以心不取相故护念菩提心清净无相也。下半卷经文自须菩提重请起,至"菩萨所作福德,不应贪著,是故说不受福德"止,通是破依他所起之因缘诸法如幻,相有性无,以明"一切法究竟无我、无人、无众生、无寿者",贵在说明"实无有法发阿耨多罗三藐三菩提者"。以因缘诸法如幻故,不逐境生念,如如不动,是菩提理趣实相。以理趣实相,本无一法故,成无上菩提心行相应不住不取也。既实无有一法可取,实无菩提可得,即是真清净,事事总彰,法法全是,同一如如不动。故显圆成实性,示万法如如之本体,付嘱此菩提心也。余下经文,自"须菩提,若有人言:如来若来若去"起,至"但凡夫之人,贪著其事"止,是显圆成实性如如之理。其中,初以如来若来若去明法性身如如,此以世界微尘明法性土如如,身土一如,即如如体。又从"须菩提,若人言:如来说我见人见众生见寿者见"起,至"一切有为法,如梦幻泡影"止,通明圆成实性正智之照。其中,初明如来现量正智,即究竟菩提心,实相般若;此以金刚十种深喻明比量智入理正观,即分证菩提心,观照般若。合现如来现量正智与比量正观,同一如如全体大用。是以初破遍计所执性,远离人法二执,成就如来现量正智之大用,以树立佛知佛见;此破依他所起性,以通达人法之究竟无我,示如如之本体,合如如之正智,为一圆成实性;后则分圆成实性为实相、观照二种般若,是圆成实性远离遍计成就正智,远离依他成就如如,即如如正智合为一阿耨多罗三藐三菩提心也。观一经之大旨,尽于此矣!是知此经始终只是一阿耨多罗三藐三菩提心,如来护念、付嘱的亦不外乎是这个菩提心也。如来父子辗转宣说,无非为令人人发菩提心,个个成等正觉也。若就悟理来说,本经处处究竟指归菩提心,令行人亲自荐得清净自性也。若就圆修道品来说,务必要成就一"发"字,或已发起菩提心者护念令发起清净心,未发起者付嘱令发起信受;或已发起菩提心者方堪付嘱传授此心,未发起须护念令发起菩提心也。总之,成就一"发"字,机理双契,解行圆俱,实乃出自如来之善巧也。但此经将人人本有之般若佛性,全盘究竟指归一清净菩提心,这则说明欲成等正觉须发菩提心广行菩萨道不可,故须人人圆悟此菩提心乃人人本有、个个不无,方堪付佛心传也。

至如禅宗，自达摩西来，单提向上一著，佛尚无著落处，乃言语道断、心行处灭之谓也。欲说而词丧，欲思而虑亡。只可意会，不可言传。此宗历来被世人目之为："不立文字，教外别传，直指人心，见性成佛"也。宗门之所以主张参禅，贵在"明心见性"，即欲要行人亲自参透自己的本来面目，所谓"明悟自心，彻见自性"也。对"本心自性"、"本来面目"的追寻，是禅宗的最终极关怀。所谓"明心"者，即是要令行人亲自荐得人人本有之真如心；所谓"见性"者，即是要令行人当下彻底承担个个不无之天然佛性。关于"心性"二字，各经论赋予了不同的概念，名多道一。如：《圆觉经》称"妙圆觉心"、"如来寂灭性"，《楞严经》称"常住真心"、"性净明体"，《金刚经》称"菩提心"、"般若佛性"。其实，心性二字须臾不可离，心以随缘为用，性以不变为体，合之双美，离之两伤。故若能明悟自心，则必能彻见自性也。禅宗强调"直指人心，见性成佛"之顿悟法门，原因是"修行以求圆解而急务"故，以直指之法令人亲见本来面目。既见本来面目，然后看经修行，方知一大藏教，皆是自己家里话，六度完行全是自己家里事，是以宗门以悟解为目也。

欲明白"明心见性"之旨，须弄清楚"性心"二字。"性"字，原是人人同有，物物不无。不论是毁佛之阐提之具般若妙性，还是草木石头、流水白云、清风明月等无情之物，亦不例外，皆不出般若妙性之外而有。佛性本来遍一切，只因众生迷堕，障却本来，随缘颠倒，认相起灭，如失路人之忘记家乡，落在荆棘坑阱里，去又去不得，来又来不得，慌骇昏聩，自仆自立，总无出头处。《楞严经》云："如婴儿失母。"此语极切。世尊发大慈悲，直指心源，令人步步追寻，还源返本。一旦省悟，正如识路归家，婴儿见母，其悲感欢庆，无可譬喻，无可形容，不可思议，无可拟会。妙明圆觉，无灭无生，非无生灭，故证取无生；无果无因，非无因果，故证趣无果。学人须大发勇猛，蓦直参去，因缘巧合，自然会有个好消息相见也。

"心"字，前"性"字是万物之同归，此"心"字是众生之本具。只因凡夫误认知觉作心，因知觉遂成系缚，因系缚而成执著，因执著而成分别，因分别而成颠倒。如是灵根一昧，尘境纷纭，宿业现前，迷失本体。不知这个心，却本是虚明圆妙，任他千圣出世亦不曾增一些灵光，任尔六道现前亦并不减一些妙性。湛然寂然，任行任住。湛然处若日月潜辉，寂然处似阴阳交替，行处犹风转云，住处如水澄波。学者但向一念未起，一物未对时，极力参寻。任他参寻不出，还须到底一力参寻。于万念纷起，万境杂陈之际，极力体验。任他体验不出，还须极力体验。久而久之，一旦豁然，正如一大圆宝镜之具足光明。任尔业山欲海亦一例照了，毫无滞染；任他梵天净土亦一例看破，毫无系恋。须知这一道光明并非从内生，亦非从外来。任是天魔外道总逃不出，任是菩萨诸佛亦逼不入，长寂长照，长显长隐。这等事必须自己参透会得，却又用不着参会；极须修持，却又用不着修持。五祖弘忍大师送六祖能大师至江边，并咐嘱曰："迷时师度，悟时自度。"可谓佛度众生，众生度佛。行人若能当下领会，便不妨立地成佛，立刹说法，作天人导师。如其不然，亦不妨向黑漆桶中坐去，但可惜当面错过，枉自徘徊也。正世尊所谓可怜悯者也。

禅宗之"明心见性"，即是明悟众生本具之真如本心，彻见物物同归之般若妙性。

若能明悟自心,则必能彻见自性。世出世间,无有一法不在般若妙性的照耀中,是故六根之见闻嗅尝觉知作用,亦是般若妙性的发现。即如六祖说:"不思善、不思恶,正恁么时,哪个是明上座本来面目?"六祖即于善、恶面上指渠,令伊识个不善不恶的,还彼个本来面目也。总之,宗门令人参禅悟道的宗旨,无非是为了重现自性本心的灵明洞彻、湛寂恒常。从体上说,本心具有超越相对的特性;从用上说,本心具有不变随缘的功能。关于禅宗的复本心性,六祖在《坛经·付嘱品》中说:"但识本心,见自本行,无动无静,无生无灭,无去无来,无是无非,无住无往。"这即是要令行人悟得现前介尔一念心性,当下与诸佛如来无二无别也。这个心乃是不落因果、不间凡圣、不涉修证之寂灭性,人人本有,个个不无。非言语之所形容,绝形相之所诠表。古德形容此自性本心云:"其心不青不黄,不赤不白,不长不短,不去不来,非垢非净,不生不灭,湛然寂然,此是本心形相也。"

《金刚经》的字里行间透露了这样一个消息,菩提心乃人人本有、个个圆成之般若佛性也。以故须菩提于如来之日用寻常中,穿衣吃饭处,荐得般若佛性之充塞宇宙,识得菩提真心之遍照法界,便出人天众前赞叹启请如来印证,就这样在如来父子的番番酬答抉择下,抖落了一地葛藤,宣说了一卷《金刚经》。而经之处处究竟指归自性清净菩提心,即是要令行人当下掀翻、彻底荷担此阿耨多罗三藐三菩提心,由发菩提心而彻见般若佛性之本有也。实则,此经将般若佛性究竟指归菩提心,处处护念、付嘱令遍法界发菩提心之宗旨,与禅宗之"明心见性"如出一辙,有异曲同工之妙也。

三、《金刚经》的"无相不住"与禅宗的修证意义

宗门与教下,其最后之归元无二无别,但最初下手功夫稍有差别。宗门以圆悟理性为目,教下以渐次修持为足。宗门注重在一个"参"字,即要行人于言端语识得个中清净自性与如来原本无欠无余。禅宗一向单提向上一著,力主"明心见性"之旨,亦是为令行人找回灵明洞彻、湛寂恒常之本心,从而不动干戈,坐致太平。这个本心,不涉因果,不间修证,亦无渐次,无背无向,乃不可思议之大哉真体,人人本有,个个不无。若依宗门而论,如来之种种言教施设如指,贵在行人因指见月,切勿因指迷月,起颠倒见也。可谓"佛祖传心如指月,诗人得句在高楼"也。如来本无法可说,之所以无说而说,亦是杨叶止啼而已,欲令行人扭转机捩,翻迷成悟而已。所以,如来父子在金刚般若会上打落的一地狼藉,无非是为了去执解缚,并无一法与人也。六祖说:"迷时《法华》转,悟时转《法华》。"又说:"迷时师度,悟时自度。"此乃实语、真语,绝非妄言也。

只因众生无始以来没落本心故,念逐境生,妄从真起,由是迷头认影,颠倒梦想,轮回不已。以故如来说法,直指此心,令人当下知归;诸祖拈捶,机锋棒喝,瞬目扬眉,单刀直入里巷,亦是为令行人识自本心、见自本性而已。关于迷失本心之说,遍见于诸经论。如:《法华经》里的"穷子喻",《楞严经》里的"如第二月,非是月影"、"迷头认影、弃珠乞食"等,皆是借种种譬喻来说明众生没落本心的种种缘由与状况。马祖说:"迷

即迷自家本心,悟即悟自家本心。"延寿说:"一切众生迷于真性,不达本心,种种妄想,不得正念,故即憎爱。以憎爱故,心器破坏,即受生死,诸苦自现。"其实,在禅宗看来,其天然本心并无得失迷悟之别,其迷失本心之说乃名言的权且假设而已,以说明本心无始以来备受障蔽没落的状态,如黄檗禅师说:"此性纵汝迷时亦不失,悟时亦不得,天真自性本无迷悟。"如来父子在金刚般若会上的良苦翻腾,只不过是藉语言之施设指点迷津,令骑牛觅牛者当下知归,即令行人明衣里本有之明珠、项上天然之头颅,并无实法给人。《楞严经》之前三卷半文,其著名的"七处征心"、"八还辨性"、"十番显见"之文,全是发挥达摩西来意,亦是单刀直指当人自性本心。同样,《金刚经》亦是处处发挥西来大意,番番酬答征释皆是揭示本心迷失的缘由与状况,但撮其要点,不外乎是"无相不住"而已。《金刚经》全是围绕"云何降伏、云何应住"而展开宣说的,论其降伏须无相,论其应住须不住。所以,护念、付嘱之法,无不在里许也。

总之,一卷《金刚经》就是辗转发挥这个"无著不住"之旨的,护念付嘱的亦是这个。念逐境生、妄依真起,所以心不著四相而降伏其妄念,以行不住六尘而安住真心,合之乃返妄归真之秘诀也。离相则相相皆归实相,故须不著四相而发愿度生以降伏其心也;达心则心心印心,故须不住六尘而广行六度以安住真心也。

宗门虽则以悟解为目,但亦须凭真修实证工夫方可亲自荐得。"直指人心,见性成佛"之说,实乃彻悟彻证者才能当下承当,即是此经所谓的"大乘者"、"最上乘者"也。所以,此经教人,不取心相,不取法相,并不取非法相。取心相未离我执,取法相未离法执,取非法相未离空执。故皆云"即著我人众生寿者"。不取心相者,即证我空也;不取法相者,即证法空也;不取非法相者,即证空空也。又云:"佛说般若波罗蜜,即非般若波罗蜜,是名般若波罗蜜。"可见,如来依此三义宣说此经。初证我空真谛显也,此证法空俗谛显也,后证空空第一义显也。真谛泯一切法,故云"即非";俗谛显一切法,故云"佛说";第一义谛统一切法,故云"是名"。"佛说"者文字般若也,"即非"者观照般若也,"是名"者实相般若也。实相无相,亦无不相,故不坏假名,所以称为"是名般若波罗蜜"也。三谛一心,乃天然之性德也。举一即三,三原是一;非前后也,非并别也。本来之理,具诸法故。此乃大乘、最上乘者所修之妙法。《金刚经》的"无相不住"之旨,既揭示了本心迷失的执著缘由、粘缚状况,又道出了禅宗的修证意义,有"一石双鸟"之功用。

四、《金刚经》的宣说原则与禅宗的开悟方法

禅宗所谓的开悟,就是阐明明心见性、见性成佛的方法与途径而已。而《金刚经》,正是围绕这个令一切众生入无余涅槃、同证菩提的原则展开宣说的,这与《法华经》所强调的诸佛如来出兴于世、无非是为令众生开示悟入佛之知见、当下成佛而后已的宗旨,如出一辙。《金刚经》道破了人生迷被沉沦的缘由,是因行人的著相住境而导致妄念的产生,从而昏扰扰地念逐境生、妄依真起,从迷入迷,不得常乐我净,失去精神家

园,弃自己本有之家珍而行乞受苦,自我作践,永无出头之日。就禅宗来说,凡是二元相对的意识,皆是脑筋作用产生的妄念,而这妄念是导致人生迷失的根源,故须彻底打破此无始无明窠臼,以超越二元之种种对立以进入绝对状态,亲见诸法实相,还自己一个清净本来面目也。欲亲自荐得此本来面目,须真参实究、痛下工夫不可,可谓"不经一番寒彻骨,怎得梅花扑鼻香"也。以是《金刚经》强调离相见性、无住生心的宗旨,以令行人识自本心、彻见自性故。如经云:"菩萨应一切相,发阿耨多罗三藐三菩提心。不应住色生心,不应住声、香、味、触、法生心,应生无所住心。"又云:"菩萨心不应住色布施。""若菩萨心住于法而行布施,如人入暗,则无所见;若菩萨心不住法而行布施,如人有目,日光明照,见种种色。"如是之语,实点开悟之精要处,切勿忽视。《金刚经》的宣说,确实与禅宗的开悟有不可分割的联系。但究其开悟而言,涉及的内容很多,撮其要略而言,不外乎是打破无始无明窠臼,亲见本来面目而已,今从如下几个方面而略谈禅宗之开悟方法。

(一)大乘三种止观乃参禅开悟之要务与后盾

《金刚经》,乃如来为发大乘者、最上乘者所说。修大乘者,须发菩提心,广行六度万行。修大乘佛法,其布施、持戒、忍辱、精进四种波罗蜜法门,乃人人必须身体力行的,毋庸赘言。而大乘之究竟用功处,贵在修禅那,华言"静虑",亦即六度中之第五波罗蜜是也。所以,禅分静虑禅、般若禅。静虑禅是用功参禅的根本法门,般若禅是悟后的光景。静虑禅注重功夫与方法,般若禅讲究境界与解脱。一般来说,先由修静虑禅,后因证悟而达般若禅。又,般若禅即祖师禅,静虑禅是如来禅。如来禅乃行人证道后,亲自所荐得之人人本有之佛性;祖师禅自世尊拈花、迦叶微笑起,以至后来祖师之机锋棒喝、扬眉瞬目、举首低头、嬉笑言谈等接引后人之权巧方便,皆祖师禅之范畴。如来禅是体,祖师禅是用,若无祖师禅则难以普被群机。

参禅虽贵见地,但亦须真实用功方可亲临其境,否则乃是画饼充饥,无济于事。哪怕是拳头脚尖,亦须参而自悟始得,并非是道听途说,人云亦云,随声附和。古之香严屡乞沩山说破,山曰:"我说底是我底,终不干汝事。"小乘修四谛法断六根的活动,我执虽断,但清清净净之一念无明之法执犹存;中乘修十二因缘法灭一念无明,但无始无明仍未觑破;大乘修禅那,藉六根之妄动作用破住地之无始无明,以见本来之佛性,此乃大乘参禅用功之究竟目的。未见佛性前,上明下暗。以太阳譬本来之佛性,以乌云喻住地无明。太阳之本有光明不能发现,因乌云遮蔽故。故须修禅那以打破住地五明窠臼,犹若慧风吹散乌云,则太阳之本有光明遍照宇宙、充塞虚空。同样,因修禅那一旦打破无明窠臼,则宇宙万物、山河大地,无一物不在佛性的妙用中。

大乘破无始无明的方法,即修禅那,亦是参禅。马祖说:"参禅不属坐,坐即有着。"此则说明参禅不拘泥于行、住、坐、卧等威仪,宜于日用百姓中寻觅,即在广行六度万行中磨砺心地,尘垢涤荡尽时,本有光明自然发现。修大乘者既不断六根,亦不断妄念,故与修小乘、中乘者有所不同。大乘人利用六根妄念以破住地烦恼,此有三种法门,如《圆觉经》云:"善男子,无上妙觉,遍诸十方,出生如来与一切法,同体平等。于诸修行,实无有二,方便随顺,其数无量,圆摄所归,循性差别,当有三种。"此本体流出,其性平等,无有差别。就本体而言,修行实无二法;若就方便而言,则其法无数无量,然可归纳为三种:即"奢摩他",华言"寂静"、"正定";"三摩钵提"、华言"摄念";"禅那",华言"静虑"是也。此三种法门,《楞严经》亦极力发挥,《金刚经》虽未提及,但皆赋予金刚深喻一偈中,可谓"一切有为法,如梦幻泡影,如露亦如电,应作如是观"也。

何谓"奢摩他"?《圆觉经》云:"善男子!若诸菩萨悟净圆觉,以净觉心,取静为行,由澄诸念,觉识烦动,静慧发生,身心客尘,从此永灭,便能内发寂静轻安。由寂静故,十方世界,诸如来心,于中显现,如镜中像,此方便者,名奢摩他。"此则说明,若诸菩萨能解悟"净圆觉"之理,以净觉心,取静为行,则一切举止威仪皆在静中,由根尘识所生之妄念烦动已归澄清。此时便达无始无明境界,继续用功,一旦静慧发生,因缘时至,无明窠臼的打破,身心客尘从此永灭,得大自在,便能内发寂静轻安。由寂静故,十方世界诸如来心皆于此中显现。此心即是法界本体,法界不离此心,如镜中像,了了分明,皆是佛性。此种方便名"奢摩他"。即不起杂念,单以寂静,六根齐用,往下直看,工夫纯熟,无始无明一旦打破,便是本来面目。

何谓"三摩钵提"?《圆觉经》云:"善男子!若诸菩萨,悟净圆觉,以净觉心,知觉心性,及与根尘,皆因幻化,即起诸幻以除幻者,变化诸幻而开幻众。由起幻故,便能内发大悲轻安;一切菩萨,从此行起,渐次增进。彼观幻者非同幻故,非同幻观皆是幻故,幻相永离,是菩萨所圆妙行,如土长苗。此方便者,名三摩钵提。"此则说明,以眼根统摄五根,集中力量,向无始无明进攻,一步紧似一步,渐次增进,如苗出土一般。因缘时至,无明窠臼的打破,豁然贯通,彻天彻地,便见本来面目。此种起幻力量,谓之"未觉幻力",即"起诸幻以除诸幻者",是指以眼根统摄幻五根,以打破无始无明;"变化诸幻而开幻众"者,即将根尘识境界皆转为佛性,如六祖所云"自性众生誓愿度"也。"大悲轻安"者,谓心不散乱也。"彼观幻者非同幻故,非同幻观皆是幻故"者,言六根不可破,而无始无明可破,故有不同,然此二者究竟皆属幻化,无始无明一经打破,六根变为佛性,幻相永离。此时,便无所谓六根,无所谓无始无明,幻相已灭,实相现前,而菩萨之妙行圆矣。此种方便名曰"三摩钵提"。乃以眼根统率五根,直往内看,无明窠臼一破,便彻见佛性矣。

何谓"禅那"?《圆觉经》云:"善男子!若诸菩萨,悟净圆觉,以净觉心,不取幻化,及诸静相,了知身心皆为罣碍,无知觉明不依诸碍,永得超脱,过碍无碍境,受用世界及与身心;相在尘域,如器中锽,声出于外,烦恼涅槃不相留碍,便能发起寂灭轻安,妙觉随顺,寂灭境界,自他心身所不能及,众生寿命皆为浮想。此方便者,名为禅那。"此则说明,诸菩萨若能解悟净圆觉之理,以净觉心(指脑筋),不取幻化及诸静相。言不断六根,不止一念,视由他视,听由他听,动由他动,静由他静,但心里抱定一个念头,了知身心为碍,皆是我执法执。无知觉明(即无始无明)虽不依诸碍,然落于空执,便是无始无明境界。于是向此处着力,一旦因缘时至,无始无明打破,彻天彻地皆是佛性,永得超过碍无碍境。虽肉身仍在尘域,而法身自性则充满十方,内外无隔,打成一片,此种境界,非他人身心所能及,所谓唯悟与悟者乃能究竟。此时回视肉身,如海中一沤,空中一尘,众生寿命皆为浮想矣。此种方便,名为"禅那"。乃六根互用,往内直看,触着机缘,豁然贯通,便见佛性。

《金刚经》之最后一偈,实乃全经之枢要,亦是大乘行者修此三种圆顿止观之要路。川老点示此偈云:"行船尽在把橹人。"道出了此偈的功用,实乃参禅作功夫之前导与关键。并作颂云:

> 水中捉月镜里寻头,刻舟求剑骑牛觅牛;
> 空花阳焰梦幻浮沤,一笔句下要休便休。
> 巴歌杜酒村田乐,不风流处自风流。

(二)"应无所住"乃参禅之先决条件

参禅的目的,贵在明心见性。即涤荡自心之无明烦恼,以复自性本来清净之庐山真面目。自心之烦恼因妄想执著而有,清净自性即如来智慧德相。文佛当年在菩提树下成等正觉时说:"奇哉,奇哉!大地众生皆有如来智慧德相,但以妄想执著不能证得。若离妄想执著,则一切智、自然智、无师智,皆得现前。"可见,如来智慧德相乃诸佛众生所同俱,无二无别,难怪乎古德云"与三世诸佛同一鼻孔出气"也。元以我人无量劫来,烦恼缠缚,沉沦生死苦海,污染久故,难以当下根尘顿脱,远离妄想执著,彻见清净本行故,务须参禅。所以,参禅的先决条件,就是铲除妄想、打破执著。究竟如何返妄归真、舍执自在呢?佛陀说得最为简洁明了不过的,莫如《圆觉经》中"歇即菩提"之一个"歇"字也。

禅宗自达摩东来,至六祖慧能后,广播尘寰,震烁古今。但达摩强调"屏息诸缘、一念不生"之说,六祖注重"应无所住、而生其心"之语。其实,这与如来所谓的"若离妄想执著,则一切智、自然智、无师智,皆得现前"之句,无二无别,左右逢源。所以,"万缘放下、一念不生"之语,实乃参禅能否入门之先决条件。若不能到此田地,则仍是门外谈禅,徒劳辛苦,枉自用功也。盖万缘缠缚,念念生灭,身心尚且难得自在,何况参禅办道乎!

(三)疑情乃参禅之拐杖、开悟之导火线

宗门主参禅。这个法门,自世尊拈花、迦叶微笑起,至达摩祖西来,其下手工夫屡有变迁。在唐、宋以前的诸大禅德,多由一言半句悟道,师徒间的传授,亦不过是以心印心而已,并无实法与人。平日之参问酬答,亦不过是随方解缚,因病与药罢了。自宋以后,学人根机陋劣,说在空中,行在有中。譬如说"万缘放下、一念不生"、或"善恶莫思",但总是放不下、不思善即思恶。鉴于此,历代祖师迫不得已,便采取以毒攻毒的方法教学人参公案。初则看话头,死死咬定一个死话头犹冷水泡石头一般,丝毫不欲放松;若老鼠啃棺材相似,紧紧咬定一处,不通不止。目的在于以一念抵万念,返动归静,澄清思虑,以复本来清净之庐山真面目。这实在是迫不得已的办法,如恶毒在身,非开刀疗治,难以生效。古之公案有千七百则,后则专究看话头,或看"拖死尸的是谁",或

看"父母未生前之本来面目是什么",晚近诸方多看"念佛是谁"这一话头。其实各个话头都一样平常,并无什么奇特。如看念经的是谁?看持咒的是谁?看拜佛的是谁?看吃饭的是谁?看穿衣的是谁?看走路的是谁?看睡觉的是谁?诸如此类话头都是一个样子,"谁"字下的答案就是人人本有之佛心。话从心起,心是话之头;念从心起,心是念之头;万法皆从心生,心是万法之头。话头就是念头,念之前头就是佛心,此心平等无分别。直言之,一念未生以前就是话头。可见,看话头就是反观内照自心,好比夕阳之返照林间一般,藉反照之作用而余晖众岭,于绚丽多彩中识得自性,讲究的是方向,可谓"北斗还须南面看"也。

所以,看话头、参公案,即是反观内照自心,亦即观照自心之清净觉体、般若佛性。心即性、即觉、即佛,无有形相,无有方所,了不可得,清净本然,周遍法界,不出不入,无往无来,实则本来现成之清净法身佛。《金刚经》之如来五眼圆明、众生三心了不可得之一段文,发挥的就是这个心之清净本然也。行人都摄六根,从一念始生之处看去,照顾此一话头,看到离念的清净自心,再绵绵密密,恬恬淡淡,寂而照之,直下五蕴皆空,身心俱寂,了无一事。从此昼夜六时,行住坐卧,如如不动,日久功深,见性成佛,苦厄度尽矣。昔高峰祖师云:"学者能看个话头,如投一片瓦块在万丈深潭,直下落底,若七日不得开悟,当截取老僧头去。"此祖师之经验之谈、真语实语,绝非欺狂也。

《金刚经》里说,正当如来敷座而坐之时,不料被须菩提窥出端倪,便在赞叹的同时发起了"善男子、善女人发阿耨多罗三藐三菩提心,云何应住?云何降伏其心?"之疑念,便引发如来的开口剖析抉疑。须菩提的请问中夹杂疑念,如来的征释中亦包含着疑问;须菩提的请闻决疑贵在求如来的印证,如来兴疑发问贵在勘验当机的悟性。一卷《金刚经》,洋洋五千言,就是在如来父子的彼此发疑兴疑中剖析抉择下展开宣说的。不光《金刚经》如是发挥达摩西来意,《楞严》《圆觉》亦如是。可见,欲深悟如来真实义,非发疑情不可。唯有在大发疑情的前提下,才能点燃开悟的导火线。所以,参禅行人应于日用寻常中,于视听言动前痛下针砭,大发疑情,多问几个为什么?如:穿衣吃饭的是谁?屙屎放尿的是谁?打无明的是谁?能知能觉的是谁?不论行住坐卧,"谁"字一举,便最容易发疑念,不待反复思量,卜度作意才有。故"谁"字话头,实在是参禅妙法。但参话头最为忌讳的是,将"谁"字、或"念佛是谁"四字作口头禅去念,或以思量卜度心去找念佛的是谁。若将此认作是疑情,实则认驴鞍桥为阿爷下颌。参公案最忌讳于古人公案或语录中,以己意卜度出一番道理,总不出按文释义,岂不知此乃大错特错,"依文解义,三世佛冤"故。参偈颂最忌讳将偈当诗而吟,更有甚者偷学古人亦作诗吟偈,认为是彻悟向上,参学事毕。岂不知此乃痴人说梦,早已堕慢云中去矣。之所以于话头、公案、偈颂上发疑情者,即是以此一念疑情抵制万念妄想,令六根清净,返动归静,澄清思虑,机缘巧合,便见自行。一涉思维卜度,便落凡情圣解,难以会出真实意旨。

(四)观法自在、如如不动的禅悟理念
古德强调参禅者须"离心意识参、绝凡圣路学",《金刚经》亦云:"若以色见我,以

音声求我;是人行邪道,不能见如来。"这都同一辙,亦说明参禅不涉思维、语言、文字等,务须从空门而入,于一尘不立处寻觅般若佛性。虽说如是,但若教初学者"离心意识参、绝凡圣路学",则实无下手处。故初学者须从有心用到无用心,从凡圣路到绝凡圣,否则无有是处。关于参禅最妙之法,莫过于楞严会上二十五圣各显圆通法门,由文殊菩萨选择的观音耳根圆通最为特别,其"返闻闻自性、性成无上道"法乃参禅之最上开示也。因为娑婆世界的众生,六根中唯独耳根最为聪利,又六根中意根能统率前五根。所以,参禅须外藉耳根,以反闻世间一切之音声皆归自在寂静中;内用意根之统率其他五根的主导功能,以抵制六根攀缘六尘外境的妄动。以内摄外伏之功能,确保现前一念的清清净净,单刀直入里巷看去,看到山穷水尽处再迈一步,机缘成熟,打破住地无明窠臼,豁然贯通,柳暗花明又一村,彻见天地之般若佛性自然现前矣。参禅功夫深者,则可六根齐用,清清净净,万缘放下,一念不生,眼根反观观自性,耳根反闻闻自性,鼻根反嗅嗅自性,舌根反尝尝自性,身根反觉觉自性,意根反念念自性。如是用功,机缘成熟,亦会打破无明见佛性。上上根者,随用一根统领五根,好比用一主帅,统领兵将进攻敌人一般,行动自如。譬如用意根作统帅,率其余五根向无明窠臼进攻,眼耳鼻舌身悉听意根指导,放下万缘,清清净净,万念归一念,直向内心里去参究,功夫纯熟,根尘顿脱,真心独露也。此乃通途之参禅用功方法,从有心用到无心用的地步,正如永嘉大师所云"恰恰用心时,恰恰无心用"也。

又或行人无暇静坐用功,则无庸收摄六根,眼由他看,耳由他听,鼻任他嗅、舌任他尝、身任他觉,意由他想,但须于心中执持一个念头以照顾般若佛性,不论何时何地,片刻不忘,好似失去珍宝必要寻获一班,如此念念反观内照,机缘一到,亦可彻见佛性。这种随自意的参禅妙法,即是要令行人于日用寻常中,穿衣吃饭、行住坐卧中下功夫,藉六根之见闻嗅尝觉知的作用,时时反观内照,以复性归心也。这则是对"应无所住、而生其心"的极力发挥,《金刚经》有言曰:"如如不动、不取于相",又云:"一切有为法,如梦幻泡影;如露亦如电,应作如是观。"所以,《金刚经》赋予了"观法自在、如如不动"的一种禅悟理念。

参禅虽然忌讳见闻堆里作伙计,但参禅亦不能离开见闻觉知外而另有般若佛性可觅寻,以"三界唯心、万法唯识"故,由是古今禅师主张"莫向心外求"之说。其实,参禅亦是利用六根的反观内照的特异功能,既可融通六根攀缘六尘外境的妄动习性,亦能任意摄持六根的遍周法界的本然清净妙性,如是则三心当下了不可得,根尘顿露,一真独露,宇宙万物皆在般若佛性的照耀中。在般若佛性的照耀中,则六根之见闻嗅尝觉知作用、举体全是佛性的发现与般若的现觉。行人若能直下彻见自性、识得自心,则六根之见闻嗅尝觉知的妄动作用皆翻转为佛性。所以,同是见闻嗅尝觉知,因迷悟有别故,一分成涅槃因,一分成生死因。可谓是"一滴水墨,两处成龙"也。

《金刚经》所赋予的"观法自在、如如不动"的禅悟理念,即是要令行人历境炼心,翻迷成悟,转凡成圣也。既然世间之如梦幻泡影露电等有为诸法,皆随因缘的聚散而幻生幻灭,那么缘起诸法当体俱了不可得;虽缘起诸法当体俱了不可得,而又如梦幻泡影露电般地幻生幻灭、庄严万象。空有圆融之两不可得,直是指归向上不可思议之第一义空,亦是诸法实相之本来面目也。行人若能参透父母未生前之本来面目,则自能照见五蕴皆空、度一切苦厄。因观法自在,而会得如如不动之本体也。《大宝积经》中文殊菩萨说:"佛性从烦恼中求得。"此正符合《金刚经》之"观法自在、如如不动"的禅悟理念。参禅者应依"观法自在、如如不动"之理念为前导,二六时中,对境逢缘千万勿起染著之念,细细用心体究自身本具之般若佛性也。

(五)以机锋、转语指点迷津

禅宗指点学人迷津,贵在不说破,令学人参而自悟,以防依他作解,亦免落得个终日数他宝、自无半分钱。古德接引学人,亦是绕道说禅、据款结案,以种种无旨味语和盘拖出,令学人自己斟酌。六祖慧能大师前,宗门语言多显说,六祖后多密说。由是捉机锋、下转语之风遍播寰宇,成为禅宗接引学人、指点迷津的故套与等闲家具。

关于机锋、转语之由来,主要是为了勘验学人是否彻悟,以防笼统真如、颟顸佛性之自我欺诈,亦欺诈他人。古时有位禅师说他曾大悟三十六次,小悟不知其数。可见,非上上根人,绝非直于一言半句下彻悟彻证,还须渐修渐悟也。因宗门最初下手须从空门入故,参禅最忌起慢,往往是用功久者稍为有省,便自以为是彻证彻悟,参学事毕,即以祖位自居,于历祖语录中以己意卜度出一番道理开示学人。或有甚者,从此便放逐形骸,效仿古济公活佛者亦有其人。若稍微有省后,吟诗作偈者,亦算是中上之辈也。所以,参禅最怕起恭高我慢之心,慢云一起则天地顿暗、日月失光,《金刚经》亦云:"若菩萨心住于法而行布施,如人入暗则无所见;若菩萨心不住法而行布施,如人有目日光明照,见种种色。""赵州八十犹行脚,只为心头更未悄",讲得都是戒骄戒慢戒浮躁。古之禅德,往往是在参禅有省悟后,便登山涉水,遍参天下丛林知识,以求印证开导,发足起行,磨砺心地,开发慧解,以断惑证真也。关于宗门酬机之机锋、转语等,印光大师在《增广文钞卷二·宗教不宜混滥论》中云:

> "曹溪以后,禅道大行,不立文字之文字遍传寰区,解路日开、悟门将塞。故南岳、青原诸祖,皆用机语接人,使佛祖现成语言无从酬其所问,非真了当,莫测其说。以此勘验,则金鍮立辨,玉石永分,无从假充,用闲道法。此机锋、转语之所由来也。自后此法日盛,知识举扬,唯恐落入窠臼,致成故套,疑误学者,破坏宗风。故其机用愈峻,转变无方,令人无从摸索,故有呵佛骂祖,斥经排教,拨净土者。以此语言,剿人情见,塞人解路。根熟者直下知归,彻悟向上;机生者真参力究,必至大彻大悟而后已。良以知识众多,人根尚利,教理明白,生死心切,纵未能直下了悟,必不肯生下劣心,认为实法故也。"

自曹溪后,宗门里所兴起的机锋、转语等无旨味的接机语言,主要说明参禅须自悟,绝不能笼统、颟顸,或依他作解。以故机锋、转语的兴起,以塞解开悟为的矢。就《金刚经》而论,如来之字字尽藏机锋、句句全是转语,好个须菩提伶牙俐齿,舌头里无骨头,能于如来言下转个回身,并与如来同一鼻子扬眉吐气,辅弼法王弘扬法道也。就

如第五分"如理实见分"所云:

> "须菩提!于意云何?可以身相见如来不?不也,世尊!不可以身相得见如来。何以故?如来所说身相,即非身相。佛告须菩提:凡所有相,皆是虚妄;若见诸相非相,即见如来。"

就这段经文来看,如来初后之问锋芒毕露,从浅至深地将须菩提引入了山重水复处,峰回路转,云横谷口,初则须菩提还能应对如流,后则难以凑泊得上,便于"凡所有相,皆是虚妄;若见诸相非相,即见如来"一句下疑情顿生,白云生足下,置身死胡同。如来末后一句机锋尤为峻烈,便一棒打出了须菩提内心深处的疑团,由是如来父子彼此折腾抖落了一地狼藉,宣说了一卷《金刚经》。点燃疑情,便能拔出生死根,开启悟门。本经中"于意如何"之辞最为常见,皆含有勘验当机的意味,犹影草探竿、金刚王宝剑、踞地狮子,稍有闪失便滚草落地。要知如来满口是剑,出言吐语看似平常而又尽藏机锋,行人若不能直下知归,便会刺得遍体鳞伤也。

关于转语之说,《金刚经》中亦不乏其辞,如第二十六"法身非相"分云:

> "须菩提!于意如何?可以三十二相观如来不?须菩提言:如是如是,以三十二相观如来。佛言:须菩提!若以三十二相观如来者,转轮圣王则是如来。须菩提白佛言:世尊!如我解佛所说义,不应以三十二相观如来。尔时世尊,而说偈言:
> 若以色见我,以音声求我;是人行邪道,不能见如来。"

这段经文中,如来便在初问设下了埋伏,幸亏须菩提已将生死疑根彻底拨出,毕竟粉碎了也,否则依旧是碰壁摸灰罢了。岂料如来又是平地起风波,以"若以三十二相观如来者,转轮圣王则是如来"之句下一转语,将须菩提又引入了桃源深处,好在须菩提能于虎口里逃生,不被如来言语所迷被,直下识得话头落处,能扭转机揽,应对如流。但如来亦不逊色,便以"若以色见我"一偈而收尾,可谓"鸳鸯绣出从君看,不把金针度与人"也。看似又下一转语,实则亦是暗含机锋,话里有话也。像这样的转语,《金刚经》中亦是处处皆是。

大凡禅家酬机之言,名为机锋,名为转语。问在答处,答在问处,犹若军机密令一般,绝对不可外泄,唯有营内人知,营外人一律不知。军令外泄,三军倾覆;祖印外泄,五宗丧亡。机锋者主要是勘验行人是否真正彻悟,转语者既有指点迷津的意义亦含有进一步的勘验作用在。不论是机锋,还是转语,乃全无旨味语,以说明如来说法并无实法于人,乃点拨开导而已,故《金刚经》云:"汝等诸比丘!知我说法如筏喻者,法尚应舍,何况非法!"所以,欲识得机锋、转语之真端的,须于言言字字下反照回光,叩己而参。若随文生解,将无旨味之机锋、转语之言作训诂释文看,则是吃酒糟、逐土块,无有了期也。以故行人看《金刚经》,须透过文字关会出真意旨,千万切勿拘泥于文字,被字面意思转也。

五、《金刚经》的弘传芳规与禅宗的悟后光景

一卷《金刚经》中,前后有五番校量读、诵、受持、书写、流通此经功德之不可思议,如来之良苦用心处,贵在要令行人由文字般若起观照般若,由观照般若契实相般若也。以故如来处处劝信行人读诵流通此经,既利现前与会者又益未来大众。关于流通此经功德之不可思议,印光大师在《增广文钞卷三·金刚经次诂序》中云:

"《金刚经》者,即有谈空,不堕空边;即空论有,不堕有边。空有两泯,真俗不二;生佛一致,理事圆融。行起解绝,直趣觉海。一切菩萨,依此而修因;三世诸佛,依此而证果。乃如来一代时教之纲要,实菩萨上宏下化之准绳。示如如之本体,机理双契;证空空之三昧,解行俱圆。妙而又妙,玄之又玄。猗欤懿哉!何可得而思议也已。世多不察,谓为空宗,其辜负佛恩也甚矣。夫度尽一切众生,不见能度多度之相,不住色声香味触法而行布施,以至六度,及与万行。以无我人众生寿者,修一切善法,无所住而生心。虽说法而无法可说,虽成佛而无菩提可得,是则云腾行海,波涌度门,乃称性缘起之道,行所无事。以故内不见有度之我,外不见有所度人之与众生,中不见有所证之无余涅槃之寿者相。自他见亡,凡圣情尽;三轮体空,一道清净。如如不动实相妙理彻底圆彰,故得福德等彼十方虚空也。至于受持此经,为他人说,虽四句三句二句一句,其福胜彼三千大千世界满中七宝布施,及无量百千万亿劫日日三时以恒河沙等身命布施之福。良以一切诸佛、及诸佛无上觉道之法,皆从此经出故。故说法者,即是以佛庄严而自庄严,并以庄严一切众生。此其自行化他真实功德,名之为空,岂有当哉!是故随说此经,虽止四三二一句等,而一切天人皆应如佛塔庙而供养之。以持经之人,心与道合,心与佛合,故能转最重之后报作最轻之现报,而复当得菩提也。以自行化他,心不住相,则以如如智契如如理,直下与菩提涅槃混而为一,如水投水,似空合空。虽有圣智,莫能分别也。如来一代所说法门,悉以此智照了而修,则水到渠成,云开月露,一尘不立,万德圆彰矣。"

《金刚经》末后一著亦云:"须菩提!若有人以满无量阿僧祇劫世界七宝持用布施,若有善男子、善女人发阿耨多罗三藐三菩提心者,持于此经,乃至四句偈等,受持读诵,为人演说,其福胜彼。云何为人演说?不取于相,如如不动。何以故?一切有为法,如梦幻泡影;如露亦如电,应作如是观。"

这段经文主要是结示弘传此经之芳规,"为人演说"者,文字般若也;"不取于相"者,观照般若也;"如如不动"者,实相般若也。此则教弘经者务须悟如如理、起如如智、说如如法,以自利利人皆如也;亦是俾闻法者发菩提心、不生四相,领解如来三谛说法,

深信不疑而生欢喜也。我佛悲臻后劫、嘉惠将来,故于法会告圆之际,特特拈来征起以言之曰:"为人演说,不取于相,如如不动。"即以三般若结示弘经之芳规。凡演说者须不取于相、安住如如,然后始得竖拂拈椎、诲人不倦。亦俾闻法者从文字般若起观照般若,由观照般若而证实相般若也。若是方谓是真佛子、是真担荷如来家业。是故经文有征释云:"不取于相,如如不动,何以故?"以世间有为诸法,如阴入处界之四科、地水火风等七大,全乃迷执而有,无一不若梦幻泡影露电而已。既有为诸法原非实有,焉可取乎!故以"一切有为法"一偈而护念、付嘱,收尾全经也。经虽强调一切有为诸法皆如梦幻,那究竟指何法为如如呢?此则并非教伊拨去诸法之外而另觅一个如如,犹波外无水,但于诸法境上不生贪染取著,则诸法本自如如也。古德云:"但离妄缘,即如如佛。"《楞严经》之阴入处界本如来藏妙真如性,均乃此意也。

六祖慧能大师曾说:"迷时《法华》转,悟时转《法华》。"凡能"为人演说,不取于相,如如不动"地转此《金刚经》,读诵受持,流通书写,普利群生,非是明心见性、或大开圆解者不可。良以亲见自己本来面目后,从悟起修,则方知一大藏教尽说自己家里话,修六度万行乃作自己家里事。如是发菩提心、广修六度万行普利众生,皆自然而然,一一度达三轮体空,称性而修,直趣无上菩提、究竟涅槃也。禅宗之所以强调悟后起修者,原以"修行以求圆解为急务"故,悟后起修,可免盲修瞎炼之过咎。行人开悟后,便树立佛知佛见,凡日用中一举一动、一言一行,皆与戒律相符合,潇洒自若,绝无拖泥带水之嫌疑。参禅悟后的光景,看似跟平常无异,实则有天壤之别。

参禅彻悟后,明明白白受佛性之熏染,清清楚楚觑见本来面目,根身器界等一切种子和盘托出,此时妄念根尘识俱变为佛性。见性后,就本体而论,平等平等,无所谓佛,无所谓众生,亦无所谓众生成佛,生死涅槃,犹如昨梦,菩提烦恼,同是空花。未见性前,一假一切皆假,因妄识所支配故。既见性后,一真一切尽真,真心所流露故,可谓"以金作器,器器皆金"也。那时郁郁黄花无非般若,青青翠竹总是真如;大地山河皆为佛性,石头瓦块尽属菩提;嬉笑言谈真心妙用;扬眉瞬目佛法宣流。盖即体起用,即用归体;即体即用,即用即体;体为用之体,用为体之用;体用不二故,得以左右逢源,无不自得。未见性前时怎样也不得,既见后怎样也得。

禅宗以彻见本来面目为先锋,强调悟后起修。明心见性后的禅者,即世间而出世间,由二元之相对状态进入圆融无碍之绝对境界,高处高平,低处低平;理理泯绝,事事和融。以般若睿智反观尘世,则一切有为诸法犹梦幻泡影,亦如露若电般之瞬息万变,便呈现出一种水月空明、风平浪静的恬适时空,论其境界则属不著无住之绝对性境,论其智慧则属如来现量智、比量智。《金刚经》之"不著无住"的超越思想,实乃趣证如如理之关键要塞,就此经而论悟后之光景。

(一)本来现成的如来现量智

禅宗所强调的彻悟自心、彻见自性,亦即参破父母未生前之本来面目者,其实即是从而真正地树立佛知佛见,并以此增进道念,趣向菩提也。悟者,如开门见山、拨云见天一般,大道就在眼前,发足起行即可达到如来宝所也。《金刚经》末后云:"须菩提!

若人言佛说我见、人见、众生见、寿者见。须菩提！于意如何？是人解我所说义不？不也，世尊！是人不解如来所说义。何以故？世尊说我见、人见、众生见、寿者见，即非我见、人见、众生见、寿者见，是名我见、人见、众生见、寿者见。须菩提！发阿耨多罗三藐三菩提心者，于一切法应如是知、如是见、如是信解，不生法相。须菩提！所言法相者，如来说即非法相，是名法相。"此中之如是知、如是见、如是信解，即是如来现量之正知正见，究竟菩提心也。此如来现量之正知正见，亦是般若佛性的现觉，生佛从本以来同具，个中无欠无余，平等平等。禅宗不说破，令人参而自悟而得，其父母未生前之本来面目，亦不外乎这个。若能参破这个，则自能圆修道品，圆满菩提、究竟涅槃也。

本经以"如是知、如是见、如是信解"之语，结成一经之问答，将如来现量之正知正见和盘托出，以令行人直下知归，彻底担荷如来阿耨多罗三藐三菩提也。其根本意旨在：如来前所言住心无住、汝应知也；度生离相、不见度相，汝应见也；无法发心、是真发心，汝应信解也。能如是知，是真知也；能如是见，是真见也；能如是信解，是真信解也。虽然如是，亦须不生法相始得。原因是若执定无住、离相、无法之说，是又执药而成病矣。以故如来以"所言法相者，如来说即非法相，是名法相"而示之。并以此说明如来之现量正知正见，遍一切时、及一切处，不间情与无情，哪怕是露竹灯笼，木石瓦砾，亦能放光动地也。

（二）金刚正观深喻之比量智

隔山见烟，早知是火；隔墙见角，便知是牛。举一明三，目机铢两，是衲僧寻常茶饭。此乃比量观察所得始觉智，并非如如之本觉智。至于截断众流，东涌西没，逆顺纵横，与夺自在，实是如来现量之本觉智，非同寻常。但若非上上根者，则难以直下知归，彻底承当，故中下之流须从比量观察而入，否则无有是处。这则犹禅宗后来发展为"文字禅"、"话头禅"、"默照禅"一样，出自迫不得已的杰作。《金刚经》亦云：

> "须菩提！若有人以满无量阿僧祇世界七宝，持用布施；若有善男子、善女人，发菩提心者，持于此经，乃至四句偈等，受持读诵，为人演说，其福胜彼。云何为人演说？不取于相，如如不动。何以故？
>
> 一切有为法，如梦幻泡影；如露亦如电，应作如是观。"

此是金刚深喻之比量智。观察入理，故名正观。以正观之比智，合上如来现量之正智现觉，通是如如之全体大用也。后来之"文字禅"、"话头禅"、"默照禅"，皆是祖师接机之方便，难以直下于性境而契如来现量智者，须从带质境起金刚正观而生比量始觉智，由比量而入现量，以契如如不动之理。若契得如如不动之理，则自能不取于相，发菩提心自读此经，为人演说。

（三）最上乘之透三句

最上乘法门，如《大梵天王问佛决疑经》所云"世尊在灵山会上，拈花示众，众皆罔措,惟迦叶破颜微笑。世尊云:吾有正法眼藏,涅槃妙心,实相无相,微妙法门,不立文字,教外别传,直指人心,见性成佛,付嘱摩诃迦叶。"此乃最上乘法门之由来。

最上乘法门即为"透三句",须句外透关也。百丈禅师云:"夫教语皆三句相连,谓初中后,若祇说一句,便令众生入地狱;若三句一时说,渠自入地狱,不干教主事。""透三句"者,如《金刚经》所云:"如来说世界"是初句,"即非世界"是中句,"是名世界"是后句。

关于"透三句"者,如《金刚经·第五分》云:"若见诸相,非相,即见如来。"第一句"若见诸相"者,诸相即吾人眼所见之一切事物;第二句"非相"者,意谓即吾人佛性中本无一物,故言非相;第三句"即见如来",意谓即吾人所见之一切山河大地,都是妙明真性中物,见山河大地即见佛性也。

又如《金刚经·第十三分》云:"佛说般若波罗蜜,即非般若波罗蜜,是名般若波罗蜜。"第一句即佛说之智慧到彼岸;第二句即指佛性本无此岸彼岸;第三句由佛性发挥则已到彼岸矣。

经云:"佛说诸微尘,即非微尘,是名微尘。"微尘即指吾人心中之一切思想;佛性中本无一物,然由佛性发挥,则一切思想皆是佛性。

经云:"如来说世界,非世界,是名世界。"世界即指吾人所能见之世界,眼所见者无非秽土;然由佛性而发挥,则此世界即为净土。

经云:"如来说三十二相,即非三十二相,是名三十二相。""三十二相"者,是指肉体而言;"即是非相"者,乃指吾人佛性中本无肉体;"是名三十二相"者即由佛性发挥,则三十二相便是法身佛,亦即佛性。

《金刚经·第十四分》云:"如来说第一波罗蜜,即非第一波罗蜜,是名第一波罗蜜。"第一句"如来说第一波罗蜜"者,意即究竟成佛;第二句指佛性中既无佛亦无众生;第三句是由佛性发挥,故第一波罗蜜即究竟到彼岸。

《金刚经·第十七分》云:"是故如来说一切法皆是佛法。须菩提!所言一切法者,即非一切法,是名一切法。"第一句之"一切法"者,即指一切士农工商日用应酬;第二句"即非一切法"者,乃由佛性而论,佛性中本无一法;第三句"是名一切法"者,然由佛性发挥,则一切法如起居饮食男女皆是佛法。

《金刚经·第二十三分》云:"所言善法者,如来说即非善法,是名善法。"善法即指无为善法,如来说即非善法,从佛性而观,则无为之善亦无;然由佛性而发挥,则是真正之无为善法,真正之自由平等,真正之大解脱也。

《金刚经·第二十五分》云:"凡夫者,如来说即非凡夫,是名凡夫。"凡夫即指一切世人,佛性中既无人之存在,则何凡圣之有哉?然由佛性而言,则凡夫即佛,佛与凡夫无有差别。

《金刚经·第三十二分》云:"世尊说我见人见众生见寿者见,即非吾人见人见众生见寿者见,是名我见人见众生见寿者见。"见即知见之意,佛性本无四相。然由佛性而发挥,则四相即佛性。未见佛性时乃错认四相为佛性,见佛性后则四相即为佛性。

《金刚经》中,关于"透三句"之意,处处皆见,此乃如来宣说此经的一种特殊语言方式。行人若能参透此三句,则自可句透关,契如来之真实意旨。此"透三句",则说明了此经以"不取于相、如如不动"贯穿到底的本色,呈露出了第一空的如来境界。如来宣说此经,以特殊的"三段转语"、"二段转语",将禅者的悟境和盘托出,以期行人直下知归,彻底掀翻也。欲句外透关者,须于如来话头上下真实疑情去参悟不可,直待疑破,悟门自开也。

(四)修行的生活化

《金刚经》者,处处强调为发大乘者说、为发最上乘者说。最上乘法者,即是要令行人圆悟般若佛性。大乘法者,即是要令行人广行六度万行。但行六度万行须以般若为前导,究竟契证般若佛性须以六度万行为后盾。此二犹车之两轮、鸟之两翼,须臾不可离也。而经之尾声,却把此二全指归于发菩提心读诵受持此经,为人演说也。经中共有五番较经功德之说,足见读诵受持、演说此经功德之不可思议也。以读诵受持此经而自利,以为人演说此经利人。既自利利人不离此经,故须于日用寻常中读诵受持、演说此经也。

又,经之发起序云:"尔时世尊!食时著衣持钵,入舍卫大城乞食。于此城中,次第乞已,还至本处。饭食讫,洗足已,敷座而坐。"此段经文,极富有人间化与生活化。亦如《华严经》云:"佛法即世间法,世间法即佛法。"又如《法华经》云:"若说俗间经书、治世语言、资生产业等,皆顺正法。"足见,不能以佛法分别世间法,亦不能以世间法分别佛法,故《金刚经》云:"一切法皆是佛法"也。

《金刚经》既以世尊日用寻常琐事为发起,此则意味着修行的生活化,并以此提升禅悟的境界,将修行的范围宽泛化。经云"不取于相,如如不动"者,亦是说明修行应历境炼心,不应拘泥于形式。六祖慧能之"佛法在世间,不离世间觉;离世觅菩提,犹如寻兔角。"后来禅宗所谓的"搬柴运水皆佛事,穿衣吃饭尽禅机",及"农禅并重"的提出,以至"人间佛教"的精神,皆与此经意旨相吻合。要知修行的生活化,实乃宗门悟后之光景也。

(释昌莲:寒山寺文化研究院副院长)

《金刚经》"应无所住"释义

李利安

六祖慧能大师因为意外听到《金刚经》中"应无所住"一句而决意离家求法,可见"应无所住"一词在六祖革命中的重要意义。《金刚经》罗什译本中有两处说到"应无所住",以下分别予以解释。

一

《金刚经》第一次提到"应无所住"的经文如下:

"复次,须菩提:菩萨于法应无所住行于布施。所谓不住色布施,不住声、香、味、触、法布施。须菩提,菩萨应如是布施,不住于相。何以故? 若菩萨不住相布施,其福德不可思量。须菩提:于意云何? 东方虚空可思量不?""不也,世尊!""须菩提,南西北方、四维上下虚空可思量不?""不也,世尊!""须菩提,菩萨无住相布施,福德亦复如是不可思量。须菩提:菩萨但应如所教住。"①

"菩萨于法应无所住行于布施"一句中的"法"是梵文的意译,音译"达磨"、"达摩",是佛教的基本观念和基本范畴。其本意是"轨持"。《成唯识论述记》卷一解释说:"'轨'谓轨范,可生物解;'持'谓任持,不舍自性。"②前者意即有一定的规范或规律,人可以认识;后者意即有自性或质的规定性。这就是说,作为法有两方面的规定,即有自身的特性和规范并能使人理解。"法"的具体含义相当复杂,在佛教文献中最常见的有两种用法,一是指佛的教法,或称佛法,如佛、法、僧"三宝"中的"法"即是这个意思;二是指成分、事物和现象,既泛指一切事物和现象,包括物质的和精神的、存在的和不存在的、过去的和未来的,如"一切法"、"三世诸法"等,也特指某一事物和现象,

① [后秦]鸠摩罗什译:《金刚般若波罗蜜经》,《大正藏》第 8 册,第 749 页上。
② [唐]窥基:《成唯识论述记》卷一,《大正藏》第 43 册,第 239 页下。

如"色法"、"心法"等。这里的"法"含义即属第二种。

"法"的分类很多,各派通讲的有蕴、处、界三科。小乘说一切有部把宇宙万有分为五位七十五法;《成实论》分为五位八十四法;大乘瑜伽行派则分为五位百法。所谓五位即把一切法分为五类:色法、心法、心所有法、心不相应行法和无为法。上述五位法可分为有为、无为两类,其中前四位通称"有为法"。与无为法相对,有为法指由因缘和合而成、有生灭变化的现象。"为"是造作的意思,有为法和无为法是从有无造作的角度把千差万别的宇宙诸法分为两类。另外,佛教还从解脱论的角度把有为法分为有漏法和无漏法两类。"漏"即众生从眼、耳、鼻、舌、身、意"六疮门"流漏出"不净",造成各种业,从而不断生死轮回,遭受苦难,所以"漏"即烦恼的异名,凡具烦恼、导致流转生死的一切法,均为有漏法。离开烦恼垢染的清净法,名为无漏法,如涅槃、菩提和一切能断三界烦恼之法。上述五位法包括现实世界的一切存在,也包括非现实世界的一切现象或设想,即既有此岸的,也有彼岸的,既有可见的,也有不可见的。这种分类反映了佛教对宇宙万物细致的观察和深入的分析,具有其独到的优势和鲜明的宗教特色。《金刚经》所说的"于法应无所住"的"法"即指这五位一切法,这是该经所要极力破除的对象,全部经文即围绕这一主题而展开。

"菩萨于法应无所住行于布施"一句中的"住"本指生、住、异、灭"有为四相"之一,意即事物形成后的相对稳定。"无住"即"不住",指事物不会凝住于自身不变的性质,而总是处于因缘联系和生灭无常之中,所以人的认识也不应以固定的概念当作事物固有的本质,亦即不应认其为真,视其为实,不应妄自分别、计度思量。可见无住有两层意思,其一是指事物的性质,其二是指人们对事物应持的态度。这里的"应无所住"即属其二。由于任何事物皆"念念无常、无有住时"①,所以无住又成为事物之共性。但在佛教理论运用上,通常又作为一切现象之本源,成为"真如"、"法性"的另一种称谓。如鸠摩罗什在解释《维摩诘经·观众生品》"从无住本立一切法"时说:"法无自性,缘感而起。当其未起,莫知所寄。莫知所寄,故无所住。无所住故,则非有无。非有无而为有无之本。"②此即将无住之空性作为"一切法"得以成立的保证。正因为一切法无有自性,无所住着,所以人们的观念也"应无所住"。"应无所住"的思想是大乘佛教般若理论的核心内容,也是《金刚经》所阐述的中心思想之一。

"菩萨于法应无所住行于布施"一句中的"布施"是梵文音译"檀"、"檀那"的意译。其本义指施他人以财物,后来范围扩大,凡所有的福、慧、利、善等皆为施之内容。概括地说,即以自己的财力、体力、智力去济助贫困者,满足求索者,襄助逆境者。是为他人造福成智也使自己积累功德,甚至求得解脱的一种修行方法。值得注意的是,在部分大乘经典中,布施走向了极端,变成了对一切无理勒索者也要给予满足的信条。布施的范围从衣食车马至土地居室以至奴仆婢女、家人妻子直到个人的四肢五官、骨髓头颅,无所不包,从而使布施走上歧途。《大乘义章》中说:"言布施者,以己财事分布与

---

① [古印度]龙树著,[后秦]鸠摩罗什译:《大智度论》卷四十七,《大正藏》第25册,第399页下。
② [后秦]鸠摩罗什:《注维摩诘经》卷六,《大正藏》第38册,第386页中。

他,名之为'布';己惠人目之为'施'。"①布施的分类很多,从所施来看有两种布施、三种布施、四种布施等。二种布施即财施和法施,分别指舍财济贫和说法度生。三种布施即在二种布施的基础上再加无畏施,即救人于厄难之中,使其不再怖畏。四种布施指:(1)笔施。(2)墨施:见人之发心书写经典以笔、墨施之,助成善缘。(3)经施:刊造经版,施于他人,令其读诵。(4)说法施,说法使人闻之而修因证果。从受施来看有五种布施:(1)施远来者。(2)施远去者。(3)施病瘦者。(4)施饥饿者。(5)施智法人。从施者的目的来看,有两种布施,一是净施:指布施时不求世间名誉福利之果报,但为资助出世之善根及证入涅槃之因,以无有尘染的清净之心而行布施。二是不净施,即以世俗的尘染之心,妄求福报而行布施。此外还有七种布施,八种布施之说。小乘布施的目的在破除吝啬和贪心,克服自私自利,消灭我见、我所见,以树立功德免除来世的贫困,期生天上或富贵家庭。大乘则与大慈大悲的教义联系起来,用于超度众生,并作为"四摄"(菩提为摄受众生,使生亲爱之心,归依佛道而应做的四件事)之一,称作"布施摄"。也作为"六度"之一,称作"檀波罗蜜多",意即"施度"、"布施度无极"。如《六度集经》第一章:"布施度无极者,厥则云何? 慈育人物,悲愍群邪,喜贤成度,护济众生,跨天逾地,润弘河海。布施众生,饥者食之,渴者饮之,寒衣热凉,疾济以药,车马舟舆,众宝名珍,妻子国土,索即惠之。"②其中所列之布施对象,大大超出人类的范围,遍及于飞禽走兽虫豸鱼虾。该经共有14处言及布施,每次都言到布施的福报,甚至可以获得无量的福德,反映了当时佛教对布施的重视。当然该经凡言及布施却都是作为一种陪衬,用以说明般若无相无住之理。但从另一方面来看,《金刚经》之所以以布施的功德来比喻般若功德的巨大,也说明布施及其功德果报已为人们所普遍接受。

"不住色布施,不住声、香、味、触、法布施"中的"色、声、香、味、触、法",统称"六尘",亦名"六境"。是眼、耳、鼻、舌、身、意"六识"所感觉认识的六种外境。与眼、耳、鼻、舌、身、意"六根"(包括视、听、嗅、味、触五种感觉器官和思维器官)合称"十二处",加之眼识、耳识、鼻识、舌识、身识、意识,合称"十八界"。"六境"是根据识体作用的不同而对认识对象作以分类。它们被视为像尘埃一样能污染人的情识,亦名"六尘";因其能引人迷妄,又名"六妄";又因其能"令善衰灭",又名"六衰";或因其"能劫持一切善法",又名"六贼"。其中"色"与"五蕴"中的色蕴不同,色蕴泛指物质现象。这里的色专指眼根所识别的对象,范围较窄,包括三类:(1)形色,即表形的对象物,分长、短、方、圆、高、下、正、不正八种;(2)显色,即呈出颜色的对象物,分青、黄、赤、白、云、烟、尘、雾、影、光(如日)、明(如月、星)十二种;(3)表色,即表相状的对象物,分取舍、屈伸、来去、坐卧等。"声"指耳根所识别的对象,分两大类,即生物所发声和非生物所发声。香:指鼻根所识别的对象,即鼻子可嗅到的气味,分好香、恶香、等香(有养生功效的)和不等香(没有养生功效的)四种。"味"指舌根所识别的对象,分甘、酸、咸、辛、苦、淡六种。"触"指身根所识别的对象,分地性、水性、火性、风性、滑性、涩性、重性、轻

① [隋]慧远:《大乘义章》卷十一,《大正藏》第44册,第694页中。
② [吴]康生会译:《六度集经》卷一,《大正藏》第3册,第1页上。

性、冷、饥、渴十一种。"法"作为"六境"之一称"法境",作为"十二处"之一称"法处",作为"十八界"之一则称"法界",是意根所识别的对象,其范围最广,除上述五境之外的其他事物和现象,都是意根识别的对象。

"不住相布施"的"相",是指事物之相状。《大乘义章》说:"诸法体状,谓之为相。"①所以"相"既包括佛教所讲的一切事物、现象及各类构想的相状、形象与特征,也指人们对这一切相状与特征的观想。"相"虽属于事物,却出之于人。正因为如此,《金刚经》其他译本常译作"想"。后来才进一步明确"相"为所缘之境。"想"为能缘之心。如华严宗所立十宗之一即为"相想俱绝宗"。佛教主张"无相",认为"相"是凡夫俗子妄心分别所致。若有相则必为相所缚,即为六尘之境相所缚而心不自在。佛教对"相"有各种分类,从动态来看分"有为四相",即有为法的四种基本特征:生、住、异、灭。《俱舍论》卷五说:"于诸法能起名生,能安名住,能衰名异,能坏名灭。"②般若学认为,此四相均系虚妄分别,是错误的认识,因为一切法不生不灭,寂而无相。从静态来看,有总相与别异、同相与异相等的划分。华严宗提出"六相"说,即总相、别相、同相、异相、成相、坏相。从这六个方面说明一切现象虽各有自性,但又都可以融合无间,完全没有差别,即所谓"六相圆融"。

所谓"不住相布施",就是不执著于人和事物的相状而进行布施,即上文所说的"于法应无所住行于布施"、"不住色布施,不住声、香、味、触、法布施",亦即下文所说的"无住相布施"。具体讲即所谓"三轮体空",即施者、受者、所施者"三轮"皆无自性,体空而幻有,所以不能执著,不能有"三轮"之妄心,即无能施之心,不见有施之物,不分别受施之人。《心地观经》中有一"布施偈"即就此而发,其曰:"能施所施及施物,于三世中无所得。我今安住最胜心,供养一切十方佛。"③佛教认为,凡夫六根不净,妄自分别于六境,并执之以快其欲,于是在布施方面也执著于布施之相,表现在顾恋身财,希求受者报恩,希求来世果报等方面。这不是大乘菩萨之布施,并无多大的功德,更不能成就无上菩提。而无住相布施之福德却是无边无际的。南朝傅大士在讲《金刚经》时曾有一颂曰:"若论无相施,功德极难量。行悲济贫乏,果报不须望。凡夫情行劣,初且略称扬。欲知檀(即布施——笔者注)状貌,如空遍十方。"④在"不住相"的经文之后,《金刚经》紧接着又说菩萨应"如所教住",也就是说应该按照佛所教导的那样安住其心。《金刚经》通篇讲无住思想,此处的"住"指无住而住,住无所住,即上文所说的"于法应无所住","不住相"、"无住相"。唐代窥基称此为"劝信",即"劝令如佛所教行无相施,福定无边,不久当成广大果也。"⑤

总体上来看,这段经文的核心意思是阐释般若无住思想,其关键词是"于法应无所住"、"不住色"、"不住声、香、味、触、法"、"不住于相"、"不住相"等。采取的手法一是

---

① [隋]慧远:《大乘义章》卷三,《大正藏》第44册,第524页上。
② [古印度]世亲:《俱舍论》卷五,《大正藏》第29册,第27页上。
③ [唐]般若译:《大乘本生心地观经》卷一,《大正藏》第3册,第294页中。
④ [梁]傅大士:《傅大士颂金刚经》,《大正藏》第85册,第2页中。
⑤ [唐]窥基:《金刚经赞述》卷上,《大正藏》第33册,第132页中。

正面揭示,即只提出要求,指明应该如何去做,而未阐释无住的道理,因何应无住而住。其原因在于总答《金刚经》开头时须菩提"云何应住"的总问,这是全经关于无住说教的首次亮相,此后便通过其他方法和渠道多方面多层次地说明这一理论。二是借助于布施之行来提出无住的思想。在大乘六度当中,布施度最容易引起人们对事物外相的执著与分别,最容易引起人们的希求之心。经文恰好借此反其道而行之,指出"菩萨于法应无所住行于布施,所谓不住色布施,不住声、香、味、触、法布施"。三是采用比喻手法说明无住的意义。经文中通过东南西北四维上下等十方虚空的不可思量比喻无住而所得福德的不可思议。其四是启发诱导的方式。经文并未呆板枯燥地陈述"如所教住",而是通过问答方式,层层诱导,步步深入,最终自然地得出"菩萨但应如所教住"的结论。由此我们也可以看出《金刚经》说法方式之灵活和行文技巧之高超。

无住理论是大乘般若类经典的重要学说,无住即不执著,不执著的对象不是某一人、某一物、某一事,也非某一类、某一时,而是世间万事万物及彼岸世界的一切及其他佛教所设想的境界及事类。这一切统称为"法",所以该段经文第一句便说:"于法应无所住。""法"的分类很多,从作为人们的识体的认识对象这一角度来看,无非是"六境",即与眼、耳、鼻、舌、身、意相对应的色、声、香、味、触、法。这六尘包括了宇宙间的一切事物,特别是"法"所包括的范围极其广大,天上、地下、水中、空中、此岸、彼岸,应有尽有,无所不有。此六尘被佛教视为能污染人们情识的尘埃、引人入迷的妄境、劫持善法的盗贼,所以经中在"于法应无所住"之后,便进一步具体解释说其即"所谓不住色布施,不住声、香、味、触、法布施"。"六尘"虽对"法"做了进一步解释,但法自身又分为两个方面,一是法性,二是法相。般若学认为法无自性,法性本空;法相虽有,但是假有,所以性空假有、真空妙有便成为般若学中的一个重要命题。人们对法的执著实即对假有之法相的执著,法相本是幻有,是人们妄自分别的结果。认其为实有,则必为相所系缚而不能自拔,不得解脱。所以经文在"于法应无所住",乃至"不住色"、"不住声、香、味、触、法"之后紧接着又说,菩萨如此而住,亦即"不住于相",随之经文连续提出"不住相"、"无住相",从而说明了无住乃是无住于法相的道理。另外,无住并非不住,不住于法相,但却住于无住,无住而住才是真心之安住。梁代昭明太子将这段经文科判为"妙行无住分"是有一定道理的。

这段经文篇幅不大,但含义丰富,层次也非常分明,大致可分三层,第一层为正面揭示,第二层为喻释,第三层为结论。这节经文在承上启下方面的作用也是十分明显的。无住即是破除法执,即将假有之法视为实有的执著。这种执著称"法我执"。前段经文通过破我、人、众生、寿者"四相"而破除"人我执",达到"我空";此段通过破除"法我执",达到"法空"。我、法二空才是大乘菩萨的觉悟,也是大乘佛教与小乘佛教在理论上的重要区别。因为小乘只讲我空而不讲法空,大乘则是既除我执,破"烦恼障",又除法执,破"所知障"。二执皆除,二障全破,这正是《金刚经》所要阐述的般若义理。只有破除二障,才可望达到佛的觉悟,而大乘菩萨行的全部内容也正在于证得佛智,进入佛果,所以福德再大也无过于悟得如来法性之身,而且像十方虚空那样不可思议的福德也无疑在暗示着成佛解脱。

二

《金刚经》第二次提到"应无所住"的经文如下：

> 佛告须菩提："于意云何？如来昔在燃灯佛所，于法有所得不？""不也，世尊。如来在燃灯佛所，于法实无所得。""须菩提：于意云何？菩萨庄严佛土不？""不也，世尊。何以故？庄严佛土者，即非庄严，是名庄严。""是故，须菩提，诸菩萨摩诃萨应如是生清净心：不应住色生心，不应住声、香、味、触、法生心；应无所住而生其心。"①

《金刚经》中提到"应无所住"的第二段经文的核心含义是对前面经文中所说的"如来所说法皆不可取、不可说，非法、非非法"及"所谓佛法者，即非佛法"的进一步解释。其中"如来在燃灯佛所于法实无所得"的释义角度是菩萨仰上从佛受法，属菩萨自行，即自悟佛智，达到自觉；"庄严佛土者即非庄严，是名庄严"的释义角度是菩萨俯下普济众生，属菩萨化他行，即修万行，度众生，以庄严佛土。从这两个角度来说明大乘菩萨之道的无得无住可达到一叶知秋、一点代全的效果。因为菩萨的含义就是自觉而觉他，菩萨的天职也正是上求无上菩提以自觉，下度无边众生以觉他。本节的两种释义角度正好与此相合，所以说，它足以代表整个菩萨之法无得无作的般若无住法义。

本段经文的关键词句是："诸菩萨摩诃萨应如是生清净心：不应住色生心，不应住声、香、味、触、法生心；应无所住而生其心。""清净心"指无垢无染、无相无住、无贪无瞋、无痴无恼之心。"清"即不浊；"净"即无染。不浊则心无分别；无染则心不住相。离恶行之过失，离烦恼之垢染，妄尽情空，尘消识散，一尘不染，一心不乱，即是清净之心。一般分身、口、意三业清净。这里的清净心即属意业清净。即以般若作为观照一切的工具，悟得非实假有、无相无住之理，从而在思想上清除一切外相的束缚，无所执著，心地空明清净。色、声、香、味、触、法合称"六尘"，是佛教从人的眼、耳、鼻、舌、身、意"六识"所感觉和认识的角度对世界万有的一种分类方法，它包括了一切事物、现象、境界、特性、概念等。这些都是污染人心的客尘，是需要从心灵深处彻底地打扫干净的。所以下文的"应无所住而生其心"也就是不住于此"六尘"而生其"清净心"。此心是与般若圣智契合无间的，所以也是每一个发趣大乘者的起码标准。经首所问的"发阿耨多罗三藐三菩提心，云何应住，云何降伏其心"至此可以说是找到了比较完美的答案。因为"降伏其心"实即破相去执，背尘合觉；"住"即安住此"清净心"，二者是相辅相成的。当然此前《金刚经》的各节经文也都是围绕这一问题而展开，只是到此时才将其明确总结为"生清净心"、不住六尘生心、"应无所住而生其心"。从另一方面来说，

---

① ［后秦］鸠摩罗什译：《金刚般若波罗蜜经》，《大正藏》第8册，第749页下。

"生清净心"也是对前面各节破相去执义理的点睛之笔。因为,前面讲的度生不住——人我之相,布施不住——六尘之相,见佛不住——身相,净信不住——我相、法相、非法相,小乘四圣不住——果相,以及须菩提不住——离欲相,如来前身不住得法相,菩萨不住庄严佛土相,等等,从本质上讲,都是一个净心的问题。只有心净了,一切虚妄之相将不驱而自散,从而妄心不降而自降。"凡所有相"也自然无从可住,从而真心不住而安住。如此才是背尘合觉、去妄归真,方契金刚般若之理趣。

据说,禅宗六祖慧能年轻时因家贫不识一字,平日以卖柴为生。一天卖柴完毕在一客家听到有人诵经,当听到"应无所住而生其心"这一句时豁然感悟,便问客所诵何经,客人回答说是《金刚经》。后来,慧能辞母离家远投弘忍门下,以《金刚经》作为心印,在中国佛教史上掀起了一代新潮。这个故事反映了《金刚经》在整个佛经及中国佛教史上的影响,也反映了本段经文在《金刚经》中的显要地位。

为了进一步说明"应无所住"的道理,这段经文中还提出一个非常重要的命题:"庄严佛土者,即非庄严,是名庄严。""庄严"就是使庄严、壮美、严肃的意思,也有积善、累功等含义。庄严的境界有佛土或国土,也有人自身,还有庄严心佛土的,即使心清净无染。庄严的方式有:(1)造寺、写经、布施、供养;(2)对一切人普行恭敬;(3)净心离染;(4)行六度、三学等一切佛法;(5)改造世界,使之更加美好;(6)装饰,打扮。《涅槃经》卷27中提出二种庄严:一是智慧庄严,指六度中的般若度。即上述六种庄严中的第三种;二是福德庄严,指一切修福积德的善业。[①]《大集经》卷一提出四种庄严:一是戒璎珞庄严,即持禁戒以离身之诸恶;二是三昧璎珞庄严,即修禅定以离诸邪觉;三是智慧璎珞庄严,即觉知圣谛以离诸颠倒;四是陀罗尼璎珞庄严,即菩萨持善使不失、持恶使不生。[②] 此四种庄严如世人以璎珞庄严其身一样,故名璎珞庄严。以上皆可称之为善庄严,与此相对还有恶庄严,即以恶事积身。从庄严的性质来看,可分两种,一是形相庄严,即可见可说的庄严;二是第一义相庄严,即无有形相、以诸功德非严而严,如《维摩经·佛国品》中所说的,心净则佛土净。此外,作法事时及佛寺殿堂内的宝盖、幡幢、欢门等装饰之物也称庄严。此处的庄严指修行度生,即以大乘般若之法觉悟众生。

"佛土"一词指佛所住的国土,即佛世界。佛教认为宇宙间有无数个世界,每一世界都有一佛教化众生,故称佛世界、佛土。分类较多:二种佛土:(1)真土,即真佛的住处,也有人称之为"真佛土";(2)应土,即应身佛的住处,也有人称之为"方便化身土"。三种佛土:(1)法性土,为法性身之住处;(2)受用土,为受用身的住处;(3)变化土,为变化身的住处。其中法性土又称"理土",受用土、变化土又称"事土"。另外,从净与污来分,法性土、受用土为净土,而变化土则有净有秽。四种佛土:瑜伽行派认为佛身有四,相应的佛土也有四种,即:(1)法性土,自性身之处,为无色无相之理土。(2)自受用土,自受用身之处,为实佛自托之报土。(3)他受用土,他受用身之处,为对于初地以上菩萨示现之净土。(4)变化土,变化身之处,为示现于地前菩萨及二乘、凡夫之佛

① [北京]昙无谶译:《大般涅槃经》卷二十七,《大正藏》第12册,第523页上。
② [北京]昙无谶译:《大方等大集经》卷一,《大正藏》第13册,第5页下。

土。天台宗也将佛土分为四种:(1)凡圣同居土:人天凡夫及声闻、缘觉等圣者同居之国土,其中又分净、秽两种。秽土如娑婆世界(我们这个世界),净土如西方极乐世界。(2)方便有余土:断见、思二惑,出离三界生死者的居处。(3)实报无障碍土,证中道理,无色、心之取的菩萨居处。(4)常寂光土:"常"即常有法身,本在常住之体,"寂"即一切诸相永寂,获得解脱;"光"即般若,照诸相之智慧。此是诸佛如来之所依所居之处。此处的"佛土"指众生居住着的现实世界。

"庄严佛土者,即非庄严,是名庄严。"这是《金刚经》中一种常见的说法形式。据笔者统计,全经中这一格式共有28处,除去重复和简略句也有20处。它比较完整地表述了《金刚经》般若思想的基本特色,在般若思想体系中居于十分重要的地位。其中第一句举出所听闻的、所见到的、所修学的、所成就的、所想到的一切事物、现象、境界、构想、概念等,可总名之为"法"。包括有为法和无为法两部分,二者所包括的范围大到世界,小到微尘;下有凡夫,上有如来;内有诸心,外有诸相;既有妄见,也有善法;既有色身,也有实相;既有小乘之法,也有无上菩提。兼采博纳,无所不包。第一句是以肯定的面目出现,它是世俗人不明佛教道理而妄自认真的,是污染人心的客尘,是障碍解脱的妄见。第二句通过"即非"一词对第一句所列举的"法"的真实性予以否定,亦即经中所说的"无实"、"非法"、"凡所有相皆是虚妄"等。第三句通过"是名"一词对第一句所列举的"法"作出假有的判断,也是对第二句"即非"否定的否定,亦即经中所说的"无虚"、"非非法"、"于法不说断灭相"等。第二句的否定是单一的、片面的,易引生"断灭"性、虚无性。这种极端的倾向也是般若学坚决反对的。"是名"一句的意义就在于对这种极端倾向进行了必要的调和,从而最终达到"非实非虚"这一完整看法,亦即其他后出般若经所阐释的"性空假有"。"非实"与"非虚"本来是对立的,只有将二者统一起来,既不落有,也不落空,二边皆离,行于"中道",才可达到对一切现象背后的"实相"的体悟。此实相即事物之空性,后来佛教又将其称之为"真如"、"法性"、"法身"等,并将其与涅槃划成等号。其实,在《金刚经》中,通过"即非—是名"的双重否定而体悟诸相之实相,也就是达到了佛的境地,也即是最终的解脱。如经中说:"若见诸相非相,即见如来","离一切诸相,即名诸佛",这便是"即非—是名"这一般若观照格式的归宿。

撇开"即非—是名"这一格式,我们也可以看到,《金刚经》的全部经文本身就是由两大主题构成的对立统一体。第一个主题顺应世俗认识而讲经说法,引人生信,从而道出许多事物、现象、构想、概念、特性等,透露出肯定的气息。如经中说受持净信《金刚经》,并读诵、书写、为人解说等,皆可产生无量功德、无边果报;要于《金刚经》产生净信,必须"持戒修福"、"广种善根"、"修一切善法";经中还讲到菩萨的修行,普度众生;还有经文一开始所叙述的说法场面等。这种肯定性的表述,与"三句话"中的第一句相当。第二主题以般若为武器,直接面对一切,否定一切,对一切耳闻目睹的、感受想象的、勾画思考的对象都给予"非"、"无"、"不取"、"离"等否定性判断。这在"三句话"中,相当于"即非"一句。

主题一的肯定一切与主题二的否定一切形成对立,如何把二者统一起来是建立完整的《金刚经》般若思想体系的关键。般若的特点在于去执、在于否定。第二句"即非"否定了第一句所举之"法"的真实性,但般若并不是单一的否定,"即非"一句缺乏辩证通融之处。只有否定第一句的非实性,又否定第二句的极端性,达到更高一层的否定,即否定之否定,才是金刚般若的理论特色所在。"是名"一句的价值就在于此,它是双重否定的终结,既包含"非实"性,也包含"非虚"性,"非法、非非法",空、有对立而又统一,即后来所说的"真空"不碍"妙有"。"非实",故不应"取"、"住",而应离一切尘染,"生清净心";"非虚",故不应"断灭",而应方便起行,"修一切善法"。这就是"金刚般若波罗蜜"的基本特色。

"即非—是名"三句话也可简单概括为"现象,非本体,只是假名"。有人将《金刚经》的这一说法格式作为佛教般若学的一个重要特征,称之为"般若学的三句话"①。日本学者西田几多郎、铃木大拙等称此论证格式为"即非"论理学,认为是一种"当体遮拨的辩证法",是般若学的最大特征,远非其他论理辩证者可比。② 在佛教界,有人将此称为斩绝一切相的"金刚王宝剑",与后世禅门宗师的"逢贼杀贼,逢佛杀佛"同一风格。③ 我们可称此格式为"即非—是名"双遣否定法。这是佛教内部出现的一种新的方法论,不同于部派佛教时期的肯定一切(如说一切有部、犊子部),或否定一切(如方广部);也不同于既肯定这一部分,又否定那一部分(如大众部、法藏部)。它是一方面通过肯定达到否定(第三句针对第一句),另一方面通过否定达到肯定(第三句针对第二句),左右逢源,层层深入。这种方法的出现,迎来了佛教变革的新时代,成为大乘佛教的理论基础,尤其是大乘中观学派及中国空宗建立其哲学思想体系的基本方法。

可见,"即非—是名"双遣否定法是获得"清净心"的途径,"清净心"则是"应无所住"的内在基础,而"应无所住"则既是《金刚经》的核心,也是大乘佛教修行实践的最高体现。六祖慧能通过这句经文而有所体悟,并最终投奔五祖门下,见道得法,开创一代新风,足可见"应无所住"一句法义的深邃与作用的威猛。

(李利安:西北大学佛教研究所所长,宗教文化专业博士生导师、教授)

---

① 张曼涛主编:《般若思想研究》,大乘文化出版社 1979 年版,第 39—41 页。
② 张曼涛:《涅槃思想研究》第三章第一节第 11 注。
③ 陈明晖:《〈金刚经〉宗要释论》,《法音》1991 年第 9 期,第 7 页。

二谛·不二法门·中道

谢增虎

　　佛教的根本任务是解脱轮回之苦。

　　一切有情轮回之苦的根本原因在于无明,无明分爱与见两类。爱引起烦恼障,产生贪瞋痴慢疑五根本烦恼和随烦恼;无数错误的知见(观念)引起所执障,障碍了对宇宙真相的认识。

　　要解脱轮回之苦,必须灭除烦恼障与所执障,认清宇宙和生命的真相,才能成办。灭除烦恼障,以三对治法门为核心,佛开显了三十七菩提分法;灭除所知障,以观诸法实相门为核心,佛开显了般若法门;为了增强佛弟子的信心,佛陀开显了佛果(法身)的主要内容。前二法门属于道(因),后一法门属于果。前一习惯称为小乘,后二习惯称为大乘。

　　佛陀灭度之后,佛弟子有些从三十七菩提分法入门(是小乘或南传佛教的根本),有些从实相般若法入门(是般若乘或汉传佛教的根本),有些从佛果(法身)法入门(是密乘或金刚乘、藏传佛教的根本)。随着时间的流动,各执一隅,积久成病,互相是非,道法将为天下裂,形成了三大系,每一系又衍生出许多派别,在精彩纷呈的同时,又预示了百花散尽后的凋零。

　　在三种佛教文化体系中,佛弟子为了系统讲解这三法门,形成了各种各样的道次第。久负盛名的如,南传佛教觉音尊者著的《清静道论》,汉传佛教永嘉玄觉大师著的《永嘉集》和《永嘉证道歌》,藏传佛教宗喀巴大师著的《菩提道次第论》和《密宗道次第论》。

　　大乘佛法,在印度形成中观和唯识两大系。

　　中观在汉传佛教和藏传佛教中形成两种特色,汉传源于早、中期印度中观,藏传源于中、晚期印度中观。汉传以龙树菩萨的三论(《十二门论》、《中观论》、《大智度论》)为核心,藏传以龙树菩萨《中观论》、寂天菩萨《入菩萨行论》、月称菩萨《入中论》为核心。两者大同而小异,大同在于明二谛而入不二法门,行中道而证佛果;小异在于对二谛、不二法门、中道等的诠释上各有特色。

　　就两派中观的直接比较,可以从"法"的异同上有许多发现,但无法在"道"的显现上有更多的贡献。这在许多的辩论中表现出来,从大乘和尚与莲花戒为开端,直到民国、现在的一些论著中,依然有许多这类话题的资料。但问题是,"道隐于小成,言隐于荣华,……则莫若以明"(《庄子·齐物论第二》),在《圆觉经·金刚藏菩萨章》中,佛明确地讲道:"善男子,有作思唯从有心起,皆是六尘妄想缘气,非实心体,已如空华。用此思唯辨于佛境,犹如空华复结空果,辗转妄想,无有是处。"

为了"道"的显现,必须把握佛教的根本任务,即灭除烦恼障与所执障;再把握佛陀交给我们的根本方法,在实际生活中去实践;对二障,由不明到认明,从认明到降服,从降服到灭除,从灭除到空无痕迹。减少不必要的学究式争论,促进佛教的健康发展。

本文旨在以"道"的显现为核心,参照菩提、解脱、法身三道的理趣,理清由二谛而入不二法门,行中道而证佛果中的一些关键问题,方便自己的修学,但愿对同道有所参考。

一

人的烦恼,从观念上讲,源于无知;从行为上讲,源于爱欲。

见惑,是众生的错误见解,是六道轮回的根本,也是求证般若智慧的障碍。见惑主要指见道所要破除的烦恼:如身见、边见、邪见、见取见、戒禁取见所谓五见。

龙树菩萨在中观宗的代表作《中观论》中开宗明义讲道:"善灭诸戏论",即以灭邪见为主,也就是先解决思想问题,端正观念。《大智度论》认为,菩萨摩诃萨应该杜绝17种戏论:观色若常若无常,是为戏论;观受想行识若常若无常,是为戏论;观色若苦若乐,受想行识若苦若乐,是为戏论;观色若我若非我,受想行识若我若非我,色若寂灭若不寂灭,受想行识若寂灭若不寂灭,是为戏论;苦圣谛应见,集圣谛应断,灭圣谛应证,道圣谛应修,是为戏论;应修四禅四无量心四无色定,是为戏论;应修四念处四正勤四如意足五根五力七觉分八圣道分,是为戏论;应修空解脱门无相解脱门无作解脱门,是为戏论;应修八背舍九次第定,是为戏论;当过须陀洹果斯陀含果阿那含果阿罗汉果辟支佛道,是为戏论;当具足菩萨十地,是为戏论;当入菩萨位,是为戏论;当净佛国土,是为戏论;当成就众生,是为戏论;当生佛十力四无所畏四无碍智十八不共法,是为戏论;当得一切种智,是为戏论;当断一切烦恼习,是为戏论。在《中论》开头归敬颂中,龙树菩萨则将戏论归为生灭、断常、一异、来出等八种"边见";在《中论·观法品》分戏论为爱论与见论两种。"爱论谓于一切法取着之心,见论谓于一切法作决定解。钝根者起爱论,利根者起见论;在家者起爱论,出家者起见论;天魔起爱论,外道起见论;凡夫起爱论,二乘起见论。"

在小乘,说三界见惑共有八十八种,称为见惑八十八使。其中贪、瞋、痴、慢四种惑与修惑相通。

在大乘唯识宗,以受"邪师"、"邪教"影响而后天产生的烦恼(分别起),称见惑,三界共有112种(见《俱舍论》卷十九、《成唯识论》卷六等)。欲界之四谛下各有贪、瞋、痴、慢、疑、身见、边见、邪见、见取见、戒禁取见十惑,共为四十惑;色界、无色界各四谛下各除瞋而为五惑,合为十惑,三界合计十六惑。见思二种,总计128根本烦恼(见《俱舍论》)。

从根本上讲,见惑,来自于对"我"的执著。有了"我",就有了"我"与"他"之间的对待,便衍化出许许多多坚固的执著,执著的满足与不能满足,产生无尽的痛苦烦恼。

由以上比较可知,断除见惑的根本任务是破除我执。我执,在生命体上,是我执;在非生命体上,表现为法执。总之,是在所观境上的实有执。

二

事物本身是一回事,在事物上所生的执著观念是另一回事。

事物本身,依佛教讲,在缘生缘灭的变异中相续不断;而人们附加在事物上的各种执著观念,则是"情有理无"的。

面对事物本身在缘生缘灭的变异中的相续不断,人们附加在事物上的各种执著观念,凡夫认为"有",善观缘起的佛陀及其弟子认为没有,认为是"空"的。因为,凡夫的各种观念不正确,妨碍了对万法缘起的认知,因此,必须去除。

青目《中论释》说:"世俗谛者,一切法性空,而世间颠倒故,生虚妄法,于世间是实;诸贤圣知其颠倒性故,知一切法皆空无生,于圣人是第一义谛。"这是说:世界上的一切事物,本来是空无自性的,而凡人不认识这种真理,对世间事物做了各种各样虚妄颠倒的认识,根源在于认为世界上的一切事物都是实有的,这就叫俗谛。佛教圣人(解脱者)否认这种颠倒了的认识,认为世界上的一切事物都是缘生缘灭、念念变异的,是空无自性的,这种认识就叫做第一义谛。

《摩诃般若波罗蜜经》卷二十二中说:"佛言,菩萨摩诃萨以世谛故,示众生若有若无,非以第一义。世尊,世谛第一义谛有异耶?须菩提,世谛第一义谛无异也。何以故?世谛如,即是第一义谛如,以众生不知不见是如故,菩萨摩诃萨以世谛示若有若无。"

佛陀和佛弟子为了让人们正确认识佛教,常用二谛说法,在比较中说明佛理。《中论·观四谛品》曰:"诸佛依二谛为众生说法,以一世俗谛,二第一义谛。"《百论》曰:"诸佛说法常依俗谛、第一义谛。"《大智度论》卷三十八曰:"佛法中有二谛:一者世谛,二者第一义谛。为世谛故说有众生,为第一义谛故说众生无所有。"

凡夫受凡夫观念的制约,很难真正明了二谛。因为,不论佛说什么,凡夫都会用自己的知见去把握。反过来讲,凡夫用凡夫的观念理解的佛法真理都是世俗层面的,不是真正的佛法。因此,佛在《入二谛经》中直接讲述了凡夫语境中,第一义谛具有不可言说性:"天子!若胜义中,真胜义谛是身、语、意所行境性者,则彼不入胜义谛数,成世俗谛性。天子!于胜义中,真胜义谛超出一切言说,无有差别,不生不灭,离于能说、所说,能知、所知。天子!真胜义谛超过具一切胜相一切智境,非如所言真胜义谛。一切诸法皆是虚妄欺诳之法。天子!真胜义谛不能显示,何以故?以一切能说、所说、为谁说等法,于胜义中皆是无生,诸无生法不能宣说无生之法。"由此可知,真胜义谛的"身、语、意所行境性",即对佛教真胜义谛,用世俗的言语、动作、思考,是相似的,因此是世俗谛;而真正的胜义谛,"超出一切言说,无有差别,不生不灭,离于能说、所说,能知、所知",即只有去掉凡夫的一切观念和思考,破除能说所说、能知所知二元对待,才能在万法的缘生缘灭中得到呈现。

如《摩诃般若波罗蜜经》二十五卷说:"第一义相者,无作、无为、无生、无相、无说,是名第一义,亦名性空,亦名诸佛道。是中不得众生,乃至不得知者、见者,不得色、受、想、行、识,乃至不得八十随形好。何以故?菩萨摩诃萨非为道法故求阿耨多罗三藐三菩提。是性空,前际亦是性空,后际亦是性空,中际亦是性空。常性空,无不性空时。"

第一义谛,是破除一切凡夫的错误知见后,万法缘起的呈现,故无法用时间的语言去表述与议论。《摩诃般若波罗蜜经》卷二十六中说:"最第一义过一切语言、论议、音声。"正因为如此,龙树菩萨用了否定形式,去掉众生的一切边见和邪执,使胜义谛得到呈现。《中论·观因缘品》将一切边见和邪执归为四对八类:生与灭、常与断、一与异、来与去。龙树菩萨对这八个边见一一否定,"不生亦不灭,不常亦不断,不一亦不异,不来亦不去",直接用了否定形式,使宇宙万有的真实相得到呈现,而获得生命的自在,从而在实际生活中做到心"无所得",没有执著,进入解脱境界。

本来,众生生活在种种思考、情感的束缚之中,苦不堪言,解脱苦难,就得破除束缚,但是,看了龙树菩萨的讲解,放弃对生与灭、常与断、一与异、来与去等边见的执著,同时认为只有"不生亦不灭,不常亦不断,不一亦不异,不来亦不去"是对的,又生执著,就像执药成病一样,使得用否定方式得到解脱的目的落空。所以,汉传佛教的祖师大德就采用了四分法进行讲解,成为四重二谛,以期破尽凡夫的一切执著而获解脱。

三论宗的四重二谛,是就真俗二谛所含有空、二不二、非二非不二等意义互相对比而立论,从粗到细,立为四重。慈恩宗的四重二谛,则是于胜义(真)、世俗(俗)二谛各分四种,从浅到深,合为八谛。此外,天台宗对真俗二谛,依藏、通、别、圆四教来说,也可以说是四重二谛。

如三论宗嘉祥大师吉藏(549—623)在《中论疏》(卷二)中说,为破众生四病所以说这四重:第一重明于凡夫是有,叫做世(俗)谛;于圣人是空,叫做第一义(真)谛。第二重明为破有,所以说空;诸法不曾是有,也不曾是空,空有都出于世俗的情虑,所以都是世谛;了知不曾是空,也不曾是有,叫做真谛。第三重是破空有所以说非空非有,既不曾是空是有,又何曾是非空非有,所以空有非空非有、二不二都是世谛;非空非有、非不空非不有才是真谛。第四重是说四句是俗谛,非四句才是真谛。

慈恩宗窥基法师(632—682)综合《瑜伽师地论》(卷六十四)、《显扬圣教论》(卷六)所说四种世俗及《成唯识论》(卷九)所说四种胜义的义理,在所撰《大乘法苑义林章》(卷二)"二谛义"中,依世俗、胜义二谛有无、事理、浅深、诠旨等义的分别,把它各开作四重,其中世俗谛四重是:(1)世间世俗谛;(2)道理世俗谛;(3)证得世俗谛;(4)胜义世俗谛。胜义谛四重是:(1)世间胜义谛;(2)道理胜义谛;(3)证得胜义谛;(4)胜义胜义谛。

藏传佛教依然遵守中观宗的旧路，以执著到否定的方式讲解二谛。如宗喀巴大师的《道次》，就以破"生"为核心，即破除自生、他生、公生、无因生四种执著，使"无生"的缘起法得以呈现，在依次破除灭、常、断、一、异、来、去的执著后，深明万法缘起，破尽一切凡夫观念与执著，修菩提道。

总之，中观宗用否定方式断除在万法上的一切实执，当实执断除时，否定后的空执也会逐渐而除，犹如"两木相因，火起木尽"，两段木头摩擦起火，终会被彼此烧尽无余。断除实有的执著之后，无实的执著也逐渐消失，最终灭尽一切分别念头。这就是所谓的大空性，没有边执的中道（大空性境界）。在没有边执的中道上自利利他，"直心是道场"，直至一切众生离苦得乐，终到证得佛果。

三

本来，自然界的一切物和人为的一切法都是缘起的存在，如树的生长，离不开土、肥、水、种、阳光、空气等缘；一座房室的建成，离不开砖、瓦、木、石、人工等缘。砖、瓦、木、石等缘各有自相而无真实的体性，把它们合起来便成为一栋房子。随着时间的迁流，它不断变异，待到众缘瓦解时终归坏灭，这就叫缘聚则生，缘散则灭。

一切凡夫受到知见、经验的束缚，不能彻底认识宇宙万有缘聚则生、缘散则灭的本质，执于生、灭、常、断、一、异、来、去等错误的观念，苦恼不已，生活在三苦八难之中，无法解除。相反，佛教认为，破除了生、灭、常、断、一、异、来、去等错误的观念，深观缘起法就能够获得自在。

正因为如此，佛教不是就二谛讲二谛，讲二谛的目的是破妄现真，进而离苦得乐。《大品般若经·具足品》云："菩萨住二谛，为众生说法，为著有者说空，为著空者说有。"执有是妄，执空也是妄。佛菩萨用否定的方法，目的是破除凡夫的各种妄想。

没有了妄想，也就没有一切人我、是非等对待分别，才能见到宇宙、生命的真实相，称为诸法实相。实相本体，没有二元对待，平等不二，叫做不二。学佛的人，悟入这平等不二的性体，叫"入不二法门"。这时，能与所，不是对立，而是互为缘起，能是所的能，所是能的所。若说一，是平等性，是"体"；若说二，是差别性，是"用"。一与二，平等与差别，正是体与用的关系，是二而不二的。

不二法门是佛法微妙的象征，是绝思议、无分别的一实之理，高于其他种种法门。

《维摩经·入不二法门品》记载，从德守到乐实，31位菩萨举了31对对立的概念：我我所、受不受、垢净、动念无念、一相无相、菩萨心声闻心、善不善、罪福、有漏无漏、有为无为、世间出世间、生死涅槃、尽不尽、我无我、明无明、色色空、四种异空种异、眼色、布施回向一切智、空无相无作、佛法众、身身灭、身口意无作相、福行罪行不动行、我起我实相、有所得相、无所得、暗与明、乐涅槃不乐世间、正道邪道、实不实。

众菩萨认为，消灭了这些对立面，深明对立法互为缘起的道理，即可入不二法门。

文殊师利最后总结说："如我意者，于一切法，无言无说，无示无识，离诸问答，是为入不二法门。"没有了对立面,否定了凡夫的一切执著,自然是超言说、超思虑的。

但是,对这种否定境界的表述,仍然是一种言说,因此,当文殊师利问维摩诘:"'我等各自说已,仁者当说何等是菩萨入不二法门?'时维摩诘默然无言。文殊师利叹曰:'善哉!善哉!乃至无有文字语言,是真入不二法门。'"文殊师利的赞叹,使维摩诘默然的意蕴彰显出来,不二法门超越主客二分模式,超越善恶的道德界定,超越有无的区隔,超越色空的分野。不二法门就是超越"分别识",分别识是二,般若智是不二,是达到彼岸的大智慧。不二法门,既超越"有"的肯定,又超越"无"的否定,是对逻辑关系的彻底超越。

前面 31 位菩萨把二种对立的知见,通过观察缘起,合二为一,用消除对立来入不二法门,这属于"以言遣言"的境界,当然可以用肯定的方式来说明;文殊师利比他们要高出一等,达到无言遣言的境界,但依然可以用否定的方式加以表述,这就像用扫帚扫灰尘,灰尘虽去,扫的痕迹犹在。唯有维摩默然,连否定也去掉,无法用言语思维来表述,真正进入超言语、超思维的不可思议境界,这才是不二法门的最高境界。

四

虽然维摩默然,已经达到了不二法门的最高境界,但依然有这一"默然"的表述,不仅一生补处的文殊师利看得了了分明,就是其他境界比较低的 31 位菩萨也心领神会,依然有迹可循,并非究竟。只有连这一"默然"也去掉,才能够进入佛教的究竟境界——佛地。

入不二法门进入菩萨初地,入圣位;从入不二法门到"默然"境界为有学地,"默然"境界是菩萨第八不动地;从"默然"境界到究竟境界,是无学地。从入不二法门到究竟的佛地,统称为中道。

《大智度论》卷四十三:"常是一边,断是一边,离是两边行中道。"又"诸法有是一边,诸法无是一边,离是两边行中道"。《大宝积经》卷一一二:"常是一边,无常是一边,常无常是中,无色无形,无明无知,是名中道诸法实观;我是一边,无我是一边,我无我是中,无色无形,无明无知,是名中道诸法实观。"同经卷五:"若说有边则无有中,若说有中则无有边,所言中者,非有非无。"

小乘经典所说,多以远离外道凡夫苦乐二边行之真正行法为中道,而其真正行法即佛所说的八正道,以远离边邪,使行者产生眼智明觉,乃至到达涅槃。《过去现在因果经》谓:"尔时世尊,语憍陈如言,……形在苦者,心则恼乱,身在乐者,情则乐著,是以苦乐,两非道因。譬如钻火,浇之以水,则必无有破暗之照,钻智慧火,亦复如是。有苦乐水,慧光不生,以不生故,不能灭于生死黑障。今者若能舍弃苦乐,行于中道,心则寂定,堪能修彼八正圣道,离于生老病死之患。"《中阿含·罗摩经》:"有二边行,诸为道者所不当学,……舍此二边,有取中道,成眼成智、成就于定而得自在,趣智、趣觉、趣于涅槃,谓八正道。"《杂阿含》卷十二所述,以脱离断、常二见,正确了解十二因缘为中道。

即以世间为有或无,皆是边见,认为先来有我是常见,从今断灭是断见,均非中正之道。在一切法之中,此有故彼有,因此世间无'无';此灭故彼灭,因此世间无'有'。如是远离有无断常的偏见,如实观十二因缘法,即谓住于中道正见。

唯识宗的根本经典《解深密经》以远离有、空二边,而完全彰显非有非空的中道真理之教,称为中道了义教;偏于有、空之教,称为不了义教。中道了义教包括三个层面:(1)凡夫所执有情实体生命之我与构成万有要素之法为实在,皆因迷情之妄执所致,故是"情有理无"。(2)万有为因缘之假和合,系由阿赖耶识所变现,即识是"理有情无"。(3)万有无固定之自性,是为空,故能自在变现,即空是"真空妙有"。依此,宇宙的真相即以"非有非无"(非有非空)的中道把握之,作此主张者称为中道了义教。

大乘中观派以般若波罗蜜为根本立场,以远离一切执著、分别,于一切法无所得为中道。据《中论·观因缘品》,缘起之理法是打破生、灭、断、常、一、异、去、来八种邪见,而阐明空之真理;万有以顺此缘起道理而存在,故离八邪,本无实体,不为执著。如此,离八邪而住于无得正观,称为中道,此即八不中道。

体认中道,就是看到万法真相、生起般若智慧,不再执迷于错误的认知;实践中道,就是将生活建立在万法真相之上,扭转偏离中道的身口意三业,回归八正道、六波罗蜜的中道正行。

只有依据这"无执、无滞"的空性智慧,清除内在的阴影、激情、臆测、成见,去除不合乎中道的不良习惯,才能恰如其分地处理眼前的事情。这就是顺于中道正法的正行与正业,这是一条不断提高生活质量的过程。

在这一过程中,有各种偏差,需要时时提醒自己,也就是"善护念"。如《大智度论》卷八十说:"若人但观毕竟空,多堕断灭边;若观有,多堕常边。……离二边故,假名为中道。"毕竟空与缘起有,哪里会堕于一边?但由于无量习气的不良影响,往往会偏离中道。

智者大师在《摩诃止观》卷四、卷六讲道,修空观,破见思惑,证一切智。一切智是声闻缘觉,知一切法总相之智,总相即是空相,证此智即成如实觉了的般若德。修假观,破尘沙惑,证道种智,道种智是菩萨知一切道法差别相之智,证此智即成离缚自在的解脱德。修中观,破无明惑,证一切种智,一切种智,是佛通达诸法总相别相,化道断惑之智,合一切智及道种智二者,故名一切种智,证此智即成常住不灭的法身德(若以三惑对配二障,则见思惑相当于烦恼障,尘沙惑、无明惑即相当于所知障)。

由这些精辟的论述可知,修中道实相观,在修行的方法上是最上乘止观法门。

修中道实相观,目的在破除我法二执,得究竟涅槃。破除我法二执,证我法二空,是入中道的关键。我空,就是补特伽罗无我。我空是观没有常一、主宰的"我"的正见,也就是说有情不过是五蕴假和合的。如果对每一蕴详细地观察,就不难知道,无非是生灭变化之法了。法空就是法无我,这是观五蕴的每一法体,都无坚实自性的正见,五蕴的任何一法,都是缘生。我法二执遣除之后,所显出来的二空真如之理,这就是中道修证的最高境界。

一般人总是执我计法,随起二障,沉沦生死,不能证悟,佛菩萨慈愍迷谬的众生,令他们破除虚妄的我执、法执,断除烦恼障、所知障,究竟证得我法二空。所以,一切佛法以此为归。

真正的禅宗与密宗,正是遵循这一路线。

在禅宗,东土初祖达摩示杨衒之的偈中说:"亦不睹恶而生嫌,亦不观善而勤措,亦不舍智而近愚,亦不抛迷而就悟。"如此修持,平等心现前,则自然可以认识我法二执的虚妄,不断清静三业,入于中道实相观。三祖僧璨《信心铭》说:"至道无难,唯嫌拣择。""拣择"即是执著分别,"泯除拣择"是遣除一切法上的执著心,当然包括我法二执。破除虚妄的我执、法执,才能认识佛祖大义,是本来平等,无阶级、无差别,生命的存在原来是这样的自由自在。四祖道信请求三祖僧璨给自己指出一条解脱法门时,僧璨问:"谁缚你?"道信说:"没有人缚我呀!"僧璨当即为他指示道:"既然谁也没有绑住你,那你就是已经解脱,为什么还要求解脱法门呢?"道信言下大悟。在禅宗门下,佛法本来如此简单,如此直接,如此斩钉截铁。

东密真言宗,从空不空的事上证理趣般若之不空,为秘密禅。由般若理趣衍出的两部大法是二而不二。胎藏界即实相般若,金刚界即观照般若。实相般若与观照般若无形无相,证悟实相般若与观照般若的菩提心,自然没有形相可得,行愿菩提心、胜义菩提心、三摩地菩提心,莫不成就于般若。由此可以说,菩提心即是般若。因此,真言宗以般若为根本,即所谓"发心便成正觉",一切如来妙圆觉心本无任何可以观察的行相,破除二障,有菩提及涅槃等方便名相。

在藏密,完全遵循《大毗卢遮那成佛神变加持经·入真言门住心品》中"菩提为因,大悲为根,方便为究竟"的法则与次第,大瑜伽部和无上密部中更加展现了"方便为究竟"的旨趣。最有代表性的五部无上密,顶轮密集金刚表示身业离障清静,喉轮幻化王金刚表示语业(口业)离障清静,心轮喜金刚表示意业离障清静,脐轮胜乐金刚表示身、口、意三业离障清静,生殖轮大威德金刚表示生理、事业、功德离障清静。噶举派的无上大法《恒河大手印》中明确讲解:"妙明心亦离诸色,善恶白黑不能染。"(胡之真译)贡噶上师解释说:"此颂以虚空喻真心(妙明心),明其原不受任何之色染。所谓一切色者,此中但指形色与显色。形色为大小长短方圆等,显色为蓝、绿、红、黄、黑、白诸种色。吾人见此界之天空,当其明净时,唯觉其呈现一种所谓天蓝色者,则因如《对法论》所说。此一天下,须弥山南,皆为吠琉璃色所映显,即此天青之蓝色。实则虚空者,不唯不可言其具任何色,并且不可执计其具何颜色。终于在某种因缘生起时,假现何色,但真空固无任何之色相。假有之色,自未尝染污此虚空。如是,善恶之白黑等业,实不能染污此真心,与此正同。此心之如来藏性,如如常住,在凡未灭,在圣未增,即是此理。"宁玛宗讲解的无上密法大圆满也是如此,如夏嘎巴《光明大圆满直断见歌——速证地道具妙力大鹏展翅》:"虽现自性本来为空性,犹如空中彩虹水中月,证悟现空无二瑜伽士,轮涅诸法即是幻化戏,观看现空无二戏剧时,内心不变瑜伽士安乐。"

只是具体的修持方法,由于各个宗派的传承有差异和一些特殊诀窍,形成不同的特色。

五

不可否认的是,各个宗派在具体的传授过程中,由于传法人与学法人智慧的差异,有时将简单问题复杂化、有时将复杂问题简单化,有时将关键问题忽略,有时将细节不断扩大,致使越到后来,问题越多。只有回归到问题的根本进行梳理演变与变异的过程,才能让成佛之道的关键凸显出来,更加有利于后来的佛弟子。

缘起,佛教的灵魂;对缘起法的观修,是菩提道的核心。《中论·观因缘品》:"佛告须菩提,菩萨坐道场时,观十二因缘,如虚空不可尽。"

最后,让我们记住两首偈:

1. 诸法因缘生,亦从因缘灭,我佛大沙门,常作如是说!（南传律藏犍度《大品 Mahavagga》）

2. 众缘所生法,我说即是空。亦为是假名,亦是中道义。（龙树《中观论》）

参考文献:

[1] 《大般若波罗蜜多经》,四川省宗教文化经济交流服务中心出品。

[2] 《大智度论》,虚云印经功德藏版 2006 年版。

[3] 吉藏:《中论·百论·十二门论·三论玄义疏合》,福建莆田广化寺佛经流通处出版,2000 年。

[4] 《宗喀巴大师集》,民族出版社 2001 年版。

（谢增虎:甘肃省社会科学院哲学所副研究员）

三昧水忏的肉食观

——兼论与梁武帝的肉食观关系

黄夏年

公元 512 年,梁武帝以生死临诀的气概,向天下臣民下了一道《断酒肉文》圣旨。他宣布:"弟子萧衍,又敬白大德僧尼诸义学者一切寺官,弟子萧衍于十方一切诸佛前,于十方一切尊法前,于十方一切圣僧前,与诸僧尼共申约誓:今日僧众还寺已后,各个检勒使依佛教,若复饮酒噉肉不如法者,弟子当依王法治问。"①此诏颁布以后,就一直成为中国佛教界奉行的基本戒条,迄今为止,已经奉行了约 1500 年。这份历史上时间最有效,并且最长的诏文,深刻地改变了中国大乘佛教的性格,而且也深深地影响了东亚民间佛教信仰。

一、印度佛教的肉食观

印度是一个古老的宗教大国,在最早出现的婆罗门教三大纲领中,就有婆罗门至上、祭祀万能的说法。婆罗门是专门从事宗教活动的祭师,主法有关祭祀的礼仪。佛教经典记载,"婆罗门言:我所封村人有做贼者,伺察所得。将诣我所,语我言:此人为贼,唯愿治之。我勒左右收缚此人,生剥其皮,求其识神,而都不见。又勒左右脔割其肉,以求识神,又复不见。又勒左右截其筋、脉、骨间求神,又复不见。又勒左右打骨出髓,髓中求神,又复不见。迦叶,我以此缘,知无他世。"②这是一个求神祭祀断案的例子。这位婆罗门断案,不是从事实出发,而是幻想从人的皮肉骨中间来求神识而了断,但是最终也没有找出。从现在看来,这种方法未免有些残酷,将人肉"脔割",也是原始宗教的一种最朴素的做法,反映了人类早期的心灵认识的能力。

佛教是反对这种祭祀方式的。释迦牟尼明确批评这种做法。他说:"菩萨不与国王若世俗城郭聚落会人从事,不与盗贼若军师兵刃从事,不与男子女人从事,不与余道人若祠祀诸鬼神酒肉谷食从事,不与香及烧香若缯彩利业调戏从事,不与海中若诸所欲从事,不与弊恶无反复好斗乱人者从事,但与深般若波罗蜜从事。"③这里的"道人"

---

① 《广弘明集慈济篇序》卷二十六。
② 《佛说长阿含经》卷七。
③ 《道行般若经》卷六。

就是指婆罗门教的祭司，"祠祀诸鬼神酒肉谷食"就是指具体的祭祀活动。佛陀在这里明确反对婆罗门祭祀活动，要弟子们"与深般若波罗蜜从事"。"深般若波罗蜜"，就是大乘佛教的"六度"，亦即一布施、二持戒、三忍辱、四精进、五禅定、六智慧之六法，释迦牟尼欲以此"六度"将佛教与婆罗门的祭祀区别开来。

检索大藏经，关于肉食的条目达到两万余条，虽然里面的说法不一，但是主旨精神不变，这就是佛教是反对肉食的，特别是外道的肉食观。经中记载："佛在舍卫城，尔时众多比丘，不乐修梵行，共作是语：佛法出家甚为大苦，我等当共行白衣仪法、外道仪法，行白衣事、外道事时亦入村，非时亦入村，行杀盗淫饮酒食肉，昼夜观伎歌谣自娱，数作是语，无有惭愧。时有持戒比丘少欲知足，种种呵责已，将至佛所，以事白佛，佛以是事，集比丘僧，问言：汝实尔不？答言：实尔，世尊。佛种种呵责，汝等不应共作是语，行外道仪法、白衣仪法，若言行外道仪法，语语偷罗遮，白衣仪法突吉罗。"①"外道"是指佛教以外的各种宗教徒，包括婆罗门教等其他的宗教。"白衣"通常是指俗人，因为俗人生活可以不受戒律影响。从这里可以看出，佛陀反对弟子"饮酒食肉"是从祭祀与世俗生活的角度考虑的，他怕这些不良习惯污染了佛教的清净特点。"白衣"有时也在汉译佛典里面指着那教徒，该教以裸形和严格苦修为其特点。佛经记载："佛告梵志：汝所行者皆为卑陋。离服裸形，以手障蔽，不受瓨食，不受盂食，不受两壁中间食，不受二人中间食，不受两刀中间食，不受两盂中间食，不受共食家食，不受怀妊家食。见狗在门则不受其食，不受多蝇家食，不受请食。他言先识则不受其食，不食鱼，不食肉，不饮酒，不两器食，一餐一咽至七餐止，受人益食，不过七益。或一日一食，或二日、三日、四日、五日、六日、七日一食，或复食果，或复食莠，或食饭汁，或食麻米，或食穄稻，或食牛粪，或食鹿粪，或食树根、枝叶、果实，或食自落果。"②"梵志"是外道，这里指的就是严格苦修的"裸形外道"，亦即耆那教徒。他们制订的规矩甚多，不食鱼肉的素食是其特点之一。③ 耆那教徒要经受忍饥挨

---

① 《弥沙塞部和酰五分律》卷一。

② 《佛说长阿含经》卷八。

③ 《佛说长阿含经》卷十一云："善宿白佛言：彼是罗汉，何缘乃有此嫉恚心？我时答曰：愚人，罗汉何缘有嫉恚心。非我罗汉有嫉恚心，汝今自谓彼是罗汉。彼有七苦行，长夜执持。何谓七？ 一尽形寿不着衣裳，二尽形寿不饮酒食肉，而不食饭及与麨面。三尽形寿不犯梵行。四尽形寿毗舍离有四石塔。东名忧园塔，南名象塔，西名多子塔，北名七聚塔。尽形不离四塔，为四苦行。而彼后当犯此七苦行已。于毗舍城城外命终，譬如野干疥癫衰病，死丘冢间。彼尼乾子亦复如是。自为禁法，后尽犯之。本自誓言，尽形不着衣服，后还着衣。本自誓言，尽形寿不饮酒噉肉，不食饭及麨面，而后尽食。本自誓言，不犯梵行，而后亦犯。本言不越四塔，东忧园塔、南象塔、西多子塔、北七聚塔，今尽远离不复亲近。彼人自造此七誓已，出毗舍离城，冢间命终。佛告善宿曰：愚人，汝不信我言。汝自往观，自当知耳。佛告梵志：一时，比丘善宿着衣持钵，入城乞食。乞食已，还出城，于空冢间见尼乾子于彼命终。见已，来至我所，头面礼足，在一面坐。不以此事而语我言：梵志，当知我尔时语善宿曰：云何？ 善宿，我先所记，尼乾子如我语不？ 对曰：如是。如世尊言。梵志，当知我与善宿现神通证，而彼言，世尊不为我现。又一时我在冥宁国白土之邑，时有尼乾子，名究罗帝，在白土住，人所宗敬，名称远闻，多得利养。时，我着衣持钵，入城乞食。时善宿比丘随我后行，见究罗帝尼乾子在粪堆上伏舐糠糟。梵志，当知时善宿比丘见此尼乾子在粪堆上伏舐糠糟已，作是念言：世间诸有阿罗汉，向阿罗汉道者无有及此。此尼乾子其道最胜，所以者何？ 此人苦行乃能如是。除舍憍慢，于粪堆上伏舐糠糟……""尼乾子"全名"尼乾陀若提子"，与佛陀同时代人，是耆那教的创始人。这一段经文，非常形象地说明了耆那教的修行特点，可供参考。

饿和遵行素食的戒条而清修,我们从中也可以看到,在古代印度,各种宗教都有自己不同的饮食戒条与习惯做法。

佛陀创教,规定出家人过着托钵乞讨生活。居士家庭给什么就吃什么。经载"诸比丘谓已是足食,不敢复食,以是白佛。佛言:此不名为足食。有五种食,名为足食。饭、干饭、饼、麨、鱼、肉。于此五食,一一食中有五事,名为足食。"①经中又载:"佛在波罗奈国。尔时五比丘,到佛所头面礼足,白佛言:世尊,我等当于何食?佛言:听汝等乞食。复白佛言,当用何器?佛言:听用钵。时诸比丘乞得粳米饭不敢受,以是白佛。佛言:听随意受食。时诸比丘乞,或得种种饭,或得种种饼,或得种种麨,或得种种熟麦豆,或得种种烧麦及糯米,或得种种羹,或得种种苦酒及酱,或得种种盐,或得种种肉,或得种种鱼,或得种种奶酪,或得种种菜,或得种种根藕根等,或得种种茎甘蔗等,或得种种果庵罗椰子等,皆不敢受,以是白佛。佛言:皆听随意受食。"②由此可见,佛陀创教之初,对肉的饮食是没有严格规定的,只要属于有饭、干饭、饼、麨、鱼、肉五种足食范围的食品,皆可食用。有的比丘乞讨时得到肉食,向佛请益:"有诸比丘得风病,应服牛驴骆驼鳝脂,诸比丘为乞不得而得四种肥肉,以是白佛。佛言:应使净人煮,接取膏更煎。若时煮时煎时漉,非时受不得经宿服。若时煮时煎时漉时受得七日服。"③佛陀在这里强调要由"净人"来烹调,并在一定的时间内食用。佛陀之所以强调要由"净人"来烹调,是因为由不净之人所经过的食物,属于不净的食物,不符合佛教的清净宗旨,尤其违反了杀生的教义,故佛后来规定"有三种肉不得食,若见、若闻、若疑。见者,自见为己杀。闻者,从可信人闻为己杀。疑者,疑为己杀。若不见、不闻、不疑,是为净肉,听随意食。若为比丘杀,比丘及沙弥不应食,听比丘尼、式叉摩那、沙弥尼、优婆塞、优婆夷食。若为比丘尼、优婆塞、优婆夷杀,亦如之。"④

在释迦牟尼时代,佛教徒对肉食的认识,主要是从生命关怀的角度来考虑的。阿阇王不信因果,杖杀父王,后又悔悟。经中记载:"(阿阇)王白佛言:我曾诣沙门、婆罗门所问如是义。我念一时,至不兰迦叶所。问言,如人乘象马车,习于兵法,乃至种种

①　《五分律》卷七。
②　《五分律》卷二十二。
③　《五分律》卷二十二。
④　此事缘由经载如下:"佛渐游行到毘舍离,住猕猴江边重阁讲堂。有一将军名曰师子,是尼犍弟子,闻佛世尊来游此城,有大名声称号如来应供等正觉。叹言善哉,愿见如是请佛,即严驾出,遥见世尊容颜殊特犹若金山。前到佛所头面礼足,却坐一面,佛为说种种妙法乃至苦集尽道,即于座上得法眼净。即从坐起,胡跪白佛:愿佛及僧明日顾我薄食。佛默然受之。将军知佛受已,还归其家,勅市买人,此间所有死肉莫计贵贱尽皆买之。如教悉买,通夜办种种美食。晨朝敷座,自往白佛:餐具已办,唯圣知时。佛与比丘僧前后围遶往到其家,就座而坐。将军手自下食,欢喜不乱。时诸尼犍,闻师子将军请佛,及僧极设看膳,生嫉妒心,即于街巷努力唱言:师子将军叛师无义,今乃反事沙门瞿昙,手杀牛羊而以供养。诸比丘闻不敢食。师子将军胡跪白佛:此诸尼犍长夜毁佛,我今乃至绝命终不故杀,愿勅比丘勿生嫌疑,自恣饱食。佛即告诸比丘:随意饱食。食毕行水,取小床于佛前坐。佛为如前说随喜偈,从坐起去。佛以是事集比丘僧,告诸比丘:有三种肉不得食,若见、若闻、若疑。见者,自见为己杀。闻者,从可信人闻为己杀。疑者,疑为己杀。若不见、不闻、不疑,是为净肉,听随意食。若为比丘杀,比丘及沙弥不应食,听比丘尼、式叉摩那、沙弥尼、优婆塞、优婆夷食。若为比丘尼、优婆塞、优婆夷杀,亦如之。"(《五分律》卷二十二)

营生，现有果报。今此众现在修道，现得果报不？彼不兰迦叶报我言，王若自作，若教人作，斫伐残害，煮炙切割，恼乱众生，愁忧啼哭，杀生偷盗，淫逸妄语，踰墙劫夺，放火焚烧，断道为恶。大王，行如此事，非为恶也。大王，若以利剑脔割一切众生，以为肉聚，弥满世间，此非为恶，亦无罪报。于恒水南，脔割众生，亦无有恶报。于恒水北岸，为大施会，施一切众，利人等利，亦无福报。"①"不兰迦叶"是六师外道之一，又作富兰迦叶、不兰迦叶、老迦叶、布剌拏迦叶波、补剌拏迦叶波、晡剌拏迦摄波，或单称富兰那、晡剌拏，意译龟、饮光，或护光。他主张"无因论"，以"无因无缘众生有垢，无因无缘众生清净"②而为其理论特点，故"于恒水南脔割众生亦无有恶报，于恒水北岸为大施会，施一切众，利人等利，亦无福报"。这里的作恶无罪报，行善无福报，杀人与布施的价值是平等的说法，在当时影响很大，"于大众中而为导首，多有知识，名称远闻，犹如大海多所容受，众所供养"③。佛陀批评这个主张，指出阿阇王"汝愚冥无识，但自悔过，汝迷于五欲乃害父王。今于贤圣法中能悔过者，即自饶益。吾愍汝故，受汝悔过"④。又说："不兰迦叶……为住诸见，为堕边际，不及佛处。为归八难，为在众劳，不信之垢，不得离生死之道。"⑤佛陀出于对生命的关怀，特地强调："如来应供等正觉，哀愍一切诸众生类，住那罗林为弥罗耆罗婆罗门及波斯匿王说言：大王，我诸弟子受非法物，无有是处。若畜金银奴婢象马牛羊鸡狗猫狸狐鼠，铜铁琉璃金银珍珠珂贝玉石珊瑚虎珀，种种杂物种种田宅种种贩卖，畜养男女积聚谷米，自熟教熟学相学呪学众鸟语，推步盈虚日月博蚀仰观历数，学结华鬘工巧木作，学书占梦六十四术，服诸消食治唇齿药，花鬘涂身谄曲徐步，现知足相而实无厌，戏笑谈话，贪味饮食鱼肉肴膳，合诸毒药合诸香油，作诸乐器革屣伞盖，竹作织作刻画文绣，服种种药合和诸香，学造王家谈语坐起言笑，宴默学作女人华严饰具，调戏语言杂色衣服造金楼阁，入酒会处及淫女家，如是种种非法之物，或作或受或持施人。如是大王，是诸像类我所不听。所以者何？此等非法，犹如草秽害善谷苗，我听苦治驱摈令出。如是说者，当知是为如来经律。魔说经律从而信者，当知是辈为随魔教。佛说经律从而信者，当知菩萨。"⑥由此可见，佛陀将"贪味饮食鱼肉肴膳"看作是一种"非法"或"不如法"的情况，不是佛教的菩萨所为。

佛陀关心生命，爱护生命，在佛教的戒律里将不杀生作为基本戒条的五戒之一，并

① 《佛说长阿含经》卷十七。
② 《佛说长阿含经》卷十七。
③ 《佛说长阿含经》卷十七。
④ 《佛说长阿含经》卷十七。
⑤ 《佛说维摩诘经》卷上。又《佛说长者音悦经》亦云："佛告阿难，昔国王者，今长者音悦是。鹦鹉者，我身是。秃枭者，今不兰迦叶是。昔嫉鹦鹉，即被毒患。今嫉如来，获痛难言。贪嫉烧身，何况苦难。所以者何？不兰迦叶诽谤如来，前后六事。何等为六？一者在于难国，兴贪嫉心，诽谤如来。二者于罗阅祇，以竹园故，诽谤如来。三者在罗阅祇，诣长者音悦家，贪其金宝，诽谤如来。四者于摩竭提界，贪于供养，诽谤如来。五者在维耶离国，贪名利养，诽谤如来。六者在舍卫国，贪于利养，及惜名称，诽谤如来。于时国王，驱逐出国。不兰迦叶六师徒等，同心说言，瞿昙实神，莫不敬重。吾等术浅，名称崩颓。处处见忽，当用活为。实时以沙，而着瓶中。自沉于水，于是寿命终，即入地狱。考治一切，苦痛无量。"
⑥ 《大般泥洹经》卷四。

写入戒律里边,五戒成为佛教徒的基本戒条。在这个思想的指导下,爱生护生成为佛教徒奉行慈悲行为的依据。像佛教里谈到的"贸肉以鸽"和"鹿王救生"的故事,无不旨在反映生命贵重与杀业残酷的事实,以此来感化现世中的众生,唤起他们对生命的呵护与慈悲心肠。因之佛陀有"沙门不得饮酒嗜肉思尝气味;不得服药酒及诣酒家;沙门不得以诸华香涂身烧熏衣服"①等说法,并将"与女人同床坐,共盘食饮噉肉歌舞伎乐。作诸鸟兽种种之声,亦作鸟兽斗争时像蒲博嬉戏倒行掷绝弹指眴眼。向于女人角戾面目吐舌张口,作如是等身口意恶"②等,看做是"破于戒见,威仪正命"③之犯戒行为,但属于犯戒的轻罪"波逸提"。④

佛陀虽然主张沙门不得"饮酒嗜肉",但是也有网开一面的特例情况。例如对有病的比丘,佛陀就认为,可以少量食一些肉食。佛教戒律经典记载,曾有居士请比丘吃饭,比丘提出要有"奶酪酥油鱼肉",居士没有买到,比丘生气倒钵而去。此事引起长老的议论,向佛请教,佛严厉呵责,规定"从今是戒,应如是说,若诸家中有如是美食奶酪酥油鱼肉,若比丘无病为己索得食者,波逸提。若为病比丘索,若从亲里家,若知识家索,皆不犯。"⑤佛陀批评比丘,一是比丘违反托钵乞讨给什么吃什么的规定,要居士为他们专门采买,违反了沙门法。二是没有起到长养善法的作用。⑥ 为此,佛陀专门制定这条制戒。虽然佛陀规定了比丘不得到居士家里索吃美食奶酪酥油鱼肉,但是同时也

---

① 《佛开解梵志阿颰经》。

② 《五分律》卷三。

③ 《五分律》卷三。

④ "波逸提"是具足戒之一。音译波夜提、贝夜提、波逸底迦,意译为"堕"。此系轻垢罪之一,若犯此戒,或舍财物、或作忏悔,自得清净。如若不然,必堕恶趣,故云堕。

⑤ 此事引文如下:佛在王舍城。尔时有诸白衣来诣僧坊,问诸比丘:僧有几人? 诸比丘言:僧有若干人。诸白衣言:我等明日尽请众僧顾临薄食。六群比丘语言:汝若与我奶酪酥油鱼肉者,当受汝请。诸人答言:当须假贷市买办之。语已,各还其家,或假贷不果,或市买不得。明日,餐具已办。唱言时到,众僧着衣持钵,往诣其家,就座而坐,行水下食。六群比丘言:何以无有奶酪酥油鱼肉? 答言:假贷不果,市买不得。六群比丘便倒钵而去。诸白衣咸作是言:此等不得美食倒钵而去,为是国王,为是大臣。夫出家者,为求解脱乞食趣足,而今云何反着美味,无沙门行,破沙门法。诸长老比丘闻,种种呵责,以是白佛。佛以是事,集比丘僧,问六群比丘:汝实尔不? 答言:实尔,世尊。佛种种呵责已,告诸比丘:今为诸比丘结戒。从今是戒,应如是说。若比丘到白衣家,求奶酪酥油鱼肉者,波逸提。后诸比丘得诸美食,不敢噉或噉已,出罪悔过,以是白佛。佛以是事,集比丘僧,告诸比丘:若不索美食,自得而噉,犯波逸提者,无有是处。从今是戒,应如是说,若比丘到诸白衣家,求如是美食奶酪酥油鱼肉,若得噉,波逸提。有诸病比丘,医教食美食。诸比丘言:佛不听我索,云何可得? 作是念,佛听我索此食者,病乃得差。以是白佛。佛以是事,集比丘僧,告诸比丘:今听病比丘索美食,从今是戒,应如是说:若诸家中有如是美食奶酪酥油鱼肉,若比丘无病为己索得食者,波逸提。为病比丘索,若从亲里家,若知识家索,皆不犯。(《五分律》卷八)

⑥ 时六群比丘在市中,买酥油蜜石蜜,奶酪鱼肉。种种买卖,为世人所嫌。云何沙门释子不能乞食,到诸市中买食而食,失沙门法,何道之有。诸比丘以是因缘,往白世尊。佛言:呼六群比丘来。来已,佛问六群比丘:汝实市中种种买卖,为世人所嫌耶? 答言:实尔,世尊。佛言:此是恶事,正应为世人所嫌。汝常不闻我赞叹少欲,呵责多欲耶? 此非法非律,不如佛教,不可以是长养善法。佛告诸比丘:依止舍卫城比丘,皆悉令集以十利故,为诸比丘制戒,乃至已闻者当重闻。若比丘种种买卖,尼萨耆波夜提。(《摩诃僧祇律》卷十)

特别提到,如果是有病的比丘,是允许吃一些肉的。所以,佛陀在对吃肉的问题上是按不同情况处理的,而且对吃肉的比丘的惩戒也是较轻的,更多的是要犯戒比丘进行忏悔而已。

公元 3 世纪是印度大乘佛教流行的时代。大乘佛教在教义上,讲空的般若学与讲唯识的法相学同时并举,崇拜佛陀偶像与主张行六度波罗密的利生思想并行流传,特别是以慈悲思想为代表的菩萨乘影响很大,佛教生命关怀的主张得到了加强,出现了与佛教肉食观有密切影响的三部大乘经典,这就是《大般涅槃经》、《楞伽多宝经》和《央掘魔罗经》。

当时印度佛教曾经流行布施行为,但是有的人热衷于"而乐施彼奴婢妻妾,断除肉味而乐施以肉,避酒不饮而乐劝以酒,常习时食而施以非时,离诸香华严具器物,悉以香花庄严之具而施与之"①,以此来获得大施主的名声。佛陀的弟子们对这种"得大施之名流闻天下而不舍财"②、"未曾损己一毫之费"③的行为纷纷议论,请佛陀作答。弟子迦叶提出"不食肉者而以肉施,其食肉者得无大过,岂不增长外道邪见?是故应立不食肉法"④。佛陀赞成这个观点,表示"我从今日制诸弟子不听食肉,设得余食,常当应作食子肉想。云何弟子而听食肉?诸佛所说其食肉者断大慈种"⑤。佛陀说,过去我曾经制定了听令三种净肉,这是根据当时的情况"随事渐制,故作是说"。因为有"九种受⑥,离十种肉⑦",这也是"渐制",但是现在我决定制戒不食肉了。很多人都赞美鱼肉是美食,我不以为这是美食,因为鱼肉是随顺贪欲的腥秽食物,"其食肉者,若行住坐卧一切众生见皆怖畏,闻其杀气如人食兴蕖及蒜,若入众会悉皆憎恶。其食肉者亦复如是,一切众生闻其杀气恐怖畏死,水陆空行有命之类见皆驰走。是故菩萨未曾食肉,为化众生随时现食,其实不食"⑧。所以我以甘蔗、粳米、石蜜及诸甘果作为美食。佛陀最后强调:"我从今日制诸弟子,不听食三种净肉,及离九种受十种肉,乃至自死,一不得食。"⑨《楞伽阿跋多罗宝经》卷四说:"谓一切众生从本已来,辗转因缘常为六亲。

①　《大般泥洹经》卷三。
②　《大般泥洹经》卷三。
③　《大般泥洹经》卷三。
④　《大般泥洹经》卷三。
⑤　《大般泥洹经》卷三。
⑥　《大般涅槃经集解》卷十一曰:"九种受者,昔日一往唱言,离见闻疑听食。当时虽制,而损命犹多,故第二种制,除十之外,离见、闻、疑,听食也。虽尔而伤损尚多,故第三稍令精尽。向者三事,各有前后方便。一事有三,合成九也。见中三者,谓见断命时。见牵去时,见杀后屠割时。闻中三者,闻杀时。闻牵去时,闻屠割时。疑三者,亦不离见闻也。疑此为是为我杀耶,为他杀耶,乃至前后方便亦疑也。又释疑者,如向在彼家。今于此家得内,情中生疑,为是向肉。为非向肉,亦不得噉。如前后方便生疑,悉不得噉。闻中生疑,类如前也。但见闻事异,各分为三,则成六也。二家之疑,不复分别,同是一疑耳。今常教既兴,一切悉断,此则为滞有渐,不可顿也。又一义,常果要行,事在施命,宜顿断明矣。"
⑦　《大般涅槃经》卷十八云:"或言如来不听比丘食十种肉。何等为十?人蛇象马驴狗师子猪狐猕猴,其余悉听。"
⑧　《大般泥洹经》卷三。
⑨　《大般泥洹经》卷三。

以亲想故,不应食肉。"《央掘魔罗经》卷四曰:"一切众生无始生死,生生轮转,无非父母兄弟姊妹。犹如伎儿变易无常,自肉他肉,则是一肉,是故诸佛,悉不食肉。"佛陀制断肉的律令过程,正如后人所说:"律教是一,而人取文下之旨不同。……律虽许啖三种净肉,而意实欲永断。何以知之? 先明断十种不净肉,次令食三种净肉,未令食九种净肉。如此渐制,便是意欲永断。"①

佛陀制定不食肉的戒律,应该说是很严格的规定,他推翻了过去曾经制定的佛弟子们可以听食三净肉的规定,要求弟子们彻底不得食肉,甚至一生都不能吃,连肉味也不能沾,这就将食肉提高到"断大慈种"、戒"腥秽物"与戒葱蒜等有杀气物的高度,与过去只是从生命关怀的不杀生角度相比,也就更进了一步。将不食肉提高到思想理论上的高度,更好地表现了尊重生命和佛法清净的传统。他为不食肉提供了理论支撑,成为后来中国大乘佛教饮食观的基础。此外,佛陀在全面制定不食肉戒时,还有一个更深远的考虑,这就是他担心一旦当他圆寂之后,弟子中间会出现坏法的情况,"于当来世正法坏时,于我所制法律行处,经典正论皆悉违反,各各自造经论戒律,言我戒律食肉清净是佛所说,自造颂论各相违反,皆称沙门释迦弟子"②。

二、中国传统文化中的肉食观

在中国文化传统中,食肉是中国饮食文化中的一个重要组成部分。中国人一直相信,最早的原始人就是过着茹毛饮血的生活,由于当时生产力水平低下,主要依靠狩猎来获取动物的皮毛肉血维持生存。中国古籍中记载:"民人食肉饮血衣皮毛,至于神农以为行虫走兽难以养民,乃求可食之物,尝百草之实,察酸苦之味,教民食谷。"③由是可见,中国人是在饮食植物缺乏之后,才开始从事耕种五谷、进食百草的,所以神农被后人奉为中国人改变食物结构的始祖,"神农尝百草"成为中国人的传统诠释。

中国人一直有吃什么补什么的食物观,例如吃动物的肝可以补人体的肝脏,吃心可以补心,吃血可以补血等。推而举之,吃肉的动物有野性,勇猛强悍,吃了肉食就有力气,可以战胜一切。在古代缺少高科技的情况下,人的力量是决定胜败的唯一因素,而且唯有强壮者才能战胜弱者,物竞天择的进化律是古代社会的唯一公理。也正因如此,我们的祖先非常看重饮食的作用,将食肉看做是增强力量的一个重要方式。古人曾曰:"食水者善游而耐寒,食土者无心而不息,食木者多力而不治,食草者善走而愚,食桑者有绪而蛾,食肉者勇毅而悍,食气者神明而寿,食谷者智慧而巧。"④肉食不仅是美味佳肴之一,而且是人类滋补与增强营养的主要补品。《列士传》载"孟尝君食客三

① 《广弘明集慈济篇序》卷二十六。
② 《大般涅槃经集解》卷十一。
③ 《绎史》卷四。
④ 《尚史》卷八十四。

千人,上客食肉,中客食鱼,下客食菜"①。东汉王莽不吃肉,只吃菜,皇帝着急,专门下"莽食肉诏"曰:"闻公菜食,忧民深矣。今秋幸熟,公勤于职,以时食肉,爱身为国。"②吃肉方能"爱身为国",这是皇帝的认识,也代表了传统中国人的认识。肉食在中国人的心目中有非常重要的地位,只有那些贵族与上宾才能够尽享肉食的美味,作为皇帝与贵族是体会不到穷人生活的。晋惠帝在位,"及天下荒乱,百姓饿死。帝曰:何不食肉糜?"③可见荒唐之极。因之古代中国的文化中一直有"酒池肉林"的奢侈生活写照,"朱门酒肉臭,路有冻死骨",喝酒吃肉只是一些贵族和有钱人的专利,穷人是吃不起肉的。当然吃肉也是要有讲究的,特别是病人在吃肉时,更要注意消化,《备急千金要方》卷一曰:"凡饵汤药,其粥食肉菜皆须大熟。熟即易消,与药相宜。"

在中国社会中,中国思想文化的主流一直是儒家文化,儒家强调入世的思想,在饮食观上主张重生与厚生,故"厚生者,衣帛食肉、不饥不寒之类,所以厚民之生也"④。儒家厚生,是说要开发适度,不能竭泽而渔,将所有的资源全部利用完,并把这一点提到了"王道"的高度。《孟子》曾经说过:"不违农时,谷不可胜食也。数罟洿池鱼鳖,不可胜食也。斧斤以时入山林,材木不可胜用也。谷与鱼鳖不可胜食,材木不可胜用,是使民养生丧死无憾也。养生丧死无憾,王道之始也。"⑤这就是说,生活当中要有各种搭配,不能只吃一样。既要吃谷,同时也可以适度地吃鱼鳖。这样搭配地吃,就能细水长流,生活永远不愁。这个道理对国家也是如此,所以它是"王道之始"。其实这个王道就是儒家所说的"中庸之道"而已。《孟子》又指出,"五亩之宅,树之以桑。五十者,可以衣帛矣。鸡豚狗彘之畜,无失其时,七十者可以食肉矣。百亩之田,勿夺其时,数口之家可以无饥矣。谨庠序之教申之,以孝悌之义颁白者,不负戴于道路矣。七十者,衣帛食肉,黎民不饥不寒,然而不王者未之有也。"⑥孟子说得很明白,如果国家里面七十岁的人都有肉吃,那么这个国家的国王统治是没有问题的了,符合于"王道"了,是仁政。对孟子的这段话,后人做了更进一步强调,二程就认为:"固圣人所欲,然却五十者方衣帛,七十者方食肉。如使四十者衣帛,五十者食肉,岂不更好。然力不可以给,合当衣帛食肉者便不足也,此所以伤惠。"⑦当然《孟子》也说过:"闻其声不忍食其肉,是以君子远庖厨也。"这仍然是从政治的角度来讲的,并不是从制度层面上而说的。在中国传统文化中,"食肉"也是国家的礼节之一。朝廷规定每逢丧制期间,全国不得饮酒食肉。此外,肉也是用来交易的一个方式,如孔子招收徒弟,以牛肉干作为学费。由此可见,"食肉"是中国统治阶级治理国家、完成民生的一个大计。所以历来朝廷都注意肉食的问题,并把它上升到礼制的高度。

---

① 《尚史》卷七十二。
② 《两汉诏令》卷十二。
③ 《晋书》卷四。
④ 《中庸衍义》卷十一。
⑤ 《四书章句集注·孟子集注》卷一。
⑥ 《四书章句集注·孟子集注》卷一。
⑦ 《二程遗书》卷十八。

三、慈悲三昧水忏与三障

梁武帝是中国世俗社会中的"人王",不是宗教社会里的"法王"。但是在中国社会中,皇权始终大于神权。梁武帝强调"弟子萧衍,敬白诸大德僧尼、诸义学僧尼、诸寺三官,夫匡正佛法是黑衣人事,乃非弟子白衣所急。但经教亦云:佛法寄嘱人王,是以弟子不得无言。"①因此他认为,佛法的发展,"寄嘱人王"至关重要,"匡正佛法"出家人(黑衣)有义务,但是在家人(白衣),特别是作为"人王"的佛弟子,同样有责任。《断酒肉文》的颁布就充分体现出这种中国宗教生态的特点。

但是,梁武帝除了对中国佛教做出了吃素不食肉的伟大贡献之外,还对忏仪感兴趣。现在中国佛教里最有名的"水陆法会"仪式,相传就是梁武帝在梦中得神僧的启示,醒来之后受宝志禅师的指教,本人又亲自披阅藏经三年,然后撰成仪文。天监四年(505),梁武帝在金山寺依仪修设,开水陆法会之先,经过历代佛教徒的传习,一直流传到现在。总之,忏法仪轨到现在已经发展成梁皇宝忏、水忏、大悲忏、药师忏、净土忏、地藏忏等,其中水忏又独有特色。②

水忏,又名"慈悲水忏法",是一种以水为媒介而产生的一种特殊的佛教忏法礼仪。创始者是唐知(智)玄悟达禅师。悟达,字后觉。姓陈氏,四川眉州洪雅人。7 岁开始接受佛教教育,在家乡宁夷寺向高僧法泰③学习《涅槃经》。11 岁剃发,随师到唐兴邑四安寺出家。13 岁时,知玄已经颇有名气,学业有成。在成都大慈寺普贤阁讲经,听众日计万人,蜀人尊称他为"陈菩萨"。知玄后来出四川到了中国政治经济文化中心陕西长安资圣寺,在这里敷演经论,僧俗仰观,每天到讲堂听讲的人日益增多。文宗皇帝听说后,诏知玄进宫问道,知玄的回答让文宗非常满意,时人称为"方今海内龙象非师而谁"④,给予知玄很高的评价。武宗灭佛,知玄离开长安,回到了巴岷家乡。他虽然不再穿袈裟了,但是内心仍然按照佛教的戒律生活。武宗去世,宣宗继位,佛教再次重新公开活动。知玄回到佛门,朝廷赐知玄紫袈裟,署为三教首座。广明二年春,黄巢起

---

① 《广弘明集慈济篇序》卷二十六。

② 关于水忏及其创始人悟达国师和水忏著作的来源,学术界已经早有研究。圣凯法师的文章《知玄与〈三昧水忏〉》对以往的研究做了综述,又提出了自己的新观点。圣凯法师着重考察了日本井ノ泰淳先生和盐入良道,中国周叔迦、印顺法师和业露华先生的研究成果,着重考察了水忏经典的作者和创作来源。

③ 《续高僧传》卷二十八载,"释法泰,眉州隆山县人也,俗姓吕氏。初为道士十余年,中间忽自悟,回心正觉,因即剃除。始诵《法华经》,寻即通利,乃精勤写得《法华经》一部,数有灵瑞。……泰至成都装潢(《法华经》),以檀香为轴,表带及帙并函。将还本寺别处安置,夜夜有异香。泰勤诵持一夜一遍。时彪法师彼寺讲,夜欲看读,恒嫌泰闹乱其心。自欲往请令稍下声,乃见泰前大有人众皆胡跪合掌,彪退流汗,即移所住。泰年八十终矣"。

④ 《宋高僧传》卷六《唐彭州丹景山知玄传》。

义,僖宗逃往西蜀,下诏知玄随行。僖宗对知玄是非常信任,赐其为国师。① 之后,知玄乞求归乡,恩准后住在四川彭州九陇旧庐。旧庐是现在四川省彭州市九陇镇双松村境内的三昧水忏禅寺。该寺有大雄宝殿和三昧泉,泉水汩汩由龙头嘴中流淌。可惜今年四川"五·一二"大地震将此寺震塌,正在等待恢复。据明永乐十四年的《慈悲道场水忏序》说,知玄因生疮,受别僧指点,洗疮病愈,因此创立了水忏法。知玄最后于旧庐圆寂,享年七十三。僧腊五十四。②

宋代是忏法流行的时代,特别是经过天台宗的四明知礼和慈云遵式等人的提倡,忏法一时成为佛教的主要功课。他们都认为礼忏是修习止观的重要行法,所以为了止观坐禅的需要,发展了各种忏法。"忏法度世,仗以灭罪生善。緜来尚矣。……南宋孝宗之世,左街僧录若讷,撷取《佛名经》十五卷之文,为《水忏》三卷。观夫两忏(引者按,指梁皇忏与水忏),详略虽殊,理无不该,事无不尽,无所容置喙矣。然人心轻佻,于祭祀之诚,肃敬难久。今梁忏竭蹶四日,以属倦怠,中下之家以费巨阻办。而水忏一日有拜三部者,似乎繁简未中,释禅既获退居牟尼山,止观之际,觉其根尘之宿业偏重,思欲湔洗,乃依《楞严经》,修次忏法二卷四百余拜,终日可毕,持以澡雪罪垢,楷磨灵台。"③水忏的最终形成,是在宋代云南鸡足山释禅法师的努力下完成的。金元汉地佛教依宋代制教而运转,忏法仍然是佛教界里最流行的法事之一。水忏这时已经在佛教界里有重要的影响。特别是在明代,做忏法仪式也成为僧侣的职业,出现了以赴应世俗之请而做佛事的应赴僧。朝廷将做法事的僧人称为瑜伽教僧,略称教僧,并专门在南京能仁寺开设应供道场,令京城内外大小应赴寺院僧人集中学习,做成一定佛事科仪,于洪武十六年(1383)由僧录司颁行。永乐皇帝以官方的力量,推动了水忏的普及,又把水忏的宗教功能给予了定位,将其从涤罪增福上升到净化人心的高度。到了明末清初,旧有忏法广为使用,新的忏法不断推出,水忏受到了教门重视,先后有智证录《水忏法随闻录》三卷、西宗集注《水忏法科注》三卷等。《慈悲道场水忏法科注》特意指出:"忏如浣涤,以水为名。至心顶礼,罪根清罪。灭福由生,慧昭灵觉。海性圆澄。"三

① 《大宋僧史略》卷中云:"西域之法推重其人,内外攸同,正邪俱有。昔尼犍子信婆罗门法,国王封为国师,内则学通三藏,兼达五明,举国归依。乃彰斯号,声教东渐,唯北齐有高僧法常,初演毗尼,有声邺下,后讲涅槃,并受禅数,齐王崇为国师。国师之号自常公始也。殆陈隋之代,有天台知顗禅师,为陈宣隋炀菩萨戒师,故时号国师(即无封署)。至则天朝,神秀领徒荆州,召入京师,中睿玄四朝皆为国师。后有禅门慧忠,肃代之时,入宫禁中,谈说观法,亦号国师。元和中,勅署知玄,曰悟达国师。若偏霸之国,则蜀后主赐右街僧录光业,为佑圣国师。吴越称德韶为国师。江南唐国署文遂为国大导师也(导师之名而含二义。若《法华经》中,商人白导师,言此即引路指述也。若唱导之师,此即表白也。故宋衡阳王镇江陵,因斋会无有导师,请昙光为导。及明帝设会,见光唱导称善,勅赐三衣瓶钵焉)。"

② 《佛祖统纪》卷四十一载:"开成元年正月,左街僧录内供奉三教谈论,引驾大师。悟达法师端甫右胁而灭,茶毗得舍利三百粒。师表率清众,十有一年。弟子传业者千余人。史馆修撰裴休撰碑铭焉。"又《佛祖统纪》卷四十二载:"中和元年,黄巢犯长安,自号大齐。上幸成都,诏知玄国师赴行,在所引对大悦。上自制号悟达国师。留行宫久之,辞归九陇。定中见菩萨摩顶说法,言讫即隐。俄见一珠入玄左服,隆起痛甚,上有晃错二字。玄知夙业,即右胁安卧而逝。"

③ 《依楞严究竟事忏》卷下。

卷《水忏》,每卷使用还有不同的说法,如水忏上卷通用荐亡,水忏下卷通用因果。在寺院里面,知玄被摆在了很高的位置,《百丈丛林清规证义记》卷四"百丈祖师忌"条专门谈到寺院供奉祖师的供法是:"祖堂,……(中供)忏摩宗,中志公,左悟达,右开山。"知玄与水忏在走过一千余年后,最终融入佛门,树立了自己的权威。

《舍利忏法》指出:"慈悲水忏,亦缘迦诺迦尊者,以三昧水,洗除冤业,广依大乘诸经而造,为欲释一切罪,得证菩提故。"①水忏是佛教仪轨,举行它的目的是增福去罪,净化人心。扩而论之,就是"以三昧水为濯积世怨雠"②。故"盖取三昧水洗冤业为义,命名曰水忏"③。其最基本的做法,就是以水洗濯其身,但净其心,因为水是三昧之水,由三昧之水来洗心,而生三昧之心。所以随着它的广泛使用,其仪式被赋予了更多的理论色彩。《御制水忏序》说:"所谓三昧者,正受之名也。不受诸受乃为正受,真空寂定此心不动。其要使人求之于己而已。盖人之生于世也,自非上智之资,岂能无故作误为之愆。或宿世冤业之绕,如来广慈悲之念,启忏悔之门,苟能精白一心忏悔为善,则积累罪业一旦冰释。"这是说三昧就是要生起"真空寂定"之不动心,忏悔就是取得三昧心的手段之一。其根本要义,就在于"使人求之于己而已"。从佛教的角度来看,众生所做出的罪愆皆由心所造,依心取业,所以重要是要在于自己的洗心与炼心或修心,只有自己觉悟了,才能彻底悔过,方能不再重犯,故"此三昧水忏之作,所以利于人也,其功博哉"。正如《御制水忏序》所说:"譬诸水也,身之烦而濯之无不清,衣之污而瀚之无不洁,器之秽而溉之无不净,其几不踰于方寸之间而已矣。故曰:心者身之神明,所为善则善应,所为恶则恶应,若影之随形,响之随声,其效验之捷速,不爽毫发。"正是由于水的清净性,使之能够将污秽全部洗净,放在于心上,同样也是一个洗心的过程,故有"普利将来甚盛心也,其为福德莫可涯涘"之功效。④

水忏法是消除凡夫的罪业,悔改过去所造的恶业,断绝今后再做新的恶业。从大乘佛教的观点来看,佛性清净,人人皆有佛性,皆可成佛。自性为空,罪福拣舍皆是心上安心,头上安脚,知罪为空才是最后的解脱之道。《慈悲水忏法》强调,"无始以来在凡夫地,莫问贵贱,罪自无量。或因三业而生罪,或从六根而起过,或以内心自邪思惟,或藉外境起于染着,如是乃至十恶增长,八万四千诸尘劳门。然其罪相虽复无量,大而为悟,不出有三:一者烦恼,二者是业,三者是果报。此三种法能障圣道及以人天胜妙好事,是故经中目为三障。所以诸佛菩萨,教作方便忏悔除灭。此三障者,则六根十恶,乃至八万四千诸尘劳门皆悉清净。"⑤这里指明了人人都可能有罪,不管地位高低贵贱皆不能免,而且造恶没有数量所限制的。造作罪孽,主要来自于三种情况,亦即"一者烦恼,二者是业,三者是果报"。"烦恼"、"业"、"果报"在水忏理论里面亦是影响人修行和境界提升的"三障"。其中"烦恼"属于"内心自邪思惟",亦是思想动机,因为

---

① 《舍利忏法》。

② 《御制水忏序》。

③ 《慈悲道场水忏序》。

④ 《御制水忏序》。

⑤ 《慈悲水忏法》卷上。

人有了烦恼才有贪欲,于是才会去想做一些恶业。"业"是行动,在烦恼即"内心自邪思惟"的指挥下使眼耳鼻知身意六根的行动发生了偏差,众生因此造出恶业。"果报"是结果,有什么因结什么果。正是众生有了恶业行动,才会生出恶果。所以"相着因缘生诸烦恼,烦恼因缘造诸恶业,恶业因缘故得苦果"①。烦恼→业→果报,三者形成了一条罪业的活动链,亦就将犯罪的动机、行为和结果揭示出来。

四、慈悲三昧水忏的肉食观

自从宋代忏悔流行以后,水忏因施行简便,一直成为中国佛教的日常忏法之一。到了明代,随着明太祖朱元璋对佛教的整肃,对戒律的要求更为严格。史载"大明皇帝神圣威武,驱群胡而出境,复前宋之故土。中原既平,边境亦靖,时则游神内典,思欲振之。故于今春正月望日,诏天下三宗硕德一千余员,建普度会于京之蒋寺。帝自斋戒一月,禁天下屠杀亦加之。自率文武百官诣坛设拜。"②洪武五年,朝廷发布命令,认为"僧道之教以清净为本,往往斋荐之际,男女溷杂,饮酒食肉自恣,已令有司,严加禁约。"③所以自明代以后,不管是朝廷还是佛教界,都非常重视食肉戒的执行,这时的各种忏法都把不杀生与不食肉的内容放在里面,作为忏悔的主要内容。如水陆法会仪轨里强调,"伏以阐至灵而护物,大庇乡间。昭明信以事神,聿修庙祀。念聚庐而托处,知中溜之称尊。守禁忌于方隅,……或复奸贪,则恣求血肉。此之恶习,难以尽言,是权施,则行在利他。若实报,则业招自我。"④又说"攻城掠地,喜立事功,好杀生灵。一切人伦,当愿慈爱在怀。敬重物命,渔猎屠剑,为利杀害,贩肉自活。一切人伦,当愿亟起慈心,顿抛恶业。"⑤在法会上还有"一心奉请《佛说一切智光明仙人慈心因缘不食肉经》"的内容,该经说:"斤斤食肉之戒,故是为善之初门,有缘皆悟入也。"⑥又有"一心奉请《阿难四事经》"和"一心奉请《师子素驮娑王断肉经》"等,无非强调"一慈心俯育人畜。二悲心周给贫苦。三不肉食持五戒。四敬沙门。行四事,如供佛也"⑦。在"一心奉请观世音菩萨呪肿真言曼荼罗法"里,还特意指出,"食肉其心,大肿如山,小肿如拳。唾一肿,千肿止。唾一痛,千痛死。愿令我所呪,即从如意。"⑧如此等等,不一而述。对儒家的肉食观,佛教也从自己的角度做了解释。如《孟子》所说的"七十者吃肉"的说法,佛教徒认为,"夫兽毛蚕口,害物伤慈,佛制也。必五十乃衣帛,则衣帛者鲜

① 《慈悲水忏法》卷上。
② 《明僧克勤书》。
③ 《礼部志稿》卷一。
④ 《法界圣凡水陆胜会修斋仪轨》卷五。
⑤ 《法界圣凡水陆胜会修斋仪轨》卷六。
⑥ 《法界圣凡水陆大斋法轮宝忏》。
⑦ 《水陆道场法轮宝忏卷》二。
⑧ 《水陆道场法轮宝忏卷》九。

矣。食肉者断大慈悲种子,佛制也。必七十乃食肉,则食肉者鲜矣。今孩提之童,固已重裘纯,犷卫其形,烹肥割鲜饫其口,曾不待壮,而况老乎。"①这是说,人到五十再穿衣帛,到了七十再吃肉,已经不多见了。现在的孩子,从小就要穿皮衣,要吃肥鲜的肉,但是也没有见到他们强壮了,那么对老人不也更是这样吗?由此可见,吃肉对人体并没有什么好处,只能带来坏处而已。"飡噉众生血肉,伤残无量众灵。不思万劫之殃,但顾一时之美,或现遭厄难,或后受沈沦。"②

水忏三障之中的业障,把杀业作为所有业障罪行中最严重的恶业,因为它直接涉及到生命的存在与环境的污染。因此在水忏里面,杀业这一恶行,被予以严厉的谴责。《慈悲水忏法》说:"身三业者。第一杀害,如经所明,恕己可为喻,勿杀勿行杖。虽复禽兽之殊,保命畏死,其事是一。若寻此众生,无始以来,或是我父母兄弟六亲眷属,以业因缘轮回六道,出生入死,改形易报,不复相识。而今兴害食噉其肉,伤慈之甚。是故佛言,设得余食,当如饥世,食子肉想,何况食噉此鱼肉耶。又言,为利杀众生,以财网诸肉,二俱是恶业,死堕号叫狱,故知杀害及以食噉,罪深河海,过重丘岳。然某甲等无始以来不遇善友,皆为此业,是故经言,杀害之罪,能令众生堕于地狱饿鬼受苦。若在畜生,则受虎豹豺狼鹰鹞等身,或受毒蛇蝮蝎等身常怀恶心,或受麋鹿熊罴等身常怀恐怖。若生人中得二种果报,一者多病,二者短命,杀害食噉既有如是无量种种诸恶果报,是故至诚,求哀忏悔。"③由此可以看出,水忏对杀业做了严厉的指责,指出了杀业"罪深河海,过重丘岳",最严重的后果是在杀了无辜的生命之后,不仅现世会多病和短命,而且来世还要变成畜生,受到痛苦的煎熬。水忏把三业里面的杀生列为第一,这是坚持了佛教五戒的传统,并把"噉肉"作为杀业的最主要行为而加以列出,说明水忏反对食肉的态度是非常鲜明的,并且认为食肉是杀业最主要的原因之一。

在水忏里面,对人们残害生命的行为做了多方面的描述,指出了人们的杀业既来自于生理的享受,也有人与人之间的残酷无情的竞争而成的杀业。

如以生理感受而造成的杀业有:

> 或以槛弶,坑拨弢戟,弓弩弹射飞鸟走兽之类。或以罟网罾钓,撩漉水性,鱼鳖鼋鼍,虾蚬螺蚌湿居之属,使水陆空行,藏窜无地。或畜养鸡猪牛羊犬豕鹅鸭之属,自供庖厨。或货他宰杀,使其哀声未尽,毛羽脱落,鳞甲伤毁,身首分离,骨肉消碎,剥裂屠割,炮烧煮炙,楚毒酸切,横加无辜。④

再如以残害生命杀业有:

---

① 《居士分灯录》卷上。
② 《兰盆献供仪》。
③ 《慈悲水忏法》卷中。
④ 《慈悲水忏法》卷中。

　　或堕胎破卵，毒药蛊道，伤杀众生。垦土掘地，种植田园，养蚕煮茧，伤杀滋甚。或打扑蚊蚋，掐啮蚤虱。或烧除粪扫，开决沟渠，枉害一切。或噉果实，或用谷米，或用菜茹，横杀众生。或然樵薪。或露灯烛，烧诸虫类。或取酱醋，不先摇动。或泻汤水，浇杀虫蚁。如是乃至行住坐卧四威仪中，恒常伤杀飞空着地微细众生，凡夫识暗不觉不知。①

还如其他残害生命的行为：

　　或复兴师相伐疆场交争，两阵相向更相杀害，或自杀教杀闻杀欢喜。或习屠脍贾为刑戮，烹宰他命行于不忍。或恣暴怒挥戈舞刃，或斩或刺。或推着坑堑。或以水沈溺。或塞穴坏巢。或土石碓磶。或以车马雷轹践踏一切众生。②

　　以上三类残害生命的行为，第一类是从食物的角度来说明的，也就是本文所说的从肉食观的现象来说明生命的无辜，从中可以看到世人对肉食动物的索取是非常广泛的，既包含了天上的飞鸟、地下的走兽和水中的鱼鳖鼋鼍等，也包含了圈养或不圈养的鸡、猪、牛、羊、犬、豕、鹅、鸭和野生动物。其取得的方法也很残酷，既有射杀，也有水捞，还有宰杀。文中描绘了宰杀时的悲惨景象，"哀声未尽，毛羽脱落，鳞甲伤毁，身首分离，骨肉消碎，剥裂屠割，炮烧煮炙，楚毒酸切"，读之无不令人毛骨悚然，更让人怜生悲心。

　　第二类是生活环境所造成的杀业。如伤杀蚊蚁，掐啮跳蚤，毒药果虫，以及驱除昆虫，除扫粪蝇，以及包括消灭微生物等，而这些被杀物都是众生之一的"微细众生"，按照佛教的戒律来说，属于不能"枉害一切"的范围。这些自觉或不自觉的行为，实际上都潜藏了严重的后果，人们也许可能没有意识到这种情况。例如被蚊子叮咬，随手就将蚊子用手拍死，在无意识中就产生了杀业，所以经中特意指出了"凡夫识暗，不觉不知"的情况。

　　第三类是人类之间的残酷争斗与厮杀，这是世间最险恶的杀业。这类杀业的行为，都是人类自觉的行为，不管采取何种方式，目的则是非常明确，就是要把对方置于死地而后快，充分揭露了人性之间的缺失与残忍。

　　从佛教的肉食观来看，"慈悲水忏法"中第一类杀业都源于人们的贪心而造成的，为了满足自己的私欲，取得味感，以所谓的"美味"而诱惑自己，让无数的生命遭受到宰杀，结果是造下了大业。《慈悲水忏法》特意指出："但使一时之快口得味甚寡，不过三寸舌根而已，然其罪报殃累永劫。如是等罪，今日至诚皆悉忏悔。又复无始以来至于今日，如是等罪，无量无边。"③由此可见，贪得口味的罪过是非常大的，它不只是仅仅满足"三寸舌根"的一时之快，更重要的是它将会造成人的永劫无复的痛苦深渊，"如是

---

①《慈悲水忏法》卷中。
②《慈悲水忏法》卷中。
③《慈悲水忏法》卷中。

等罪，无量无边"，也是"三业微善一切俱焚。善法既尽为一阐提，堕大地狱无有出期"①。正由于众生从"复无始以来至于今日，或行动傲诞自高自大，或恃种姓轻慢一切，以贵轻贱用强凌弱。或饮酒斗乱不避亲疏，惛醉终日不识尊卑。……或嗜饮食无有期度，或食生鲙，或噉五辛，熏秽经像排挤净众，纵心恣意不知限极，疏远善人狎近恶友，如是等罪今悉忏悔。或贡高矫假偃蹇自用，跋扈抵挨不识人情，自是他非希望侥幸，如是等罪今悉忏悔。或临财无让不廉不耻，屠肉沽酒欺诳自活，或出入息利计时卖日，聚积悭克贪求无厌，受人供养不惭不愧，或无戒德空纳信施……。或捶打奴婢驱使僮仆，不问饥渴问寒暑，或伐撤桥梁杜绝行路，……或放逸自恣，无记散乱摴蒲围棊，群会屯聚饮食酒肉，更相扰饶，无趣谈话论说天下。从年竟岁空丧天日，初中后夜禅诵不修，懈怠懒惰尸卧终日，于六念处心不经理，见他胜事便生嫉妒，心怀惨毒备起烦恼，致使诸恶猛风吹罪，薪火常以炽然无有休息。"②这些种种恶业，使得《慈悲水忏法》要求众生："今日发露，皆悉忏悔。又复无始以来至于今日，或以鞭杖枷锁桁械压拉拷掠打掷，手脚蹴踏拘缚笼系，断绝水谷，如是种种诸恶方便苦恼众生。今日至诚向十方佛尊法圣众，皆悉忏悔。愿承是忏悔，杀害等罪，所生功德生生世世得金刚身，寿命无穷，永离怨憎无杀害想，于诸众生得一子地。若见危难急厄之者，不惜生命方便救脱，然后为说微妙正法，使诸众生觌形见影，皆蒙安乐，闻名听声，恐怖悉除，我今稽颡归依于佛。"③要想断除贪"味"的快感，就要首先断除杀业，不起杀心，方能生出平等心和慈心，众生平等，乃会生起慈悲的怜悯，于是才能茹素奉行，永断荤腥。故《慈悲水忏法》强调作恶者一定要忏悔，"某甲等自从无始以来至于今日，有此心识常怀惨毒无慈愍心，或因贪起杀，因瞋因痴及以慢杀；或兴恶方便誓杀愿杀，及以呪杀，或破决湖池，焚烧山野，畋猎渔捕，或因风放火，飞鹰放犬，恼害一切。如是等罪，今悉忏悔。"④

《慈悲水忏法》特地指出，众生要做忏悔的行为是："今日至祷向十方佛尊法圣众皆悉忏悔，愿以忏悔眼根功德，愿令此眼彻见十方诸佛菩萨清净法身不以二相。愿以忏悔耳根功德，愿令此耳常闻十方诸佛贤圣所说正法如教奉行。愿以忏悔鼻根功德，愿令此鼻常闻香积入法位香，舍离生死不净臭秽。愿以忏悔舌根功德，愿令此舌常飡法喜禅悦之食，不贪众生血肉之味。愿以忏悔身根功德，愿令此身披如来衣着忍辱铠，卧无畏床，坐法空座。愿以忏悔意根功德，愿令此意成就十力，洞达五明，深观二谛空平等理，从方便慧入法流水，念念增明显，发如来大无生忍，发愿已归命礼三宝。"⑤眼、耳、鼻、舌、身、意六根是众生最基本的根识，与色、声、香、味、触、法六触相待，在《慈悲水忏法》看来，生起正信是非常重要的，是忏悔的功能之一，"发愿已归命礼三宝"是增长智慧的最重要的手段之一，所以起信就要忏悔六根，生起无生法忍。而六根之中，舌根是产生肉食欲望的最大原因之一，因为舌要尝味，人们对肉食美味的追求，皆由舌根

---

① 《慈悲水忏法》卷下。
② 《慈悲水忏法》卷下。
③ 《慈悲水忏法》卷中。
④ 《慈悲水忏法》卷中。
⑤ 《慈悲水忏法》卷中。

的需要与反映而引起的。因此在忏悔中，要认识到舌根的不足之处，以"常飡法喜禅悦之食"来对治"不贪众生血肉之味"，由此而获得最终解脱轮回，获得清净涅槃的最高境界。总之，只要众生"今日志诚皆悉忏悔，愿承是忏悔一切诸恶，所生功德生生世世。慈和忠孝谦卑忍辱，知廉识耻先意问讯，循良正谨清洁义让，远离恶友常遇善缘，收摄六情守护三业，捍劳忍苦心不退没，立菩提志不负众生，发愿已归命礼诸佛"①。

水忏鲜明反对杀业，固然是佛教的不杀生五戒思想的发扬，坚持了佛教众生平等的主张。反对杀业，一方面是反对一切残害生命的行为，更重要的是坚持了梁武帝以来不吃肉的茹素传统，因此，由梁武帝以来所制定的中国佛教徒吃素的规定，到了水忏里面已经从不自觉到自觉的行为了。

五、慈悲三昧水忏肉食观的理论来源

梁武帝下《断酒肉文》诏的理论依据来自于佛教经典，主要是受到了印度佛教的影响，其中《涅槃经》、《楞伽多宝经》和《央掘魔罗经》是他下诏让中国僧人断酒肉的根据，因为三本经典里都提到一个共同的主题，"佛经中究竟说，断一切肉乃至自死者，亦不许食"②。这是梁武帝下诏让中国僧人不得吃肉的根本依据。因此，梁武帝的断酒肉的思想是"慈悲水忏法"肉食观的来源。

中国佛教不吃肉的肉食观主要来自于三个原因，第一个原因是吃肉要断慈，亦即梁武帝一再强调的"食肉者断大慈种。何谓断大慈种？凡大慈者皆令一切众生同得安乐，若食肉者一切众生皆为怨怼，同不安乐。若食肉者是远离声闻法，若食肉者是远离辟支佛法，若食肉者是远离菩萨法，若食肉者是远离菩萨道，若食肉者是远离佛果，若食肉者是远离大涅槃，若食肉者障生六欲天"③。"慈悲是佛道之根本"④，大慈是菩萨乘的代表，也是大乘佛教的象征。"多众生中起大慈大悲成立大乘，能行大道得最大处故，名摩诃萨埵。"⑤大慈的功能是"大慈与一切众生乐，大悲拔一切众生苦。大慈以喜乐因缘与众生，大悲以离苦因缘与众生。"⑥从肉食观上讲，拥有大慈心就能给人以信心，产生快乐，生出"天乐、人乐、涅槃乐"⑦。大慈与大悲不二，有大慈必有大悲，有了大悲心，就能让众生离苦，"等心一切众生故，名大慈悲人。有大慈悲故，名为世救"⑧。

---

① 《慈悲水忏法》卷下。
② 《广弘明集慈济篇序》卷二十六。
③ 《广弘明集慈济篇序》卷二十六。
④ 《大智度论释初品大慈大悲义》卷二十七。
⑤ 《大智度论释初品大慈大悲义》卷五。
⑥ 《大智度论释初品大慈大悲义》卷二十七。
⑦ 《大智度论释初品大慈大悲义》卷二十七。
⑧ 《大智度论释初品大慈大悲义》卷二十七。

"如尸毗王，为救鸽故尽以身肉代之。"①所以，"佛大慈大悲，真实最大"②。《涅槃经》亦说："我从今日制诸弟子不听食肉，设得余食常当应作食子肉想。云何弟子而听食肉？诸佛所说其食肉者断大慈种。"③《楞伽经》亦说："以大悲前行故，视一切众生，犹如一子，是故不听令食子肉。"④因此，《断酒肉文》指出食肉者"以无菩萨法故，无四无量心。无四无量心故，无有大慈大悲。以是因缘，佛子不续。所以经言：食肉者断大慈种，诸出家人虽复不能行。大慈大悲究竟菩萨行，成就无上菩提。何为不能忍此臭腥，修声闻辟支佛道？鸱鸦嗜鼠蜣蜋甘蠮，以此而推何可嗜着。至于豺犬野犴皆知嗜肉，人最有知胜诸众生，近与此等同甘臭腥，岂直常怀杀心断大慈种。凡食肉者自是可鄙。诸大德僧诸解义者讲《涅槃经》，何可不殷懃。此句令听受者心得悟解。又有一种愚痴之人云，我止噉鱼，实不食肉。亦应开示，此处不殊水陆，众生同名为肉。诸听讲者，岂可不审谛，受持如说修行。凡食肉者如前说，此皆是远事，未为近切"⑤。

梁武帝遵循佛教的教义，以"但为学佛道弘大慈悲，度众生生老病死苦，是名清净法施"⑥之古训，除了强调食肉者是魔行，有各种障⑦，是地狱种，有各种因⑧之外，还将食肉上升到食肉即是食自己父母亲人的角度，强调："诸大德僧尼，诸义学僧尼，诸寺三官：复当应思一大事，若使噉食众生父，众生亦报噉食其父。若噉食众生母，众生亦报

---

① 《大智度论释初品大慈大悲义》卷二十四。
② 《大智度论释初品大慈大悲义》卷二十七。
③ 《大般泥洹经》卷三。
④ 《楞伽阿跋多罗宝经》卷四。
⑤ 《广弘明集慈济篇序》卷二十六。
⑥ 《大智度论释初品大慈大悲义》卷二十二。
⑦ 《断酒肉文》云："若食肉者是障四禅法，若食肉者是障（四空法，若食肉者是障戒法，若）食肉者是障定法，若食肉者是障慧法，若食肉者是障信根，若食肉者是障进根，若食肉者是障念根，若食肉者是障定根，若食肉者是障慧根。举要为言，障三十七道品。若食肉者是障四真谛，若食肉者是障十二因缘，若食肉者是障六波罗蜜，若食肉者是障四弘誓愿，若食肉者是（障四摄法，若食肉者是障四无量心），若食肉者是障四无碍智，若食肉者是障三三昧，若食肉者是障八解脱，若食肉者是障九次第定，若食肉者是障六神通，若食肉者是障百八三昧，若食肉者是障一切三昧，若食肉者是障海印三昧，若食肉者是障首楞严三昧，若食肉者是障金刚三昧，若食肉者是障五眼，若食肉者是障十力，若食肉者是障四无所畏，若食肉者是障十八不共法，若食肉者是障一切种智，若食肉者是障无上菩提。何以故？若食肉者障菩提心，无有菩萨法。以食肉故，障不能得初地。以食肉故，障不能得二地，乃至障不能得十地。"（《广弘明集慈济篇序》卷第二十六）
⑧ 《断酒肉文》云："诸大德僧尼，当知噉食众生者是魔行，噉食众生是地狱种，噉食众生是恐怖因，噉食众生是断命因，噉食众生是自烧因，噉食众生是自煮因，噉食众生是自炮因，噉食众生是自炙因，噉食众生是自割因，噉食众生是自剥因，噉食众生是断头因，噉食众生是断手因，噉食众生是断足因，噉食众生是破腹因，噉食众生是破背因，噉食众生是腹因，噉食众生是碎髓因，噉食众生是抉目因，噉食众生是割鼻因，噉食众生是截耳因，噉食众生是贫穷因，噉食众生是下贱因，噉食众生是冻饿因，噉食众生是丑陋因，噉食众生是聋因，噉食众生是盲因，噉食众生是瘖因，噉食众生是痖因，噉食众生是跛因，噉食众生是塞因，噉食众生是疮因，噉食众生是疡因，噉食众生是疥因，噉食众生是癣因，噉食众生是瘤因，噉食众生是瘿因，噉食众生是瘑因，噉食众生是疵因，噉食众生是痫因，噉食众生是疠因，噉食众生是痔因，噉食众生是疽因，噉食众生是瘘因，噉食众生是癞因，噉食众生是致蚤因，噉食众生是致虱因，噉食众生是致蚊因，噉食众生是致虻因，噉食众生是遭毒虫因，噉食众生是遭恶兽因，噉食众生是病瘦因，（噉食众生是寒热，噉食众生）是头痛因，噉食众生是心痛因，噉食众生是腹痛因，噉食众生是胸痛因，噉食众生是背痛因，噉食众生是手痛因，噉食众生是

啖食其母。若啖食众生子,众生亦报啖食其子。如是怨怼报相啖食,历劫长夜无有穷已。如经说,有一女人五百世害狼儿,狼儿亦五百世害其子。又有女人五百世断鬼命根,鬼亦五百世断其命根。如此皆是经说,不可不信。其余相报,推例可知。诸大德僧尼,诸义学僧尼,诸寺三官:又有一大事当应信受,从无始以来至于此生,经历六道,备诸果报。一切亲缘,遍一切处,直以经生历死,神明隔障,是诸眷属不复相识。今日众生或经是父母,或经是师长,或经是兄弟,或经是姊妹,或经是儿孙,或经是朋友,而今日无有道眼,不能分别,还相啖食,不自觉知。啖食之时,此物有灵,即生忿恨,还成怨怼。向者至亲,还成至怨。如是之事,岂可不思。暂争舌端,一时少味。永与宿亲,长为怨怼。可为痛心,难以言说。白衣居家,未可适道。出家学人,被如来衣,习菩萨行,宜应深思。"①在印度佛教思想里面,强调的是"视一切众生,犹如一子",亦就是说,一切男人视为我父,一切女性视为我母。用这种博大的胸怀,将众生纳入到自己的眼界之中,从而生起慈悲心,予众生离苦得乐。这种思维已经超出了血统与宗族的范畴,是一种大爱或泛爱,亦即"佛大慈悲愍伤众生,我曹应当承用佛教。大慈视一切怨亲等无异,一切有识类咸皆知此事"②。

梁武帝以啖食父母作为怨怼相报,这可能是受到中国儒家孝道思想的影响。因为中国社会一直是宗法制的宗族社会,宗族的权威对宗人有着重要影响。血统和血缘关系则是中国社会家庭里面最重要的地方。《孝经》曰:"身体发肤,受之父母,不敢毁伤,孝至始也。立身行道,扬名於后世,以显父母,孝之终也。"父母在中国人心中是不可侵毁的形象,父母的权威不可更改,而这一切都是源于父母的血统和天然的血缘关系。梁武帝将食肉与父母联系起来,在中国人的眼里看来肯定是大逆不道的,更是想都不能想的事情,是最大的不孝,生生世世不可饶恕,梁武帝采取了这种理念,把不食肉的观点与中国传统的孝道思想联系起来,也就完成了中国佛教肉食观的中国化转换,同时又利用行政的权利,有力地推动了佛教肉食观在教内外的影响,使之可以深入社会的底层。

足痛因,啖食众生是髓痛因,啖食众生是肠痛因,啖食众生是筋缩因,啖食众生是胃反因,啖食众生是脉绝因,啖食众生是血流因,啖食众生是咽塞因,啖食众生是喉痛因,啖食众生是风病因,啖食众生是水病因,啖食众生是四大不调适因,啖食众生是五藏不调适因,啖食众生是六腑不调适因,啖食众生是颠因,啖食众生是狂因,啖食众生乃至是四百四病一切众因,啖食众生是热因,啖食众生是恼因,啖食众生是受压因,啖食众生是遭水因,啖食众生是遭火因,啖食众生是遭风因,啖食众生是遭偷因,啖食众生是遭劫因,啖食众生是遭贼因,啖食众生是鞭因,啖食众生是杖因,啖食众生是笞因,啖食众生是督因,啖食众生是骂因,啖食众生是辱因,啖食众生是系因,啖食众生是缚因,啖食众生是幽因,啖食众生是闭因,啖食众生是生苦因,啖食众生是老苦因,啖食众生是病苦因,啖食众生是死苦因,啖食众生是怨憎会苦因,啖食众生是爱别离苦因,啖食众生是求不得苦因,啖食众生是五受阴苦因,啖食众生是行苦因,啖食众生是坏苦因,啖食众生是苦苦因,啖食众生是想地狱因,啖食众生是黑绳地狱因,啖食众生是众合地狱因,啖食众生是叫唤地狱因,啖食众生是大叫唤地狱因,啖食众生是热地狱因,啖食众生是大热地狱因,啖食众生是阿鼻地狱因,啖食众生是八寒八热地狱因,乃至是八万四千鬲子地狱因,乃至是不可说不可说鬲子地狱因。啖食众生乃至是一切饿鬼因,啖食众生乃至是一切畜生因。(《广弘明集慈济篇序》卷第二十六)

① 《广弘明集慈济篇序》卷二十六。
② 《大智度初品总说如是我闻释论第三》卷二。

第二个原因是却除杀生,反对杀业,亦即梁武帝所说的"噉食众生乃至是一切饿鬼因,噉食众生乃至是一切畜生因。当知饿鬼有无量苦,当知畜生有无量苦。畜生暂生暂死为物所害,生时有无量怖畏,死时有无量怖畏,此皆是杀业因缘受如是果。若欲具列杀果辗转不穷尽,大地草木亦不能容受。向来所说虽复多途,举要为言,同一苦果,中自有轻重,所以今日致众苦果,皆由杀业恼害众生"①。不杀生是佛教的五戒之一,亦是不食肉观的立论基础之一。大乘佛教提倡不杀生,不仅仅是指动物的生命,还包括一切有情众生,即包括有情识的生物在内。《涅槃经》是讲佛性的经典,主张众生悉有佛性,一阐提和声闻、辟支都当得成大觉义,并且广说与涅槃有关的一切菩萨法义,是大乘佛教思想的极谈,为那些欲成就佛法、取得成就的人提供了一个理论支撑。从公元 5 世纪起,该经就不断有人注疏,到了梁武帝时,讲说此经已经成风。梁武帝本人就对《涅槃经》非常有兴趣,敕命僧人宝亮总集此经诸家注撰成《集解》七十二卷,又亲自讲解此经,并制成《涅槃讲疏》,送到扶南国(今柬埔寨)。又把此经《义疏》赠百济国。② 他所发布的《断酒肉文》就是根据此经《四相品》(据南本,即北本《如来性品》部分)而撰出的。既然一切众生都可成佛,甚至一阐提者亦可成佛,那么食肉者将不能生发出慈心。《楞伽阿跋多罗宝经》卷四亦云:"驴、骡、骆驼、狐、狗、牛、马、人兽等肉,屠者杂卖,故不应食肉。不净气分所生长故,不应食肉。众生闻气悉生恐怖,如旃陀罗及谭婆等,狗见憎恶惊怖群吠故,不应食肉。又令修行者慈心不生故,不应食肉。凡愚所嗜臭秽不净无善名称故,不应食肉。令诸呪术不成就故,不应食肉。以杀生者见形起识深味着故,不应食肉。彼食肉者诸天所弃故,不应食肉。令口气臭故,不应食肉。多恶梦故,不应食肉。空闲林中虎狼闻香故,不应食肉。令饮食无节量故,不应食肉。令修行者不生厌离故,不应食肉。我常说言,凡所饮食作食子肉想、作服药想故,不应食肉。听食肉者无有是处。"③《断酒肉文》亦说:"问:为是慈心故食肉,无慈心故食肉?答:此非慈心。""问:若非慈心,岂得非杀耶?答:理中常应不得,约事故如此。"④不生慈心,必有杀业,众生也将受到生命的威胁。为此,梁武帝强调:"弟子萧衍,又复敬白,诸大德僧尼、诸义学僧尼、诸寺三官,北山蒋帝,犹且去杀。若以不杀,祈愿辄得上教。若以杀,祈愿辄不得教想。今日大众已应闻知。弟子已勒诸庙祀及以百姓,凡诸群祀,若有祈报者,皆不得荐生类。各尽诚心,止修蔬供。蒋帝今日行菩萨道,诸出家人云何反食众生,行诸魔行。一日北山为蒋帝斋,所以皆请菜食僧者,正以幽灵悉能鉴见。若不菜食,僧作菜食往,将恐蒋帝恶贱佛法,怪望弟子,是请法师,当见此意。"⑤"北山"在南京,即现在的钟山。"蒋帝"是蒋子文,汉末为秣陵尉,与强盗作战死于钟山。三国吴孙权封之为中都侯,立庙祭祀,改钟山为蒋山。南朝齐进号为蒋帝。梁朝时武帝祈雨

① 《广弘明集慈济篇序》卷二十六。
② 《梁书》卷五十四。
③ 《楞伽阿跋多罗宝经》卷四。
④ 《广弘明集慈济篇序》卷二十六。
⑤ 《广弘明集慈济篇序》卷二十六。

蒋帝,皆有灵验,又得到蒋帝助威,将魏军打败,诚信甚深。① 蒋子文因为城陷而殉节,合乎祀典"以死勤事则祭之"的向例,受到本地人祭祀,初称其为知县,后称蒋侯,再称蒋主,最后称为蒋帝。唐徐铉曾撰有"宿蒋帝诗"云:"便返城闉尚未甘,更从山北到山南。花枝似雪春虽半,桂魄如眉日始三。松盖遮门寒黯黯,柳丝妨路翠毵毵。登临莫怪偏留恋,游宦多年事事谙。"②这本是中国民间流行的崇拜英雄的对象,但是梁武帝在佛教的肉食观里,将蒋帝列为祷告的对象,这就无疑增加了中国信仰元素,使信徒们更加容易理解和相信不食肉的益处以及食肉的惩戒,从中也可以看出梁武帝在撰制佛教的肉食观和发布《断酒肉文》时的一片苦心。

第三个原因是受到中国传统医学养生思想的影响。在中国传统医学理论里面,人是自然精华之所现,采撷天然之精灵,弥补人身之不足,以自然之华实养人生,一直是中国中医理论的一个重要组成部分。梁武帝充分重视这一点,并且做了很好的引用与发挥。他说:"菜蔬鱼肉俱是一惑,心若能安便是甘露上味,心若不安便是臭秽下食。所以《涅槃经》言,受食之时令作子想,如俱非惑岂须此法,且置远事止借近喻。今已能蔬食者恹恶血腥,甚于不能蔬食者,恹恶菜茹事等如此。宜应自力回不善惑以为善惑,就善惑中重为方便。食菜子想,以如是心便得决定。凡不能离鱼肉者皆云,菜蔬冷于人虚乏,鱼肉温于人补益。作如是说皆是倒见。今试复粗言,其事不尔。若久食菜人荣卫流通,凡如此人法多患热,荣卫流通则能饮食。以饮食故气力充满,是则菜蔬不冷能有补益。诸苦行人亦皆菜蔬,多悉患热类皆坚强,神明清爽少于昏疲。凡鱼为性类皆多冷,血腥为法增长百疾,所以食鱼肉者神明理当浑浊,四体法皆沉重无论,方招后报有三途苦,实时四大交有不及。此岂非惑者,用心各有所执。甘鱼肉者便谓为温为补,此是倒见事不可信。复有一种人,食菜以为冷便复解素,此是行者未得菜意。菜与鱼肉如水与火,食菜裁欲得力。复噉鱼肉,鱼肉腥臊能灭菜力,所以惑者云:菜为性冷,凡数解素人,进不得菜蔬之力,退不得鱼肉邪益。法多羸冷少有堪能,是诸僧尼复当知一事,凡食鱼肉是魔境界行于魔行,心不决定多有留难,内外众共魔相娆作。所以行者思念,鱼肉酒是魔浆,故不待言。凡食鱼肉嗜饮酒者,善神远离内无正气,如此等人法多衰恼。"③梁武帝虽然是从佛教的信仰角度来进行的诠释,但是从现代科学养生学来看,各种食物都有自己的特点,蔬菜里面含有丰富的维生素,对人体内的元素补充是有益的。鱼肉晕菜虽然有温补的功用,但是多吃无益,这一点梁武帝也指出了。梁武帝的让中国佛教僧人敕令茹素是一种改革,正如他本人所说:"若心力决正,蔬食若节,如是等人,多为善力所扶。法多堪能,有不直者宜应思觉,勿以不决定心期决定人。"④

① 《南史》云:"梁旱甚,诏于蒋帝神求雨。十旬不降,帝怒,载荻焚庙,并其神影。尔日开朗,将欲起火。当神上,忽有云如伞盖,须臾骤雨。台中宫殿,皆自震动。帝惧,驰诏追停,少时还静。自此帝诚信遂深。自践祚比未曾到庙,于是备法驾,将朝臣修谒。时魏将杨大眼,来寇钟离。蒋帝神报敕,必许扶助。既而无雨,水暴涨六七尺,遂大克魏军。神之力也。凯旋之后,庙中人马脚皆有泥湿,当时并目睹焉。"
② 《全唐诗》卷七五一。
③ 《广弘明集慈济篇序》卷二十六。
④ 《广弘明集慈济篇序》卷二十六。

六、《慈悲三昧水忏法》注释家对肉食观思想的发挥

《慈悲水忏法》的出现，晚出于《断酒肉文》是没有疑议的，它所宣扬的不食肉与不杀生的观点，都是《断酒肉文》之后的思想和发挥，后来《慈悲水忏法》的历代注释家无不发扬了《断酒肉文》的慈悲思想。例如《慈悲水忏法》指出，"而今兴害食噉其肉，伤慈之甚"。《慈悲水忏法卷中随闻》注曰："兴害，身业。食噉，口业。伤慈，意业。"将身、口、意三业直接与肉食观联系起来，并且把食肉的做法指向了思想根源——伤慈与意业联系起来，使身三业者的理由更加充足。《水忏科注》卷中曰："果实谷米菜茹，皆生虫故"。然樵薪，即是烧然一切柴。"露灯烛"指暑天时，夜里见昆虫前往明亮的灯前飞集，故有飞蛾扑火烧生之行为。故云"怜蛾不点灯"。由此推之，"或舌贪好味，鲜美甘肥"也是伤慈的举动。因为"众生血肉资养四大，更增苦本，起非法想"。伤慈不仅仅是伤害了食肉者的动物，而且还伤及蛾蚊等虫，亦属于杀业，增长了人们的贪婪之心，是意业的一种表现。《水忏科注》卷中强调："第一杀害者，即就身中，第一杀业为重，故先言之。《梵网经》云：佛言，佛子若自杀教人杀，方便赞叹杀。见作随喜，乃至呪杀。杀因杀缘，杀法杀业，乃至一切有命者不得故杀。菩萨应起慈悲心救护。而恣意杀者，是波罗夷罪。恕己可喻者，人多自恕。既知恕己，便知恕他。故曰可为喻，即将心比心之谓也。"突出杀业的思想成为《慈悲水忏法》历代注家最关注的对象，并且给予了详细的论证。

《慈悲水忏法》历代注家除了引经据典之外，还在肉食观上进行了中国式的发挥。例如《慈悲水忏法卷中随闻》说："为成道业，应受此食，不食成病，道业何从？饥世易子而食，最是残酷。幸遇丰登，当念饥馑之苦，不可过分。米麦食尚尔，况众生肉，安知众生非我往世六亲耶？思之，大可流涕。"《心地观》云：弥勒从初发心不食肉，以是因缘，名慈氏。为成熟众生故，现在兜率天。次引《楞伽经偈》：明杀报，为利杀生，如屠儿贩卖，宰夫以杀求利之类。财网肉者，将财广买，逞口腹贪饕无厌者，号叫狱。先誷其将杀时，众生求捄之声，然后次第偿之也。《水忏科注》卷中曰："饥世易子而食，极为不得已，正见饥世之苦。今得食有余时，便当念饥馑之苦，勿使过度可也。余食尚不敢过分多用，况食众生肉而不痛念哉。且众生往世，安知非我父母兄弟六亲眷属，而乃食之耶。究极于此，大可流涕。"这里用丰年不忘歉年的例子来说明，饱汉不忘饿汉饥、生活要适度的传统思维，说明食肉者"勿使过度可也"，但是更重要的是强调了在轮回的六道众生中，有的很可能是前世的"父母兄弟六亲眷属"，因之食肉就可能有食之"父母兄弟六亲眷属"的危险，严重地违反了中国传统孝道伦理，不可不慎之也。也就将梁武帝以噉食父母作为怨怼相报的思想做了更好的发挥。

在中国思想中，因果报应的说法是没有的。中国传统思想中是"承负"的说法，亦即是说造业者做了善业或恶业，要殃及家人，而在佛教中则主要强调的是自作自受，作业者本人将在因果报应中得到轮回或解脱。《慈悲水忏法卷中随闻》说："引《华严

经》，证杀业果报。杀者噉者，皆由恶心，故感虎狼等身，心常怀恶。""舌根功德。五食中，法喜禅悦二食为上(《增一》云：出世五食，禅悦食、愿食、念食、解脱食、法喜食。《维摩》云：虽复饮食，而以禅悦为食)。不贪众生血肉，则秽味除而甘露就也。"《水忏科注》卷中曰："经言，至多病短命，出《华严经》。杀害食噉，本因恶心而然，故感狠毒身报，而常怀恶心。熊兽其形似豕。古云大秦之国，出玄熊、赤熊类黄白者是也。好杀者令众生恐怖，故受恐怖报。上畜生报，下人中苦报。""得味寡而受报多，可为猛省。古云，吾食众生肉，形殊体不殊。一般同性命，只是别形躯。苦楚令他受，肥甘为我需。不须阎老判，自揣道如何。义亦在斯矣。""杀食众生血肉而资养四大，来生益多苦报，故曰更增苦本。愿以忏悔舌根功德，愿令此舌常飧法喜禅悦之食，不贪众生血肉之味。"由此可见，将因果报应引进了肉食观，是慈悲忏法的重要内容，其重要性在于，警戒那些食肉者，要知道现在为了一时逞口味之"福"，将来必会得到长远的"苦本"，不能得到根本的解脱。而且这些恶行都是缘自"心"的使然，因为有了"恶心"，所以才有了恶行，因果报应始终是存在的，众生不能不引起重视。所以古人严厉地批判了吃肉不存在因果的说法。《慈悲水忏法随闻录》卷下："无廉耻章，临财无让，言争先取也。见得思义乖，伤于廉洁可知。羞耻之心何有，自与盗戒近矣。次，酒肉一对。屠肉，犯杀戒。沽酒，犯不饮戒。次，心口一对。欺出于心，诳施于口。"《水忏科注》卷下云："乃至云天堂是妄造，地狱非真说。酒肉不碍菩提，淫欲不妨正性等言，俱是邪解僻说之意也。"由此可见，酒肉不仅违反伦理道德规范，"进不得天堂，只能下地狱"，而且是属于"邪解僻说"，故不能不引起重视。

在历代注家里面，根据中国传统的医学养生理论解说佛教的食肉观，继承了梁武帝的思想，也是它的一大特点。《慈悲水忏法卷下随闻录》曰："食肉有十过。《一览》云，一、众生本是六亲。二、食肉人，众生见即惊怖。三、坏他信心。四、慈心薄少。五、增恶罗刹习气。六、令学咒术不行。七、众生身命，于己无别。八、诸天贤圣远离，恶神恐怖。九、不净所出。十、死堕恶道，扰客扰主也，饯主送行客也(广酌，酒食途，人曰饯)。""若有病者，闻声触身，服食血肉，乃至骨髓，病悉除愈。愿彼食我肉身，不生恶心。如食子想，我治病已，常为说法，愿彼信受，思惟转教。五祖演云，今人似发疟一般，寒一上，热一上，不觉过，了一生。不会者且置。即如彻的人，于日用现行处，亦未免触事，则因事生心。缘无，便依无息念。被寒热二字，打做两橛。"身心之病，与饮食有重要的关系，这是中国传统中医的重要思想。"食肉十过"就是反映了这种情况，其后果是坏习气增加，扰乱修行，不得解脱。因此，它不仅在身受，而且还在心受两方面都反映出来。正如法演祖师所说寒热上身，危及性命，了却一生。食肉者的身体其实就是反映这一情况而已。

《慈悲水忏法随闻》卷中又说："鱼，水虫也(《素问》云：鱼，热中。丹溪云：鱼在水，无一息之停，食之动火。《大经》云：菩萨于饥世见饿者，现龟鱼身无量由延。誓云：愿彼取我肉时，随取随生。因食我肉，离饥渴苦，乃至悉使发无上菩提心)。""此明养杀为杀而噉，故养也。鸡有五德，畜之报晓，放生则可。而杀而食，不可也(鸡本属巽，巽为风，食之能发风病。丹溪云：鸡助肝火。衍义云：助火动风，安可食之)。牛，耕畜大牲也,帝王非郊天祭地,不轻用,况凡人乎。犬本防宅。豕(即猪字,重出)。鹅,白者食草,苍者食虫,其肉性冷,有毒发疮。令人霍乱发痼疾者,鸭肉与卵并不可与鳖肉同食,能害人。"同样,根据中国传统的吃什么补什么的理论,佛教的肉食观也无不贯彻了这一原理。像鱼因为经常在水中游走,人们似乎从没有看到它在水中停过,于是认为鱼是能量过大,体内充满了火气,因之人吃之后也会有火气上身。鸡也是这种情况,从八卦的卦相上看,鸡属于巽卦,巽又属于风,有助火的作用,所以从推理上讲,吃鸡也有上火的可能,故鸡不可食之。而鹅是食草或食虫的动物,属于凉性的动物,虽然吃它不会上火,但是却会让人发疮。总之,动物的肉食都有各种缺陷,不可食用。

七、结　语

佛教素食主义观从印度到中国的梁武帝,再到慈悲三昧水忏法,先后走过了千余年的历程。从上面的分析,我们可以看见佛教素食主义中国化的历程。作为中国佛教素食主义的集大成者是梁武帝,后来佛教素食主义的发展与光大,不过是在梁武帝制定的基础上延伸而已,而且是沿着梁武帝定好的调子与思路而发展起来的。其中,在中国佛教的素食主义里,除了恪守释迦牟尼佛制定的律法之外,还掺进了中国的孝道思想、养生思想以及自然与人的进化主张等。

(黄夏年:中国社会科学院世界宗教研究杂志社社长)

佛门之龙象　群生之依怙

——五百罗汉图像研究

夏金华

　　说起罗汉,人们自然会联想到十八罗汉或五百罗汉、八百罗汉,甚至更多。原因无他,即其中异乎寻常的故事在中国民间早已广为流传,脍炙人口。并且,罗汉诡异怪诞的言行又与一些风俗习惯紧密相连,成为人民大众喜闻乐见的日常话题。所以,寺院的罗汉堂内往往游人如织,熙熙攘攘。他们在赞叹五百罗汉造像艺术魅力的同时,彼此也相互谈论神力感应的传说。这种现象足以说明,罗汉在中国佛教中的重要地位与影响力。

一、五百罗汉的经论依据

　　罗汉,乃阿罗汉的简称。梵语是 Arhat,初译应真,后译为杀贼、应供、无生等。依据《大智度论》、《大乘义章》和《翻译名义集》等书所释,这里的贼,是指烦恼。人生在世,难免烦恼多多,特别是见、思二惑,如同贼一般偷去人们的幸福。得道的罗汉是佛教修行中声闻四果之一,能够驱除这些烦恼,所以称为杀贼。应供,是由于罗汉所取得的果位,已断尽了一切烦恼,证得尽智,甚为难得,所以应受到人类和天神的供养。不生,又称为无生,乃指罗汉已证入涅槃,获得解脱,不再受生于欲界、色界、无色界三界之中。

　　一般说来,罗汉是小乘佛教所得之极果。在此之前,尚有初果的须陀洹,指入预流之义,已断尽三界见惑,预入圣道法流。二果斯陀含,于欲界九品思惑中,已断尽前六品,后三品犹在,须更来欲界,受生一次,故亦称一来果。三果阿那含,已断尽欲界后三品思惑,故不再来欲界受生。等等。

　　然在大乘看来,罗汉的地位排在佛陀、菩萨之后,尚不够圆满。但若广而言之,则又泛指大、小二乘佛教中的最高果位。如《成唯识论》卷三所说,阿罗汉为通摄三乘的无学果位,故为佛陀之异名,也是如来十大名号之一。①

---

① 《成唯识论》卷三,南京金陵刻经处,光绪二十三年刻本,第7—9页。

此外,在分类上,罗汉还有三种、六种、九种的差别,其中的详细解释在《中阿含经》、《杂阿毗昙心论》、《俱舍论》和《成实论》等经论中均有反映。

在经论中,罗汉出现的频率极高,尤以《阿含经》为最。其数目也虚实相间,但仍以虚数居多。如佛陀著名的十大上首弟子、十六罗汉,是为实数,属于历史人物,有名有姓,有生平事迹;而五百罗汉、八百罗汉、千二百五十罗汉、五千罗汉、万二千罗汉、六万罗汉、八万四千罗汉,乃至于数量最多的,如《弥勒下生成佛经》所说282亿罗汉①,或无量数之类,则多为虚数,只有前面几位罗汉作为点缀,徒有数量而已。这是印度历史文化习俗使然,不必深究。在所有这些数据中,出现次数又以十大上首弟子、十六罗汉、五百罗汉和千二百五十罗汉为最多,这也是佛门一致认可并习惯使用的数目。

五百罗汉,类似于佛经里常提及的五百仙人②、比丘尼五百戒③、五百估客④、五百陀罗尼诸说一样⑤,原先的含义仅表示其多而非确切的实际数量。据笔者粗略统计,提到五百罗汉的佛教经论约有十五种左右。其中比较重要的有九种。比如:

(一)后汉康孟祥所译《佛说兴起行经》(一名《严诚宿缘经》)说:"闻如是,一时佛在阿耨大泉,与大比丘五百人俱,皆是阿罗汉。"

(二)《佛五百弟子自说本起经》,题目虽列五百之数,而实际全经三十品中,仅有大迦叶、宾头颇、摩头和律致等二十九位罗汉为代表自述身世及成道因缘,最后一品为《世尊品》。

(三)在《法华经·五百弟子授记品》中,佛陀是曾为憍陈如、迦留陀夷等五百弟子授予成佛之记别,皆号普明如来。但并未列举诸罗汉的名号及具体事迹。

(四)北本《涅槃经》卷三十五记载,有五百位已证得阿罗汉果的比丘,各自论说自身所生之原因,如观无明是身因,或观爱、无明为身因,或说行识、名色、六入、触等,以及饮食、五欲为身因,等等。

(五)据《贤愚经》卷六《五百盲儿往返逐佛缘品》所说,佛陀在舍卫国亲自度五百盲人出家修道,后成为五百罗汉。

(六)据《舍利弗问经》记载,弗沙密多罗王毁灭佛法后,有五百罗汉重兴佛教。

① 据《弥勒下生成佛经》所说:"尔时,弥勒佛于华林园。其园纵广一百由旬。大众满中,初会说法,九十六亿人得阿罗汉;第二大会说法,九十四亿人得阿罗汉;第三大会说法,九十二亿人得阿罗汉。"(《大正藏》第十四卷,第425页中)一共282亿阿罗汉。

② 五百仙人,是佛教指五百位外道的高德。据《大智度论》卷十七所载,凡有三说:(1)五百仙人在山中,因闻甄陀罗女之歌声而失去禅定功夫;(2)五百仙人在空中飞行时,因闻甄陀罗女之歌声,其心狂醉而失神足,堕落于地;(3)骄赏弥国优填王由色染故,曾斩断五百仙人之手足。

③ 比丘尼五百戒,指比丘尼具足戒的大约数目。据《大爱道比丘尼经》卷上、《毗尼母经》卷八等载,各派律典所载戒条数目不一致,如《十诵比丘尼戒本》有350戒,《四分律》有348戒,其他律典还有超过五百戒的。这是与比丘戒相比,多有超过之意,因此,取二倍计,泛称五百戒。

④ 五百估客,即五百贩货人。据《大智度论》卷七所载,有五百估客入海采宝,适值鱼王摩伽罗张开嘴,海水快速流入鱼口中,人船遇险。幸有一居士聚众人念佛,鱼王闻念佛之声,而闭其口,人船得免于难。

⑤ 陀罗尼者,有持、遮、总持三义。是为诸佛菩萨所得之法门。而五百,乃略举陀罗尼之数,《智论》也举出闻持、入音、寂灭等十余种陀罗尼。若广言之,则有八万四千或无量数。

（七）《十诵律》卷四认为，佛陀在菩提树下成道后，说法时，即有五百声闻弟子随侍左右，被称为"五百罗汉"。

（八）依《五分律》卷三十、《摩诃僧祇律》卷三十二载，释迦佛入灭之年，有五百罗汉聚集于摩竭陀国王舍城外的七叶窟中，以大迦叶为上首，举行第一次结集。

（九）玄奘《大唐西域记》卷二、卷三说，佛灭后400年，在迦腻色迦王护持之下，以胁尊者、世友为上首，会集五百罗汉，于迦湿弥罗结集经论，成《大毗婆沙论》一书。此五百罗汉的前身为五百蝙蝠。

此外，还有一些与五百罗汉有关的记载，如《增一阿含经》卷三《弟子品》所载，受到佛陀称赞的100位罗汉弟子①、50位罗汉尼、40位在家罗汉、30位女居士罗汉；《法住记》所列十六罗汉的驻地、部下，各有数量不等的罗汉，其中五百罗汉是较多的一种；《阿含经》等早期佛经在"序分"中，也时常提到五百罗汉②。他如，梁代僧祐《萨婆多部记》所录历代传法53位大阿罗汉等③，也是重要的资料之一。

但是，在上述典籍所说的五百罗汉中，有时虽存在同名重复现象，但并非同一群体，而是各有所指。所以，与后来我国民间流行的五百罗汉图像及其名号在时空上均有相当的距离。

二、"罗汉供"的流行与五百罗汉图像的制作演变与发展

佛教传入中国后，罗汉的故事逐渐成为吸引民众加入信徒行列的重要媒介。禅宗从大迦叶、阿难至富那阇，十代祖师皆是大阿罗汉，所度者也是罗汉。马鸣、龙树、提婆、世亲始唱摩诃衍（大乘），论著释经，摧灭外道，为菩萨开道鸣锣。而尊者阇夜多以

---

① 详见《大正藏》第2册，第557页上—559页中。其百位罗汉分别是：拘邻（即憍陈如）、优陀夷、摩诃男、善肘、婆破、牛迹、善胜、迦叶三兄弟、马师、舍利弗、拘律、二十亿耳、迦叶、阿那律、离曰、摩罗、罗吒婆罗、大迦旃延、军头、宾头卢、谶比丘、鹏耆舍、拘絺罗、善牢、难提、今毗、施罗、浮弥、狐疑、婆蹉离、陀苏、尼婆、优多罗、卢醯宁、优波摩、删提、昙摩留支、迦涙、婆拘、满愿子、波离、婆迦利、二难陀、婆陀、斯尼、天须菩提、难陀迦、须摩那、尸婆罗、优波先、婆陀先、迦延那、优头、面王、迦叶、罗云、二般兔、释王、婆提波、罗婆、鸯迦阇、阿难、迦持利、月光、输提、天比丘、婆醯、鸯掘魔、僧迦摩、质多舍利弗、善来、那罗陀、鬼陀、毗卢遮、善业（即须菩提）、耆利摩难、炎盛、梵摩达、须深、婆弥陀、跃波迦、昙弥、毗利陀、无畏、须泥陀、陀摩、须罗陀、那迦波罗、婆私吒、舍那、弥奚、尼拘留、鹿头、地比丘、头那、须拔（为佛陀入涅槃前所度化的最后一位弟子）。

② 举凡《阿含经》类"序分"中出现的大阿罗汉，基本不出《增一阿含经》卷三《弟子品》中的百位罗汉之名数，但在称呼上有些出入，所指罗汉是相同的。

③ 出自僧祐所著《出三藏记集》卷十三，共计53位大阿罗汉：大迦叶、阿难、末田地（译曰中也）、舍那婆斯、优波掘、慈世子、迦旃延、婆须蜜、吉栗瑟那、长老胁、马鸣、鸠摩罗驮、韦罗、瞿沙菩萨、富楼那、后马鸣、达磨多罗、蜜遮伽、难提婆秀、瞿沙罗汉、般遮尸弃、罗睺罗、弥帝丽尸利、达磨达、师子、因陀罗摩那、瞿罗忌梨婆、婆秀罗、僧伽罗叉、优波鞠驮、婆难提、那伽难、达磨尸梨帝（译曰法胜）、龙树、提婆、婆罗提婆、破楼提婆、婆修跋摩、毗栗慧多罗、毗楼、毗阇延多罗、摩帝丽、诃梨跋暮、婆秀槃头（译曰青目）、达磨达帝、梅陀罗、勒那多罗、槃头达多、弗若蜜多、婆罗多罗、不若多罗、佛驮先、达磨多罗。（《大正藏》第五十五册，第89页上一页下）

戒力为威神,尊者摩罗以苦行为道迹。其他诸祖,或广行法教,或专心禅寂,或蝉蜕而去,或火化而灭,或攀树以示终,或受害而偿债,这是佛教中"法同而行不必同"的具体表现。① 即所谓"祖师即罗汉,罗汉即祖师,无容异视矣"②。由此逐步促成了罗汉崇拜——"罗汉供"的兴起。

所谓"罗汉供",即罗汉供养。其最初缘起,据《佛祖统纪》卷三十三所载,乃出于佛陀入灭时,曾咐嘱十六大罗汉,与布施者作福田。阿罗汉承佛旨意,以神通力延长寿命,住世度化众生。如果布施者迎请四方僧众,或在住处,或在寺中,广设无遮供养法会,十六罗汉及诸眷属即隐身分散赶赴,密受供养,使布施者得受殊胜的果报,如深智、辩才、长寿、鸿福等。

从果位上说,罗汉虽已获解脱,不再入于轮回苦海之中,与佛、菩萨同列圣位,但因尚残留个人习气,其面容、服饰与人们比较接近,不如佛、菩萨一般庄严,而且待人随和,幽默诙谐,与世俗人等反而没有距离感,更容易亲近。况且,在大乘佛教中,罗汉因受佛陀嘱咐,发菩提心,长住世间,广度众生,故而更受佛教徒及一般普通人的喜爱。

我国供养罗汉之举,多流行于禅宗寺院。如《景德传灯录》卷十四载,唐代翠微无学禅师的供养罗汉之事:

> 师因供养罗汉,有僧问曰:"丹霞烧木佛,和尚为什么供养罗汉?"师曰:"烧也不烧着,供养亦一任供养。"又问:"供养罗汉,罗汉还来也无?"师曰:"汝每日还吃么?"僧无语。师曰:"少有灵利底。"③

密菴咸杰禅师也是"罗汉供"的积极倡导者。④ 唐代神清所著《北山录》也多次提及十六罗汉之说。此外,有的禅师还直接取名为罗汉,如宋代明州乾符寺的王罗汉,漳州亦有罗汉禅师之人⑤,就是典型之例。至于著名的济公禅师,"言行叵测,济物利生,神通感应事迹至多",因而被视为"天台五百应真之流"⑥,更是家喻户晓,妇孺皆知。罗汉在我国的深厚影响,由此可见。

除此之外,持诵《华严经》者,亦感得与受供养的五百罗汉一起用膳的果报。⑦ 民间供养罗汉的现象也非常流行。宋代文学家苏轼生平信仰佛道,也喜好供养、收藏罗

① [宋]赞宁:《高僧传》卷六《宗密传》,中华书局点校本1987年版,第126页。

② [清]释际祥:《净慈寺志》卷三《罗汉堂》引《净慈寺旧志》语。《中国佛寺志》第17册,台湾明文书局1980年版,第296页。

③ 《大正藏》第51册,第313页下。

④ [日]《禅林象器笺·祭供门》,三宝书院,昭和56年1月,第547页。

⑤ [宋]《宝刻类编》卷八《释氏十二》有张广撰《漳州故罗汉禅师碑》,《绛帖平·外七种》第708页,上海古籍出版社1995年版。

⑥ [明]释传灯:《天台山方外志》卷五《圣僧考》,《中国佛寺志丛刊》第81册,广陵书社2006年版,第131页。

⑦ 《华严经感应传》,《大正藏》第51册,第174页下。《神僧传》卷六,《大正藏》第50册,第987页下—988页上。

汉画像,他撰写过许多深含佛教意蕴的诗文,其中咏叹罗汉的诗偈多达几十首,如《罗汉赞》十六首、《荐诚禅院五百罗汉记》、《补禅月罗汉赞》九首等。最为引人注目的是一篇描述因供养十六罗汉像而得瑞相的文章,即《十八大阿罗汉颂》的《跋尾》。其中说:

> 轼家藏十六罗汉像,每设茶供,则化为白乳,或凝为雪花、桃李、芍药,仅可指名;或云罗汉慈悲深重,急于接物,故多现神变,傥其然乎?①

不仅如此,与苏轼同时代的秦观,也撰有《五百罗汉图记》一文,盛赞法能上人所画的五百罗汉像。其中说道:"笔画虽不甚精绝,而情韵风趣,各有所得,其绵密委曲,可谓至矣。"②宋朝民间供养罗汉之风甚盛。例如,广东南华寺现存的雕刻于北宋时期的360尊木雕罗汉,根据罗汉像身上的铭文记载,供养人居然来自于四面八方,有泉州(今福建泉州市)、衢州(今浙江省衢县)、潮州(今广东潮州市)、连州(今广东连县)等寄居广州者。供养罗汉之风之烈,由此不难想见。所有这些现象的存在与发展,为中国化五百罗汉像的产生奠定了坚实的社会基础。

同时,在盛唐时代的敦煌壁画中,于"涅槃变相"画里,有数十位表情悲切的佛弟子,环列于佛陀周围。而在龙门石窟中,也出现了二十五位或二十九位罗汉像。中唐时期,京、洛等地寺院两边的墙壁上也往往绘有传法弟子或六十罗汉的壁画。这些罗汉题材的作品虽不是五百罗汉图像创作的直接来源,但为后者的呼之欲出,间接地起到了推波助澜的作用。

相传内地最早的五百罗汉塑像,是在中唐时期。宋刘道醇《五代名画补遗·塑作门第六》记载,唐开元(713—741),塑像名手杨惠之曾在河南广爱寺塑过五百罗汉像,"……又于河南广爱寺三门外上五百罗汉,及山亭院楞伽山,皆惠之塑也",并在南北各地寺院制作过许多塑像,且著有《塑诀》一书,惜不存。

晚唐时期,百丈怀海的弟子普岸禅师来居天台山,曾建五百罗汉殿。如《宋高僧传》有云:

> (普)岸迁塔于是山前,此寺置五百罗汉殿,永嘉全亿长史,画半千罗汉形,每一迎请,必于石桥宿夜。焚香,具锣钹、幢盖,引导入于殿。香风送幢幡之势,而入门即止。其方广寺在石桥里,梵呗方作,香霭始飘。先有金色鸟飞翔,后林树石畔见梵僧或行或坐,或招手之状,或卧空之形,瞬息之间,千变万化。③

---

① 《东坡后集》卷二十,《东坡七集》,中华书局1964年版,第396页。
② 《秦观集》卷二十六,山西古籍出版社2004年版。
③ [宋]赞宁:《高僧传》卷二十七卷,中华书局(点校本)1987年版,第681—682页。[明]释传灯:《天台方外志》卷十二《灵异考》,《中国佛寺志丛刊》第81册,广陵书社2006年版,第317—318页。

既有半千罗汉画,相应有五百罗汉像的雕塑,是顺理成章的事情。因此,我们认为,五百罗汉殿堂的设立最早起始于唐代的说法是有依据的,只是具体年代尚难断定。五代之后,五百罗汉的信仰及造像进入全盛时期,可以说遍及南北东西各地,殆无可疑。因为,有许多历史文献的记载以及实物遗存的发现可资证明。比如,杭州南高峰石屋洞五百罗汉造像、广西容县都峤山的五百罗汉记、四川大足龙冈石窟五百罗汉造像,以及朱繇《佛会五百罗汉》画作等,都是最为典型的代表作品。

杭州南高峰石屋洞五百罗汉造像群,是国内最早的五百罗汉石刻造像。原名石屋院,始刻于五代后晋天福年间(936—843),直至元代尚有续刻,前后延续时间甚久。如元朝释永隆《造像记》说:

> 昔在石晋天福年中开山建院,刊坚□为瞿昙、罗汉像凡七百余尊,星霜屡易,大欠庄严。遂投诚檀信,择吉鸠工,重绘重整,再饰再新,以广其传。愿一切人普同瞻仰,后之人继承我志,时修理之,庶永示于不朽也。

> 大德六年岁在壬寅能仁□□住山□□永隆谨志①

需要注意的是,引文中的罗汉像是七百余尊,而非五百之数。其实,这并不难解释。因为七百尊不完全是罗汉像,而是包括洞内的佛(瞿昙)、菩萨像在内的。如同四川新都宝光寺罗汉堂内,除了五百罗汉之外,还有三佛、六菩萨、十八罗汉,又加上寺院的五十位祖师,共计五百七十七尊塑像,即是同样的例子。

另外,石屋洞罗汉造像雕刻于不同的年代,又无统一设计,而且私刻甚多,如"弟子何承渥,造罗汉贰躯,为报父母恩,永充供养,甲辰十月十日"、"天龙军副将潘彦,并妻陈十二娘,共造罗汉二躯,永充供养。甲辰记"②,又如"阁门承旨梁文谊。奉宣差押元帅大王官告国信,经历到院,睹五百罗汉,发心舍净财,镌造一尊,为亡父母小女子七娘,充供养,永为不朽之身。显德六年十一月日永记"③。如此等等,是造成元代释永隆作记时有七百余尊罗汉的重要原因。

广西容县都峤山的五百罗汉记,是一处摩崖石刻:"《中峰石室五百罗汉记》,干(乾)和四年岁次丙午八□□□□十五日癸未。"④乾和,是十国南汉的年号;乾和四年,相当于后晋开运三年,即公元946年。仅比杭州石屋洞造像晚数年而已,也是五代时期五百罗汉造像兴盛的依据之一。

此外,四川大足龙冈石窟的五百罗汉造像,据杨家骆《大足唐宋石刻》一书第八幅图录所载,在龙冈第23号石窟中,总共有293尊罗汉整齐排列。罗汉像的多躯头像被

---

① [清]阮元:《两浙金石志》卷十四《元释永隆造像记》,光绪十六年,浙江书刻本。
② [清]阮元:《两浙金石志》卷四,光绪十六年,浙江书刻本。
③ [清]阮元:《两浙金石志》卷四,光绪十六年,浙江书刻本。
④ [日]大村西崖:《支那美术史·雕塑篇》,东京:国书刊行会1917年6月,第657页。

毁,但大部分尚完整,罗汉全呈坐姿,脸已具汉人面相,没有了唐代罗汉像的那种西域面容。而且大部分罗汉都穿交领右衽式汉服,也有通肩圆领长袍,但没有偏袒右肩者。至于坐姿,除结跏趺坐外,尚有双垂下足的安乐坐,垂一足的吉祥坐,也有结半跏、抱一足的适意坐等多种样式。建造的年代约在唐、宋之间,只是具体的年代难以辨定。

上述五代石刻的五百罗汉造像,大致如此。至于表现在绘画上,则有画家朱繇。他是长安人,生活于唐末至后梁时期。擅长道、释画,画风酷似吴道子,曾在洛阳广爱寺、长寿寺及河中府金真观等画有文殊、普贤等壁画。宋、明诸家收藏他的道、释画迹颇多,然罗汉画极少见,而《佩文斋书画谱》一书却载他所绘之《佛会五百罗汉》的作品。但是,其真伪难以辩定。

入宋之后,随着禅宗的大行,加上禅师与罗汉的密切关系,促使五百罗汉造像更趋发达。所不同的是,罗汉开始多从山中石窟、摩崖走进了寺院的殿堂。也就是寺院里五百罗汉堂的建设渐趋流行起来,而且一直延续至今。

宋朝初年的五百罗汉造像,据说是宋太宗下诏建造的:"雍熙元年(984)……敕造罗汉像五百十六身,奉安天台寿昌寺。"[①]此后,又有一些地方陆续开建罗汉堂,如大中祥符元年(1008),河南辉县白茅寺的五百罗汉;政和四年(1114),直隶行唐东北普照院的罗汉堂;宣和二年(1120),四川阆中香城宫,造像五百尊于罗汉堂;宣和六年(1124),山东长清灵岩寺的五百罗汉像等,一时形成了高潮。然时事变迁,沧海桑田,这些曾经辉煌过的建筑、塑像,多已不存,几乎也没有留下艺术传承的痕迹。

唯一例外的,是杭州西湖净慈寺的五百罗汉塑像。据史料记载,五代时,净慈寺全称为"净慈报恩光孝禅寺",创自周显德元年(954),吴越钱懿王号曰:"慧日永明院",并应许住持道潜禅师的请求,将雷峰塔下十六尊铜罗汉移至寺内供奉,同时启建罗汉堂,塑造五百罗汉像。宋太宗赐额"寿宁禅院"。高宗南渡时,寺院被毁,罗汉堂也遭厄运。至绍兴二十三年(1153),高宗敕湖州和尚佛智道容重建寺院,并恢复十六罗汉像,且再重塑五百罗汉圣像:

> 应真殿,四十九楹,即五百阿罗汉田字殿也。在正殿之西。显德元年,(道)潜移奉(雷峰)塔下金铜十六大士,始建。及南渡毁,绍兴二十三年,高宗临幸,敕佛智道容重建,复十六大士,并五百尊罗汉像,各高数尺。[②]

五百罗像建成之后,因其寺院规模宏大,佛、菩萨像庄严有度,罗汉像或庄或谐,一颦一笑,无不曲尽其妙,所以声名远播,引起各地寺院的纷纷仿效。故凡罗汉堂之设,必以净慈寺建筑为蓝本,五百罗汉像也必以寺内罗汉像的塑像为依据(详后),使该寺的塑像、建筑艺术得到有效的传播与发展。

---

① 《佛祖统纪》卷四十三,《大正藏》第49册,第399页下。
② [清]释际祥:《净慈寺志》卷三《罗汉堂》引《净慈寺旧志》语。《中国佛寺志》第17册,台湾明文书局1980年版,第264—265页。

除此之外,宋代的五百罗汉造像,较著名的还有广东韶关南华寺的木雕罗汉像。其雕造年代,据罗汉像身上的铭文推测,约在庆历五年(1045)至庆历八年(1048)之间,前后历时四年之久。后经火灾,宋代木雕五百罗汉造像被焚毁不少。因此,明、清时又有翻刻,但艺术上均不及北宋罗汉像为佳。至今,五百罗汉像仅存360尊。雕像通高49.5—58厘米,直径23.5—28厘米,都是用整块的木头雕刻而成。木料多数为柏木,也采用一些楠木、樟木或檀香木,是目前国内现存最早的木雕造像,弥觉珍贵。

与罗汉堂造像相对应的是,宋代的士大夫们也形成了一股较之于五代更盛的画罗汉之风。这样既可以表达自己对罗汉隐逸出世精神的向往,又可以作为茶余饭后的谈资与赏玩,此与当时社会流行的禅家思想关系密切。因而即使不谙丹青之道的士夫们,也乐意在名家笔下的罗汉画题写诗偈,以附风雅。前述苏轼罗汉像赞一类作品,以及秦观《五百罗汉图记》等,就是如此。这在宋代艺坛中,居然也竞相流行起来。

除了上文提到的法能的五百罗汉画之外,李公麟的《五百应真图》也是值得一说的作品。李公麟,字伯时,安徽舒城人。熙宁三年(1070)进士,曾为检法御史。元符三年(1100),辞官归田,居于龙眠山,自称"龙眠居士"。由于李公麟的名声大,流传的画迹又多,因此,长期以来他画过五百罗汉之事,鲜为人知。直到五百余年后的明朝万历四十四年(1616),张青父所撰《清河书画舫》一书,其中的"李公麟条"才对李氏的五百罗汉画做了评价:"龙眠山人之图五百应真也,布景不凡,落笔尤异,前后树色川光,松针石脉,烟云风日,奇踪桥梁,殿宇胜概,大非平日可比,即其经禅枯坐外,或为栖岩渡海,或为伏虎降龙,或为乘马驾车,或为坐狮骑象,以至麋鹿衔花,猿猴献果,诸夷顶礼,龙王请斋,舞鹤观莲之容,净发挑耳之相,种种不离宗门本色,唯是中闲分写琴、棋、书、画四段,殆是书生习气未除耶?"

如此画风与布局,迭现繁荣奢华之极,此与五代贯休所绘罗汉松风水月、野逸枯禅之风形成鲜明的反差。李公麟的五百罗汉画风,明、清时代尚见流传,如画家仇英的《阿罗汉卷》,吴彬的《临李龙眠五百罗汉图》等,皆承其遗绪,可见其影响之一斑。

到了南宋时期,罗汉画作在题材、技艺上继续向前发展。如李嵩、贾师古、梁楷、牧溪,还有名列南宋四大山水画家之一的刘松年等,均涉及罗汉画的创作,惜无相关的作品流传下来。至今,硕果仅存的是林庭珪、周季常的百幅罗汉画迹。据说,其中十二幅藏于美国波士顿美术馆,日本大德寺藏有八十二幅,其余的下落不明。画中每位罗汉的造型,均呈瘦骨嶙峋模样,俊逸内敛,既有南宋文人风流倜傥的雅儒之风,又有高僧悲智双运的超脱精神,是我国画坛上别具一格的优秀作品。

降及明清时代,五百罗汉的画作依然风行,但精品明显不及前代。值得一提的仅有三处:山西五台山佛光寺文殊殿内壁的壁画和显通寺的铁罗汉,以及清代许从龙的五百罗汉画作。

五台山佛光寺文殊殿壁画中的五百位罗汉早已脱离了梵形,完全是一派汉族僧人的样子,罗汉的面孔有左右侧面的,也有仰首,或正视、低眉等,富于变化,手式也是如此,头光亦有红、黄等多种颜色。人物大都着右衽宽袖长袍,有在长袍之外罩一架裟者,也有的再加外衣,更有赤裸上身者。就线条、着色、造型而论,是为明代五百罗汉画中的上乘之作。

显通寺的铁罗汉,有关的传说不少。据说,此五百铁罗汉铸于明崇祯末年(1640—1644)。原有499尊,后经岁月洗礼,现仅存223尊,可称得上是有明一代塑像的精品之作。后来,常州天宁寺五百罗汉塑像,曾将显通寺铁罗汉作为参考的依据之一。

关于许从龙,清鱼翼撰《海虞画苑略》中说,其"山水花鸟,得法宋元,尤工仙、释、神,奇异状形,匠心而出,不资粉本,自成一家。……曾为金方伯绘五百阿罗汉,装三百轴,归南昌栖贤寺"。意思是说,许氏之画,独具匠心,自成一家,因而深受收藏家喜爱,不但士人如此,连寺院也加入到收藏行列中来,江西南昌的栖贤寺,就是其中之一。至今,江西庐山博物馆所藏许氏绘制的《五百罗汉图》,尚存112幅,为国家一级文物,充分说明许氏罗汉图的艺术价值所在。

三、五百罗汉尊号的考证及组合分析

五百罗汉名号的出现,是罗汉中国化或者说本土化的重要标志之一。到目前为止,现存记录有关五百罗汉名号的古代原始资料仅有三件:

第一,《吴新兴寺崇福院五百罗汉碑》。有南宋陈思所撰《宝刻丛编》卷十五引《复斋碑录》所云:"《吴新兴寺崇福院五百罗汉碑》,天德崇义正书,太和癸已岁十月建。"同是南宋不著撰人的《宝刻类编》一书亦著录。① 但此书与《宝刻丛编》一样,仅录碑目,并未录入具体名号。太和,即大和,为五代十国吴杨溥的年号,与历史上唐文宗的"大(太)和"年号相同。太和癸已,即大和五年,公元933年。这是迄今为止金石史料中所见到的有关五百罗汉尊号碑的最早的文字记录。《复斋碑录》系出自五代人手笔,久佚,作者及碑录的具体内容亦不得而知。

第二,北宋元符元年(1098)所立的《供养释迦如来住世十八尊者五百大阿罗汉圣号碑》,又名《宜州会仙山保民寺罗汉洞新建五百大阿罗汉碑》。此碑所刻的罗汉名号共518位,碑高200厘米,宽110厘米,楷书,碑中央还刻有释迦佛与若干弟子的线刻画。此碑位于广西宜州会仙山白龙洞,现保存完好。② 这是五百罗汉名号在国内出现最早且遗存的石刻记录。此外,白龙洞中还刻有佛教故事画29幅,题为《婺林双林寺善慧大士化迹应现图》,每幅画均配有文字说明。洞内相关的佛教碑刻还有《潘助伏捐资刻菩萨造像记》、《龙管资刻普贤菩萨造像记》、《白龙洞常住田碑》等。

第三,南宋绍光四年(1134)所刻的《江阴军乾明院五百罗汉尊号碑》。此碑比《供养释迦如来住世十八尊者五百大阿罗汉圣号碑》晚36年。惜碑早亡,唯拓片尚存,并

① [宋]《宝刻类编》卷八《释氏十》有"崇义《吴新兴寺崇福院五百罗汉碑》,太和十年建"字样。参阅《绛帖平:外七种》,上海古籍出版社1995年版,第707页。

② 《供养释迦如来住世十八尊者五百大阿罗汉圣号碑》保存完好,但有若干尊者之名已漫漶,不可辨识,如第66、67、249、250、251、252、253、255、285、289尊等。

为明代官僚高玄期所收藏。《金石续编》卷十七载有此碑名,但文未收入。崇祯十六年(1643),高玄期之子高承埏将此五百罗汉尊号刻于泾县衙署中。后其子高佑铠又重刻流通,并被收入《嘉兴藏》第四十三函中,署名工部郎中高道素(斗光)手录、高承埏校、高佑铠重订。清朝《龙藏》亦著录。因而广为流传,乃至成为以后寺院建造五百罗汉像所取名号的依据所在。

值得注意的是,第二、第三两碑在五百罗汉的尊号上仅小有出入,明显是同出一源,应无疑问。唯二者排序完全不同,《供养释迦如来住世十八尊者五百大阿罗汉圣号碑》首位罗汉为"贤者尊者",末尾为"弃恶法尊者",与《江阴军乾明院五百罗汉尊号碑》首"阿若憍陈如尊者"、末"愿事众尊者"相去甚远。还有,前者的文字粗糙,错讹较多;在称呼上虽以"尊者"居多,但中间还夹杂着"罗汉"、"大阿罗汉"的称号,看起来是属于早期的作品。也就是说,从唐末五代五百罗汉名号的出现,到《江阴军乾明院五百罗汉尊号碑》的定型,中间经历了一个逐渐完善的过程。虽不能说《供养释迦如来住世十八尊者五百大阿罗汉圣号碑》是最初的原型,但说去此不远,想来不会错到哪里去。

至于说《江阴军乾明院五百罗汉尊号碑》的拓片,是高玄期从市场上偶然购得的。此有高承埏所作《恭题先大夫手录乾明院罗汉尊号碑》一文的记录为证:

> 一日,散步燕市,遇木里浦真如庵僧,售一蠹帧。谛视之,乃《南宋江阴军乾明院五百罗汉尊号碑》也,住世十八尊者、石桥五百尊者名号咸备。有绍兴间叶内翰清臣赞,曰:"觉雄示入灭,尊者俱受记。现彼声闻身,护兹浊恶世。他方自感通,此地真灵秘。一路指桥西,谁明导师意?"先大夫亟购归,补缀手书一过,藏之笥中。今二十五年矣。①

其中提到的叶清臣(1000—1049),为北宋名臣,其赞辞名为《题石桥》,作于晚年。而高佑铠所写的《后记》,则主要记述了拓片刻印流通的时节因缘:

> 吾祖夙具上根,深于禅理,所书罗汉尊号,凡五百一十有八。诸方耆宿,咸赞叹希有。先公镌于泾县署中,惜传布未广,特再授梓,俾得流通,试一展卷,称颂便如尊者森列现前,令人瞻仰。而先祖往昔因缘及先公继述,禅喜咸永,永弗替矣。为偈曰:"诸大阿罗汉,一一垂名号;五百不为多,十八亦非少;各具精进心,乃成无上道。赞叹顶礼者,咸得除烦恼。"②

引文里的所说"石桥"、"桥西",乃指天台山的石桥寺,因而被称为"石桥五百尊者"。石桥寺,后更名为方广寺,至今犹存。

由此推之,应先有石桥五百罗汉的名号,而后才有《江阴军乾明院五百罗汉尊号

---

① [明]《嘉兴藏》第20册,台湾新文丰出版有限公司1987年版,第529页。
② [清]《乾隆大藏经》第161册,台湾传正有限公司1997年影印本,第445页。

碑》，二者极可能有某种渊源关系。此一判断，也与《西域志》所言"天台山石梁桥方广寺，五百罗汉之所住持，其灵异事迹，往往称著"之语相吻合。①

据梁慧皎《高僧传》载，东晋时有僧昙猷来天台，于跨涧石桥遇神僧。以后，始有五百应真（罗汉）的传说。随着年代的推移，此类传说愈演愈多。历史上也曾有过记载，而今大都湮没不存。

值得注意的是，天台石桥五百尊者，又与杭州净慈寺建造五百罗汉像有瓜葛。五代时期，五百罗汉的尊崇尤为兴盛。吴越王钱氏造五百铜罗汉于天台山方广寺。显德元年（954）道潜禅师得吴越钱忠懿王的允许，将杭州雷峰塔下的十六大士像迁往净慈寺，并创建五百罗汉堂。宋雍熙二年（985），又造罗汉像五百十六身（即十六罗汉与五百罗汉），奉安于天台山寿昌寺。宋仁宗供施石桥五百罗汉的敕书，具载《天台山志》中。高宗南渡，净慈寺毁。绍兴二十三年（1153），佛智道容重建十六大士，并五百罗汉像。后复屡经兴废，不一而足。

净慈寺罗汉堂的五百罗汉像，应该均有名号。这是从两方面的依据来推测的：其一，《净慈寺旧志》记载，罗汉堂建成后，吴越一带民间"数罗汉"、"斋罗汉"的风俗开始流行。②"数罗汉"的习俗是指从与自己有缘的罗汉身上来了解自己的命运之举。从逻辑上说，应该有罗汉的名字才更具神圣性。其二，据元代刘一清《钱塘遗事》云："（净慈寺罗汉堂）第四百四十二位阿湿毗尊者，独设一龛，用黄罗幕之，偃塞便腹，觑人而笑。妇人祈嗣者，必诣此烧香。今龛废矣。"③由此说明，该寺五百应真已有名号。而且始作俑者有可能就是道潜禅师，或那位塑像之僧，也可能是天台山的某位神秘人物。年代约在后周显德元年（954）前后，不会晚于北宋元符元年（1098），亦即广西宜州会仙山白龙洞《供养释迦如来住世十八尊者五百大阿罗汉圣号碑》出现之前。

如上所述，杭州南高峰烟霞岭上的石屋洞镌刻的五百罗汉石雕，也在这一时期，但早于净慈寺的罗汉堂。只是尺寸较小，也没有名号。由此可见，吴越时期与宋代是天台山及杭州塑造五百罗汉像的黄金年代，而推动最力者，除了像道潜那样的高僧大德之外，还有钱镠王及宋朝诸帝。

需要澄清的是，对于高玄期父子等人提供的南宋《江阴军乾明院五百罗汉尊号碑》，学界普遍评价不高，认为其缺乏典据，真实性可疑，不过是宋人附会云云。④ 其实，这种评价是不正确的。江阴军乾明院五百罗汉尊号确有不足之处，比如，有五尊罗

① ［明］释传灯：《天台方外志》卷五引《西域志》语，《中国佛寺志丛刊》第81册，广陵书社2006年版，第122页。
② ［清］释际祥：《净慈寺志》卷三《罗汉堂》附录引《净慈寺旧志》云："吴越之俗，入田字殿数罗汉、斋罗汉，以为常斋。……数，则历指众像讫，所生年（龄）随所值老少狞慈，而卜吉凶。"（《中国佛寺志》第17册，台湾明文书局1980年版，第297页）
③ ［清］释际祥：《净慈寺志》卷三《罗汉堂》引《湖山便览》语。《中国佛寺志》第17册，台湾明文书局1980年版，第266页。
④ 详见周叔迦《十六罗汉十八罗汉和五百罗汉》一文，其中有"书中所举五百罗汉的名号毫无典据，想是宋人附会之谈而已"之说。《周叔迦佛学论著集》（下集），中华书局1991年版，第711页。

汉重复,组成不够严谨,等等。但从总体上判断,还是成功的。否则,数百年来不会被人们,尤其是佛门所认可。这是因为:

一是高玄期,乃明末四大高僧之一的莲池袾宏的在家弟子,且"夙具上根,深于禅理"。从其年十二,即能立时作出"如来已现光明藏,羽客偏持清净经"的联语来看①,高氏佛学修养非同一般,是理所当然的。其子高承埏及高佑铠,均为虔诚佛子,且深信因果报应之说,胡乱编造五百罗汉尊号,罪过不小。这种可能性是可以排除的。

二是从五百应真的大致分类也能看出,其名号的确立,是有经典依据的,并非凭空杜撰而成。其中第一类是在印度佛教历史上实有其人的罗汉,占绝大多数。包括佛陀的十大上首弟子、八大菩萨、传承法统的历代祖师、高僧、优婆塞、优婆姨及护法诸王等。属于次一类的是,经论中有关佛教传说的人物,如佛陀的前身修菩萨行的主人公、佛世界中的菩萨、色界无色界之天神等。上述两类罗汉占绝大多数。第三类罗汉是着眼于教义内涵、"以德行立名"方式出现的。另外,还有将近51位显然是经过筛选的本土高僧,如第117尊的悟达国师、第131尊的善慧尊者——傅大士、第484尊悯不息尊者(慧日)等。最后是为数极少的不易归类的"其他"罗汉。

三是南宋《江阴军乾明院五百罗汉尊号碑》在明代被收入《大藏经》中。按照惯例,凡入藏之文均须经当时的高僧硕德共同审定通过,是极其严肃的,马虎不得,如莲池袾宏所言:"古来此方著述入藏者,皆依经论入藏成式:梵僧若干员,汉僧若干员,通佛法宰官若干员,群聚而共议之。"②南宋《江阴军乾明院五百罗汉尊号碑》的入选明显属于"通佛法宰官"一类,可见其慎重。倘若这五百罗汉尊号系高氏父子胡拼乱凑而成,了无根据,想必也难逃高僧的法眼。由此可见,乾明院的五百应真名号是可靠的,近千年来已渐成定论,难以撼动。

此外,五百罗汉的排列次序,从北宋元符元年所立《供养释迦如来住世十八尊者五百大阿罗汉圣号碑》及南宋《江阴军乾明院五百罗汉尊号碑》来看,除了"阿若憍陈如"列为第一以外,其余罗汉的顺序均是随机方式产生的。这可能是考虑到在排序问题上的困难而采取的不得已的做法,也是本土传统文化中的尊卑观念在起作用吧?

至于后世寺院所设五百罗汉像都采用南宋《江阴军乾明院五百罗汉尊号碑》的排序,是因为高承埏父子努力推广所致。高氏曾发愿宣传此罗汉尊号碑,其在《序言》中说:

> 予且购良工,以先大夫手书者,寿之金石,广置名山,使览者得尽识尊者名号,生欢喜心。而先大夫夙因或亦不致泯没,客姑俟之。③

---

① 高承埏:《恭题先大夫手录乾明院罗汉尊号碑》,[明]《嘉兴藏》第20册,台湾新文丰出版有限公司1987年版,第529页。

② [明]袾宏:《竹窗三笔》,浙江嘉兴府楞严寺般若堂本,清康熙十年十二月,第49页。

③ 高承埏:《恭题先大夫手录乾明院罗汉尊号碑》,[明]《嘉兴藏》第20册,台湾新文丰出版有限公司1987年版,第529页。

尽管后来由于种种原因,未能做到"广置名山",但高佑铠承父之衣钵,采取刻印流通之法,影响扩大,终至于被收入《嘉兴藏》,而清朝《龙藏》亦因之。甚至连朱彝尊《曝书亭集》、俞樾《茶香室续钞》也加以征引谈论。所以,导致上述结果。而《供养释迦如来住世十八尊者五百大阿罗汉圣号碑》地处我国西南偏僻之处,在交通不发达的古代,信息流传不广,是不争的事实,加上发现时代较晚,其影响力相对于南宋《江阴军乾明院五百罗汉尊号碑》来说,自然略逊一筹。

更主要的是,若将《供养释迦如来住世十八尊者五百大阿罗汉圣号碑》与南宋《江阴军乾明院五百罗汉尊号碑》相互比较,可以发现二者很有出入,显示后者明显优于前者的地方:

第一,前者比较粗糙,如称五百应真,既有称"尊者",又有称"大阿罗汉",前后不一致,而且还将十八罗汉夹刻在第192尊"须跋陀罗尊者"与第193尊"无相空尊者"之间,明显不合情理。其次,错讹也较多,如"罗旬"误为"罗句"、"坏魔军"误为"怀魔军"、十八罗汉中的"庆友尊者"误为"度友尊者"等。相对而言,南宋《江阴军乾明院五百罗汉尊号碑》显然没有此类错误,五百罗汉的称号为"尊者",前后统一,没有例外,且将十八罗汉单独置于五百尊者之前,不但眉目清晰,也突出了十八罗汉的重要地位,符合佛教经论的一般惯例。

第二,从排列方式上看,两碑也完全异趣。《供养释迦如来住世十八尊者五百大阿罗汉圣号碑》的首位罗汉为"贤者尊者",末位为"弃恶法尊者",几乎没有章法,非常凌乱;而南宋《江阴军乾明院五百罗汉尊号碑》的第一位则为"憍陈如尊者",第五百位为"愿事众尊者",相对比较合理。末尾罗汉的排列可以不论,就首位尊者来说,按照国人的传统习俗,应该有所讲究,以"贤者尊者"为首,明显欠妥,理由非常简单:因为该尊者并无特殊之处,换五百罗汉中的任何一位都可以,这样是缺乏权威性的。然换作"憍陈如尊者",则成了不二人选。因为他不仅是跟随佛陀最早出家的"五比丘"之一,而且佛陀曾当着众弟子的面称赞他是"声闻中第一比丘"①,且"于佛弟子中,最为第一悟"②。所以被推为五百罗汉之首,自是当之无愧。

四、著名五百罗汉像的建造因缘与艺术特色

经过考察目前国内现存的几处古代五百罗汉像后,我们发现,如北京碧云寺、常州天宁寺、苏州西园寺、武汉归元寺、宁波七塔寺、四川新都宝光寺等,这些寺院五百罗汉的建造,中间虽有曲折,但最终皆渊源于杭州净慈寺五百罗汉堂,而五百名号则一依南宋《江阴军乾明院五百罗汉尊号碑》。其中以天宁寺与净慈寺罗汉堂的关系最为密切。唯一例外的是,云南筇竹寺的彩色五百罗汉本来全都没有名号。

---

① 《增一阿含经》卷三《弟子品》,《大正藏》第2册,第557页上。
② 《佛所行赞》卷三,《大正藏》第4册,第30页中。

据《天宁寺志》记载，该寺曾有过两种五百罗汉像的塑造：一种是泥塑的，始于清代乾隆年间（1736—1795）。系根据浙江雁荡山的三百罗汉像制作的彩色塑像，俗称"花罗汉"。至嘉庆年间（1796—1820），又仿五台山显通寺铁罗汉的造型特色，增塑至五百之数，并全身装金。后毁于太平天国战火之中。光绪年间（1875—1909），复又重塑。另一种是青砖雕刻的罗汉像，是按杭州净慈寺的原罗汉塑像绘图于嘉庆四年（1799）镌刻的，由晋陵吴树山镌字，常州知府胡观澜题跋，并制成拓片像帖流传。住持了月和尚撰文记其事，其中说：

> ……爰是特延名手画师，仿摹杭州净慈寺五百尊塑像，绘图勒石，昭垂久远，欲令十方瞻仰慈容者，皆大欢喜，信受皈依，广种善根，潜消恶念，庶使风俗益臻淳美，闾阎永享太平，……镌成五百罗汉石版送至天宁罗汉堂，敬供壁间，宝炬金轮，光照十方法界。①

光绪七年（1881），心月上人将天宁寺的罗汉像翻刻于南岳衡山祝圣寺，并请李元度撰写《祝圣寺镌五百阿罗汉像记》及吴锦章作序。然世事无常，天宁寺砖雕原作后亦毁于兵燹，光绪年间又再度重刻，至今犹存。

创建于元末至顺二年（1331）的北京碧云寺，明代曾加以扩建，至清乾隆十三年（1748）完成了金刚宝座塔，并修建了罗汉堂。乃模仿杭州净慈寺所建，堂内供奉了五百尊罗汉像。像以木质雕塑，外覆金箔。坐像高约 1.5 米，身材大小与常人相同。有趣的是，堂内第 295 尊的闍夜多罗汉、第 360 尊的直福德尊者居然分别被塑成康熙、乾隆二皇帝模样，此举与唐朝则天武后将自己塑成龙门的卢舍那大佛如出一辙，以祈不朽。而济颠禅师却被意外地"放"到了大堂北面的屋梁上！此与苏州西园寺罗汉堂内手持破扇、傲然挺立之像形成鲜明的对照。

归元寺的五百罗汉，始建于清朝道光年间（1821—1850），咸丰二年（1852）毁于战乱。光绪二十一年（1895）开始重建，1902 年竣工。据《归元丛林罗汉碑记》所载，该寺的罗汉像乃由湖北黄陂县的王氏父子花费九年时间精心塑造。黄陂，为著名的雕塑之乡，有着悠久的泥塑历史传统。王氏父子以衡山祝圣寺的五百罗汉石刻拓片为蓝本，经过加工、提炼、创作而成为立体的塑像。他们采用"脱胎漆塑"法制作，亦即先运用泥胎塑成罗汉模型，再用葛布和生漆逐层粘贴套塑，称之为漆布空塑。干透之后，再将每尊塑像用金粉装饰起来。所以，这些罗汉像被称为"金身托沙塑像"。这种制作工艺的优点是抗潮湿，防虫蛀，且经久不变。汉阳地处长江边，五百罗汉像塑成两百多年间，罗汉堂多次受到长江水患的冲击，有时甚至满堂进水，罗汉们四处漂浮，人们不禁为塑像担忧。然而，洪水退去后，罗汉塑像依旧安然坐立。由此可见，王氏父子塑像技艺的高超水平。

宁波七塔寺的五百罗汉石刻像，是由湖南籍住持慈运老和尚请人雕刻的。光绪十

---

① 《天宁寺石刻五百罗汉记》，台湾读者书局 1975 年版，第 4 页。

六年(1890),他回故乡,前往祝圣寺挂单,觅得五百罗汉拓片。遂于寺院圆通殿内壁镌刻五百罗汉碑。所刻罗汉,均为坐姿,手中所持之物,既有佛门通用的经卷、念珠、木鱼、金刚杵、钵盂、锡杖、莲花、宝冠、宝塔、法轮诸物,也有诸如灵芝、如意、太极图、镜子、月琴、长颈瓶、仙桃、钱货、尘尾等,明显是受到本土道教神仙思想影响的结果。此外,还有白鹤、猕猴、梅花鹿、狮子、老虎、蝙蝠、凤凰、飞龙、毒蛇、四不象等坐骑,或珍禽异兽之类。七塔寺所刻罗汉像构图简洁明快,线条流畅优美,刀法娴熟细腻,表情丰富多彩,成为浙东古刹难得的艺术珍品。

苏州西园寺的罗汉堂,初创于明代末叶,清咸丰十年(1860)被毁。迨至同治、光绪年间,陆续重建。罗汉堂凡三进四十八间,布局呈"田"字形,沿用的是杭州净慈寺罗汉堂的设置,如净慈寺旧志云:"应真殿,四十九楹,即五百罗汉田字殿也。"西园寺罗汉堂屋宇深广,斗拱飞檐,浮雕垂栏,精巧玲珑,以普陀、峨眉、五台、九华四大佛教名山为中心,所塑金身罗汉像,分单、双号相对排列。造像比普通人高大,早没了深目高鼻的梵形异相,而是完全汉化,身着汉服,姿态万千,形象生动,举凡温良勇武、喜怒哀乐之状,无不神情毕肖,酣畅淋漓。尤其是相对而立的济公、疯僧二像,造型奇特,独具匠心。济公手持破扇,鹑衣百结,脸部表情更为有趣传神,从正面观察,啼笑皆非;自左侧望去,笑容可掬;转到右边看,又是愁容满面,充分表达出劫富济贫、除暴安良的禅师精神。取材于《说岳全传》的疯僧,原为杭州灵隐寺的"火头",民族英雄岳飞在风波亭遇害后,一日见秦桧来寺烧香,他奋力驱赶,那手持扫把、疾恶如仇的性格特征,显露无遗。正如民国高僧印光大师所赞叹的那样:"奸桧受贿误国民,故劳我师特扫秦。一柄扫帚撑天地,几句法语震乾坤。惜彼陷溺已深固,虽承指示不问津。致令神归阿鼻狱,铁像千古跪岳坟。"[①]

中国现存历史最久、规模最大的泥塑罗汉堂,当数四川新都宝光寺罗汉堂。这座建于清代咸丰元年(1851)的殿堂,为抬梁式木石结构建筑,九进九楹,内设四个天井,呈"田"字形排列,殿堂中央的屋面作穹隆状升起,中间矗立着一尊高达六米的千手千眼观世音菩萨塑像,其他各类塑像围绕"田"字展开,有内外四层,正中心以"十"字相连,通道曲折连通。整座罗汉堂占地1600平方米,面积为全国之最。堂内共塑佛、菩萨、罗汉以及历代祖师像合计577尊,数量居国内之冠。所塑五百罗汉像千姿百态,栩栩如生,展现了我国民间塑像师杰出的艺术才能,因此扬名海内外。而罗汉堂门口的对联所说"即此是天台,像显阿罗五百",也说明它与天台山的渊源关系所在。

据说,道光二十九年(1849),宝光寺住持妙胜禅师聘请北派的陕西帮、南派的川西帮和川东帮三批塑像师,以杭州净慈寺、灵隐寺两寺罗汉图像为底本,共同塑造五百罗汉圣像。由于派别不同,艺术特色自然有差异,所谓各有所长,异曲同工:陕西帮所塑罗汉像肥头大耳,肌肉突出,造型独特,生动有趣;川西帮、川东帮塑像风格较为接近,

---

① 《疯僧像赞》,《印光法师文钞》卷四,《增广印光法师文钞》(下),苏州灵岩山寺流通本,1990年重印,第37页。

比较强调人体比例,头部适中,人物表情自然,别具一格。尤其值得一提的是,川东帮的黎广修(1815—?),原名德生,四川合州(今重庆合川县)人(一说为德阳绵竹人),少读书,通文墨,后随父以塑像为业。在进宝光寺罗汉堂塑像时,他35岁,正值壮年,等到竣工时的咸丰元年,他已44岁。九年间,黎广修得以大显身手,积累了丰富的塑像经验,成为蜀川的泥塑名家,也为其十多年后在云南筇竹寺再创辉煌奠定了牢固的基础。

从艺术价值看,在现存所有古代遗存的五百罗汉像中,当以昆明筇竹寺的五百罗汉塑像最为成功。其成功之处在于,所有的罗汉均取材于现实生活中的人群,完全彻底本土化,凡夫走卒,达官贵人,嬉笑怒骂之态,举手投足之间,无不神情逼似,仿佛是将社会生活的众生相"定格"在某一时刻,搬到了墙壁之上。此外,他还创作了为数众多的单个罗汉形象,或喜或嗔,语默动静,皆面目各异,生动有趣。即便是被塑造成身着黄袍的康熙、乾隆模样的罗汉,也如活人一般入木三分,给人留下深刻印象。因而,筇竹寺的泥彩塑五百罗汉群像代表了黎广修一生艺术创作的最高成就,被后世誉为"东方雕塑艺术中的明珠"。

五、结　语

总而言之,五百罗汉作为三明六通的圣者[①],是印度佛教经论中非常重要的人物形象。在中国古代的流变中,其五百尊号的产生与成熟,是佛教中国化过程中一个有趣的文化现象。它表明国人在接受印度宗教文明时,并非亦步亦趋,而是有着为我所用的胸襟和气度,表现出卓越的智慧、想象力和创造力,三通五百罗汉尊号碑文的存在就是最有力的证明材料。同时,南宋《江阴军乾明院五百罗汉尊号碑》的流行与影响大大超过《吴新兴寺崇福院五百罗汉碑》和《供养释迦如来住世十八尊者五百大阿罗汉圣号碑》,除了碑文内容本身的原因之外,佛门的认可、地域的差异与广而告之的作用,亦显然不可低估,即佛教所谓"时节因缘,不可思议"者也。

至于五百尊者图像的绘制与建造,尊号的选择取舍,虽说历时长久,时事更迭,其变也多,尤其是本土化色彩的越发浓重,是最为显著的标志。期间,于此着力者,既有高僧大德、工匠艺人,也有帝王将相、士大夫,甚至于平民百姓,众缘聚合,图像乃成。但究其最终根源,盖出于佛教经论所说,则断无可疑。所变者,就图像而论,不过面容、服饰、器物而已,其内在精神,与释迦文佛之教本无二致。因而,从宗教意义上说,古代

---

① 三明,指宿命明(明了自己及众生一生乃至百千万亿生情形的智慧)、天眼明(了知众生生死相状、死后趋向以及善恶之行的智慧)和漏尽明(如实证得四谛之理,解脱漏心,灭除一切烦恼的智慧)。六通,即六种神通:如意通(自由无碍,随心所欲现身的能力)、天眼通(能见六道众生生死、苦乐之相,以及见世间一切种种形色,无有障碍)、天耳通(能听闻六道众生各种语言及世间种种音声)、他心通(能知众生内心所想之事)、宿命通(能知自己及众生百千万世宿命及所做之事)、漏尽通(断尽三界见、思惑,不受生死,而得漏尽神通之力)。

五百罗汉图像的建造、流传的漫长历史,反映了中华民族深厚的佛教情怀与卓越智慧,它们不仅仅属于本土的国家和人民,也是属于全世界。至于艺术方面,立场不同,视角差异,见仁见智,在所难免,亦不妨作如是观。

（夏金华:上海社会科学院哲学所研究员）

孙吴统治者之尚巫及其对待道教、佛教之政策

王永平

孙吴统治者出自吴郡富春，本为寒门，其立国后，不守儒家礼法制度，自始至终崇尚巫筮术数，对道教、佛教也予倡导。《宋书》卷一四《礼志一》载："孙权始都武昌及建业，不立郊兆。至末年太元元年十一月，祭南郊，其地今秣陵县南十余里郊中也。"同书卷一六《礼志三》也载孙权虽在武昌称王时"祭南郊告天"，但此后长期不行郊祭之礼，"权卒后，三嗣主终吴之世不郊祀，则权不享配帝之礼矣"。不仅如此，孙权称帝后"不立七庙"，以其父坚尝为长沙太守，于是在长沙临湘县"立坚庙而已"，孙权从未亲祠，这引起历代正统史家的严厉斥责。沈约在《宋书》卷三三《五行志四》根据相关史实有评论云："案(孙)权称帝三十年，竟不于建业创七庙，但有父坚一庙，远在长沙，而郊禋礼阙。嘉禾初，群臣奏宜郊祀，又弗许。末年虽一南郊，而北郊遂无闻焉。且三江、五湖、衡、霍、会稽，皆吴、楚之望，亦不见秩，反礼罗阳妖神，以求副助。天意若曰：权简宗庙，不祷祠，废祭祀，示此罚，欲其感悟也。"宋张敦颐《六朝事迹编类》卷一《总叙门》"六朝郊社"说："终吴之世，未暇礼文，宗庙社稷，不见于史。"清代学者何焯《义门读书记》卷二八《三国志·吴志·孙权传》条有论云："仲谋既自擅尊号，以天下临其臣民，不修郊祀，是子不事父，野哉！"孙吴一代，其统治者皆轻视儒家礼制，"子不事父"，与儒学世族明显不同。①

与儒家礼乐文化的严重缺失相关，孙吴宫廷中巫筮风气则颇为流行。检索相关文献，可见孙吴统治者耽信巫筮方术，而传统的术数文化则往往与道教联系紧密，孙吴宫廷中道术之士颇众，形成浓郁的巫筮风气。同时，自汉代以来，佛教也作为道术的附庸而流传，孙吴统治者对佛教也采取包容的政策，促进了佛教在江南的迅速传播。这对此后中国文化的发展有一定的潜在影响，值得给予一定的重视。鉴于此，本文专题考论孙吴统治者及其宫廷中的宗教信仰风尚，希望有补于以往研究的不足。

① 关于孙吴统治者之阶级出身及其轻视儒家礼法制度的诸多表现，拙文《略论孙权父子之"轻脱"——从一个侧面看孙吴政权之性质》(原刊于台北《汉学研究》2003 年上半年刊，后收入拙著《孙吴政治与文化史论》，上海古籍出版社 2005 年版)已有比较全面的论述，敬请参见，此不赘述。

一、孙吴统治者与方士之交往及其与道教之关系

（一）与富春孙氏发迹的相关巫觋谶言

孙吴自发迹至亡国，始终都伴随着各种神奇灵异的传说，这与当时的巫筮活动及其氛围不无关系。关于孙吴发迹之祥瑞灵异，《三国志》卷四六《吴书·孙坚传》注引《吴书》载：

> 坚世仕吴，家于富春，葬于城东。冢上数有光怪，云气五色，上属于天，曼延数里。众皆往观视。父老相谓曰："是非凡气，孙氏其兴矣！"及母怀妊坚，梦肠出绕吴昌门，寤而惧之，以告邻母。邻母曰："安知非吉征也。"

《宋书》卷二七《符瑞志》载：

> 孙坚之祖名钟，家在吴郡富春，独与母居。性至孝。遭岁荒，以种瓜为业。忽有三少年诣钟乞瓜，钟厚待之。三人谓曰："此山下善，可作冢，葬之，当出天子。君可下山百步许，顾见我去，即可葬也。"钟去三十步，便反顾，见三人并乘白鹤飞去。钟死，即葬其地。

又，《三国志》卷五〇《吴书·妃嫔·孙坚吴夫人传》注引《搜神记》载：

> 初，夫人孕而梦月，既而生策。及权在孕，又梦日入其怀，以告坚曰："昔妊策，梦月入我怀，今也又梦日入我怀，何也？"坚曰："日月者阴阳之精，极贵之象，吾子孙其兴乎？"

以上这些灵异奇事显然是孙吴建立后，为神话其统治而制造出来的。① 之所以如此，主要原因当然在于孙氏出自寒门，缺乏门望，于是大肆编造灵异以自神，这是历代出自寒微的统治者的惯例，而制造这些神话者，则为统治者豢养的精于谶纬的巫筮之士。不过，孙吴统治者鼓励、默认这些言论，则表明其家族崇奉巫觋的文化传统。

孙坚在军队中便利用巫筮。《三国志·吴书·孙坚传》注引《吴历》载孙坚在南阳，太守张咨"既不给军粮，又不肯见坚。坚欲进兵，恐有后患，乃诈得急疾，举军震惶，

---

① 以上孙氏发迹的神话，后来的诸多志怪小说都有记载，并不断完善，详见《太平广记》卷三〇九《冢墓》所引《祥瑞记》的记载。此外，关于孙坚发迹，《异苑》又载："孙坚丧父，行葬地，忽有一人曰：'君欲百世诸侯乎？欲四世帝乎？'答曰：'欲帝。'此人因指一处，喜悦而没。坚异而从之。时富春有沙涨暴出，及坚为监丞，邻党相送于上，父老谓曰：'此沙狭而长，子后将为长沙矣。'果起义于长沙。"（《太平广记》卷三七四《灵异》所引）

迎呼巫医,祷祀山川。遣所亲人说咨,言病困,欲以兵付咨"。于是设计杀张咨,夺取了地方军政权力。由孙坚"迎呼巫医,祷祀山川"的举措看,他是颇重巫筮之术的。

(二)孙权之尊崇方士及其道术

孙权是孙吴最重要的统治者,不仅在位时间长,而且集权程度也高。孙权在道术信仰方面颇为痴迷,与诸多方术之士交往甚密,其中可考者主要有:吴范,《三国志》卷六三《吴书·吴范传》载其会稽上虞人,"以治历数,知风气,闻于郡中。举有道,诣京都,世乱不行。会孙权起于东南,范委身服事,每有灾祥,辄推数言状,其术多效,遂以显名"。他善于预测,"占验明审",孙权任为骑都尉、领太史令,"数从访问,欲知其决。范秘惜其术,不以至要语权。权由是恨之"。孙权本封其为都亭侯,"诏临当出,权恚其爱道于己也,削除其名"①。黄武五年,吴范卒,"于是业绝。权追思之,募三州有能举知术数如吴范、赵达者,封千户侯,卒无所得"。

刘惇,《三国志》卷六三《吴书·刘惇传》载其平原人,汉末避乱南徙,"以明天官达占数显于南土。每有水旱寇贼,皆先时处期,无不中者",后归孙权,"惇于诸术皆善,尤明太乙,皆能推演其事,穷尽要妙,著书百余篇,名儒刁玄称以为奇。惇亦宝爱其术,不以告人,故世莫得而明也"。

赵达,《三国志》卷六三《吴书·赵达传》载其河南人,"治九宫一算之术,究其微旨,是以能应机立决,对问若神,至计飞蝗,射隐伏,无不中效"。赵达善于计算,但其撒豆计数、"至计飞蝗"之类,似乎过于神奇。赵达亦"宝惜其术,自阚泽、殷礼皆名儒善士,亲屈节就学,达秘而不告"。又载:"初,孙权行师征伐,每令达有所推步,皆如其言。权问其法,达终不语,由此见薄,禄位不至。"

以上三人长于推测、计算,尽管他们为提高身价,故弄玄虚,但毕竟尚有可以占验的实际效能,因而孙权用其参与军政活动,在当时受到人们的赞誉。② 此外,孙权交结之术士则多以变幻莫测为能事者,有的则为某些道教流派之先祖。如葛玄,时人称葛仙公,《三国志》卷六三注引《抱朴子》载:

> 时有葛仙公者,每饮酒醉,常入人家门前水中卧,竟日乃出。曾从吴主别,到洌州,还遇大风,百官船多没,仙公船亦沉沦,吴主甚怅恨。明日使人钩求公船,而登高以望焉。久之,见公步从水上来,衣履不沾,而有酒色。既见而言曰:"臣昨侍从而伍子胥见请,暂过设酒,忽忽不得,即委之。"

《太平广记》卷七一《道术一》引《神仙传》载:"葛玄字孝先,从左元放受九丹金液

---

① 吴范之所以秘其术,《三国志》卷六三《吴书·吴范传》注引《吴录》载:"范独心计,所以见重者术,术亡则身弃矣,故终不言。"术士以术自重,这是必然的,因此所有术士皆"宝爱其术",绝不外传,但实际上究竟有无所谓秘术,只有天知道了。

② 《三国志》卷六三《吴书·赵达传》注引《吴录》载:"孙吴时皇象善书法,严武善围棋,宋寿善梦,曹不兴善画,孤城老姬能相人,及范、惇、达八人,世皆称妙,谓之八绝云。"

仙经,未及合作。常服饵术,尤长于治病,鬼魅皆见形,或遣或杀。能绝谷,连年不饥。能积薪烈火而坐其上,薪尽而衣冠不灼;饮酒一斛,便入深泉涧中卧,酒解乃出,身不濡湿。玄备览五经,又好谈论,好事少年数十人,从玄游学。……吴大帝请玄相见,欲加荣位,玄不听,求之不得,以客待之,常共游宴,坐上见道间人民请雨,帝曰:'百姓请雨,安可得乎?'玄曰:'易得耳。'即便书符著社中,一时之间,天地晦冥,大雨流注,中庭平地水尺余。帝曰:'水宁可使有鱼乎?'玄曰:'可。'复书符水中,须臾,有大鱼百许头,亦各长一二尺,走水中。帝曰:'可食乎?'玄曰:'可。'遂使取治之,乃真鱼也。"葛玄乃丹杨道教神仙派——"葛氏道"早期之代表,为晋代丹鼎派代表葛洪之叔祖。《晋书》卷七三《葛洪传》载:"葛洪字稚川,丹杨句容人也。祖系,吴大鸿胪。父悌,吴平后入晋,为邵陵太守。……从祖玄,吴时学道得仙,号曰葛仙公,以其炼丹秘书授弟子郑隐。洪就隐学,悉得其法焉。"①葛玄以炼丹求仙等术数深得孙权喜爱,《建康实录》卷二《吴太祖下》载:"帝初好道术,有事仙者葛玄,尝与游处,或止石头四望山所,或游于列洲。……帝重之,为方山立洞玄观,后玄白日升天。今方山犹有玄煮药铛及药臼在。"②

介象,《三国志》卷六三注引葛洪《神仙传》载:

> 仙人介象,字元则,会稽人,有诸方术。吴主闻之,征象到武昌,甚敬贵之,称为介君,为起宅,以御帐给之,赐遗前后累千金,从象学蔽形之术。试还后宫,及出殿门,莫有见者。又使象作变化,种瓜菜百果,皆立生可食。吴主共论鲙鱼何者最美,象曰:"鲻鱼为上。"吴主曰:"论近道鱼耳,此出海中,安可得邪?"象曰:"可得耳。"乃令人于殿庭中方作坎,汲水满之,并求钩。象起饵之,垂纶坎中。须臾,果得鲻鱼。吴主惊喜,问象曰:"可食不?"象曰:"故为陛下取以作生鲙,安敢取不可食之物!"乃使厨下切之。吴主曰:"闻蜀使来,得蜀姜作齑甚好,恨尔时无此。"象曰:"蜀姜岂不易得,愿差所使者,并付直。"吴主指左右一人,以钱五十付之。象书一符,以著青竹杖中,使行人闭目骑杖,杖止,使买姜讫,复闭目。此人承其言骑杖,须臾止,已至成都,不知是何处,问人,人言是蜀市中,乃买姜。于时吴使张温先在蜀,既于市中相识,甚惊,便作书寄其家。此人卖姜毕,捉书负姜,骑杖闭目,须臾已还到吴,厨下切鲙适了。

《太平广记》卷一三引《神仙传》又载介象"如此幻法,种种变化,不可胜数。后告

---

① 葛洪祖葛系,《三国志》卷六五《吴书·贺劭传》载又写作"葛奚",历任太子少傅、大鸿胪。据《云笈七谶》卷六引《三洞经教部·三洞并序》,"仙公升化,令以所得《三洞真经》,一通传弟子,一通藏名山,一通付家门子孙与从弟少傅奚"。(《真一自然经》所载相同)因此,两晋之间的葛洪致力丹鼎求仙之术,就其渊源而言,显然有其家学的承继。

② 《建康实录》卷二《吴太祖下》此条下注引《舆地志》载孙权"赤乌二年,为(葛)玄于方山立观"。《六朝事迹编类》卷一〇《神仙门》"洞玄观"条也载此,同书"青元观"条载:"《旧经》云:本吴朝仙公宅也。"同书卷一三《坟陵门》又载:"吴葛仙翁墓。吴太极左仙翁葛玄墓,在句容县西南一里。《郡国志》云:句曲有葛玄冢。"这都是有关葛玄的纪念性场所。

言病,帝遣左右姬侍,以美梨一食赐象。象食之,须臾便死。帝埋葬之,以日中时死,晡时已至建业,所赐梨付苑中吏种之。吏后以表闻,先主已发棺视之,唯一符耳。帝思之,与立庙,时时躬往祭之。"《抱朴子内篇》卷一五《杂应篇》又载:"或问辟五兵之道。抱朴子曰:'吾闻吴大皇帝曾从介先生受要道云,但知书北斗字及日月字便不畏白刃。帝以试左右数十人,常为先登锋陷阵,皆终身不伤也。'"孙权对介象敬称"介君",为其立宅,供给御帐,以御姬侍疾,为其立庙并躬祭之等,可见其间交往之密切。

又有介琰,《新辑搜神记》卷二载:"介琰者,不知何许人也。吴先主时从北来,云从其师白羊公入东海。琰与吴主相闻,吴主留琰,乃为琰架宫庙。一日之中,数四遣人往问起居,或见琰如十六七童子,或如壮年。吴主欲学术,琰以帝常多内御,积月不教也。"这里也说介琰能变化隐形,有长生之术,与介象事迹颇有相同之处。

姚光,《三国志》卷六三注引《抱朴子》载:"又有姚光者,有火术。吴主身临试之,积荻数千束,使光坐其上,又以数千束荻裹之,因猛风而燔之。荻了尽,谓光当以化为烬,而光端坐灰中,振衣而起,把一卷书。吴主取其书视之,不能解也。"

以上以葛玄、介象为代表的道术之士,虽身兼数技,但其核心是成仙之术,孙权与他们交往,绝非仅仅出于好奇而练习隐身遁形等幻术,而是希望能够长生不死。对此,孙权不仅与诸方术之士交往,而且效仿秦始皇海上求仙药的举动,《三国志·吴书·孙权传》载:

> (黄龙二年春正月)遣将军卫温、诸葛直将甲士浮海求夷洲及亶洲。亶洲在海中,长老传言秦始皇帝遣方士徐福将童男童女数千人入海,求蓬莱神仙山及仙药,止此洲不还。世相承有数万家,其上人民,时有至会稽货布,会稽东县人海行,亦有遭风流移至亶洲者。所在绝远,卒不可得至,但得夷洲数千人还。三年春二月,……卫温、诸葛直皆以违诏无功,下狱诛。

以往人们谈论孙权遣使浮海夷洲、亶州,或说其拓展海上交通,或说其意在扩大人口等等,这也许都是客观的结果,但实际上孙权的原始动机则是寻求仙药,以企长生不死。孙权的这一举动,显然与其身边的道术之士的蛊惑不无关系。①

孙权不仅个人信仰上如此,而且他还组织造神,利用神灵帮助其统治。《三国志·吴书·孙权传》太元元年五月下载:

---

① 《真诰》卷一一《稽神枢第一》载:"金陵,古名之为伏龙之地。《河图》逆察,故书记运会之时,方来之定名耳。至于金陵之号,已二百余年矣。……传所言二百余年耳,是吴孙权使人采金,屯居伏龙山,因名金陵,自然响会,所以叹《河图》之逆兆也。"又载句曲山"生黄金。汉灵帝时,诏敕郡县,采句曲之金,以充武库。逮孙权时,又遣宿卫人采金常输官,兵帅百家遂屯居伏龙之地,因改为金陵之墟名也。《河图》已得之于昔,可谓绝妙。今大茅山南犹有数深坑大坎,相传呼之为金井,当是孙权时所凿掘也。今此山近东诸处碎石往往皆有金砂。云兵帅仍屯居伏龙,今则无复有。唯小近西有述墟,昔乃名术墟,今是良民。述墟前十数里,大茅有吴墟村,以号何言,乃欲相似,而复不关金陵"。孙权命将士在茅山采金,固然出于开掘矿藏的需要,但也不排除其求取丹砂以炼制长生丹药的企图。

初临海罗阳县有神,自称王表,周旋民间,语言饮食,与人无异,然不见其形。又有一婢,名纺绩。是月,遣中书郎李崇赍辅国将军罗阳王印绶迎表。表随崇俱出,与崇及所在郡守令长谈论,崇等无以易。所历山川,辄遣婢与其神相闻。秋七月,崇与表至,权于苍龙门外为立第舍,数使近臣赍酒食往。表说水旱小事,往往有验。

孙权对隐形神人王表如此重视,也可印证上述他对葛玄、介象等人尊崇之事不尽为虚。但实际上,王表只是一个利用孙权崇巫尚道而大行欺骗之术的骗子,当孙权病重,"诸将吏数诣王表请福,表亡去。"①

在造神方面,影响最大的是"蒋神"。《新辑搜神记》卷六"蒋子文"条说:

蒋子文者,广陵人也。嗜酒好色,挑挞无度。常自谓己青骨,死当为神。汉末为秣陵尉,逐贼至钟山下,为贼击伤额,因解绶缚之,有顷遂死。及吴先主之初,其故吏见文于道头,乘白马,执白羽扇,侍从如平生。见者惊走,文进马追之,谓吏曰:"我当为此土地之神,以福尔下民耳。尔可宣告百姓,为我立祠,当有瑞应也;不尔,将有大咎。"是岁夏大疾疫,百姓辄相恐动,颇有窃祠之者矣。未几文又下巫祝曰:"吾将大启佑孙氏,宜为我立祠。不尔,将使虫入人耳为灾也。"孙主以为妖言。俄而果有小虫如鹿虻,入人耳皆死,医巫不能治,百姓愈恐。孙主尚未之信也,既而又下巫祝曰:"若不祀我,将又以火吏为灾。"是岁火灾大发,一日数十处。火渐延及公宫,孙主患之。时议者以为鬼有所归,乃不为厉,宜告飨,有以扶之。于是使使者封子文为中都侯,次弟子绪,为长水校尉,皆加印绶,为立庙堂。转号钟山为蒋山,以表其灵,今建康东北蒋山是也。自是灾沴止息,百姓遂大事之。

所谓"吴先主",即指孙权。据此可知,以蒋子文为神,在钟山立祠祭祀等,皆在孙权时得以确立,此后不断增饰附会,蒋子文的封爵由孙吴为侯,刘宋则晋爵为王,后则为帝,使得蒋神崇拜成为六朝以来江南地区突出的区域文化现象。②

---

① 对孙权宠重王表之事,历代史家都从孙权政治衰败的角度予以批判,如《三国志》卷四七《吴书·孙权传》注引东晋史家孙盛曰:"盛闻国将兴,听于民;国将亡,听于神。权年老志衰,谗臣在侧,废嫡立庶,以妾为妻,可谓多凉德矣。而伪设符命,求福妖邪,将亡之兆,不亦显乎!"这固然是正确的看法。不过,从孙权一贯的行为看,他"伪设符命,求福妖邪"是有一定的文化背景的。

② 《六朝事迹编类》卷一二《庙宇门》"蒋帝庙"条称"帝即后汉秣陵尉蒋子文"。所注引《金陵图经》又称孙权"乃立庙于钟山,封子文为蒋侯。权避祖讳,因改钟山曰蒋山"。孙权何以蒋子文为神,首先在于孙氏素来崇尚巫筮之风,其统治过程中必然兴巫造神。至于他以蒋子文为神,从蒋子文"嗜酒好色,挑挞无度"的无礼品格及"汉末为秣陵尉,击贼至钟山下"的任职情况看,其出身、任职与孙权父孙坚早年的经历十分相似。因此,孙权以蒋子文为神,在重视门第的社会背景下,颇有为自己的阶级出身正名的意味。朱偰先生在《金陵古迹图考》(中华书局2006年版)第三章《秦汉以前之遗迹》介绍蒋子文祠时指出:"蒋子文庙,始兴于吴,崇于晋,大于南齐,而衰于明。子文功业,虽无足道,然其神话势力之大,直足以风靡六朝甚至追崇帝号,亦犹关羽之于后世也。"(第75页)所论甚是。不过,据《宋书·礼志一》,刘宋孝武帝已册封蒋子文为钟山王,故应说"大于刘宋"。

孙权在日常生活中也信奉巫术。《新辑搜神记》卷九载:"吴先主病,遣人于门观不祥。巫启见一鬼,著绢巾,似是大臣将相。其夜,先主梦见鲁肃来,衣巾如之。"①这里说孙权遇鬼生病,以巫为医,可见孙权宫廷中日常生活充满了巫筮气息。

特别值得重视的是,孙权还与儒学朝臣讨论神仙方术,并引起个别朝臣的抗议。《三国志》卷五七《吴书·虞翻传》载:

> 翻性疏直,数有酒失。权与张昭论及神仙,翻指昭曰:"彼皆死人,而语神仙,世岂有仙人邪!"权积怒非一,遂徙翻交州。

张昭是很严肃的儒学重臣,孙权与之谈神仙,可见其笃好神仙之学。这里虞翻虽表示反对这种不经之论,但孙权也曾命其行占筮之术,《三国志·吴书·虞翻传》又载:"关羽既败,权使翻筮之,得《兑》下《坎》上,《节》,五爻变《临》,翻曰:'不出二日,必当断头。'果如翻言。权曰:'卿不及伏羲,可与东方朔为比矣。'"可见孙权之重巫筮在一定程度上还影响到江东的学风。

本文写作基本完毕后,得读中国台湾学者丁煌先生《汉末三国道教发展与江南地缘关系初探——以张陵天师出生地传说、江南巫俗及孙吴政权与道教关系为中心之一般考察》一文②,以为"孙权之好巫术与道,特尤甚矣",并对孙权好尚巫、道之术及其与方术之士的交往有详细的考察,其所用材料有过于本文,特别指出孙权的这一文化习尚还对其政治产生了一定的影响,这不仅直接导致其出兵征夷州、亶州等地,而且导致孙权及其后继者皆多好符瑞,特别指出"综观孙权凡立年号,皆出符瑞。继次以后在位诸嗣主,其纪元无不皆然。……析孙权之好符瑞,固源于两汉谶纬受命、五行灾异说炽盛,其时欲图篡谋叛或冀保政权在位两者,皆假天命所归,惑民从己以遂凤愿。孙氏一门之伍,乃特好之盖又逾于曹、刘二家也。"至于孙权好道之原因,他以为"孙氏居江东,系出吴郡富春,受当地风尚影响,而好巫、道,理所当然。史载孙权好称符瑞,颇类王莽、光武,且效秦皇、汉武故事寻仙海外,实张术人道流声势,就今存载籍观察,三国时期各国人主,迷尚于此无有过乎孙权者。"其又依据孙权与诸道术之士的交往情况,说:"就以上所述,足证孙权之好术数,几至若狂矣,诚魏、汉(蜀)之主,无人能与之比拟者。"③正因为如此,自东汉末年以来,由于各地动乱,曹操等北方统治者严格限制道术流传,致使道教人物及各道教流派云集江东。

(三)孙休、孙皓之尊崇方士及其道术

由于孙权的倡导,其宫廷生活中充满着巫觋氛围,甚至连颇为理性的太子孙登也

---

① 《太平广记》卷三一七《鬼二》引《幽明录》载此,文字略异。
② 此文原刊于台湾《成功大学历史学报》1987年第13期,收入氏著《汉唐道教论集》,中华书局2009年版。本文以下引用,皆见中华书局本。
③ 前揭《汉末三国道教发展与江南地缘关系初探——以张陵天师出生地传说、江南巫俗及孙吴政权与道教关系为中心之一般考察》,《汉唐道教论集》,中华书局2009年版,第28、29、30—31、39页。

崇信道术。赤乌四年,孙登死前上疏孙权曰:"愿陛下弃忘臣身,割下流之恩,修黄老之术,笃养神光,加羞珍膳,广开神明之虑,以定无穷之业,则率土幸赖,臣死无恨。"孙登希望乃父"修黄老之术",即希望孙权遵奉道术。① 孙权之后,其他统治者无不崇尚巫术,与方士交往密切。如孙权子孙亮,据《三国志》卷四八《吴书·三嗣主传》,孙亮被废后,会稽郡有谣言孙亮当为天子,而孙亮则使巫祷祀。②

孙休,《抱朴子内篇》卷九《道意篇》:

> 吴有道士石春,每行气为人治病,辄不食,以须病者之愈,或百日,或一月乃食。吴景帝闻之曰,此但不久,必当饥死也。乃召取锁闭,令人备守之。春但求三二升水,如此一年余,春颜色更鲜悦,气力如故。景帝问之,可复堪几时?春言无限,可数十年,但恐老死耳,不忧饥也。乃罢遣之。

石春是一个有辟谷之术的道士,孙休甚感兴趣,石春坦言虽可不食而生,但无法避免"老死",于是罢遣之。又,《三国志》卷六三注引《抱朴子》载:

> 吴景帝有疾,求觋视者。得一人。景帝欲试之,乃杀鹅而埋于苑中,架小屋,施床几,以妇人屐履服物著其上,乃使觋者视之。告曰:"若能说此家中鬼妇人形状者,当加厚赏而即信矣。"竟日尽无言,帝推问之急,乃曰:"实不见有鬼,但见一白头鹅立墓上,所以不即白之,疑是鬼神变化作此相,当候其真形而定。无复移易,不知何故,不敢不以实上闻。"景帝乃厚赐之。然则鹅死亦有鬼也。③

孙休有疾,也求巫觋诊治。

吴后主孙皓时期,宫廷中巫觋之风甚盛。孙皓本人笃信巫术,其为政决策多与巫祝活动相关。④ 如其亲政后,第一件重大政治举措是为乃父孙和平反,迎奉孙和神灵回都,《三国志》卷五九《吴书·孙和传》注引《吴书》载孙皓"日夜相继,奉问神灵起居动止。巫觋言见和被服,颜色如平日,皓悲喜涕泪,悉召公卿尚书诣阙门下受赐。"⑤不仅

---

① 《三国志》卷五三《程秉传》注引《吴录》载河南人徵和是一位儒家经师,"兼善内术",后为太子孙登师傅,"东宫官僚皆从咨询。太子数访以异闻"。所谓"异闻",恐多与术数相关。

② 丁鼎先生以为"孙亮以巫祷,致遭杀身之祸,当亦系酷好此道者"。(前揭《汉唐道教论集》第40页)

③ 《搜神记》卷二也载有此则故事,文字略有差异。

④ 《新辑搜神记》卷一三"大石自立"载:"吴孙亮五凤二年五月,阳羡县离里山大石自立。孙皓承废故之家得位,其应也。"同书同卷"陈焦"条又载:"吴孙休永安四年,安吴民陈焦死七日复生,穿冢出。此与汉宣帝同事。乌程侯皓承废故之家,得位之祥也。"这说明在孙权死后,亲废太子孙和及其子孙皓的孙吴政治势力利用巫觋等手段,发布信息,制造舆论。

⑤ 孙皓又为被孙峻枉杀的孙权女即朱公主改葬,《三国志》卷五〇《吴书·妃嫔·孙休朱夫人传》注引《搜神记》载朱主初葬石子岗乱坟,"冢墓相亚,不可识别,而宫人颇识主亡时所著衣服,乃使两巫各住一处以伺其灵,使察鉴之,不得相近"。后巫者确定了朱主之冢。

如此,孙皓在迁都、北伐等一系列重大军政问题上都信从巫觋之言。《三国志》卷四八《吴书·孙皓传》注引《汉晋春秋》载:"初望气者云荆州有王气破扬州而建业宫不利,故皓徙武昌,遣使者发民掘荆州界大臣名家冢与山冈连者以厌之。"《三国志》卷六五《王蕃传》注引《江表传》也载:"皓用巫史之言,谓建业宫不利,乃西巡武昌,仍有迁都之意,恐群臣不从,乃大请会,赐将吏。"一些大臣利用孙皓迷信巫筮的心理,于是不断假造天命谶言,促成其北伐统一的闹剧,《三国志》卷四八《吴书·孙皓传》注引《江表传》载:

> 初丹杨刁玄使蜀,得司马徽与刘廙论运命历数事。玄诈增其文以诳国人曰:"黄旗紫盖见于东南,终有天下者,荆、扬之君乎!"又得中国降人,言寿春下有童谣曰:"吴天子当上。"皓闻之,喜曰:"此天命也。"即载其母妻子及后宫数千人,从牛渚陆道西上,云青盖入洛阳,以顺天命。行遇大雪,道途陷坏,兵士被甲持杖,百人共引一车,寒冻殆死。兵人不堪,皆曰:"若遇敌便当倒戈耳。"皓闻之,乃还。

这是刁玄等编造谶言。据《三国志》孙皓本传,当时不断有自然变异,如吴郡临平湖塞而忽通,"长老相传,此湖塞,天下乱,此湖开,天下平"云云;鄱阳又传言,历阳山有石文理成字,云"楚九州渚,吴九州都,扬州士,作天子,四世治,太平始";吴郡阳羡山又有巨石,"所在表为大瑞",孙皓派大臣"封禅国山"。其实,这都是地方官员和巫师的编造,《三国志》孙皓本传注引《江表传》载历阳之石印出现,"下有祠屋,巫祝言石印神有三郎",孙皓遣使"以太牢祭历山",巫言"石印三郎说'天下方太平'",使者登梯看印文,"诈以朱书石作二十字,还以启皓",孙皓以为是其获承天命之兆,于是"重遣使,以印绶拜三郎为王,又刻石立铭,褒赞灵德,以答休祥"。可见由于孙皓过度迷信巫觋之言,连其使者都参与伪造谶语。又,《三国志》孙皓本传注引干宝《晋纪》载:

> 陆抗之克步阐,皓意张大,乃使尚广筮并天下,遇《同人》之《颐》,对曰:"吉。庚子岁,青盖当入洛阳。"故孙皓不修其政,而恒有窥上国之志。是岁也实在庚子。

可见孙皓在宫中有专门的巫觋之徒,参与其军政决策。当然,这些胡言乱语必然导致孙皓决策的严重失误,引发严重的统治危机。

不过,特别具有讽刺意义的是,孙皓豢养了大量的巫觋术士,其中有些人竟然对孙皓的过度迷信不甚满意。《晋书》卷九五《艺术·陈训传》载:"陈训字道元,历阳人。少好秘学,天文、算历、阴阳、占候无不毕综,尤善风角。孙皓以为奉禁都尉,使其占候。皓政严酷,训知其必败而不敢言。时钱塘湖开,或言天下当太平,青盖入洛阳。皓以问训,训曰:'臣止能望气,不能达湖之开塞。'退而告其友曰:'青盖入洛,将有舆榇衔璧之事,非吉祥也。'寻而吴亡。"同书《戴洋传》又载戴洋乃吴兴长城人,"及长,善风角",

"为人短陋，无风望，然好道术，妙解占候卜数。吴末为台吏，知吴将亡，托病不仕"。陈训、戴洋这样的术士都以孙皓笃信巫觋而必亡，这真是对孙皓的一个极大讽刺。① 对于孙皓迷信尤甚，极亲巫人方士，丁鼎先生以为"此固得自孙氏家风之旧，亦江东特好习尚深刻影响所致也"，②确实如此。

（四）对孙氏压制道教之人物及其动机的分析

当然，孙吴统治者中也有在特定形势下对巫术、道教采取苛禁政策的人物。其中最著名的事件是孙策诛戮道教领袖于吉。《三国志》卷四六《吴书·孙策传》注引《江表传》载：

> 时有道士琅邪于吉，先寓居东方，往来吴会，立精舍，烧香读道书，制作符水以治病，吴会人多事之。策尝于郡城门楼上，集会诸将宾客，吉乃盛服杖小函，漆画之，名为仙人铧，趋度门下。诸将宾客三分之二下楼迎拜之，掌宾者禁呵不能止。策即令收之。诸事之者，悉使妇女入见策母，请救之。母谓策曰："于先生亦助军作福，医护将士，不可杀之。"策曰："此子妖妄，能幻惑众心，远使诸将不复相顾君臣之礼，尽委策下楼拜之，不可不除也。"诸将复连名通白事陈乞之，策曰："昔南阳张津为交州刺史，舍前圣典训，废汉家法律，尝著绛帕头，鼓琴烧香，读邪俗道书，云以助化，卒为南夷所杀。此甚无益，诸君但未悟耳。今此子已在鬼录，勿复费纸笔也。"即催斩之，悬首于市。诸事之者，尚不谓其死而云尸解焉，复祭祀求福。③

---

① 由于孙吴统治者笃信道术，不少孙氏宗室、朝臣和将领等也奉道，特别与茅山道关系甚密。据《真诰》卷一三《稽神枢第三》，京兆杜陵人杜契，"建安之初，来渡江东，依孙策入会稽，尝从之，后为孙权作立信校尉。黄武二年，渐学道，遇介琰先生，授之以玄白术，隐居于大茅山之东面也。守玄白者能隐形，亦数见身出此市里。契与徐宗度、晏贤生合三人，俱在茅山之中，时得入洞耳"。徐宗度，"晋陵人，作孙皓左典军吕悌司马。受风谷先生气禁道，故得契俱。晏贤生是步骘外甥，即宗度之弟子也"。步骘为孙权之丞相。杜契有弟子二人，"一人是孙贲孙女寒华也，少时密与契通情。后学道受介琰法，又以法受寒华。……寒华行玄白法而有少容，今尝俱处也"。孙贲"是(孙)权同堂兄"，其孙辈与茅山道关系密切。

② 前揭《汉末三国道教发展与江南地缘关系初探——以张陵天师出生地传说、江南巫俗及孙吴政权与道教关系为中心之一般考察》，《汉唐道教论集》第40页。

③ 《三国志》卷四六《吴书·孙策传》注引《搜神记》载孙策杀于吉则曰："策欲渡江袭许，与吉俱行。时大旱，所在燠厉。策催诸将士使速引船，或身自早出督切，见将吏多在吉许，策因此激怒，言：'我为不如于吉邪，而先趋务之？'便使收吉。至，呵问之曰：'天旱不雨，道途艰涩，不时得过，故自早出，而卿不同忧戚，安坐船中作鬼物态，败吾部伍，今当除之。'令人缚置地上暴之，使请雨，若能感天日中雨者，当原赦，不尔行诛。俄而云气上蒸，肤寸而合，比至日中，大雨总至，溪涧盈溢。将士喜悦，以为吉必见原，并往庆慰，策遂杀之。将士哀惜，共藏其尸。天夜，忽更兴云覆之；明旦往视，不知所在。"裴松之案此曰："《江表传》、《搜神记》于吉事不同，未详孰是。"二书所载孙策杀吉具体情节有不同，但以于吉得人心而惧杀之则一致。不仅如此，《三国志》卷四六《吴书·孙策传》注引《志林》载虞喜已指出孙策死于建安五年四月四日，而张津则死于其后，孙策不得举张津信道之事。裴松之也考张津建安六年尚任交州牧，故"《江表传》之虚如《志林》所云"。此外，关于孙策所杀于吉是否为汉顺帝时所上《太平经》者，学界有所讨论，基本上可以推测孙策所杀之于吉当为这一教派传道江东的代表，其为自神而托名于吉，而非汉顺帝时宫崇之师于吉。这是当时众多道教教

由上文所载,虽然孙策明确说到"妖术"无助于大化,似有批评道教为"妖妄"的意思,但实际上则主要由于道教领袖于吉深得将士之心,孙策惧而杀之。①

确实,汉末江东成为道教传播的重要地区,组织化的道教教团往往势力巨大,成为集权统治的重大威胁。汉末北方的"黄巾道"便曾掀起了巨大的社会风暴。据《三国志》孙坚本传,他早年曾为"府召署假尉",会稽"妖贼许昌起于句章,自称阳明皇帝,与其子韶扇动诸县,众以万数",孙坚招募精勇讨破之。所谓"妖贼",当为地方道教教团性质的叛乱势力。后孙坚又参与镇压中原"黄巾军"。对此,孙策应该是很清楚的,他初镇江东,必须采取铁血手段以树立自己的威严,因而他对组织化的道教团体必然会给予当机立断的严厉打击,绝不姑息迁就。至于具体到孙策的个人信仰问题,则难以深究。②

又有孙綝,为孙亮、孙休之际实际控制孙吴皇权的宗室代表人物,《三国志》卷六四《吴书·孙綝传》载其"负贵倨傲,多行无礼","綝一门五侯,皆典禁兵,权倾人主,自吴国朝臣未尝有也。"他当政时期,一度对民间祭祠严加禁绝:"綝意弥溢,侮慢民神,遂烧大桥头伍子胥庙,又坏浮屠祠,斩道人。"所谓"侮慢民神",即对受到普遍崇拜的神灵加以羞辱禁绝,方术道士也自然受到打压。《新辑搜神记》卷二记载有一则实例:

> 吴时有徐光者,常行幻术于市里。从人乞瓜,其主勿与,便从索瓣,抴地而种之。俄而瓜生蔓延,生花成实,乃取食之,因赐观者。鬻者反视所出卖,皆亡耗矣。常过大将军孙綝门,褰裳而趋,左右唾溅。或问其故,答曰:"流血覆道,臭腥不可耐。"綝闻而怒杀之,斩其首无血。后綝上蒋陵,有大风荡綝车,顾见光在松树上,拊手笑之。俄而綝诛。

派秘密传道过程中的一个共同特征。据《后汉书》卷三〇(下)《襄楷传》载,延熹九年,襄楷上书言"臣前上琅邪宫崇受干吉神书"云云,这是汉顺帝时事,如果这位干吉活到孙策时,已过百岁,还能传道江东,并随孙策行军,这显然是不可能的。

① 丁煌先生在前揭《汉末三国道教发展与江南地缘关系初探——以张陵天师出生地传说、江南巫俗及孙吴政权与道教关系为中心之一般考察》一文中以为孙策杀于吉,"然此一事件,实出偶然,不得径视为压制道教之举措,以其后'南方民间道教活动,仍然盛行',孙氏一门好道如故也"。(见《汉唐道教论集》第28页),这一看法是符合事实的。

② 除"于君道"外,当时中土、蜀地的各道家流派都相继流传江东,如《抱朴子内篇》卷九《道意篇》载"李氏道"也在汉末逐渐盛行江东。孙权时,蜀地有李阿,号"八百岁",后有李宽"到吴而蜀语,能祝水治病颇愈,于是远近翕然,谓宽为李阿,因呼之为李八百,而实非也。自公卿以下,莫不云集其门,……于是避役之吏民,依宽为弟子者恒近千人,……宽弟子转相教授,布满江表,动有千许"。另有"帛家道"也是在孙吴时开始流传的,《神仙传》载帛家道创始人为辽东人帛和,其师则为吴孙权时人董奉,以行气、服术法授帛和。《抱朴子·道意篇》称汉晋江东道家流行说"诸妖道百余种,皆煞生血食"。据《真诰》,茅山道世家许氏、陶氏等之祖辈也是在汉末流徙丹阳地区的。相关史实与考述,请参见任继愈先生主编《中国道教史》第二章《魏晋之际道教的传播与分化》,此不详叙。

　　孙綝之所以如此,主要在于其专权之地位并不巩固,必须采取非常之举措以树立其威信。[①]

　　以孙权为代表的孙吴统治者多崇信巫风道术,究其原因,不仅与其寒门阶层的出身及其所表现出的民间文化背景相关,而且与当时江南地域巫风道术的盛行密切相关,诚如丁鼎先生所论:"春秋末,吴、越二国之民特尚巫法。东汉末,方士术人多亡于江东、蜀地。江东孙氏一门,特好术数巫技逾于魏蜀之主。……东吴孙氏(策、权、亮、休、皓)诸主,好尚道术,颇亲道士巫人(道士系道术之士,初义与后世有异),相绍已成门风,亦地缘中特殊习尚使然。吴境本多巫流术人,汉末之乱及曹魏之严控,四方彼流往奔而至者,诚不在少。是以汉世诸种方术,皆盛行于东吴之境。彼流多有传其术于徒者,故诸法未尝中绝。"孙吴拓疆岭南,联络外域,"域外之术,多由此道传来",江东巫术与中国各地道法、中国本土道术与外来方术,在孙吴时期急剧融合,"东汉以降,至孙吴亡于晋,江南道教实大有进展,诸种方术传习之风炽热,其杂融性速愈加遽,盖孙吴诸国主之兼好道、巫,有以推导故也。"[②]佛教在当时具有道术之特征,中国社会上下也多以道术视之,这在孙吴尤为突出。孙吴统治者这种尚巫大文化传统深刻地影响着当时佛教的传播。

二、孙吴统治者对待佛教之态度及其影响

　　在中国佛教发展史上,孙吴立国江南与佛教在江南的传播,其间存在着颇为密切的关联。《隋书》卷三五《经籍志四》概述中国佛教传播及佛经翻译,其中说:"三国时,有西域沙门康僧会,赍佛经至吴译之,吴主孙权,甚大敬信。"汤用彤先生在《汉魏两晋南北朝佛教史》第四章《汉代佛法之流布》中指出:"三国时佛教之重镇,北为洛阳,南为建业。"建业是孙吴之都城,其成为佛教之中心地,自然与孙吴统治者不无关系。荷兰学者许里和在《佛教征服中国》第二章《历史的考察》之"吴国佛教"一节中也说:"公元221—229年孙权定都武昌;公元229年他定都建业。我们发现,大约在公元225年

_____

　　① 孙吴统治者之崇尚巫术,与江东普遍的民间风尚有关。直到东晋南朝,江东地区的社会文化风尚依然保持着这一特色,田余庆先生研究东晋江东道教传播时指出:"其实江南之地,尤其是会稽一带,民间普遍崇奉的并非有组织的道教,而是旧俗相沿的巫觋,追随孙泰、孙恩、卢循的恐怕多是笃信巫觋的农民。不过巫觋近于道术,孙泰利用了民间旧俗,所以能够迷惑而起。"关于江东巫觋流行的情况,田先生引用了二条资料,一是《三洞珠囊》卷一引《道学传》载道士杜炅善治病,上虞龙稚、钱塘斯神并为巫觋,常诱毁杜炅,"俄而稚妻暴卒,神抱隐疾,并思归诚。炅为解谢,应时而愈。"这反映道教在浙东民间争取巫觋归诚的努力。二是《高僧传》卷三《昙摩密多传》载元嘉初年孟顗为会稽太守,请昙摩密多同游,"东境旧俗多趣巫祝。及妙化所移,比屋归正。"当然,"比屋归正"也有夸张。见《刘裕与孙恩——门阀政治的"掘墓人"》,《东晋门阀政治》,北京大学出版社2000年版,第315页。从田先生所论及其所引用之材料,可见东晋南朝时期江东巫觋风气盛行,道教、佛教的传播都要争取巫觋信众的"归诚"。

　　② 前揭《汉末三国道教发展与江南地缘关系初探——以张陵天师出生地传说、江南巫俗及孙吴政权与道教关系为中心之一般考察》,《汉唐道教论集》第3页、43页。

三位佛教翻译家在武昌活动,公元229年后不久,其中两人似乎已移至新的都城。这个简单的事实也许可以说明公元三世纪上半叶南方佛教最显著的方面:它的影响能触及社会的上层和最上层即朝廷与王室。"这都指出了孙吴立国与佛教南传之内在联系,颇为深刻。① 不过,孙吴皇族统治者究竟与佛教高僧有如何之交往,他们对待佛教的态度究竟如何,有必要在此略作考析。

佛教史家对于佛教何时、通过何种途径传入中国及江南地区等问题,存在着很大的争议。不过,从传世的文献记载看,江南有僧人活动,并开展大规模的佛经翻译活动等,则是从汉末、孙吴开始的。何以如此? 一般说来,汉末中土军阀混战,流民南迁,其中也有来自天竺、西域等地的高僧南游,《出三藏记集》卷一三《安世高传》载:"世高游化中国,宣经事毕,值灵帝之末,关洛扰乱,乃杖锡江南。"传说其在豫章(今南昌)"造东寺",这是典籍所载江南最早的佛寺。②《出三藏记集》卷一三《支谦传》载其大月支人,汉灵帝时其父"率国人数百归化",支谦于"献帝之末,汉室大乱,与乡人数十共奔于吴"。这是从中原南徙佛教徒之显例。但也有从海上贸易通道来到中国南方的高僧,如康僧会,《出三藏记集》卷一三《康僧会》载:"其先康居人,世居天竺。其父因商贾,移于交阯。"这是从海路来华之明证。③ 此外,还有其他胡商及其他胡人移民,都对佛教在江南的传播起到推动作用。《高僧传》卷七《义解四·宋吴虎丘山释昙谛传》载:"释昙谛,姓康,其先康居人。汉灵帝时移附中国,献帝末乱,移止吴兴。"《广弘明集》卷二三有丘道护撰《支昙谛诔》也称"法师肇胤西域,……徙于吴兴郡乌程县都乡千秋里。"昙谛祖辈本胡人,献帝时迁移江南,这类胡人当然与佛教之传播相关。

孙权称吴王时,作为军政中心之都城一度在武昌,文武朝臣也自然云集于此。即便后来孙权称帝后返都建业,但依然命太子孙登留守,陆逊、步骘等文武大臣辅政者甚众。从这个意义上说,尽管以武昌为中心的荆州主要为军事重镇,但文士云集自然会带来一定的文化气息。就佛教流传情况而言,一些南游胡僧也是先抵武昌。如维祇难,《高僧传》卷一《译经上·魏吴武昌维祇难传》载其天竺人,"以黄武三年(224),与同伴竺律炎来至武昌,赍《昙钵经》梵本。《昙钵》者,即《法句经》也。时吴士共请出经,难既未善国语,乃共其伴律炎译为汉文。炎亦未善汉言,颇有不尽,志存义本,辞近

① 对这一问题,严耀中先生在《东吴立国与江南佛教》一文(刊于《中国史研究》1997年第1期)已有专题考论,他认为"东吴立国虽然时间不长,但江南佛教则由此奠基,并形成了影响后世的若干特点"。这涉及孙吴在佛教发展史上地位的深入论述,请详参。

② 张弓先生在《汉唐佛寺文化史》(中国社会科学出版社1997年版,第25页)中,据(清)达春布修、黄凤栖纂《九江府志》卷一三《建置·寺观》所载,彭泽有座安禅寺,"建于汉末"。他以为彭泽距南昌不远,"同属豫章郡。这地区的初古佛寺,也许不止一个"。

③ 关于汉末三国时期胡僧来华之路径问题,汤用彤先生以为曹魏胡僧主要经西域之陆路而来,而孙吴之江南地区则海路与陆路兼有。他在《汉魏两晋南北朝佛教史》(中华书局1983年版,第88页)中指出:"南方与天竺交通,亦由海程。……建业佛教是否多海上传来,亦不能断言。今所知者,《开元录》载译经五人,康僧会来自交阯,支疆梁接于交阯出经,是佛教由海道至南朝之证。但最重要之支谦,则来自北方。康僧会之学问,亦与北方有关。维祇难、竺律炎,来经何道不明。汉末大乱,北人多有南徙者,固不能断定南方佛法全系乎海上交通也。"

朴质。"《出三藏记集》卷一三《安玄传附维祇难传》所载大体相同,但又说"时支谦请出经,乃令其同道竺将炎传译,谦为汉文",说明支谦南移后首先流落荆州,黄武年间,他也正在武昌,因而与维祇难、竺律炎等共同译《法句经》。可以推测,当时武昌及其周围地区的胡僧绝非这几位,一定还有其他弘道高僧,自汉末至孙吴时期,武昌则为一区域性的佛教传播中心。① 从"时吴士共请出经"的情况看,当时有些孙吴上层人物与维祇难、竺律炎和支谦等胡僧有比较深入的交往,至于孙权等王室人物是否有往来,则没有具体记载。②

最早与孙吴王室直接交往的胡人是支谦。《出三藏记集》卷一三《支谦传》载其为优婆塞,即居士,一名支越。其精通梵、汉语言与文化,"博览经籍,莫不究练,世间艺术,多所综习",其游历江南,颇得孙权的优待:

> 后吴主孙权闻其博学有才慧,即召见之,因问经中深隐之义。越应机释难,无疑不析。权大悦,拜为博士,使辅导东宫,甚加宠秩。越以大教虽行,而经多胡文,莫有解者,既善华戎之语,乃收集众本,译为汉言。从黄武元年至建兴中,所出《维摩诘》、《大般泥洹》、《法句》、《瑞应本起》等二十七经,曲得圣义,辞旨文雅。又依《无量寿》、《中本起经》,制赞菩萨连句梵呗三契,注《了本生死经》,皆行于世。后太子登位,遂隐于穹隆山,不交世务,从竺法兰道人更练五戒。凡所游从,皆沙门而已。后卒于山中,春秋六十。吴主孙亮与众僧书曰:"支恭明不救所疾,其业履冲素,始终可高,为之恻怆,不能已已!"其为时所惜如此。

由此段文字,可以做如下几点分析:一是支谦虽为居士,但其生活情况与当时胡人高僧无异,特别是他晚年"从竺法兰道人更练五戒,凡所游从,皆沙门而已",完全是一个坚定的佛教徒。二是支谦学识广博,以此为孙权召入宫中,并对孙权进行佛教文化的启蒙,甚至拜为博士,"使辅导东宫,甚加宠秩",这是孙吴宫廷中第一位可以确考的具有佛教背景的人物。《高僧传》卷一《译经上·魏吴建业建初寺康僧会传附支谦传》甚至明确记载孙权以支谦为东宫辅导,"与韦曜诸人共尽匡益。但生自外域,故《吴志》

---

① 汉末以来佛教在荆州地区的传播,对地方民间风俗也产生了明显的影响。如1956年在武昌莲花寺孙吴墓中出土的陶俑带有明显的佛教造像的痕迹,特别是其中的鎏金铜饰件上的佛像,是一尊立于莲台上的典型的佛像造型。这都是佛教在这一地区流行后的产物。参见湖北省文物管理委员会《武昌莲花寺东吴墓清理简报》及其图版(刊于《考古》1959年第4期)和杨泓先生《国内现存最早的几尊佛教造像实物》(刊于《现代佛学》1962年第4期)。又,严耕望先生在《魏晋南北朝佛教地理稿》(上海古籍出版社2007年版,第10页)第二章《三国两晋佛教流布地理区》中推测指出:"按此时吴始建国,都武昌,故维祇难两人到武昌;后五年,吴迁都建业,两僧可能亦随而东迁,驻锡建业。"

② 张弓先生在前揭《汉唐佛寺文化史》中根据《湖北通志》卷一五《舆地志·古迹》"武昌"条,武昌县南六里有昌乐院,传为"建安二十五年孙权作寺"。当时孙权一度将军政中心迁移在武昌。又据光绪《武昌县志》卷一六《祠庙·寺观》,鄂城有惠宝寺,"世传孙亮潘夫人建"。张先生以为"汉末三国之际,高僧自交广北来,一般是先赴荆湘,再沿长江东下,荆楚佛寺早于建业,原因大约在此"。

不载"。支谦辅导的是那一位太子呢? 汤用彤先生推测说是孙权长子孙登,①孙登自黄武初便为吴王太子,且长期留守武昌,如果赞同汤先生的意见,那便可以进一步推测支谦与孙权见面可能发生在武昌之宫廷。但如果支谦真的与韦昭共事,那很可能辅导孙权次子即废太子孙和。三是支谦领衔翻译了数十部佛经,在早期佛经翻译史上具有重要地位。支谦的佛经翻译主要在黄武至建兴年间,这正是孙权执政时期,其翻译数量如此之多,自然需要相当的人力与财力的投入,很可能得到孙权等皇族人物的赞助。四是支谦晚年随竺法兰等胡僧交往,说明当时建业及周围地区有不少胡僧,这正是孙吴统治者对佛教所采取的包容政策的结果。五是支谦的佛教翻译风格及其赞呗制作等,对此后佛教的发展都有深远的影响。② 梁启超先生在《中国佛法兴衰沿革说略》中曾说:"此后佛学特盛于江南,(支)谦之功也。"他在《佛典之翻译》中也说:"江左译事,谦实启之。"③这都高度肯定了支谦在江南佛教传播过程中的特殊历史地位。从佛教南传的角度看,支谦之功确不可小觑,不过,他之所以能够取得这样的业绩,一个关键性因素在于他争取到了孙权等孙吴皇族及其朝臣的支持,诚如严耀中先生所说:"可以说,支谦能在江南译数十部经,发挥那么大的影响,和东吴统治者对他的重视厚待当是分不开的。"④

对孙吴佛教传播具有重大作用的另一位人物是康僧会。支谦主要是一个佛经翻译家,且非僧人,他对弘法传教自然着力有限。《出三藏记集》卷一三《康僧会传》载:"时孙权已制江左,而未有佛教。会欲运流大法,乃振锡东游。以赤乌十年至建业,营立茅茨,设像行道。"作为弘法高僧,康僧会"营立茅茨,设像行道",将佛教的仪式引进到孙吴。对此,有司上报孙权:"有胡人入境,自称沙门,容服非恒,事应验察。"孙权问康僧会"有何灵验",康僧会则回答佛之"遗骨舍利"为神物,故信徒无不起寺供奉。孙权于是命康僧会求舍利,其间通过"三七"之期和种种"烧香礼请"等程序,最终有如神灵现身,孙权倍感惊异,"权大嗟服,即为建塔。以始有佛寺,故曰建初寺,因名其地为佛陀里。由是江左大法遂兴。"

这一记载说明,康僧会效仿道教方术之士的手段来宣传佛教。从上文所考,孙权是极端迷信方术的,且自汉代以来,佛教长期依附于道术,东汉之楚王刘英、汉桓帝等

---

① 前揭《汉魏两晋南北朝佛教史》第六章说:"支谦辅导东宫,不知确否,亦不知在何时。但事如确,则其所谓东宫者,或即太子登。"(第92页)任继愈先生主编《中国佛教史》(中国社会科学出版社1981年版,第168页)第一卷第三章《东汉三国时期的佛教》之第三节《三国时期的佛教》根据孙登劝孙权信奉"黄老之术"分析,孙登本人爱好"黄老之术",因此"他的宾客之中大概也有一些方士",支谦作为方士进入孙登幕中是有可能的。

② 支谦在佛经翻译方面的所采用的合译、译注等新方法及其语言文字上的反对译文过分尚质的旨趣,都可谓得风气之先,引导了此后佛典翻译由质趋文、文质协调的趋势。对此,吕澂先生《中国佛学源流略讲·附录》(中华书局1979年版)"支谦"条有比较深入的论析,请参见,此不赘叙。

③ 见梁启超先生《佛学研究十八篇》,辽宁教育出版社1998年版,第3页、181页。

④ 前揭《孙吴立国与江南佛教》,第82—87页。

都是道、佛兼修的人物①,在孙权看来,佛教也只是一个略有特点的道术而已,他绝不可能将其看成一个新的思想文化系统。因此,康僧会赢得了孙权的支持。对此,许里和便曾有所推测,以为"康僧会在孙权在位的最后几年中,实际上很可能与皇宫有着某种程度的联系。……孙权,尤其在其晚年,似乎笃信道士及其方术。"他以为当时孙权引巫神王表入宫,无论在时间,还是行迹,康僧会都与之颇相像,"此处我们发现了与康僧会对应的道教式形象","根据这些事实,康僧会作为一个'佛教术士'被召到宫中,实际上也不是不可能的,这也是在公元4世纪佛教大师身上经常发生的事。"②

由于孙权对佛教的支持,孙氏皇族及朝臣难免受到影响。前述孙亮赞誉支谦,说明嗣主孙亮早年受到佛教的影响,甚至与支谦有交往。③《吴郡图经续记》卷中"寺院"载"报恩寺,在长洲县西北一里半。在古通玄寺,吴赤乌中,先主母吴夫人舍宅以建。"这里说孙权母吴夫人捐寺,恐怕不大可信,吴夫人死于建安七年,另一说死于建安十二年,她不可能在赤乌年间再"舍宅"为寺的,故后来的吴地志书则以报恩寺最早乃孙权乳母燕国夫人陈氏舍第为之。④ 又,《出三藏记集》卷六释道安《大十二门经序》有按语称此经有后记云:"嘉禾七年,在建邺周司隶舍写。"此经为汉末安世高所译,道安所得则为孙吴时期的抄本。嘉禾,乃孙权之年号,周司隶为何人,则难以考证,如果属实,说明孙吴上层官员中确实有资助佛教活动的人物。⑤ 又,《广弘明集》卷一载有据说出自《吴书》的《吴主孙权论叙佛道三宗》的文章,孙权下敕命阚泽综论儒、释、道,推崇佛法,以致"吴主大悦,以泽为太子太傅"云云。对于此文,佛教史家多以为乃后人伪造,阚泽虽确有其人,乃吴地经师,未见其信佛的佐证。不过也有学者以之为可信之证据。⑥

① 《后汉书》卷四二《光武十王·楚王英传》载其"晚节更喜黄老,学为浮屠斋戒祭祀"。《后汉书》卷三〇(下)《襄楷传》载桓帝"宫中立黄老、浮屠之祠"。这是当时佛教与道术一体化的例证。

② 《佛教征服中国》,江苏人民出版社1997年版,第72页。上揭任继愈先生主编《中国佛教史》也以为孙权晚年笃好神仙道术,授予民间神巫王表为将军和王,而康僧会大力展示其神巫之功效,并因此可能得到孙权的重视,说:"孙权既然能为神巫王表立第舍,也自然可能帮助既懂'天文图谶',又表演舍利灵验的康僧会建立佛寺的。在没有充分史料根据的情况下,对孙权帮助康僧会建立佛寺的记载还是不容轻易推翻的。当然,最初的建初寺可能是比较简陋的,后来才发展为大寺。"关于建业立寺,张弓先生在前揭《汉唐佛寺文化史》中据明代碑刻《碧峰寺起止记略》所载"三国吴乙卯嘉禾四年有僧创室,名瑞相院",以为"这是建业创寺的最早记载"。

③ 许里和在前揭《佛教征服中国》(第168页)中曾说,由支谦传记中所载孙亮《与众僧书》,他表达了支谦之死的痛惜之情,"如果这封信是真的,它就是佛教与建业王室之间联系的另一个证据。"(第67页)上揭任继愈主编《中国佛教史》引孙亮与僧书,以为其中"支恭明不救бие疾,其业履冲素,始终可高","冲素"为道家常用词汇,"意谓无欲无争,说明当时人把佛教徒仍视为黄老学者或术士"。

④ 曹林娣校点:《吴地记·后集》"报恩寺"条注释引卢氏《府志》,江苏古籍出版社1999年版,第135页。

⑤ 许里和在前揭《佛教征服中国》(第66页)中指出,司隶校尉是京城中地位相当重要的官职,"如果道安抄写的题记是真的,并且我们没有发现任何理由去对他的真实性提出质疑,那么即可说明,当时不但有僧人(无疑监督抄写工作)在建业,它的影响还达到了上层阶级,而且在最高政府官员中已经发现施主了"。

⑥ 周叔迦:《周叔迦佛学论著集》,中华书局1991年版,第122页。周叔迦先生在《中国佛教史》第二节《三国的佛教》中说:"由于支谦、康僧会大弘义解,所以佛教在东吴受到知识分子的重视。相传中书令阚泽曾舍宅为寺,而张昱是很敬服康僧会的。"

当然，康僧会等佛教徒在与孙吴王室交往过程中，也并非一帆风顺，其中也不断遭遇危机。前文已述及孙亮、孙休之间孙綝专权，其摧毁淫祠，同时"又坏浮屠祠，斩道人"，①就是对孙权以来所建之佛寺加以破坏，并杀害僧人。这应该是中国较早的皇权灭佛之举。② 不过，具体而言，孙綝本人可能并无强烈而明确的灭佛意识，他肯定是将佛教视为一种"民神"而加以"侮慢"的。此后，吴末帝孙皓时也曾欲禁断佛法，《出三藏记集》卷一三《康僧会传》载："至孙皓昏虐，欲烧塔庙。群臣匡谏，以为佛之威力不同余神。康会感瑞，大皇创寺，今若轻毁，恐贻后悔。皓悟，遣张昱诣寺诘会。昱雅有才辩，难问纵横，会应机骋辞，文理锋出。自旦至夕，昱不能屈。……昱还，叹会才明，非臣所测，愿天鉴察之。"于是孙皓将康僧会迎入宫中，并就佛教善恶报应与儒家思想之异同加以论析，僧会主张儒、佛可以并存，孙皓"当时无以折其言"。据说孙皓后来还有羞辱佛教的行为，其禁兵修园时得一金佛像，孙皓置于厕中，"至四月八日，皓至厕污秽像，云灌佛讫，还与诸臣共笑为乐。抹暮，阴囊肿痛，叫呼不可堪忍"，四处祭祷，痛苦愈甚，宫中采女劝其至佛寺中求福，于是将佛像迎如殿中，"香汤洗数十过，烧香忏悔"，孙皓也虔诚赎罪，并随康僧会受五戒，于是病得愈。此举也许是康僧会利用宫女信佛者劝导孙皓，使其减缓对佛教的压制。至于其通过礼敬金像的方式来体现报应思想，以医治病痛来体现佛法的功效，这与道教方术无异。孙皓后至康僧会所住寺，"号为天子寺。宣敕宫内，宗室群臣，莫不必奉"。这显然有所夸张，但从孙皓迷信道教方术的情况，他将颇为灵验的佛教作为一种巫觋之术加以尊奉，也并非毫无可能。康僧会在孙吴传法，始终扮演着一个"佛教术士"的角色，《出三藏记集·康僧会传》便载："会在吴朝，亟说正法，以皓性凶粗，不及妙义，唯叙报应近验，以开讽其心焉。"可见康僧会在孙吴传法"不及妙义，唯叙报应近验"，从而与道术无异。汤用彤先生论述早期佛教传播原因时曾指出，"自汉通西域，佛教入华以来，其始持精灵报应之说，行斋戒祠祀之方，依傍方术之势，以渐深入民间。……佛教之传播民间，报应而外，必亦藉方术以推进，此大法之所以兴起于魏晋，原因一也。"③由佛教在孙吴的传播情况看，正是如此。

康僧会在建初寺传法，虽以"报应近验"争取孙吴统治者的支持，但私下也利用有利的条件，组织佛经翻译，《出三藏记集·康僧会传》载："会于建初寺译出经法，《阿难念弥经》、《镜面王》、《察微王》、《梵皇王经》、《道品》及《六度集》，并妙得经体，文义允正。又注《安般守意》、《法镜》、《道树》三经，并制经序，辞趣雅赡，义旨微密，并见重后

---

① 严耕望先生在前揭《魏晋南北朝佛教地理稿》第二章《三国两晋佛教流布地理区》（第10页）中据此记载，推测指出："盖吴国末，建业僧徒实已不少。"确实，如果没有建业佛教僧徒的频繁活动，孙綝当不会"烧浮屠祠，斩道人"，这是不难理解的。

② 孙綝等孙吴统治者何以毁坏佛寺呢？吕思勉先生对此有一个推测。他根据汉末笮融利用佛教徒聚会等方式，在徐州及江淮地域组织大规模民变的事实，指出："观笮融之事，而知当时僧众，未必皆和柔自守之徒，綝或亦有所不得已也。然则佛教初入中国时，已有藉以谋乱者矣。"（《吕思勉读史札记》丙帙魏晋南北朝部分"僧徒为乱"条，上海古籍出版社2005年版，第1059页）若这一推测成立，那当时孙吴之佛教信徒人数必已相当可观。

③ 前揭《汉魏两晋南北朝佛教史》，第134页。

世。"康僧会的译经活动,自孙权晚年至孙皓时期,前后长达数十年,争取到孙吴几代君主、皇室和朝臣的支持,从而使建初寺成为当时佛经翻译的一个重镇。

关于孙吴时期佛教之传播状况,还有一则记载可供分析。《梁书》卷五四《诸夷·海南诸国传》载:"先是,三年八月,高祖改造阿育王寺塔,出旧塔下舍利及佛爪发,发青绀色,众僧以手伸之,随手长短,放之则旋屈为蠡形。……阿育王即铁轮王,王阎浮提,一天下,佛灭度后,一日一夜,役鬼神造八万四千塔,此即其一也。吴时有尼居其地,为小精舍,孙綝寻毁除之,塔亦同泯。吴平后,诸道人复于旧处建立焉。晋中宗初渡江,更修饰之,至简文咸安中,使沙门安法师程造小塔,未及成而亡,弟子僧显继而修立。至孝武帝太元九年,上金相轮及格承露。"东晋、萧梁时期,对阿育王寺塔下地宫多次挖掘整理,发现了不少历代所舍之金银器物及舍利等,梁武帝一再赴寺礼拜,开设法会。吕思勉先生曾据此推测云:"此事虽近怪迂,然梁武掘地,曾得诸物,不容虚诬。晋世营构,前有所承,则孙吴之世,丹阳即有塔及精舍,亦非虚构。汉、魏未许汉人出家,而吴已有尼,是南方佛教,更较北方为盛也。《隋书》言吴大帝深信佛教,盖有由矣。"[①]可见江东地区佛教颇有渊源,至少可以追溯到孙吴时期,当时不仅有僧,而且已有尼,寺塔建筑更是颇具规模。

从上述情况而言,谈及孙吴皇族与佛教的关系,尽管世俗史传文献中几乎没有记载,僧史记载虽难免夸诞不实,但从当时道、佛同流的文化背景看,孙权等统治者对于佛教应该是乐于接受,并能够给予一定程度的支持,这是可以理解的。不过,尽管孙吴统治者如孙权、孙皓并没有从哲学思想的角度去理解佛教,而仅仅当作一种神奇的道术加以利用,但这必然会给众多胡僧的传教提供了极大的方便,从而直接推动了佛教在江南的传播。严耀中先生曾指出,在影响孙吴佛教传播的"诸政治、经济因素中,东吴统治者的态度对佛教来说更为直接、更为重要。我们不能说孙权等东吴统治者在那时已经有意识地利用佛教作为统治工具,但我们的确看到孙权他们兴修寺庙,对外来佛教徒优礼有加的许多事实。……由此可以说支持佛教是东吴王室的一个基本态度。他们对佛教和佛教徒的宽容与礼尊,也是东吴时佛教在江南发展的一个重要原因。"[②]孙吴统治者甚至引胡僧进入朝廷,如以支谦为博士,与韦昭共辅东宫,这看起来似乎荒诞,但结合前述孙权时以诸多方术之士为官,特别是与葛玄、介象等求仙者密切之交往,那么他与支谦的关系也是很容易理解的。[③] 孙权此举意义重大,开启了佛教中国化进程的关键环节。与此同时,在佛教传播过程中,一方面佛经翻译与中国儒、道思想及

---

① 吕思勉:《两晋南北朝史》第二十四章《晋南北朝宗教》,上海古籍出版社 1983 年版,第 1492—1493 页。

② 严耀中:《江南佛教史》第二章《东吴立国与佛教初播》,上海人民出版社 2000 年版,第 29—30 页。

③ 对于以支谦为博士、太子师傅一事,汤先生在前揭《汉魏两晋南北朝佛教史》第七章(第 108 页)开头论及"孙权使支谦与韦昭共辅东宫"时,以为"言或非实。然名僧名士之相结合,当滥觞于斯日"。两晋以降,佛教中国化的主流是玄化名士与名僧的合流,孙吴已肇其始。严耀中先生在前揭《孙吴立国与江南佛教》一文中也指出这一事件的意义非凡,他认为佛教中国化进程的一个关键在于僧人进入中国士大夫的交往圈子,而孙权以支谦为博士,开创了僧人与士大夫深入交往的先例。

其语言文字、音乐、文学等诸多方面的深层交融,开启了此后一些学术文化风尚的新趋向①;另一方面,佛教作为外来的宗教信仰,不仅局限于宫廷,而且在江南地域社会中也得到了广泛的传播。数十年来,随着考古发掘的不断进行,在江南地区发现了不少汉晋之间的佛教造像,其出土地主要集中在建业、武昌、吴(郡)会(稽)等地,这显然与孙吴时期的佛教传播密切相关。② 随着这些地下文物的不断出土,人们可以看到早期佛教信仰及天竺艺术文化是如何与中国本文文化融合的。对这一课题的研究,在佛教考古与早期佛教艺术史研究中,形成了一个新的分支。③ 在这一领域,孙吴时期也是一个重要的转关阶段。因此,虽然孙吴统治者倡佛力度有限,且以巫术鬼神之道视之,但其出自寒门、缺乏礼法制约的文化背景,使其在文化上时常采取放任自流的态度,从而给佛教的广泛传播及与本土文化的深层结合提供了机缘。这肯定不是孙权等统治者的本意,甚至不是他们愿意看到的。但在历史发展过程中,本来想进这个房间,结果却无意中进入了另一个房间,这是常有的事。孙权因崇道而信佛,却因宽容佛教而推动了中国文化的深刻变异,正是这样一例典型。

(王永平:扬州大学社会发展学院历史系教授)

---

① 严耀中先生在前揭《孙吴立国与江南佛教》一文中论述了孙吴佛教形成了一些具有长远意义的特色,比如佛教与士大夫的结合;孙吴高僧开创了佛学与玄学结合的学风;孙吴高僧采用的新的佛经译注方法;中国的密教传播起自孙吴、起自江南。从整个佛教发展史的进程来把握孙吴佛教的地位,可谓高屋建瓴。

② 关于当时江南佛教造像的数字统计和一般分析,阮荣春先生《"早期佛教造像南传系统"研究概说》(《东南文化》1991年第3—4期),他概括说,迄今发现于吴地的百余件早期佛教造像,就其纪年及特征而言,多为康僧会"设像行道"前后,这正说明孙吴佛教政策的影响。这些在江南出土的作为明器的青瓷谷仓罐等,其腹部帖塑佛像,说明当时江东地区胡僧活动频繁,人们以此为明器,说明孙吴中后期佛教信仰在民间已有相当广泛的基础。又,日本学者木田知生《江浙早期佛寺考——"早期佛教造像南传系统"研究》(《东南文化》1992年第1期)一文中统计江浙地区汉晋间佛寺共68所,其中孙吴43所,占63.2%,其中赤乌年间建造的占55.9%。从这个比例看,江浙地区早期佛寺的兴建显然与康僧会的传教及建初寺的建造存在联系。

③ 关于早期南方佛教艺术文化的研究,成果不少,其中贺云翔先生《中国南方早期佛教艺术初探》(《东南文化》1991年第6期)有比较全面、深入的探讨。他说:"康僧会及其信徒'设像行道'刺激了南方佛教造像艺术活动和佛像崇拜活动的兴起,而他所携属于秣菟罗造像系统的佛像又成了南方当时造像艺术的范本,因而今天所见的吴、晋时的长江下游一带的佛教造像几乎是一个模式。"

东晋时期"三吴"佛寺考

杨维中

　　此文所说的"三吴",包括吴郡、吴兴、会稽三郡统治区域。"三吴"地区为六朝最重要的经济区,为帝畿所在,又为江南鱼米富足之区。从佛教的传播来说,"三吴"地区是仅次于庐山、建康的佛教中心。

一、吴郡

　　吴郡处太湖之岸,包括现今江苏南部、上海和浙江一部分,郡治为吴县,即今苏州市吴中区和相城区。从佛教来讲,是以苏州为中心的佛教传播中心。由于此地背靠东晋首都建康,又得天独厚的条件,加之此地的数座山丘是当时江南隐居者的宝地,因此,东晋时期,吴郡寺院众多,高僧辈出,佛教于此地很是兴盛。

　　根据《高僧传·释慧达传》的记载,至迟于西晋末年,吴县已有东灵寺和通玄寺两座寺院。根据记载,通玄寺有佛像,来源神秘,"像于西晋将末,建兴元年癸酉之岁,浮在吴松江沪渎口。渔人疑为海神,延巫祝以迎之,于是风涛俱盛,骇惧而还。……后有奉佛居士吴县民朱应,闻而叹曰:'将非大觉之垂应乎?'乃洁斋,共东灵寺帛尼及信者数人到沪渎口,稽首尽虔,歌呗至德。……即接还安置通玄寺。吴中士庶,嗟其灵异,归心者众矣"。[1] 此文中涉及到吴县东云寺、通玄寺两座寺院。东灵寺的僧徒获得石像后,接还安置于吴县的通玄寺。对此,《法苑珠林》卷十二说,"事源委曲,已详旧碑",当时有旧碑流传,具载其事。[2] 根据《高僧传》卷十三《慧达传》记载,有僧慧达"停止通玄寺,首尾三年,昼夜虔礼,未尝暂废"[3]。可见,至东晋,安奉此像的通玄寺香火仍然兴盛。

---

①　[梁]慧皎:《高僧传》卷十三,《大正藏》第50册,第409页下。
②　唐陆广微撰《吴地记》说:"梁简文帝制《石佛碑》,曰有迦叶佛、维卫佛,梵字,刻于像背。唐东宫长史陆东之书碑。"
③　[梁]慧皎:《高僧传》卷十三,《大正藏》第50卷,第410页上。

吴郡的中心寺域是虎丘寺,位于"吴县西北九里二百步"①。唐陆广微撰《吴地记》说:"其山本晋司徒王珣与弟司空王珉之别墅。咸和二年,舍山为东西二寺,立祠于山。"根据此说,虎丘寺乃东晋时司徒王珣与其弟于咸和二年(327)舍别墅而建造,分为东、西两寺,号东虎丘寺和西虎丘寺。其地古有"剑池","池旁有石,可坐千人,号千人石"。

东晋时期,吴县新修一寺,寺额为支山寺。此寺位于支硎山,在吴县西十五里,是东晋最著名的高僧之一——支道林初创。《广弘明集》卷三十收载有支遁《八关斋会诗》三首,诗前有《序》说:"间与何骠骑期,当为合八关斋,以十月二十二日集同意者在吴县土山墓下,三日清晨为斋始,道士白衣凡二十四人,清和肃穆,莫不静畅,至四日朝,众贤各去。余既乐野室之寂,又有掘药之怀,遂便独住。"②对于此事,有学者将此系于咸康八年(342)③,当时支道林已经出家五年。大概在此年之后,支道林在吴县支硎山创修佛寺。

《高僧传》卷四《支道林传》记载:支道林"后还吴,立支山寺"④。关于此,宋代范成大《吴郡记》卷九《古绩》记载:"支遁庵在南峰,古号支硎山,晋高僧支遁尝居此,剜山为龛,甚宽敞,道林又尝放鹤于此,今有亭墓。道林喜养骏马,今有白马□,云饮马处也。庵旁石上有马足四,云是道林飞步马蹄也。"

东晋时期,吴县有闲居寺。根据《高僧传·释僧业传》记载:释僧业(367—441),"姓王,河内人。幼而聪悟,博涉众典。后游长安,从什公受业。见新出《十诵》,遂专功此部,俊发天然,洞尽深奥。什叹曰:'后世之优波离也。'值关中多难,避地京师,吴国张郡挹其贞素,乃请还姑苏,为造闲居寺。地势清旷,环带长川,业居宗秉化,训诱无辍。三吴学士,辐辏肩联,又以讲导余隙,属意禅门。每一端坐,辄有异香,充塞房内,近业坐者,咸所共闻,莫不嗟其神异。"⑤从传文所记看,僧业在鸠摩罗什圆寂之后,从

---

① 唐陆广微撰《吴地记》。

② 《大正藏》第50册,第348页中。

③ 王晓毅在《支道林生平事迹考》中考證說:"据《资治通鉴》卷97,何充于咸康八年出任骠骑将军,'都督徐州、扬州之晋陵诸军事,领徐州刺史,镇京口。'第二年,即建元元年(343)十月,便调京师建康任'中书监、扬州刺史、录尚书事',主持朝政,直至永和二年(346)正月逝世。《世说新语》及支遁《八关斋会诗序》,称何充为骠骑将军,上述两事必发生于342年之后,343年以后何充便回朝主政,再去吴县的可能性不大。而其居京口(今江苏镇江)一年内,需督晋陵(今江苏常州)军事,两地与吴县(今江苏苏州)甚近,并有发达运河水路相通,故支遁、王蒙、刘看望何充可能是其于京口任职时,并约定去吴县举行八关斋会。遍查各类史籍,苏州地区关于'土山'的记载,仅见于《越绝书》卷2《外传记·吴地传》:'土山者,春申君时治以为贵人冢,次去县十六里'。对此土山,唐宋明清其他历史地理著作均不见记载。疑'土山'即支道林出家前隐居的余杭山,理由有二:第一,余杭山产白垩,是石灰岩的一种,白色,质地软,可用来作粉刷材料,俗称'白土子',所谓'土山',可能因'白土子'而得名。陆广微《吴地记》称余杭山'有白垩如玉,甚光润。吴中每年取以充贡,亦曰石垩、白□。第二,吴王夫差墓在余杭山,在当时属于名胜古迹,支道林笔下的'土山墓下'之'墓',很可能是指夫差墓。《吴郡图经续记》卷下《墓》:'吴王夫差墓在吴县西北十里余杭山,……今名阳山者是也,近太湖。'"(《中华佛学学报》1995年第8期)

④ 《大正藏》第52册,第350页上。

⑤ [梁]慧皎:《高僧传》卷十一,《大正藏》第50册,第401页上。

关中南下至建康,后来受张邵的邀请至吴郡弘法。文中的"吴国"是吴郡曾经用过的郡名。根据文献记载,东晋咸和元年(326),司马岳封为吴王,吴郡被改为吴国,吴县隶吴国。南朝宋永初二年(421),罢吴国,其地复为吴郡,吴县仍为吴郡首县。《十诵律》是鸠摩罗什与罽宾国沙门弗若多罗、西域沙门昙摩流支等于姚秦弘始六年(404)至弘始七年,在长安译出的。一般以为鸠摩罗什圆寂于弘始十五年。如果以罗什圆寂后僧业始至建康计,僧业到姑苏时已经至东晋末年。张邵,《宋书》卷四十六有其本传。而依据《宋书》记载,吴县张氏一族乃高门士族。《宋书》卷53《张茂度传》说:"张茂度,吴郡吴人,张良后也。名与高祖讳同,故称字。良七世孙为长沙太守,始迁于吴。高祖嘉,曾祖澄,晋光禄大夫。祖彭祖,广州刺史。父敞,侍中、尚书、吴国内史。"①张茂度,名裕,乃张邵之兄。张邵之父张敞曾经为吴国内史、吴郡太守。张邵之子张敷,在晋宋之际,也历任高官。从这些材料可知,闲居寺乃是张绍为僧业所修造,时间大致在东晋末年。

由于僧业的坐镇,闲居寺东晋末年至宋齐时期,成为弘扬《十诵律》的中心。《高僧传·释僧业传》记载:"昔什公在关,未出《十诵》,乃先译《戒本》,及流支入秦,方传大部,故《戒心》之与大本,其意正同,在言或异。业乃改正一依大本。今之传诵,二本并行。业以元嘉十八年,卒于吴中,春秋七十有五。业弟子慧光,袭业风轨,亦数当讲说。"②僧业圆寂于441年,在吴地二十余年,培养了不少弟子。除慧光之外,还有僧璩。

《高僧传》卷十一《释僧璩传》记载:"释僧璩,姓来,吴国人。出家为僧业弟子,总锐众经,尤明《十诵》,兼善史籍,颇制文藻。始住吴虎丘山,宋孝武钦其风闻,敕出京,师为僧正悦众,止于中兴寺。"③僧璩后移止建康庄严寺,卒于所住,春秋五十八。撰有《述胜鬘文旨》,并撰《僧尼要事》两卷,至梁代仍然流行。

另外,《高僧传》卷七《释昙斌传》记载,昙斌也曾经师从僧业学习《十诵律》。《高僧传·释昙斌传》记载:"释昙斌,姓苏,南阳人。十岁出家,事道祎为师。始住江陵新寺,听经论,学禅道,覃思深至,而情未尽达。夜梦神人谓斌曰:'汝所疑义,游方自决。'于是振锡挟衣,殊邦问道。初下京师,仍往吴郡,值僧业讲《十诵》,飡听少时,悟解深入。"④昙斌于宋元徽中(473—477)卒于建康庄严寺,春秋六十七。从《高僧传》的记述看,昙斌于僧业坐席下学习应该是刘宋初期。

东晋时期,有僧僧诠活动于闲居寺和虎丘寺之间。《高僧传》卷七《释僧诠传》记载:"释僧诠,姓张,辽西海阳人。少游燕齐,遍学外典,弱冠方出家,复精炼三藏,为北土学者之宗。后过江,止京师,铺筵大讲,化洽江南。吴郡张恭请还吴讲说,姑苏之士,并慕德归心。初止闲居寺,晚憩虎丘山。诠先于黄龙国造丈六金像,入吴又造人中金像,置于虎丘山之东寺。诠性好檀施,周赡贫乏,清确自守,居无兼币。"⑤僧诠在吴郡

①　《宋书》卷五十三。
②　[梁]慧皎:《高僧传》卷十一,《大正藏》第50册,第401页上。
③　[梁]慧皎:《高僧传》卷十一,《大正藏》第50册,第401页上。
④　[梁]慧皎:《高僧传》卷七,《大正藏》第50册,第373页上。
⑤　[梁]慧皎:《高僧传》卷七,《大正藏》第50册,第369页下。

影响很大,后来至吴兴郡之余杭。

总体上说,东晋时期吴郡最重要的佛教中心是虎丘山,此山的虎丘西寺、东寺代有高僧,影响很大。

现今可知的虎丘寺最早的僧人是支昙钥,《高僧传》卷十三记载:"支昙钥,本月支人,寓居建业。少出家,清苦蔬食,憩吴虎丘山。晋孝武初,敕请出都,止建初寺。孝武从受五戒,敬以师礼。"①从这一记载可知,昙钥属于月氏移民后裔,年少出家后本住于今苏州虎丘山。孝武帝登基未久,敕请其到建康住锡于建初寺。孝武帝登基的时间是咸安二年(372)七月,而一般以为,虎丘寺初建于此年。从这个角度推测,支昙钥是最早住持此寺的高僧。

竺道壹,俗姓陆,东晋吴郡人。自幼出家,"晋太和中出都,止瓦官寺,从汰公受学。数年之中,思彻渊深,讲倾都邑"②。太元十二年(387),竺法汰圆寂之后,道壹"乃还东,止虎丘山。学徒苦留不止,乃令丹阳尹移壹还都。壹答移曰:'盖闻大道之行,嘉遁得肆其志,唐虞之盛,逸民不夺其性。弘方由于有外,致远待而不践。大晋光熙,德被无外,崇礼佛法,弘长弥大,是以殊域之人,不远万里,被褐振锡,洋溢天邑,皆割爱弃欲,洗心清玄,遐期旷世。故道深常隐,志存慈救。故游不滞方,自东徂西,唯道是务。虽万物惑其日计,而识者悟其岁功,今若责其属籍,同役编户,恐游方之士,望崖于圣世,轻举之徒长,往而不反。亏盛明之风,谬主相之旨。且荒服之宾,无关天台,幽薮之人,不书王府。幸以时审,翔而后集也。'壹于是闲居幽阜,晦影穷谷"③,在虎丘山隐修数年,后来应邀至会稽。不久,道壹又回到虎丘山,以晋隆安年(397—401)间中,遇疾而卒,即葬虎丘山南,春秋七十一。竺道壹到虎丘寺的时间是387年之后,他又圆寂于此寺,可见,道壹在虎丘寺住锡的时间相当长,对吴郡佛教的发展贡献卓著。道壹有弟子道宝,"姓张,亦吴人。聪慧夙成,尤善席上。张彭祖、王秀琰,皆见推重,并著莫逆之交焉"④。可以推知,竺法汰一系通过道壹在虎丘山传承了下来。这也许就是竺道生被摒出建康后来到虎丘的原因之一。——此事发生于刘宋元嘉年间,此不赘述。

根据《高僧传》的记载,东晋时期,吴郡还有一所寺额为台寺的寺院。《高僧传》卷六《释道祖传》记载:释道祖(347—419),吴国(即江苏苏州市)人也。"少出家,为台寺支法齐弟子。幼有才思,精勤务学。后与同志僧迁、道流等共入庐山七年,并山中受戒,各随所习,日有其新。……祖后还京师,瓦官寺讲说。桓玄每往观听,乃谓人曰:'道祖后发,愈于远公,但儒博不逮耳。'及玄辅正,欲使沙门敬王,祖乃辞,还吴之台寺。有顷,玄篡位,敕郡送祖出京。祖称疾不行,于是绝迹人事,讲道终日。"⑤从这一叙述可推知,台寺建寺至少不晚于东晋中期。道祖后来到建康瓦官寺,在桓玄于安帝元兴二年(403)提出令沙门礼敬王者之事后,离开建康,重回吴郡台寺。道祖以晋元熙元年

① [梁]慧皎:《高僧传》卷十三,《大正藏》第50册,第413页下。
② [梁]慧皎:《高僧传》卷五,《大正藏》第50册,第357页上。
③ 《大正藏》第50册,第357页上。
④ 《大正藏》第50册,第357页中。
⑤ [梁]慧皎:《高僧传》卷六,《大正藏》第50册,第363页上。

（419）卒，春秋七十三。由此可推知，道祖晚年在台寺弘法十六、七年。

关于"台寺"的寺额的寺院，还有史料似乎表明应该为"绍灵寺"。唐道宣《集神州三宝感通录》卷下记载："东晋太元二年，沙门慧护，于吴郡绍灵寺建释迦文一丈六尺金像，于寺南傍高凿穴，以启镕铸。"①此中的重要线索是慧护。经过查阅文献可知，《出三藏记集》卷十二著录的《法苑杂缘原始集目录序》中有"吴郡台寺释慧护造丈六金像记"②，此文原来收载于《法苑杂缘原始集》卷八中，此书已散失。此外，《名僧传抄》目录表明，"《名僧传》第二十七《造经像苦节六》"本来有"晋吴绍灵寺惠护传"。《名僧传抄》和《出三藏记集》都是南朝梁代的著作，应该说编写时所以依据的资料来源一致的可能性很大。一本书说惠护的寺籍是绍灵寺，另外一本说是吴郡台寺释慧护，对照可知，不能排除二者之一时传抄错误所致。然而，关于竺道祖，慧皎所撰《高僧传》称之为"晋吴台寺释道祖"，而宝唱所撰《名僧传》称之为"晋吴郡台寺释道祖"。值得注意的是，唐道世《法苑珠林》卷十三所记文字大致与唐道宣《集神州三宝感通录》一致，但却说"慧护"为"支慧护"。这一细节颇为重要，似乎应该不是一时失误。如前所叙述，《高僧传·释道祖》说，道祖为"台寺支法齐弟子"，而在东晋时期，僧人大多数是以"师姓"（其实是老师的国籍）为姓氏的，"支慧护"称呼说明其师或者师祖是龟兹僧人。这似乎多少与"台寺支法齐"多了一层关系。上述几种文献，僧祐是梁初僧人，略早于慧皎和宝唱，而从唐道宣的记载来看，其对绍灵寺建释迦金像的叙述，最终来源可能是"吴郡台寺释慧护造丈六金像记"一文。总而言之，考虑到上述文献间可能存在相关性，也考虑到"绍灵"二字的繁体与"郡台"二字的相似性，笔者以为所谓的吴郡"台寺"很大可能就是吴郡绍灵寺。

《高僧传》卷六《释道祖传》说，僧迁、道流等年二十八而卒，且有庐山慧远的喟叹语。有关鸠摩罗什传记中提及，鸠摩罗什也有弟子叫僧迁、道流。另外，《高僧传》卷七《释僧镜》提及"台寺沙门道流"，如文中说："释僧镜，姓焦，本陇西人，迁居吴地，至孝过人，轻财好施，家贫母亡，太守赐钱五千，苦辞不受，乃身自负土，种植松栢，庐于墓所。泣血三年，服毕出家。住吴县华山，后入关陇，寻师受法，累载方还。停止京师，大阐经论。司空东海徐湛之重其风素，请为一门之师。后东反姑苏，复专当法匠。台寺沙门道流请停岁许，又东适上虞徐山，学徒随往，百有余人。化洽三吴，声驰上国。"③释僧镜宋元徽中（473—477）卒，春秋六十七。从这一叙述，释僧镜出家学道是在东晋末年或者刘宋初年，主要活动于刘宋时期。然而，"台寺沙门道流"应该是东晋末期至刘宋初期，吴郡很有影响的僧人。

根据唐陆广微撰《吴地记》记载，东晋时期吴县新建灵岩寺。其文说："花山，在吴县西三十里。其山翁郁幽邃。晋太康二年生千叶石莲花，因名。山东二里有胥葬亭，吴王阖闾置。亭东二里有馆娃宫，吴人呼西施作娃，夫差置，今灵岩山是也。晋太尉陆

---

① 《大正藏》第52册，第416页下。
② 《大正藏》第55册，第92页中。
③ ［梁］慧皎：《高僧传》卷七，《大正藏》第50册，第373页中。

玩舍宅置寺,宫旁有石鼓,大三十围。"此寺现在苏州城木渎镇。因为《高僧传》等文献中未曾有此寺建于东晋时期的记载,此处不赘述。

此外,两晋时期属于吴郡的余杭(今浙江省杭州市余杭区)也有佛寺建于此时。唐道宣《集神州三宝感通录》卷一记载:

> 晋咸和中,北僧安法开,至余杭欲建立寺。无地欠财,手索钱贯货之积年,得钱三万,市地作屋,常以索贯为资。欲立刹,无舍利。有罗幼者,先自有之,开求不许。及开至寺礼佛,见幼舍利囊已在座前。即告幼,幼随来,见之喜悦。与开共立寺宇于余杭云。①

依照此文记载,此寺建造于东晋咸和年(326—334),且供奉又舍利。修造者为从北方来的僧人安法开和罗幼。遗憾的是,文未记载寺额。

二、吴兴郡

三国时期,东吴宝鼎元年(266),吴国以乌程(今属浙江省湖州市)为郡治置吴兴郡,"吴兴"之名始于此,其时辖地在今浙江省临安至江苏省宜兴一带。晋朝义熙初年,移至吴兴(今浙江吴兴),其时辖地在今浙江省临安市、湖州市、余姚市、杭州市、德清县一线西北、兼有江苏宜兴一带。东晋在吴兴乌程(浙江湖州)筑荻塘,溉田千顷。刘宋在乌程修吴兴塘,溉田二千余顷。经过大规模开垦,吴兴成为江南最发达富庶的地区之一。从佛教而言,此地是连接建康佛教和会稽佛教的中介,尽管不如此二地兴盛,但与西晋时期相比,显然有所进展。

关于东晋时期的吴兴佛教,现存资料不多,最重要的是《高僧传》卷五《竺法旷传》的相关记载。

竺法旷(327—402),姓皋,下邳人,寓居吴兴。《高僧传》卷五《竺法旷传》记载:他"早失二亲,事后母,以孝闻。家贫无蓄,常躬耕垄畔,以供色养。及母亡,行丧尽礼,服阕出家,事沙门竺昙印为师"②。这一段叙述,暗示法旷出家应该是在成年之后,而其师竺昙印如果不是印度僧人,至少昙印之师(或祖师)应该是印度僧人。此外,从下文叙述看,昙印应该是常住于吴兴某寺的。如后文所说:"印明叡有道行,旷师事竭诚。迄受具戒,栖风立操,卓尔殊群。履素安业,志行渊深。印尝疾病危笃,旷乃七日七夜祈诚礼忏。至第七日,忽见五色光明,照印房户,印如觉有人以手按之,所苦遂愈。后辞师远游,广寻经要。还,止于潜青山石室。"此中的"于潜"即吴兴郡的于潜县(今属浙江省临安市),文中说昙旷离开其师参学,"还归"吴兴,住于于潜县青山"石室"。所

---

① [唐]道宣:《集神州三宝感通录》卷一,《大正藏》第52册,第410页下—411页上。
② [梁]慧皎:《高僧传》卷五,《大正藏》第50册,第356页下。

谓"石室"也就是现代考古界所说的石窟寺。对于昙旷来说,吴兴既是其全家寓居之所,也应该是其皈依竺昙印出家受具足戒的地方。

法旷是见于文献记载的第一个以往生弥陀净土为修行法门的高僧。《高僧传·竺法旷传》记载:竺法旷"每以《法华》为会三之旨,《无量寿》为净土之因。常吟咏二部,有众则讲,独处则诵"①。从《高僧传》的叙述看,竺法旷确立弥陀净土信仰的时间在谢安任吴兴太守之前,而慧远上庐山的时间是太元六年(381)。传文说:"谢安为吴兴,故往展敬。而山栖幽阻,车不通辙。于是解驾山椒,陵峯步往。"根据《晋书》等文献记载,谢安任吴兴太守是在升平五年(361)之后。咸安元年(371),升为侍中。这一年,桓温废海西公,改立司马昱为皇帝,此即为简文帝。如果考虑到僧传说,法旷于兴宁年间到了会稽之事,则可推知,谢安至山中拜访法旷一定是在法旷去会稽之前。

紧接上引文字,《高僧传·竺法旷传》说:"晋简文皇帝遣堂邑太守曲安远,诏问起居,并谘以妖星,请旷为力。旷答诏曰:'昔宋景修福,妖星移次。陛下光辅以来,政刑允辑,天下任重,万机事殷,失之毫牦,差以千里。唯当勤修德政,以赛天谴。贫道必当尽诚上答,正恐有心无力耳。'乃与弟子斋忏,有顷,灾灭。"②从这一段文字本身的内容来看,似乎应该发生于司马昱登上帝位之后,然而其后接续的文字却是"晋兴宁中,东游禹穴,观瞩山水"等等,兴宁年(363—365)为晋哀帝的年号。司马昱在哀帝驾崩之后废帝登基之后的太和元年(366)进位丞相、录尚书事,直至咸安元年(371)冬十一月桓温废掉当任皇帝,立司马昱为帝。昙旷所说的"陛下光辅以来"正是此意。文中所说的"堂邑太守曲安远",在《晋书》卷七十六《王彪之传》中曾经提到:宰相司马昱命以秣陵令曲安远补句容令,殿中侍御史奚朗补湘东郡太守,王彪之坚决不同意,他说:"秣陵令三品县耳,殿下昔用安远,谈者纷然。句容近几,三品佳邑,敢可处卜术之人无才用者邪!湘东虽复远小,所用未有朗比,谈者谓颇兼卜术得进。殿下若超用寒悴,当充人才可拔。朗等凡器,实未足充此选。"③从文中看,曲安远、奚朗擅长卜术,正与《竺法旷传》的叙述相同。堂邑县在今江苏六合北,西晋的堂邑郡即以堂邑县为治所,东晋安帝时改名秦郡。曲安远由县令升为太守,可见,此事一定发生在司马昱为帝的咸安年(371—372)。

《高僧传·竺法旷传》记载:竺法旷于晋兴宁年(363—365)间,"东游禹穴,观瞩山水",到会稽弘扬佛教。晋孝武帝"钦承风闻,要请出京,事以师礼,止于长干寺"④。法旷圆寂于元兴元年(402),春秋七十六。

总而言之,竺法旷在其母去世之后被当地的高僧昙印为师出家,受具足戒一段时间之后,外出参学。后来,回到吴兴郡于潜县青山石室修行净土法门。晋哀帝兴宁年(363—365)间,他又至会稽郡数年。可见,竺法旷的主要活动地区是吴兴、会稽和建

---

① [梁]慧皎:《高僧传》卷五,《大正藏》第50卷,第356页下。
② [梁]慧皎:《高僧传》卷五,《大正藏》第50卷,第356页下。
③ 《晋书》卷七十六。
④ [梁]慧皎:《高僧传》卷五,《大正藏》第50卷,第357页上。

康,至于具体的时间区间,《高僧传·竺法旷传》的地叙述顺序或者有误。此文将简文帝派人拜访法旷之事置于兴年间法旷至会稽之前,似乎不妥。或者此事发生于法旷在会稽郡时期。

竺昙印、竺法旷师徒在吴兴郡的活动,是现今可知的此地在东晋时期最确定的佛教传播史实。而在《高僧传》等唐初之前的佛教史籍中还有不少难于准确厘清到底属于东晋还是刘宋初年的建寺活动以及高僧住锡弘法的资料,此处暂不赘述。

三、会稽

江南的会稽郡,是秦始皇统一后所建立的三十六郡中的一个。会稽郡名历代多曾沿用,然前后辖区变化却很大。按《宋书·州郡志》会稽郡治山阴(今浙江省绍兴市),领山阴、永兴、上虞、余姚、剡、诸暨、始宁、句章、鄮、鄞十县,大致是钱塘湾以南今浙江绍兴、宁波所辖的地区。东晋时北方氏族在此重新建庄园,犹如昔日关中,会稽严然与建康东西对峙,成为江南一大经济都会。在东晋统治区域,这一地区成为仅次于建康的佛教传播中心。会稽佛教的兴盛的首要表现是现今可知的佛寺的数量最多,而会稽当地高僧云集,高僧与名士呼应唱和,蔚为大观。

会稽最富传奇的佛寺是鄞县(今浙江省宁波市鄞州区)阿育王寺,此寺与一位传奇僧人慧达有关唐道宣《集神州三宝感通录》直接称呼此塔为"初西晋会稽鄮塔",并且叙述说:

> 晋太康二年,有并州离石人刘萨何者,生在畋家,弋猎为业。得病死,苏见一梵僧语何曰:'汝罪重,应入地狱。吾闵汝无识,且放。今洛下齐城、丹阳、会稽,并有古塔,及浮江石像,悉阿育王所造,可勤求礼忏,得免此苦。'既醒之后,改革前习,出家学道,更名慧达。如言南行,至会稽海畔,山泽处处求觅,莫识基绪。达悲塞烦惋,投告无地。忽于中夜,闻土下钟声,即迁记其处,剡木为刹。三日间,忽有宝塔及舍利从地踊出。灵塔相状青色,似石而非石,高一尺四寸,方七寸,五层露盘,似西域于阗所造。面开窗子,四周天铃,中悬铜磬,每有钟声,疑此磬也。绕塔身上,并是诸佛菩萨、金刚圣僧、杂类等像,状极微细,瞬目注睛,乃有百千像现,面目手足,咸具备焉。斯可谓神功圣迹,非人智所及也。[①]

这一叙述直接将阿育王塔的修造标示为西晋太康二年(281),而《高僧传·慧达传》叙述则有所不同。梁慧皎《高僧传》卷十三《慧达传》记载:慧达"适会稽,礼拜鄮塔。此塔亦是育王所造,岁久荒芜,示存基跡。达翘心束想,乃见神光焰发。因是修立龛砌,群鸟无敢栖集。凡近寺侧畋渔者,必无所获。道俗传感,莫不移信。后郡守孟

① [唐]道宣:《集神州三宝感通录》卷上,《大正藏》第52册,第404页中。

颢,复加开拓"①。慧达是西晋末年至东晋初期的僧人,他礼拜会稽塔基,并进而修造阿育王塔,时间应该是在东晋。② 不过,关于会稽郡阿育王寺的初建时间,道宣《集神州三宝感通录》卷一并未明确说是西晋,只是说刘萨何出家时间为西晋太康二年(281)。文后又说:"《地志》云:阿育王造八万四千塔,此其一也。宋会稽内史孟颢修理之。"如此等等,此寺很大可能是东晋中后期所修建,宋、梁扩建。

作为會稽郡的郡治,山阴的佛寺是最多的。

南宋文献《佛祖统纪》卷三十六记载:西晋永康元年(300),"会稽诸葛氏钱自井出,乃舍宅为灵宝寺"③。这一说法不见于早期佛教史籍,不能肯定此寺是否真的建造于西晋。但此寺在东晋时期,声名显赫,特别是因供奉戴逵所制作佛像而受社会关注。《法苑珠林》卷十六记载:"晋世有谯国戴逵字安道者,风清概远,肥遁旧吴,宅性居理,游心释教,且机思通赡,巧拟造化,思所以影响法相,咫尺应身,乃作无量寿挟侍菩萨,研思致妙,精锐定制。潜于帷中,密听众论,所闻褒贬,辄加详改。核准度于毫芒,审光色于浓淡。其和墨点彩,刻形镂法,虽周人尽策之微,宋客象楮之妙,不能踰也。委心积虑,三年方成,振代迄今,所未曾有。凡在瞻仰,有若至真。俄而迎像入山阴之灵宝寺,道俗观者,皆发菩提心。高平郗超闻而礼觐,遂撮香而誓曰:'若使有常,复睹圣颜。如其无常,愿会弥勒。'既而手中之香,勃焉自然,芳烟直上,其气联云。"④戴逵所制作的阿弥陀佛和挟侍菩萨像,在当时影响很大,后世也一直津津乐道。

梁慧皎《高僧传》中涉及支道林住锡过的佛寺有四所,其中有两所在山阴,即"西寺"、灵嘉寺。

支道林曾经在会稽西寺宣讲佛教义理。《世说新语·文学》叙述说:"许掾年少时,人以比王苟子。许大不平。时诸人士及于法师并在会稽西寺讲,王亦在焉。许意甚忿,便往西寺与王论理,共决优劣。苦相挫折,王遂大屈。许复执王理,王执许理,更相覆疏;王复屈。许谓支法师曰:'弟子向语何似?'支从容曰:'君语佳则佳矣,何至相苦邪?岂是求理中之谈哉?'"⑤此中的许掾即许询,王苟子即王修,字敬仁。许询生卒年不详。王修以升平元年(357)卒,年二十四。因此,此事至迟发生于永和初年。

关于会稽西寺,除《世说新语》外,史籍无载。"西寺"不是寺院的正式寺额,当代学者余嘉锡《世说新语笺疏》说"西寺即光相寺",而《嘉泰会稽志》卷七《寺院·山阴》说:"光相寺在府西北三里三百七步,后汉太守沈勋公宅,东晋义熙二年宅有瑞光,遂舍

---

① 《大正藏》第53册,第409页下—410页上。

② 《高僧传》卷十三《释慧达传》记载:慧达于"晋宁康中至京师,……后东游吴县,礼拜石像,……达停止通玄寺,首尾三年,昼夜虔礼,未尝暂废。……顷之,进适会稽,礼拜鄮塔"(《大正藏》第50册,第409页中—410页上)。宁康年(373—375)为东晋孝武帝的年号。从慧皎的叙述可推知,慧达至会稽的时间不会早于太元元年(376—396)。慧达在佛教史上影响很大,后来的传说很多,关于阿育王寺的修造年代也就一直上推。

③ 《大正藏》第49册,第338页下。

④ 《大正藏》第53册,第406页上。

⑤ 《世说新语》卷上《文学篇》。

为寺,安帝赐光相额。"①

大致在永和七年之后,支道林离开建康南下会稽山阴,与王羲之谈《逍遥游》,住会稽灵嘉寺。此事,《高僧传·支道林传》记载说:"王羲之时在会稽,素闻遁名,未之信。谓人曰:'一往之气,何足可言?'后遁既还剡,经由于郡,王故往诣遁,观其风力。既至,王谓遁曰:'《逍遥篇》可得闻乎?'遁乃作数千言,标揭新理,才藻惊绝。王遂披襟解带,留连不能已,仍请住灵嘉寺,意存相近。"②此事发生于王羲之任会稽内史之时。根据后来的资料,灵嘉寺是何充所捐修。尽管《高僧传》等南北朝佛教史籍未曾提及此事,但从《支道林传》的叙述可知,此寺建于东晋中期之前,是没有问题的。从现存不多的文献显示,此寺在会稽很受重视。如《高僧传》卷七《释超进传》记载:超进于东晋末年,勃勃赫连寇陷长安之时,"避地东下,止于京师。更精寻文旨,开畅讲说。顷之,进适姑苏,复弘佛法。时平昌孟顗守在会稽,藉甚风猷,乃遣使迎接,安置山阴灵嘉寺,于是停止浙东,讲论相续。邑野僧尼及清信男女,并结菩萨因缘,伏膺戒范"③。孟顗成为会稽太守的时间无考,大致在刘宋初期。东晋之后,灵嘉寺于南朝时期仍然有所拓展。

山阴南有若耶山,是东晋乃至南朝僧人隐居修行的宝地。《高僧传》记载的最早住锡于若耶山的高僧是帛道猷。帛道猷,本姓冯,山阴人。"少以篇牍著称,性率素好丘壑,一吟一咏,有濠上之风。与道壹,经有讲筵之遇。后与壹书云:'始得优游山林之下,纵心孔释之书。触兴为诗,陵峯采药,服饵蠲痾,乐有余也。但不与足下同日,以此为恨耳。'因有诗曰:'连峰数千里,修林带平津。云过远山翳,风至梗荒榛。茅茨隐不见,鸡鸣知有人。闲步践其径,处处见遗薪。始知百代下。故有上皇民。'壹既得书,有契心抱,乃东适耶溪,与道猷相会定于林下。于是纵情尘外,以经书自娱。"④从文中记述看,二位高僧所住为山寺,较为简陋,僧众不会太多。因此,"顷之,郡守琅琊王荟于邑西起嘉祥寺,以壹之风德高远,请居僧首。壹乃抽六物遗于寺,造金牒千像。壹既博通内外,又律行清严,故四远僧尼咸依附谘禀,时人号曰九州岛都维那"⑤。

嘉祥寺位于山阴城中,《高僧传》卷五所载释慧虔东晋末期基住锡于此寺。释慧虔,姓皇甫,北地人也。"少出家,奉持戒行,志操确然,憩庐山中,十有余年。道俗有业,志胜途者,莫不属慕风采。罗什新出诸经,虔志存敷显,宣扬德教。以远公在山足,纽振玄风,虔乃东游吴越,嘱地弘通。以晋义熙之初,投山阴嘉祥寺,克己导物,苦身率众。凡诸新经,皆书写讲说,涉将五载,忽然得病寝疾。少时,自知必尽,乃属想赡养,祈诚观世音。山阴北寺,有净严尼,宿德有戒行,夜梦见观世音从西郭门入,清晖妙状,光映日月,幢幡华,盖皆以七宝庄严,见便作礼,问曰:'不审大士今何所之?'答云:'往嘉祥寺迎虔公。'因尔无常。当时疾虽绵笃,而神色平平,有如恒日,侍者咸闻异香,久

---

① 参见王晓毅《支道林生平事迹考》一文的考证,《中华佛学学报》第 8 期。
② [梁]慧皎:《高僧传》卷四,《大正藏》第 50 册,第 348 页下。
③ 《大正藏》第 50 册,第 374 页中。
④ [梁]慧皎:《高僧传》卷五,《大正藏》第 50 册,第 357 页中。
⑤ [梁]慧皎:《高僧传》卷五,《大正藏》第 50 册,第 357 页中。

之乃歇。虔既自审必终，又睹瑞相，道俗闻见，咸生叹羡焉。"①慧虔是庐山慧远的高足，后至长安跟从鸠摩罗什为师，圆寂时因念诵观音而显示出瑞相。此外，此传文中所说的"山阴北寺"可能不是寺院的正式寺额，只是说，此寺位于山阴的北边。而此寺中有比丘尼，说明会稽郡已经有比丘尼僧团了。

东晋时期，隐居若耶山的高僧络绎不绝，竺法旷就是其中之一。《高僧传·竺法旷传》记载，兴宁年（363—365）间，竺法旷"东游禹穴，观瞩山水，始投若耶之孤潭，欲依岩傍岭，栖闲养志。郄超、谢庆绪并结居尘外，时东土多遇疫疾。旷既少习慈悲兼善神呪，遂游行村里，拯救危急。乃出邑，止昌原寺。百姓疾者，多祈之致效。有见鬼者，言旷之行住，常有鬼神数十卫其前后。时沙门竺道邻造无量寿像，旷乃率其有缘，起立大殿"②。这里说，竺法旷先隐居于若耶山，后来出山至住锡于城中的昌原寺，并且协助竺道邻造无量寿像，造立大殿，安奉无量寿佛像。

根据《高僧传》记载，晋宋之际，"有释道敬者，本琅琊胄族，晋右将军王羲之曾孙，避世出家，情爱丘壑，栖于若耶山，立悬溜精舍，敬后为供养众僧，乃舍具足，专精十戒云"③。这位道敬，乃名门之后。出家后于若耶山悬溜精舍，后来则舍弃具足戒，专奉十戒，实际上成了居士。

东晋时期的山阴城南秦望山麓新建有法华精舍和乐林精舍，是释僧翼（371—450）所建。以晋义熙十三年（418），"与同志昙学沙门，俱游会稽，履访山水。至秦望西北，见五岫骈峯，有耆阇之状，乃结草成庵，称曰法华精舍。太守孟顗、富人陈载，并倾心挹德，赞助成功"④。僧翼乃庐山慧远的高足，后至长安跟从鸠摩罗什为师，尤其精通专诵《法华经》。大概因此而命名其住锡的精舍为法华精舍。

此法华精舍，大概很快就有所扩展而成为法华寺。《高僧传》卷八《释慧基传》记载，释慧基（412—496）就于刘宋时期，"进适会稽，仍止山阴法华寺，尚学之徒，追踪问道"⑤。唐代的法华寺，因存有唐开元二十三年（735）括州刺史李邕撰并书《大唐秦望山法华寺碑并序》而被后世所乐道。唐会昌法难中佛毁寺废，大中年间复兴，改寺额曰天衣寺。

另外，"翼同游昙学沙门，后移卜秦望之北，号曰乐林精舍。有韶相灌蒨，并东岳望僧，咸共憩焉"⑥。从文中推测，乐林精舍所在的"秦望之北"也应该在秦望山。

山阴有显义寺。《高僧传》卷十二《竺法纯传》记载："竺法纯，未详何许人。少出家，止山阴显义寺，苦行有德，善诵古《维摩经》，晋元兴中，为寺上兰渚买故屋，暮还于湖中，遇风而船小，纯唯一心凭观世音，口诵不辍。俄见一大流船，乘之获免。至岸访

---

① ［梁］慧皎：《高僧传》卷五，《大正藏》第50册，第357页中—页下。
② ［梁］慧皎：《高僧传》卷五，《大正藏》第50册，第357页上。
③ ［梁］慧皎：《高僧传》卷十三，《大正藏》第50册，第410页中。
④ ［梁］慧皎：《高僧传》卷十三，《大正藏》第50册，第410页中。
⑤ ［梁］慧皎：《高僧传》卷八，《大正藏》第50册，第379页上。
⑥ ［梁］慧皎：《高僧传》卷十三，《大正藏》第50册，第410页下。

船无主,须臾不见,道俗咸叹神感,后不知所终。"①元兴年间(402—404)为晋安帝年号。从文中叙述看,此寺建寺至少应在东晋中期。

被有些现代史著列入刘宋时期初建的云门寺,仔细解读《高僧传》卷十二《释弘明》的记载可知,此寺初建于东晋末年。释弘明(403—486),本姓赢,会稽山阴人。《高僧传·释弘明传》记载:释弘明,"少出家,贞苦有戒节,止山阴云门寺,诵《法华》,习禅定,精勤礼忏,六时不辍"②。释弘明于齐永明四年(486)卒于栢林寺,春秋八十四。而传文说他少年出家且住山阴云门寺,如果这一段文字所叙述的事实中间没有五年以上的间断的话,云门寺初建应该要早于420年。

另外,《高僧传·释法相传》提及法相止越城寺,其文说:"释法相,姓梁,不测何人。常山居精苦,诵经十余万言,鸟兽集其左右,皆驯若家禽。太山祠有大石函贮财宝,相时山行,宿于庙侧。忽见一人玄衣武冠,令相开函,言绝不见。其函石盖,重过千钧。相试提之,飘然而起,于是取其财,以施贫民。后度江南,止越城寺。忽游纵放荡,优俳滑稽。或时裸袒干,冒朝贵。晋镇北将军司马恬恶其不节,招而鸩之,频倾三锺,神气清夷,淡然无扰,恬大异之。至晋元兴末卒,春秋八十。"③此中所说"越城"一般指今日绍兴,而文中的叙述似乎暗示此僧住于"越城"中的某寺而已。

会稽郡上虞县(今浙江省上虞市)也有佛寺。《高僧传》卷十有《晋上虞龙山史宗传》,其文说:"史宗者,不知何许人,常著麻衣,或重之为纳,故世号麻衣道士"④。史宗先在广陵,"后憩上虞龙山大寺,善谈庄老,究明论孝,而韬光隐迹,世莫之知。会稽谢邵、魏迈之、放之⑤等,并笃论渊博,皆师受焉"⑥。从文中叙述看,此寺位于龙山。

在会稽郡,除郡治山阴之外,数剡县(即浙江省嵊州市)佛寺多。

支道林在灵嘉寺住锡一段时间后,离开山阴南下剡县,入剡山,"于沃洲小岭立寺行道,百余常随禀学"⑦。关于此事,《高僧传·竺法深传》也有记载:法深住锡剡县仰山,"支遁遣使求买仰山之侧沃洲小岭,欲为幽栖之处。潜答云:'欲来辄给,岂闻巢由买山而隐遁?'"⑧支道林前往此山的目的是隐遁,因而此寺大概属于小寺或者可称之为精舍。在东晋成帝之后,竺法深从建康至此山隐遁修行,仰山成为会稽郡传播佛教的中心之一。

竺法深,名潜(286—374),或称道潜,字法深。俗姓王,琅邪(郡治在今山东临沂市北)人。十八岁出家,师从富有才解久负盛名的名僧刘元真,慢慢克服了一般士族子弟习见的浮华性格,深刻钻研了般若学的佛学理论,加上相貌堂堂,谈吐风雅,在京城长

---

① 《大正藏》第50册,第406页下。
② [梁]慧皎:《高僧传》卷二十,《大正藏》第50册,第408页上。
③ [梁]慧皎:《高僧传》卷十二,《大正藏》第50册,第406页下。
④ [梁]慧皎:《高僧传》卷十,《大正藏》第50册,第390页上。
⑤ 似为温峤之子温放之。
⑥ [梁]慧皎:《高僧传》卷十,《大正藏》第50册,第390页中。
⑦ [梁]慧皎:《高僧传》卷四,《大正藏》第50册,第348页下。
⑧ [梁]慧皎:《高僧传》卷四,《大正藏》第50册,第348页上。

安已小有名声。二十四岁时,法深独自登坛讲学,所讲《正法华经》、《大品般若经》,义理深奥,剖析明白,前来听讲受业者常济济一堂,多达五六百人。

竺法深于"晋永嘉初,避乱过江。中宗元皇及萧祖明帝,丞相王茂弘、大尉庾元规,并钦其风德,友而敬焉"①。殆至明帝驾崩,王导去世,朝廷崇佛风气逆转,法深"乃隐迹剡山以避当世,追踪问道者,已复结旅山门。潜优游讲席三十余载,或畅方等,或释老庄,投身北面者,莫不内外兼洽"。从这些记述看,竺法深于晋成帝世(325—342年在位)至此山,住锡仰山弘扬佛教近三十年,学徒问道者众多,法深遂以弘法为己任,优游讲席三十余年,牵引老、庄思想阐释大乘般若学说,创立了两晋般若学说六家七宗中的本无异宗,大意谓"诸法无本"是佛家第一义谛,但"无"能生万物,即"无"在"有"先,从"无"出"有"。在他的培养教导下,学生们都养成了"内(佛学)外(世俗学问,主要指老、庄玄学)兼洽"的治学特点。晋哀帝登基,朝廷对待佛教的态度有好转。哀帝"频遣两使,殷勤征请。潜以诏旨之重,暂游宫阙。即于御筵,开讲《大品》。上及朝士,并称善焉。于时简文作相,朝野以为至德。以潜是道俗标领,又先朝友敬尊重,挹服顶戴兼常,迄乎龙飞,虔礼弥笃"②。竺法深在建康数年之后,坚决要求重回山林,"乃启还剡之仰山,遂其先志,于是逍遥林阜以毕余年"③。竺法深以东晋宁康二年(374)卒于仰山寺院,春秋八十九。

关于竺法深在仰山创建佛寺的寺额,《高僧传》没有明确记载。而《名僧传抄》残存的目录中有:"晋剡东仰山寺竺法深"、"晋剡东仰山寺竺法蕴十二、晋剡东仰山寺康法式十三"等文字。而《高僧传》目录则为"晋剡东仰山竺法潜(竺法友、竺法蕴、竺法济、康法识)"。二者对照,似乎暗示,仰山寺并非正式的寺额。

竺法深弟子众多,《高僧传·竺法深传》附传中提及四位:第一,竺法友,"时仰山复有竺法友,志业强正,博通众典。尝从深受《阿毗昙》,一宿便诵。深曰:'经目则讽,见称昔人。若能仁更兴大晋者,必取汝为五百之一也。'年二十四,便能讲说。后立剡县城南法台寺焉"④。这位弟子后来在剡县城南修造了法台寺。⑤ 第二,竺法蕴,"悟解入玄,尤善《放光波若》"⑥。第三,康法识,"亦有义学之功,而以草隶知名。尝遇康昕,昕自谓笔道过识。识共昕各作右军草,傍人窃以为货,莫之能别。又写众经,甚见重之"。第四,竺法济,"幼有才藻,作《高逸沙门传》"。《高僧传·竺道深传》说:"凡此诸人,皆

① [梁]慧皎:《高僧传》卷四,《大正藏》第50册,第347页下。
② [梁]慧皎:《高僧传》卷四,《大正藏》第50册,第347页下—348页上。
③ [梁]慧皎:《高僧传》卷四,《大正藏》第50册,第348页上。
④ [梁]慧皎:《高僧传》卷四,《大正藏》第50册,第348页上—页中。关于"县城南法台寺",《大正藏》作"剡县城南台寺",而注释则说宋、元、明本作"法台寺"。参照其他史料,法台寺正确。
⑤ 唐代诗人记有《剡县法台寺灌顶坛》,地方志则记载此寺后来改名惠安寺,"在剡山之阳,旧曰般若台寺,又曰法华台寺"。而《高僧传》卷八《释昙斐传》记载:"释昙斐,本姓王,会稽剡人。少出家,受业于慧基法师。性聪敏素,著领牒之称。其方等深经,皆所综达;老庄儒墨,颇亦披览。后东西禀访,备穷经论之旨。居于乡邑法华台寺,讲说相仍,学徒成列。"(《大正藏》第50册,第382页下)于天监十七年(618)卒于寺,春秋七十六。可见,此寺在梁代仍然称之为法华台寺。
⑥ [梁]慧皎:《高僧传》卷四,《大正藏》第50册,第348页中。

潜之神足。"可见,竺法深在会稽仰山弘扬佛教,很有成效。由兹,此地成为当时僧侣向往的地方,因此才有支道林写信"买山"住锡之说。

《高僧传·支道林传》记载说:支道林晚年居剡县石城山,"又立栖光寺。宴坐山门,游心禅苑,木食涧饮,浪志无生。乃注《安般》、《四禅》诸经,及《即色游玄论》、《圣不辩知论》、《道行旨归》、《学道诚》等"①。根据现存《名僧传抄》残卷所附"名僧传说处"的标题"支道琳石城山立栖光精舍事"②,道林所建的栖光寺,规模不大。

石城山在剡县南部(今新昌县县城南郊),石城山是当时会稽佛寺较为集中的地方,在道林去之前,该山已有两寺:一是于法兰创建的元华寺,二是僧帛光(昙光)创建的隐岳寺。

元华寺是于法兰创立,在东晋时期一脉相承,在佛教义学方面产生了很大影响。于法兰,高阳(河北蠡县)人。《高僧传·于法兰传》说,他"后闻江东山水,剡县称奇,乃徐步东瓯,远瞩崀嵊,居于石城山足。今之元华寺是也"③。根据这一记载,法兰住在石城山,此山位于今新昌县境。

根据报道,2007年3月在上虞东山发现了晋永平二年(292)东山寺僧法兰所立"棋墅"石碑一方。石碑宽52厘米,高106厘米,厚12厘米,背毛面,正面中部阴刻有楷书字体"棋墅"两字,左侧下部刻"永平二年僧法兰立"。一般而言,上虞东山,因谢安隐居东山而闻名,如果这一记载属实,则可知远至西晋初期有僧法兰就住在东山。关于此碑的真伪及其历史价值,学术界正在讨论。此中的最大疑点是年号问题。"永平"是西晋皇帝晋惠帝司马衷的第二个年号,但该年号只持续了三个月,永平元年三月改元康元年(291)。此碑书永平二年,显然是错的。对于这一失误,有学者举出现存文献中也有类似错误,证明在非常情况下,错书年号也可以理解。另外,关于此石碑,明代陈仁锡的《剡溪记》有说:"……惟殿后高岗,晋永平元年僧法兰书'棋墅'二字,可珍。若'东眺''西眺'二碑隶字,不知何人所书,笔亦奇古。余拜太傅公墓,上西眺崇岗,见戚家山,王家渭山,坐于江面。"从这一叙述看,明代此碑仍然树立在东山。《剡溪记》的年号是对的。一些学者相信,立此碑的僧法兰就是于法兰。笔者经过仔细考辨,认定如果此石碑为真的话,此"法兰"绝不会是《高僧传》中所说的"于法兰"。依照此碑所记载,法兰于永平元年(291)已经到了东山。而法兰弟子于道邃十六岁皈依于法兰出家,三十一岁圆寂,而《于道邃传》又说:"后与兰公俱过江。"④可见,于法兰、于道邃在会稽停留时间不会超过十五年,应该在十三年之内。如果上述"法兰"是一人的话,则于法兰离开会稽南下的时间不应晚于305年。《高僧传》说,于法兰有弟子于法开,年六十时,卒于白山灵鹫寺。而法开至哀帝(362—365年在位)时仍多次被诏征至建康讲经。如果于法兰确实是立此碑的"法兰"的话,他就不会是于法开之师。

---

① [梁]慧皎:《高僧传》卷四,《大正藏》第50册,第348页下。

② 《续藏经》第77册,第360页上。

③ [梁]慧皎:《高僧传》卷四,《大正藏》第50册,第350页上。

④ [梁]慧皎:《高僧传》卷四,《大正藏》第50册,第350页中。

慧皎又记述说，"又有竺法兴、支法渊、于法道，与兰同时比德。兴以洽见知名，渊以才华著称，道以义解驰声矣"①。可见，于石城山形成了一个以于法兰、竺法兴、支法渊、于法道等四人互相唱和、互相支持，弘扬佛教的中心。于法兰后来"远适西域，欲求异闻。至交州遇疾，终于象林"②。于法兰有弟子于道邃，于道邃始终跟随其师。于道邃跟随于法兰至石城，后又一起南下交州，因病圆寂于其地。

于法兰另一高足是于法开。于法开跟随于法兰的时间、地点不详，但他未跟随其师南下交州，而是继续留在石城弘法，并且于石城修葺元华寺，另创灵鹫寺。

《高僧传》卷四《于法开传》记载："于法开，不知何许人，事兰公为弟子。深思孤，发独见言表，善《放光》及《法华》。又祖述耆婆，妙通医法。"升平五年（361），孝武帝有疾，"开视脉知不起，不肯复入。康献后令曰：'帝小不佳，咋呼于公视脉，亘到门不前，种种辞惮，宜收付廷尉。'俄而帝崩，获免，还剡石城，续修元华寺"③。传文将此事写于此处，可能是暗示于法兰此前已经离开元华寺南下了④，而于法开从建康回到此寺，又重修扩大元华寺域。大概在此后不久，他又"后移白山灵鹫寺"。关于此事，现存《名僧传抄》残卷目录中说"于法开白山造灵鹫寺事"，可见，此寺是于法开自己所造。

支道林至石城的时候，于法兰早已不在此地，石城最著名的法师是于法兰的弟子于法开。于法开与支道林多次就般若思想发生争论。《世说新语·文学》记载："于法开始与支公争名，后精渐归支，意甚不忿，遂遁□剡下。遣弟子出都，语使过会稽。于时支公正讲《小品》。开戒弟子：'道林讲，比汝至，当在某品中。'因示语攻难数十番，云：'旧此中不可复通。'弟子如言诣支公。正值讲，因谨述开意。往反多时，林公遂屈。厉声曰：'君子何足复受人寄载？'"⑤《高僧传·于法开传》也有记载："每与支道林争即色空义，庐江何默申明开难，高平郗超宣述林解，并传于世。"⑥——这一段大致与《世说新语·文学》的记载相同，但未明确说辩难的地点。《世说新语》刘孝标注引《名德沙门题目》说："于法开，才辩纵横，以数术弘教。"又引《高逸沙门传》曰："法开初以义学著名，后与支遁有竞，故遁居剡县，更学医术。"从刘孝标的批注看，于法开是在与支道林辩难失败的情况下，隐遁剡县的。因此，辩难的地点也许不在会稽郡。

①　《大正藏》第50册，第350页上。
②　《大正藏》第50册，第350页上。
③　《大正藏》第50册，第350页上。
④　于法兰的生卒年失载，如果假定他于西晋武帝、惠帝代替之际（290）出家（当时十五岁），至升平五年（361）也已经七十余岁了。于道邃十六岁皈依于法兰出家，三十一岁圆寂，而《于道邃传》又说："后与兰公俱过江"，可见，于法兰在会稽停留时间不会超过十五年，应该在十三年之内。于法兰又发心至西域求取佛典，因此，其出发时的年龄应该不会太大。如此而可推知，于法兰离开会稽的时间应该不会超过永和末年（356），此年应是下限。另外，《高僧传·于道邃传》记载说：于道邃圆寂之后，郗超图写其形，支遁为著《铭赞》。而根据学者考证，"自永和七年之后，郗超任桓温幕僚，长住武昌，难与支道林交往"（王晓毅：《支道林生平事迹考》，《中华佛学学报》第8期）。因此，支、郗与于道邃画像铭赞之事系于此年。综上所述推测，至少在永和七年（351）之前，于法兰、于道邃已经离开会稽并且已经于交州圆寂了。
⑤　《世说新语》卷上《文学》。
⑥　［梁］慧皎：《高僧传》卷四，《大正藏》第50册，第350页上。

于法开住锡于元华寺之后,此时支道林住锡于山阴(今浙江省绍兴市),法开特派弟子法威前去辩难。这一次准备充分,法威胜利在望,而支道林只能采取讽刺手法收场。至哀帝时,于法开"累被诏征,乃出京讲《放光经》,凡旧学抱疑,莫不因之披释,讲竟辞还东山。帝恋德殷勤,嚫钱绢及步舆,并冬夏之服。谢安、王文度悉皆友善。或问法师:'高明刚简,何以医术经怀?'答曰:'明六度以除四魔之病,调九候以疗风寒之疾。自利利人,不亦可乎?'"①僧传说,于法开年六十时,卒于白山灵鹫寺。

石城隐岳寺是僧光于东晋永和(345—356)年初创建的。

帛僧光(297—396),或云昙光,《高僧传》卷十一《帛僧光传》记载:

> 帛僧光,或云昙光,未详何许人。少习禅业,晋永和初,游于江东,投剡之石城山。山民咸云:"此中旧有猛兽之灾,及山神纵暴,人踪久绝。"光了无惧色,雇人开剪,负杖而前。行入数里,忽大风雨,群虎号鸣。光于山南见一石室,仍止其中,安禅合掌,以为栖神之处。至明旦雨息,乃入村乞食,夕复还中。经三日,乃梦见山神,或作虎形,或作蛇身,竞来怖光。光一皆不恐。经三日,又梦见山神,自言:"移往章安县寒石山住,推室以相奉。"尔后,薪采通流,道俗宗事乐禅,来学者起茅茨于室侧,渐成寺舍,因名隐岳。②

由此可见,此寺起先是从禅窟逐渐扩展而成的。僧光"处山五十三载,春秋一百一十岁。晋太元之末,以衣蒙头安坐而卒"③。僧光在斯山斯寺五十三年,太元末年为396年,逆推可知,帛光大致从永和元年(345)入住此山,后来逐渐修成隐岳寺。

南朝时期,经过数代人的努力,在隐岳寺旁修成高数丈的弥勒佛像,此寺因此而被称之为大佛寺。《高僧传》卷十三《释僧护传》记载:"释僧护,本会稽剡人也。少出家,便克意常苦节,戒行严净。后居石城山隐岳寺。寺北有青壁,直上数十余丈。当中央有如佛焰光之形,上有丛树,曲干垂阴。护每经行至壁所,辄见光明焕炳,闻弦管歌赞之声。于是擎炉发誓愿,博山镌造十丈石佛。以敬拟弥勒千尺之容,使凡厥有缘,同睹三会。以齐建武中,招结道俗,初就雕剪疏凿,移年仅成面朴。顷之,护遘疾而亡。临终誓曰:'吾之所造,本不期一生成办。第二身中,其愿克果。'后有沙门僧淑,纂袭遗功。而资力莫由,未获成遂。"④至梁天监十五年春,此像方才完成。

根据方志记载,至梁朝时期,元华寺、栖光寺和隐岳寺合并为宝相寺,后来称为大佛寺。可见,此三寺相距不远。

余姚县(今浙江省余姚市)也有高僧的踪迹。《高僧传》卷十一记载:"时又有慧开、慧真等,亦善禅业,入余姚灵秘山,各造方丈禅龛。于今尚在。"⑤这是说,至慧皎写

---

① 〔梁〕慧皎:《高僧传》卷四,《大正藏》第50册,第350页中。
② 〔梁〕慧皎:《高僧传》卷十一,《大正藏》第50册,第395页下。
③ 〔梁〕慧皎:《高僧传》卷十一,《大正藏》第50册,第395页下。
④ 〔梁〕慧皎:《高僧传》卷十一,《大正藏》第50册,第395页下。
⑤ 〔梁〕慧皎:《高僧传》卷十一,《大正藏》第50册,第396页中。

《高僧传》时,此二僧所造的禅窟尚存在。而支道林晚年住于余姚。《高僧传》卷四记载:"遁先经余姚坞山中住,至于明辰犹还坞中。或问其意,答云:'谢安在昔,数来见,辄移旬日。今触情举目,莫不兴想。'后病甚,移还坞中。以晋太和元年闰四月四日,终于所住,春秋五十有三,即窆于坞中,厥冢存焉。"①尽管关于支道林病重之地早在梁代时已有不同说法,但道林晚年在余姚住过较长的时间,是肯定的。

今日浙江省内,除上述会稽郡具南方佛教中心地位之外,其他地区也有僧人于其地修行、弘教。在此,应该特别指出,作为天台宗发源地的台州,也是从东晋时期开始有高僧隐居赤城山修道。

《高僧传》记载:竺昙猷,或云法猷,炖煌人。"少苦行,习禅定,后游江左止剡之石城山,乞食坐禅。"后来,竺昙猷到赤城山。"山有孤岩独立,秀出千云,猷拼石作梯升岩宴坐,接竹传水以供常用,禅学造者十有余人,王羲之闻而故往,仰峯高挹致敬而反。赤城岩与天台瀑布、灵溪四明,并相连属。而天台悬崖峻峙,峯岭切天。古老相传云:上有佳精舍,得道者居之。虽有石桥跨涧,而横石断人,且莓苔青滑,自终古以来无得至者。猷行至桥所,闻空中声曰:'知君诚笃,今未得度。却后十年,自当来也。'猷心怅然,夕留中宿。闻行道唱萨之声。旦复欲前,见一人须眉皓白,问猷所至。猷具答意。公曰:'君生死身,何可得去?吾是山神故相告耳。'猷乃退还。道经一石室,过中憩息。俄而云雾晦合,室中尽鸣,猷神色无扰。明旦见人著单衣袷来曰:'此乃仆之所居。昨行不在家中,遂致骚动,大深愧怍。'猷曰:'若是君室,请以相还。'神曰:'仆家室已移,请留令住。'猷停少时。猷每恨不得度石桥,后洁斋累日,复欲更往。见横石洞开,度桥少许,睹精舍神僧,果如前所说。因共烧香中食。食毕,神僧谓猷曰:'却后十年,自当来此。今未得住。'于是而返。顾看横石,还合如初。"②昙猷以太元末年(396)卒于山室。赤城山在今浙江天台县西北,为天台山南门。因山上赤石屏列如城,望之如霞,故有此名。昙猷是最早隐居此山的高僧,上述记载尽管颇为神秘,但也说明昙猷住锡之前,此山未曾有人常住。后来,天台诸位祖师在此活动,最终创立了天台宗。

(杨维中:南京大学哲学系教授)

① [梁]慧皎:《高僧传》卷十三,《大正藏》第50卷,第412页上。
② [梁]慧皎:《高僧传》卷十一,《大正藏》第50卷,第395页下—396页中。

竺道生"慧解""通情"考论

尚永琪

自慧皎《高僧传》始,佛史文献中记载了时人对于义学或禅修高僧佛学特长的评价语词,如"神骏"①、"风流标望"、"心要"②、"清悟"③、"四海标领"④等,这些评价大多都非常精要地把握住了这些高僧的佛学精神,因而从时人对于高僧的评价入手来理解他们在中国佛教史上的地位和作用,应该是一种探迹求真的法门。

鸠摩罗什的弟子竺道生以"慧解"、"通情"著称,并在精研《涅槃》诸经典的基础上,体悟倡导"一阐提皆得成佛",开创了中国佛教修炼中的"顿悟"法门,为佛教的发展作出了重要贡献。前贤的研究非常精微地讨论了他的"顿悟成佛"等立义⑤,而对于其"慧解"佛学特征或理路的探讨或有所阙。

至关重要的是,《高僧传》及历代僧史将竺道生列为鸠摩罗什弟子中的"关中四子",而净土宗文献又将其列入以慧远为首的"莲社十八贤",其中存在一些理论与史实上的认识不清:首先,竺道生所孜孜以求的"慧解"学术趋向显然同鸠摩罗什所追求的"慧学"目标是不同层面的追求;其次,竺道生最突出的学术特征表明他主要是一个在思想立义方面的"抢跑者",而不是"克心重精叠思,以凝其虑"⑥的禅修者。

因而,竺道生在学术上的"求新求异"冲动使其既貌似继承了鸠摩罗什的"义学"

---

① 《高僧传》卷二《鸠摩罗什》。
② 《大正新修大藏经》第 70 册《定宗论》云:"什法师以三论为心要也。"
③ 《高僧传》卷六《释道祖》。
④ 《高僧传》卷六《释僧睿》。
⑤ 前贤研究成果主要有汤用彤:《汉魏两晋南北朝佛教史》,北京大学出版社 1997 年版,第 425—480 页;任继愈:《中国佛教史》第 3 卷,中国社会科学出版社 1988 年版,第 330—367 页;杜继文:《佛教史》,江苏人民出版社 2006 年版,第 178—179 页。对竺道生生平及思想研究最精微而细致的首推汤用彤《汉魏两晋南北朝佛教史》一书,此外,尚有果宗《竺道生思想之考察》,载张曼涛主编《现代佛教学术丛刊 13·中国佛教史论集 4·汉魏两晋南北朝篇(下)》,北京图书馆出版社,第 203—282 页;余敦康:《论竺道生的佛性思想与玄学的关系》,载《魏晋玄学史》,北京大学出版社 2004 年版,第 461—476 页;韩国良:《竺道生对玄学"言意观"的解构与重建》,《云南民族大学学报》(哲学社会科学版)2009 年第 1 期,等等。
⑥ 《高僧传》卷六《释慧远》。

衣钵①，又接近释慧远所倡导的禅修世界。在佛教中国化的过程中，竺道生其实是一个响应时代特征的、游移于"慧学"与"禅修"之间的"剑走偏锋"者。

一、竺道生行迹、学说概述

道生俗姓魏，出生于彭城的一个世代官宦之家，他的故乡原本在河北巨鹿（今河北平乡），后来才移居彭城的。道生的父亲曾做过广戚的县令，为人忠厚善良，有"善人"的美誉。彭城是中国最早具有佛教寺庙香火的地方之一，而道生的父亲既然被赞为"善人"，这预示着他的家庭可能是信仰佛教的。

道生最早曾受业于著名高僧竺法汰，后来又在庐山修炼七年，钻研群经，斟酌诸论，认为"慧解"——也就是体悟佛经的经文大义才是修得正道的唯一法门。鸠摩罗什到长安后，道生和他的同学慧睿、慧严一道来到了长安，跟随鸠摩罗什学习。

道生在长安待的时间不很长，刘宋义熙五年（409），他又返回了京城建康（今江苏南京），入住青园寺讲经说法。当时的刘宋皇帝刘义隆对道生礼敬有加，王公大臣、有名儒生如王弘、范泰、颜延等都纷纷向道生问道求学，一时声名鹊起，道场兴隆。

道生跟随鸠摩罗什游学多年，所以对龙树和僧伽提婆所弘传的中观空义旨要能够深达玄奥，因此体会到语言文字只是诠表真理的工具，不可执著和拘泥。他曾慨叹道："夫象以尽意，得意则象忘；言以诠理，入理则言息。自经典东流，译人重阻，多守滞文，鲜见圆义。若忘筌取鱼，始可与言道矣！"②于是校阅真俗二谛的书籍，研思空有因果的深旨，建立"善不受报"、"顿悟成佛"的理论。

"顿悟成佛"理论的建立，还同道生对《涅槃经》的深入研究有关。

东晋安帝义熙十四年（418），已在建康译出法显所带回的六卷《泥洹经》，经文中多处宣说一切众生都有佛性，将来都有成佛的可能，唯独"一阐提"人是例外的。

道生精研《涅槃经》，从经中"一切众生悉有佛性"的道理而推论说："一阐提"也有佛性，也可以成佛。什么是"一阐提"呢？一阐提是梵文"一阐提迦"这个概念的音译，翻译成汉语就是"断善根"。一阐提就是断绝善根的极恶众生，他们没有成佛的菩提种子，就像植物种子已经干焦一样，"虽复时雨百千万劫，不能令生，一阐提辈亦复如是"。道生对于这种说法是不满意的，他仔细分析经文，探讨幽微的妙法，认为一阐提固然极恶，但也是众生，并非草木瓦石，因此主张"一阐提皆得成佛"。这种说法在当时可谓闻所未闻，全是道生的孤明先发。在倡导因果报应、诸善奉行的佛教慈悲背景下，道生公然提出断绝善根者有佛性，认为"立善不受报，顿悟成佛"，这在当时的佛教界是严重的

---

① 刘剑锋认为，"罗什一系的般若中观学说，尽管在早期取得了表面上的胜利，但并未得到中国佛教学者的青睐，而慧远一派的法性涅槃学说，却不断汲取中土各类思想资源，继续在中国佛教思想界发挥着主导性的作用"。因而，竺道生虽然名列罗什弟子的"关中四子"，但是其佛学思想趋向的路径是完全不同于鸠摩罗什的。参见刘剑锋《涅槃"有"与般若"空"义理论争的发展》，《江西社会科学》2007年第11期。

② 《高僧传》卷七《竺道生》。

离经叛道思想。

"一阐提皆得成佛"这个异端邪说激怒了佛教界,众僧群情激愤,把道生驱逐出僧团,赶出了京城。临行前,道生对同门的僧人们发誓说:"若我所说反于经义者,请于现身即表厉疾。若与实相不相违背者,愿舍寿之时据师子座。"①

后来道生辗转落脚在苏州虎丘,仍然固执己见,拒不低头。传说他向虎丘的石头说法,说到一阐提可以成佛的时候,石头都点头称赞,这便留下了一个"顽石点头"的掌故。

对宣扬"一阐提皆得成佛"的道生而言,离建康并不远的苏州虎丘也并非清净安生之地,所以他到这里不久,就不得不再次黯然离去,远走庐山。僧传中说他这次到庐山是"投迹庐山,销影岩岫",那就是说在庐山的深山岩谷中隐居了起来。对于一个貌似离经叛道的僧人来讲,这也许是最为有效的对抗攻击的方法。

后来,《涅槃经》出了更为完整的译本,经文里明明写着一阐提可以成佛,道生也就从异端分子变回一位正信的佛教徒了。

《涅槃经》有三个译本,一是东晋名僧法显翻译的 6 卷本《大般泥洹经》,二是北凉时期中天竺僧人昙无谶翻译的 40 卷《北本涅槃经》,三是南朝宋慧严、慧观与谢灵运等以昙无谶译本为主,对照法显译出的 6 卷本,又增加品数而成的《南本涅槃经》36 卷。

道生早期研读的《涅槃经》就是法显译出的那个 6 卷本。在这个 6 卷本《涅槃经》中,只有"一切众生悉有佛性"的经文,但没有"一阐提皆得成佛"的文句;所以道生根据这个不完全的《涅槃经》译本提出"一阐提皆得成佛",从经文字面上看来是没有根据的,所以会受到青园寺及京城僧人们的攻击。

而为道生洗刷冤屈的全本《涅槃经》指的是昙无谶翻译的 40 卷的《北本涅槃经》。

昙无谶大约在北凉永安十年(410)左右来到了北凉都城姑臧(今甘肃武威市),他随身带有西域"白头禅师"传给他的树皮本《涅槃经》前分 10 卷及《菩萨戒经》、《菩萨戒本》等经典,受到了崇信佛教的北凉国王沮渠蒙逊的欢迎。在姑臧,昙无谶经过 3 年的汉语言学习后,开始翻译他带来的经典,由于他带来的《涅槃经》只有前分 10 卷,所以为将全本《涅槃经》集齐,昙无谶又不辞辛苦、风尘仆仆地远赴西域,在于阗国寻得《涅槃经》的中分部分带回了姑臧,此后又再次派人到于阗,寻得《涅槃经》的后分。②

北凉玄始三年(414)正式开始翻译《涅槃经》,参与翻译的有慧嵩、道朗及僧俗学者数百人,直到玄始十年(421)十月,共译出 40 卷。

从昙无谶《涅槃经》全本的翻译时间来推算,建康龙光寺的僧人们读到全本《涅槃经》最早也是在 421 年之后,而据《高僧传》的"佛驮什传"记载,宋景平元年(423)十一月,道生与慧严及罽宾僧人佛驮什、于阗沙门智胜共同在龙光寺译出《弥沙塞律》34卷,称为"五分律"。那么就是说,到了 423 年,道生的"一阐提也有佛性"的论断已经得到了龙光寺僧人们的认可,所以他也才由庐山回到了龙光寺,同慧严、佛驮什、智胜

---

① 《出三藏记集·道生法师传》。
② 《出三藏记集·昙无谶》。

共同翻译《弥沙塞律》。

但是,显然此时的龙光寺已经再也不是道生的驻扎之地了,从虎丘辗转在庐山隐居多年的他,可能在翻译完《弥沙塞律》后就返回庐山,开始宣讲昙无谶新译出的全本《涅槃经》。

宋元嘉十一年(434)冬十一月,道生在庐山精舍为他的弟子们讲说《涅槃经》的时候圆寂而去。

道生是《涅槃经》的大师,而《涅槃经》正是禅宗的重要思想源泉之一。道生的著作,见于记载的,有《维摩》、《法华》、《泥洹》、《小品》诸经义疏,现只《法华经疏》传存2卷。其《维摩经疏》散见于现存僧肇撰的《注维摩诘经》、唐道掖集的《净名经集解关中疏》及《净名经关中释抄》中。此外道生还撰有《善受报义》、《顿悟成佛义》、《二谛论》、《佛性当有论》、《法身无色论》、《佛无净土论》、《应有缘论》等,都已佚失。还有《涅槃三十六问》等关于佛性义的问答诸作,其中只《答王卫军书》(又题作《答王弘问顿悟义》)一首现存《广弘明集》卷18,余已遗失。

二、竺道生与"莲社十八贤"之说

"莲社十八贤"之说,源于北宋陈舜俞所著《庐山记》,陈舜俞《宋史》有传:"舜俞字令举,湖州乌程人。博学强记。举进士,又举制科第一。熙宁三年,以屯田员外郎知山阴县,诏俟代还试馆职。"[1]熙宁年间,陈舜俞贬官去世后,大文学家苏轼为文哭之,称其"学术才能,兼百人之器,慨然将以身任天下之事,而人之所以周旋委曲、辅成其夭者不至。一斥不复,士大夫识与不识,皆深悲之"[2]。显然,陈舜俞的学术品格与编撰才能是相当出色的,但是他在《庐山记》中关于"莲社十八贤"的说法在史实方面值得商榷。

《庐山记》关于此段史实是如此说的:

> 昔谢灵运恃才傲物,少所推重。一见远公,肃然心服。乃即寺翻涅槃经,因凿池为台,植白莲池中,名其台曰翻经台。今白莲亭即其故地。远公与慧永、慧持、昙顺、昙恒、竺道生、慧睿、道敬、道昺、昙诜,白衣张野、宗炳、刘遗民、张诠、周续之、雷次宗,梵僧佛驮耶舍十八人者,同修净土之法,因号白莲社。十八贤有传附篇末,池上昔有文殊瑞像阁,今像亡阁废。

陈舜俞之"莲社十八贤"在庐山"同修净土之法,因号白莲社"的说法显然是大有问题的。以慧远为中心组成的白莲社是一个共时性概念,是指一个"同修团体",而在

① 《宋史》卷三三一《张问传》附《陈舜俞》。
② 《宋史》卷三三一《张问传》附《陈舜俞》。

这18个人中，至少佛陀耶舍就不曾到过庐山，况且，慧远大师在庐山发誓愿结社同修之事发生在东晋元兴元年（402）七月，此时的佛陀耶舍尚未到达长安，何来在庐山结社之事。由此可见此一记载的不可靠性。

但是，竺道生是释慧远庐山结"莲社"、发誓愿同修的活动参与者。释慧远在庐山与僧俗同修者结"莲社"、盟誓愿的活动，慧皎《高僧传》有明确的记载，结社时间、地点、参与者及由刘遗民撰写的誓愿文俱全：

> 及远创寺既成，祈心奉请，乃飘然自轻，往还无梗，方知远之神感证在风谚矣。于是率众行道，昏晓不绝，释迦余化，於斯复兴。既而谨律息心之士，绝尘清信之宾，并不期而至，望风遥集。彭城刘遗民，豫章雷次宗，雁门周续之，新蔡毕颖之，南阳宗炳、张莱民、张季硕等，并弃世遗荣，依远游止。远乃于精舍无量寿像前，建斋立誓，共期西方。乃令刘遗民著其文曰：
> "惟岁在摄提秋七月戊辰朔二十八日乙未。法师释慧远贞感幽奥，宿怀特发，乃延命同志息心贞信之士百有二十三人，集于庐山之阴般若台精舍阿弥陀像前，率以香华敬荐而誓焉。
> 惟斯一会之众，夫缘化之理既明，则三世之传显矣。迁感之数既符，则善恶之报必矣。推交臂之潜沦，悟无常之期切；审三报之相催，知险趣之难拔。此其同志诸贤，所以夕惕宵勤，仰思攸济者也。盖神者可以感涉，而不可以迹求。必感之有物，则幽路咫尺；苟求之无主，则眇茫河津。
> 今幸以不谋而金心西境，叩篇开信，亮情天发，乃机象通於寝梦。欣欢百于子来，于是云图表晖，影侔神造，功由理谐，事非人运。兹实天启其诚，冥运来萃者矣。
> 可不克心重精叠思，以凝其虑哉，然其景绩参差，功德不一。虽晨祈云同，夕归攸隔。即我师友之眷，良可悲矣。是以慨焉胥命，整衿法堂。等施一心，亭怀幽极。誓兹同人，俱游绝域。其有惊出绝伦首登神界，则无独善于云峤，忘兼全於幽谷。先进之与后升，勉思策征之道，然复妙觌大仪，启心贞照。识以悟新，形由化革。藉芙蓉於中流，荫琼柯以咏言；飘云衣於八极，泛香风以穷年。体忘安而弥穆，心超乐以自怡；临三涂而缅谢，傲天宫而长辞；绍众灵以继轨，指太息以为期。究兹道也，岂不弘哉。"①

由此可知，慧远结社誓愿同修之事，是发生在"岁在摄提秋七月戊辰朔二十八日乙未"，即东晋元兴元年（402）七月二十八日②，参与者是以慧远、刘遗民、雷次宗、周续

---

① 《高僧传》卷六《释慧远》。
② 陈垣：《二十史朔闰表》，中华书局1962年版，第62页。

之、毕颖之、宗炳、张莱民、张季硕等为核心的"同志息心贞信之士百有二十三人"①,他们"集于庐山之阴般若台精舍阿弥陀像前",共誓愿"慨焉胥命,整衿法堂。等施一心,亭怀幽极。誓兹同人,俱游绝域。其有惊出绝伦首登神界,则无独善于云峤,忘兼全于幽谷。先进之与后升,勉思策征之道,然复妙觐大仪,启心贞照"。

参与此事者有 123 人,那么这个记载并没有将那些僧界的主要代表性人物一一列出,诸如僧界只列出了慧远,就连当时的西林寺名僧慧永也没列出。从时间上来推断,当时的竺道生确实参与了这次盛会。

根据僧佑的记载,竺道生"初住龙光寺,下帷专业。隆安中移入庐山精舍,幽栖七年以求其志"②。东晋隆安年间是公元 397—401 年,既然竺道生是在"隆安中"到达庐山的,我们即使以上限 397 年计算,他在庐山"幽栖七年",那么最早也是在 403 年离开庐山的。事实上"隆安中"所说的肯定是 397 年之后、401 年之前的某个年头,而绝不会是 397 年。这样来看,竺道生离开庐山前往长安的时间肯定在 403 年之后的某一年,那么在东晋元兴元年(402)举行的庐山"莲社"誓愿活动,竺道生肯定是参与者之一。

考索佛陀耶舍、竺道生之于慧远"莲社"活动的关系,可以从一定程度上对宋人所说的"莲社十八贤"的史实不可靠程度有所了解。事实上,后代佛教文献中关于"莲社十八贤"有各种不同的说法,如《庐山莲宗宝鉴念佛正派》卷 4 将佛陀跋陀罗亦列入③,而佛陀跋陀罗被长安僧团逐出长安,抵达庐山东林寺是 410 年的事情,因而佛驮跋陀罗也不可能参加 402 年的"莲社"誓愿活动。

综上所考述,"莲社十八贤"是一个对 402 年参与莲社誓愿活动的参与者及后来僧界附会者所组成的一个历时性概念团体。如果完全从共时性历史事件来看,如佛陀耶舍、佛驮跋陀罗列入其中,显然是不尊重史实的。

三、竺道生"慧解"与鸠摩罗什"重慧轻禅"趋向之异同

公元 5 世纪初叶是佛教大乘理论在中国发展的关键时期,早期的异域僧人译出的佛教经典,已经很难跟上以释道安、慧远为代表的中原学问僧人的理论渴求。正是在这样的背景下,一批在佛教义学方面有造诣的学问僧人,试图通过对现有经典教义的突破性阐发来促进佛教思想的中国化深入理解。

竺道生是注重"慧解"的"奇思异想者",慧皎总结竺道生在庐山修道的特别之处乃是:

---

① 关于此次慧远庐山结社誓愿的参与者,佛史中有多种说法,前贤亦有不同的解读。汤用彤先生有比较详细的考证,任继愈先生在《中国佛教史》第 2 册亦有相关内容,杜继文先生的《佛教史》也有简单交待,但是整个史实尚有许多不明朗之处。此处暂存疑不论。

② 《出三藏记集·道生法师传》。

③ 《大正新修大藏经》第 47 册。

常以入道之要,慧解为本,故钻仰群经,斟酌杂论。①

竺道生既然把"慧解"作为"入道之要",那么其对于经典知识和理论的追求就绝对不是仅仅限制在"经典"本身的一些提法,而是追求对经典知识、思想的阐发和突破。所以在庐山修道七年之后,他又远赴长安,向鸠摩罗什求学问道。

在鸠摩罗什的译经生涯中,道生所发挥的作用可能微乎其微。② 因为他西去长安,向鸠摩罗什学习的目的并不在于佛经翻译,《高僧传》鸠摩罗什传中说:

龙光释道生,慧解入微,玄构文外,每恐言舛,入关请决。③

正是因为来自东晋京城建康(今江苏南京)龙光寺的道生不是一个拘泥经典,而是擅长于体悟与发挥经义的僧人,所以他到关中拜鸠摩罗什为师,就是担心自己发挥的一些思想有错误,所以要向鸠摩罗什验证他自己提出的一些思想的正确与否。

由于记载阙如,我们现在已经无法知道鸠摩罗什对这位喜爱创新的弟子的确切看法。但是可以想象得出来,像鸠摩罗什这样一位在佛学经典方面博学多才的有部僧人,他本来对中原僧人在佛经理解和体悟方面就有着轻视的态度,那么对于道生这样一位善于"胡思乱想"的学生,也许不会有太多的好感。问题就在于鸠摩罗什所追求的"慧学"趋向同竺道生所认同的"慧解"有很大的差别。

第一,竺道生所倡言的"慧解"实际上追求的是佛学如何中国化和更方便地应用法门,是一种先于佛经翻译的过早"推断"。

竺道生所创立的"善不受报"、"顿悟成佛"、"佛性当有论"、"法身无色论"、"佛无净土论"、"应有缘论"等"新义",使"守文之徒多生嫌嫉",成为一种"孤明先发",这种不死守佛经文句的"慧解",对于佛教经义与中国文化的融合发挥了重要作用。

其一,能突出体现其"慧解"的就是"一阐提皆得成佛"。这个提法显然是拓宽了成佛的门径,对于佛教的发展和普适化具有重要的现实应用意义。如竺道生所创"善不受报"义,其实也是拓宽了成佛者或信仰者的门径:

昔竺道生著善不受报论。明一毫之善并皆成佛,不受生死之报。今见《璎珞经》亦有此意。④

---

① 《高僧传》卷七《竺道生》。
② 刘剑锋指出:"与其说道生与罗什有师承关系,倒不如说他仅仅是个已有自己理论立场的短期访问学者,他与慧远僧团的关系远比罗什僧团要密切的多。"参阅刘剑锋《涅槃"有"与般若"空"义理论争的发展》,《江西社会科学》2007 年第 11 期。
③ 《高僧传》卷二《鸠摩罗什》。
④ 《大正新修大藏经》第 34 册,《经疏部二》之《法华义疏》卷 4。

这种发展或者说对于佛经经义的突破性理解,是不断地扫除对于佛经经文理解中的一些教条化障碍,是有利于佛教的进一步中国化的。

其二,现存文献中,后世僧界对于竺道生"慧解"的理解集中在他能先于佛经的传入和翻译提出一些"暗合"经义的说法或观点。这实质上是一种"思想的抢跑",是抢在经典翻译的前面所作出的一种"推断"。

如"一阐提皆得成佛"抢在昙无谶翻译的 40 卷《北本涅槃经》前面;"善不受报"义抢在《璎珞经》翻译之前;此类事例尚有一例。南朝宋元嘉十二年(435)《胜鬘经》译出之后,竺道生的义学弟子竺道攸即叹息说:

> 先师昔义暗与经会,但岁不待人,经袭义后。若明匠在世,剖析幽赜者,岂不使异经同文,解无余向者哉。①

竺道攸对其老师"义暗与经会,经袭义后"的评价和感叹,就是对竺道生"慧解"特长的最贴切解说。

道生的此种"暗合体悟推断式"的"慧解"显然同鸠摩罗什所追求的"慧学"是有着巨大差距的。

第二,鸠摩罗什所追求的"慧学"是趋向于创作出系统的佛学新论,而不是拘泥于对某部经文或个别观点的应用化开拓——这是竺道生的"慧解"同罗什的最大差别,二者其实是两个层次上的问题。

在从求学罽宾、疏勒直至讲道龟兹,鸠摩罗什一直保持着对新知识、新思想探求的强烈愿望,所以他所渴望的是成为像天竺罗汉迦旃延子一样的佛学大师。据《婆薮盘豆法师传》记载,迦旃延子是释迦牟尼佛灭度五百年后的一个著名阿罗汉,他本来是天竺人,说一切有部的僧人。后来他到了罽宾国,召集五百阿罗汉和五百菩萨,并从舍卫国请马鸣菩萨来到罽宾做执笔者,共同斟酌经文、辨定经义,撰说了一切有部的《大毗婆沙论》百万颂。这次定经义的活动,又被称为佛教史上的"第四次佛经集结"。

据《高僧传》载:

> 什雅好大乘,志存敷广,常叹曰:"吾若著笔作《大乘阿毗昙》,非迦旃延子比也。今在秦地,深识者寡。折翮于此,将何所论。"乃凄然而止。唯为姚兴著《实相论》二卷,并注《维摩》,出言成章无所删改,辞喻婉约莫非玄奥。②

在鸠摩罗什的"慧学"追求中,像迦旃延子这样创作出《大乘阿毗昙》这样系统的佛学论作才是真正的创新,并且他认为中原地区"深识者寡",因而,在系统的理论创新方面,当时的中原佛学界确实很难同鸠摩罗什对话,如慧远大师与罗什就是一个典型

---

① 《出三藏记集·胜鬘经序》。
② 《高僧传》卷二《鸠摩罗什》。

的样板,慧远是在坚持"神不灭"的基础上立论,而罗什讲求"中道",认为任何一法,都是不生不灭、不常不断、不一不异、不去不来的,由此而坚持他"无常"、"无我"的世界观。

鸠摩罗什对这种系统创新之"论"是非常看重的,在他的视野里,中原是无人能撰写这样的佛论的,因而中原高僧撰写的佛论,就很难得到鸠摩罗什的赞赏。

如慧远著《法性论》,内有"至极以不变为性,得性以体极为宗"之语,罗什读后的感叹是:"边国人未有经,便暗与理合,岂不妙哉。"①这个评价其实并不高,只不过是感叹慧远文中的这个单一文句所表达的与佛经所讲有所暗合而已。

僧肇著《般若无知论》二千余言,庐山隐士刘遗民读后有"不意方袍复有平叔"之叹,直目僧肇为哲学家何晏一样的人物;释慧远读后也有"未常有也"的感叹;罗什读后虽称善,但具体评价说:"吾解不谢子,辞当相揖。"②这是一个非常客气但又毫不留情的说法,直译就是:你的见解不如我,但是文采方面还可以跟我比一比。

显然,在经义理解与体悟方面仅仅能做到"义暗与经会,经袭义后"的竺道生自然也难以进入鸠摩罗什的视野之中。

总之,竺道生的"慧解"创新其实是对佛经中的某些文句做了超前于一些尚未翻译出来的经典的突破性解说,而几乎遍阅大小乘诸种经典的鸠摩罗什的"重慧轻禅"则是企图在坚持中观学说的基础上创造出系统的佛教新论。这是两种完全不同的理论境界,前者具有很强烈的"修道"应用性,而后者则秉持完全的理论提升意图。

问题就在于,当时的中国佛教界和思想界,需要的是适应中国文化的佛学理论与修道方法,这就决定了竺道生的"慧解"不可能遵循鸠摩罗什的理路。

四、从"通情上首"到"顽石点头"的内在理路

人类的存在有两个并行的线条,一是自然生理的肉体生命线发展;一是事迹与思想的历史延续生命线。前者显然很短暂,而后者则是处在不停的生长变化中,有时候往往是前者停顿之后,后者才开始启动变化或膨胀活跃的步伐。

由于宗教与生俱来的"神话化动机",佛教僧侣的事迹与思想往往在不断的历史累计中被放大或神化。探索这个过程,对于恰当地理解佛教历史是非常有助益的一个视角

对于竺道生的评价、认识的断语,有以下几端:

第一,"龙光释道生,慧解入微"③——竺道生成名的基石。

"慧解"是《高僧传》卷二对竺道生佛学特长的经典性评价。

---

① 《高僧传》卷六《释慧远》。
② 《高僧传》卷六《僧肇》。
③ 《高僧传》卷二《鸠摩罗什》。

　　如上所论,竺道生之"慧解"确实不但发挥了"与经典抢跑"的领先作用,而且拓宽了信众与成佛的门径,从而加速了佛教的进一步中国化。因而,"慧解"既是对竺道生佛学特色最恰当的评价,也是竺道生得以成为一代名僧的基石。

　　其后对于竺道生的一切评价甚至神化,都是在"慧解入微"的这个基础上展开的。

　　第二,"关中僧众咸谓神悟"①——僧团内的夸饰性赞誉。

　　"神悟"之说,是慧皎借关中僧人之口对竺道生所作的评价。很显然,这个词要比"慧解"显得更为通俗化,有很大的描写成分。"慧解"是非常专业的一个评价,是紧紧本源于对佛学义理的解说而言,而"神悟"则进一步有了夸饰的成分。虽然"慧解"、"神悟"所表达的都是竺道生对于经文的超凡理解与感悟能力,但是,后者明显是前者的放大之说。

　　对于个体突出的某些才能或智慧加上"神"的夸饰性词语,是一种非常通俗但没有清晰边界的断语,其程度是很难把握的,如鸠摩罗什在西域的时候,也曾被加以"神俊"的断语。

　　第三,"通情则生融上首,精难则观肇第一"②——僧团精英之间的对比性评价③。

　　"慧解"是对竺道生个人佛学风格的单独评价,而在长安鸠摩罗什僧团内部,义学僧人们大多都成长为各具学术特色的学问僧,而竺道生、释道融、慧观、僧肇就是其中出色的四位。而道融与道生曾经是有过经义论难较量的,《续高僧传》载:

> 昔竺道生入长安,姚兴於逍遥园见之,使难道融义,往复百翻,言无不切。众皆睹其风神服其英秀。④

　　竺道生一入长安,就被姚兴安排同道融进行了一场论难,可见当时长安僧界就已经产生了或者说通过论难形成了对这两个僧人学术特长的认知,将他们归入"通情"之首。

　　此处用"通情"来概括竺道生与道融的学术特长,那么何谓"通情"呢?"通情"在佛教文献中有二义:

　　一是指"有情"之人类。如《阿毗达磨顺正理论》卷二二云:

> 通情非情,趣唯有情,然非遍摄。生唯遍摄,故说有情,无非有情名众生故。然有情类,卵生胎生湿生化生,是名为四。⑤

---

①　《高僧传》卷七《竺道生》。

②　《高僧传》卷七《慧观传》。

③　吕澂先生认为,"通情"为"能观其大","论难"为"深入细微"。参见吕澂《中国佛学源流略讲》第六讲《南北各家师说(上)》,中华书局1979年版,第111页。

④　《续高僧传》卷五《释僧旻》。

⑤　《大正新修大藏经》第29册。

则"有情"实为"通情"、"非情"所趋之向,有生者俱"趋唯有情",然而因为"无遍摄"故,因而又分出"通情"、"非情"之说。显然一切众生,"卵生胎生湿生化生"都是"有情之类"。

此处之"通情"就是专指能体味人生父母之情的人类。

二是指对佛经经义的发挥性理解。

在《续高僧传》中有一个"通情"的用例:"以英少之质参诸耆德,通情则高冲折机,纵难亦大车枕轴。"①此处之"通情"与"通情则生融上首,精难则观肇第一"中的"通情"在句式与语法上是同样的用例,都是与"纵难"相对举的一个概念。由此可知,在佛学的宣扬与研讨领域内,能"通情"者则要善于突破,因而须"高冲折机";"纵难"者则需要论辩扎实,如车行大地,只有"大车枕轴"才能稳固而不覆。由此形象的比喻来推论,"通情"则是就对佛教经义的发挥性理解而言,论难则是学术层面上对经义的辩正讨论而言。如果进一步理解,那就是论难本于文本,而"通情"则可以逸出经典文本之外。

因而,竺道生和释僧睿之"通情"之誉,首先源于他们在佛经理解与发挥方面不同于他人的独特才能。不过,虽然他们都被誉为"通情上首",但是他们在"通情"方面存在明显的差异。关于僧睿的"通情",可从其与鸠摩罗什译经讲论的事例中得到概貌:

> 昔竺法护出《正法华经》,受决品云:"天见人,人见天。"什译经至此,乃言:"此语与西域义同,但在言过质。"睿曰:"将非人天交接,两得相见?"什喜曰:"实然。"其领悟标出皆此类也。后出《成实论》,令睿讲之。什谓睿曰:"此争论中有七变处文破毗昙,而在言小隐。若能不问而解,可谓英才。"至睿启发幽微,果不谘什而契然悬会。什叹曰:"吾传译经论,得与子相值,真无所恨矣。"

释僧睿之"通情"是在解释经典方面同鸠摩罗什"契然悬会"而言,他不但能将"天见人,人见天"这样的经文在理解的基础上升华为"人天交接,两得相见"的经典语句,而且还能发现《成实论》这样的佛学论文中突破毗昙的地方。这种判断能力显然需要对佛经经文大义及内在发展理路的熟练掌握和理解。鸠摩罗什之所以赞叹释僧睿是唯一可以同他传译的经论"相值"的人,原因就在于释僧睿在解释经典或发挥经义方面同鸠摩罗什是"契然悬会"的。可以断定,僧睿已经完全进入了鸠摩罗什的"天竺思维程式",此即为僧睿之"通情"。

而竺道生之"通情"显然是同僧睿不一样的,他的趋向不是靠近鸠摩罗什的"天竺思维程式",而是为"天竺思维程式"适合中原众生而寻找切入点。②

---

① 《续高僧传》卷十四《释智琰》。

② 单正齐先生指出,竺道生"将印度佛教偏重于神格化的佛教信仰论,一转而为中国哲学人本化的人生境界论……竺道生思想是对佛教中国化的进一步深化,使得印度佛教在中国的土壤中得到了比较彻底的改造",这个论述是很有见地的。参见单正齐:《竺道生的实相涅槃说》,《江淮论坛》2007年第2期。

《佛说造像量度经解》在述及何以会有"佛母"形象时云：

> 佛菩萨被大慈力，以就世间之通情。特化女相者，或善信女人女神发弘誓，行大乘愿满成道者，俱通称佛母。

显然，竺道生的"通情"在很大程度上同此处所引文献所说的"以就世间之通情"是相近的。其创立的"善不受报"、"顿悟成佛"、"佛性当有论"、"法身无色论"、"佛无净土论"、"应有缘论"等"新义"，无不是循着"以就世间之通情"这个路径而前进的。

前面我们已经述及竺道生之"慧解"其实是拓宽了成佛者或信仰者的门径，与此处之"通情则生融上首"相证，可以确定在释僧佑、慧皎所处的时代，对于竺道生的佛学贡献的评价是立足于其在"慧解"基础上的"以就世间之通情"，这是开启佛教中国化和大众化的一个重要步骤。①

后世所出的"虎丘说法，顽石点头"，正是基于竺道生的这种善于"通情"的佛学贡献而产生的。

第四，"顽石点头"——"通情"的具象化事例。

竺道生说法虎丘，早期僧传文献的记载是不一致的。

《出三藏记集》并没有记载竺道生曾到虎丘，而是直达庐山：

> （道生）拂衣而逝，星行命舟，以元嘉七年，投迹庐岳，销影岩阿，怡然自得，山中僧众咸共敬服。②

《高僧传》中的记载就有了"说法虎丘"的记载：

> （道生）拂衣而游，初投吴之虎丘山，旬日之中学徒数百。其年夏雷震青园佛殿，龙升于天，光影西壁，因改寺名号曰龙光。时人叹曰："龙既已去，生必行矣。"俄而投迹庐山，销影岩岫，山中僧众咸共敬服。

显然，从整个文风来看，僧佑《出三藏记集》是就事叙事，很少夸饰诡异之说。而慧皎《高僧传》却加入雷震青园寺、龙升于天的神异情节，并以之来契合"龙既已去，生必行矣"的谶语。这个"时人之叹"毫无道理可言，何以"龙升天"，而竺道生就要离开虎丘呢？即使按慧皎所记，竺道生曾传道虎丘，其时间也很短，所谓"旬日之中学徒数百"的说法也是值得怀疑的。如果竺道生当时真有如此大的信仰感召力，也就没必要很快

---

① 余敦康先生也指出，竺道生佛性实有的思想"体现了强烈的世俗精神，后来逐渐形成为中国化的佛学的特色"。参见余敦康《魏晋玄学史》第四部分《鸠摩罗什于东晋佛玄合流思潮》，北京大学出版社2004年版，第460页。

② 《出三藏记集·道生法师列传》。

"投迹庐山,销影岩岫"了。

到了其后的《神僧传》,就产生了"顽石点头"的说法:

> (道生)拂衣入吴之虎丘山。竖石为徒讲涅槃经,至阐提有佛性处曰:"如我所说,契佛心否?"群石皆首肯之。其年夏,雷震青园佛殿,龙升于天,光影西壁,因改寺名曰龙光。时人叹曰:"龙既去,生必行矣。"俄而投迹庐山,销影岩岫,山中僧众咸共敬服。①

对比《出三藏记集》、《高僧传》、《神僧传》的这三段文献,其随时代推演逐步加进神异的说法痕迹明显:《出三藏记集》所记没有传道虎丘,到慧皎不仅有了传道虎丘、弟子数百,又加了青园寺龙升天的神异故事,而《神僧传》更是在慧皎《高僧传》的基础上又添进"顽石点头"一说。并且每一次添加都是在不动前书文字结构的基础上契入新的内容。

由此可见"顽石点头"这个说法产生的清晰脉络。这个神异故事的逐步产生,说明了像竺道生这样不拘泥于经书文句的义学僧人,在宣扬佛教精神、化度信徒方面所发挥的重要作用。

至此,我们可以看出来,对竺道生的认知,从最早的"慧解入微"到后来的"通情上首",再到其后附会产生的"虎丘说法,顽石点头",正好反映了高深的佛教义学概念逐步突破天竺思维程式,开始中国化、通俗化、民间化的一个过程;这也是竺道生"善不受报"、"顿悟成佛"等论之所以在中国佛教史上产生重大影响的原因所在。

(尚永琪:吉林省社会科学院《社会科学战线》副主编)

---

① 《大正新修大藏经》第50册《史传部二》之《神僧传》卷3。

佛光与亚洲早期太阳崇拜的关系

刘丽娜

太阳崇拜具有普遍意义,世界上几乎所有民族都有过日神信仰的历史。人类学家爱德华·泰勒说过,凡是太阳照耀的地方,均有太阳崇拜的存在;宗教学研究权威麦克斯·缪勒认为:"一切神话均源于太阳";"《旧约全书》中认为上帝耶和华于火中诞生,更多民族的原始信仰无不与太阳或者火有着千丝万缕的联系"①。那么,创建自公元前6世纪的佛教呢? 它是否也与太阳崇拜有关系呢? 回答是肯定的。佛光作为佛陀智慧的象征,与亚洲早期太阳崇拜的基本精神是一致的。太阳崇拜和佛光作为不同阶段的相同文化现象,表明了人类宗教文明的不断进步。

一、佛光的概念和表现

佛光又称灵光,是佛陀眉宇间的白毫所辐射的光辉,是佛陀智慧和法力之源,是佛陀"三十二相"中最重要的内容之一。在佛教艺术中,白毫多以或凸或凹的圆点表示,是备受偏爱的艺术传统。"三十二相"最初并不限于佛,为古印度的传说,认为这种相都是大人相(梵语,指佛的伟大标记)。凡是具备这种相的人在家为轮王,出家就会成为无上觉。发展到了现在则主要用于佛,它是佛超凡入圣的象征标志。由于"三十二相"内容繁多,所以在佛教艺术中,往往只能看到最重要的妙相,而佛光就是佛陀最具有代表性的标志之一,它是佛像的灵魂,象征佛陀的庄严神圣和不可侵犯。

佛光以佛像产生为界分为前后两个不同的表现阶段。原始佛教主张无神论,反对偶像崇拜,认为佛陀伟大神圣,任何以人形出现的佛像都是对佛的不敬,所以往往以"法轮"、"莲花"等佛相喻示法象征佛陀的存在。此时由于佛像尚未产生,佛光的表现仅局限于佛经中相关的文字性描述,如:眉间白毫相,常光一丈相等。对于佛光的理解,信众也只能通过自身的参透和想象。后来,随着佛教的发展和广大信徒对释迦舍利的尊崇,1 世纪后期犍陀罗佛像首先出现在佛传故事浮雕中,之后逐渐发展成为专门

① 高福进:《太阳崇拜与太阳神话》,上海人民出版社 2002 年版,第 37 页。

用于膜拜的佛像。佛像的大量需求和生产自然刺激了佛光艺术的产生,佛像的头光、背光和身光(以下统称为背光)就是在这一时期出现的用来表现佛陀身上不同部位佛光的。它们是佛像产生后,佛光在绘画、雕刻、建筑等物质艺术载体上视觉化的平面或立体的形象,是佛光的实体化和具体化。眼睛是心灵的窗口,但一般情况下佛陀的眼帘都内敛地垂下,然而背光的出现,似乎又为我们一览无余地敞开了佛陀的心扉。实际上背光是佛像的第二双眼睛,是佛陀精神世界的缩影。这也就决定了背光独特而重大的意义。"光轮或光晕所传递的艺术效果表现了发光的氛围或发亮的云彩,这是圣化之人的身份标志。"①其含义有二:第一,"那是一种驱散黑暗与无知的精神之光,同时也象征着智慧和心灵的纯净";第二,它充分反映佛陀已经升到五蕴皆空、辉煌灿烂、圆觉无碍的精神境界。

二、佛光的"太阳化"特征

佛家认为,只有与佛有缘的人,才能看见佛光,因为佛光是佛眉宇间放射的智慧之光、吉祥之光。然而自佛教创立以来,真正"有缘"目睹佛光的人寥寥无几,而描叙和表现佛光的佛经和艺术作品却数不胜数,其大多都以"太阳化"的特征来表现佛光,即佛光(头光、背光和身光)都是以太阳为母版,表现为佛光的型圆、放射状以及火焰纹三大特征。

佛光中圆的应用。圆的概念产生可以追溯到人类社会最初阶段,那个时期对圆的认识也是从日月而来的。"天空中最引人注意和经常影响人们生活的是太阳,太阳每天在天空中东出西入,光芒万丈,耀眼眩目,寒冷时给人送来温暖,又能使万物生长。"②正是因为它对人类的影响很大,因而成为先民们最早认识和关注的对象;圆象征太阳与光明,人类很早就知道用圆来装饰,在旧石器晚期及新石器时代,人们就对圆表现出强烈的兴趣,而之后出现的佛教艺术更是把圆型的应用发挥到了极致。佛的背光多呈圆形、椭圆形,是衬托佛像的主要表现手法,这样横的圆和竖起圆相互套叠,形成一定的立体空间,寓意了佛五蕴皆空、圆觉无碍、澄思静虑、静穆安详的精神境界。"当人仰望时则给人以旋转、空灵、深邃之感,体现了宗教圣地的神圣和庄严。"③敦煌壁画几乎所有画面之中,都出现有象征佛法无边圆觉无碍的背光,而不管是头光、背光还是身光,都是以圆或椭圆为主。圆有浑圆一体周而复始之意,它包容一切大而无边,集美与大于一身,这些圆既把画面点缀的光辉灿烂,又把佛陀衬托的神圣智慧,因而在佛教艺术中自然成为象征佛陀圆觉安详的艺术物质载体。在敦煌第 245 窟南壁,就有

① [英]迈克尔·乔丹著,何可人译:《佛迹画传》,陕西师范大学出版社 2005 年版,第 208 页。
② 朱天顺:《中国古代宗教初探》,上海人民出版社 1982 年版,第 9 页。
③ 李辉、罗铭:《法轮圆转美奂三危——谈圆的装饰造型在敦煌壁画中的应用》,《天水师专学报》1998 年第 2 期。

一副体现"圆"威力的画面:一群妖魔鬼怪正要向沉思中的佛陀攻击,眼看即将得逞,佛陀身体突然出现一圈圈金色的光环,由于被层层无限循环的光环所笼罩,佛陀仍然沉思静虑安坐慈祥,而那些妖魔鬼怪则在象征法海无边的圆圈中痛苦呻吟伏地投降了。这样的背光大量存在于各种佛教艺术作品中,象征着佛陀神秘莫测和光辉灿烂的精神境界。

放射状的佛光。"身金色相"、"常光一丈相"("三十二相"内容之一)就是对佛陀佛光最早的描述之一,其意是说佛陀全身光辉如金,身体常常放出一丈高的光芒。东汉《理惑论》第十二章载:"臣闻天竺有得道者,号之曰'佛',飞行虚空,身有日光,殆将其神也";毗卢遮那佛(梵语音译)意为光明遍照一切,即能使三千世界永放光明。在佛教艺术中,放射状的佛光更是被表现得淋漓尽致。犍陀罗艺术中的迦毕试样式以及我国早期佛像都是很好的例证,如《舍卫诚神变》中的佛陀"腾升虚空,放射霞光,……头光周围的锯齿表示光芒"[1]。西域佛像中克孜尔石窟的 123 窟壁画中的立佛像,佛头后就绘有放射着光芒的圆形背光,在圆形背光之外,又绘有同样放射着光芒的椭圆形举身背光。这样的佛像在迦毕试样式及中国敦煌佛教作品中都大量存在。

佛光中的火焰纹。主要表现在犍陀罗艺术后期的迦毕试样式的佛像中。火来自太阳,是太阳的特征之一。火崇拜是太阳崇拜的表现形式。太阳本身就是一个大火球,是火之源。德国人类学家利普斯就曾认为:一切火崇拜都起源于太阳崇拜。[2] 影响印度犍陀罗艺术中佛光火焰纹的波斯拜火教,也是原始太阳崇拜的遗存和延续。由于火焰纹能充分体现佛、菩萨的佛光和法力,其图纹抽象简约又寓意深刻,所以在背光图案中,火焰纹是一种重要装饰题材。在迦毕试样式中,焰肩佛形象丰富,佛像双肩喷出火焰,背光四周也饰有火焰。在敦煌早期背光图案中,火焰纹成为装饰背光的主要题材。建于北魏时期的文殊石窟中的中心柱窟的佛像身后,以及十六国后秦时期开凿的第六龛中结跏趺坐于莲花座上,身后都有火焰背光[3];雷峰塔出土的吴越国鎏金铜像中的身光也有熊熊的火焰。这些象征佛陀精神力量和神圣威力的火焰纹恰似天空中燃烧的太阳。

综上三点可以看出,佛光具备太阳的型圆、放射、火焰三个特征,是以太阳为母版的一种演化体,可以看做是原始太阳崇拜在佛教艺术中的体现和延续。史苇湘先生认为佛教艺术的魅力在于神的形象的人格化[4],而以太阳为母版的佛光及其艺术的产生,也是佛教能够深入人心影响深远的一个重要原因。宗教必须依赖艺术,然而宗教艺术最终为宗教服务。佛教又称为像教,就是说佛教的主要宣传方式是"以像设教",而"要使雕塑更好地起到宣传的作用,就必须使艺术形式尽可能地做到既有外在形式美又有内在的精神性。艺术性越强,其感召力越大,感化效果就更好,使观者在接受宗教艺术

---

① 王镛:《印度美术史话》,人民美术出版社 2004 年版,第 70 页。

② [德]L·利普斯著,汪宁生译:《事物的起源》,四川人民出版社 1982 年版,第 328—329 页。

③ 李裕群:《山野佛光——中国石窟艺术》,四川人民出版社 2003 年版,第 86 页。

④ 易存国:《敦煌艺术美学》,上海人民出版社 2005 年版,第 21 页。

的同时也接受了宗教的教义。"①以太阳为母版的佛光的出现,正好同时满足"形式美"与"内在的精神"这两个要求。"当我们来到这些佛像面前,一种至高无上的威严和神秘总是笼罩在这上空,庄严而莫测的目光似乎透视着我们全部的心灵。"②——这就是佛光的力量! 佛像是佛教的象征,佛光是佛像的灵魂,佛像如果没有了佛光,佛的神圣便黯然失色,而佛光是原始太阳崇拜的一种演化体,除了佛光的三个"太阳化"特征之外,佛教发源地以及佛教信仰的国家和地区的原始自然崇拜内容也能说明这一点,可以说亚洲悠久的原始太阳崇拜传统是佛光产生的温床和成长的摇篮。

三、亚洲原始太阳崇拜概况

人们为了讨好神,总是把当时最好的东西奉献给神;同时,宗教为了迎奉人们的心理,扩大其影响,自然会借助当时对人们影响最重要的东西来吸引和蛊惑信徒。"佛的形象改变着信众的心灵,信众的目光也改变着佛的形象。"③佛教是半个亚洲的信仰,这与佛光的出现迎合了有崇日传统的亚洲也有很大的关系。太阳从古至今都是人们关注和崇敬的天体,世界各国都有过崇日的传统和信仰,尤其是亚洲各国的崇日传统,为之后的佛光普照打下了良好的基础。

在远古中国,崇日信仰普遍存在且源远流长。

第一,大量考古资料有力地证明了这一点。在中原地区仰韶文化彩陶中,发现与太阳相关的图像有两种:一种是日鸟相结合的图像,一种是圆圈(圈内加点)形太阳纹样④;与太阳崇拜相关的遗址遗迹众多,如:浙江余姚河姆渡遗址、新疆罗布淖尔新石器时代墓地、荣成成山头遗址、烟台芝罘岛阳主庙等;另外,中国新石器时代器物的装饰图案中,常常能看到"十"字纹或其变体的符号,它们大体都是太阳图案的各种简化和变形形式,反映了一种共同的主题——太阳或光明的象征。⑤ 值得注意的是,早在马厂时期(马家窑文化早期)的彩陶上就有"卐"(音同"万"字)出现。著名学者恩斯特·卡西尔认为,早期人类在各种器物和岩石上留下的符号、图画可充分反映当时的信仰。纹章学家认为,"十"字、"卐"字均象征太阳神。现在,"在中国,'卐'字符作为一个特定的吉祥符号,它出现在佛祖的胸前,象征着佛祖的思想,是一种瑞相,一种吉祥万德的标志,可以说是转世之轮永不变更的中心"⑥。

第二,中国古代岩画存在大量有关太阳崇拜的图案,尤为重要的是在云南沧源古

① 杨学是:《意大利文艺复兴时期与中国魏晋南北朝宗教雕塑之发展基础比较》,《重庆大学学报》2003 年第 5 期。

② 谢成水:《唐代佛教造像理想美的形成》,《敦煌研究》2001 年第 3 期。

③ 郑岩:《中国表情:文物所表现中国人的风貌》,四川人民出版社 2003 年版,第 113 页。

④ 王守功:《古所见中国古代的太阳崇拜》,《中原文物》2001 年第 6 期。

⑤ 何新:《诸神的起源》,时事出版社 2007 年版,第 2 页。

⑥ 鲍小龙:《亦字亦纹的"卐"字符与太阳崇拜的关系》,《东华大学学报》2005 年第 6 期。

代岩画中,有两个太阳图案竟与佛的头光和身光有着惊人的相似:第一个人,头部为一个大圆点,圆点的四周是放射的光芒,一手执棒,一手执盾状物;第二个人展臂叉腿,在人的膝盖上部,画了一个大圆圈,人的大部分在圆圈之中,圆圈四围放射着光芒,光圈中的人一手执弓,一手执棒状物(图1、图2)①。

图1　　　　　　　　**图2**

第三,古代文献中有很多关于太阳崇拜的记载,并且太阳神与远古华夏民族的起源有着很大的关系。最早记载日月神话的文献是《山海经》。《大荒南经》中说:"东南海之外,甘水之间,有羲和氏之国,有女子名曰羲和,方日浴与甘渊。羲和者,帝俊之妻,生十日"②;《大荒东经》亦载:"汤谷上有扶木,一日方至,一日方出,皆载与乌。"《尚书·尧典》曰:"(舜)肆类于上帝,禋于六宗,望于山川,遍于群神。"③可见日月在史前时期就被先民奉若神明。《仪礼·觐礼》:"天子乘龙,载大旆,象日月、升龙、降龙;出,拜日月于东门之外;反祀方明。礼日于南门之外。"④意为天子打着绘有日月图像的旆旗,率众出城拜祭太阳,如果正值春季就到南门拜祭,如果正值冬季就往北门拜祭;《礼记·祭义》:"祭日于坛,祭月于坎。"⑤《礼记·郊特牲》:"郊之祭也,迎长日之至也,大报天而主日。""中华"得名于重华即太阳。中国古代用于神明人君的尊贵称呼,上至伏羲下至皇、帝、昊等,也都与崇日信仰有关。

第四,中国古代国都王城的建筑也深受崇日信仰的影响。"历代帝王法地象天,规划建设帝都宫阙,先是将人间社会倒影天上,创造了以天帝太一为中心,以三垣、四象、二十八宿为主干的天上诸神体系和星宿世界,又以之为模本塑造国都和宫室……无论布局、命名还是意象上,都是一曲曲太阳崇拜的颂歌。"⑥

① 汪宁生:《云南沧源岩画的发现与研究》,文物出版社1991年版,第59—85页。
② 杨帆、邱效瑾注译:《山海经》,安徽人民出版社1999年版,第412页。
③ 周秉均注译:《尚书》,岳麓书社2001年版,第8页。
④ 彭林注译:《仪礼》,岳麓书社2001年版,第276页。
⑤ 陈戍国撰:《礼记》,岳麓书社2004年版,第364页。
⑥ 吴庆洲:《太阳崇拜与中国古代建筑》,《新建筑》1997年第2期。

第五,中国人的尚红情感在一定程度上也反映崇日观念。"'炎黄子孙,火土相乘',中国红是中华五千年历史的文化底色,是中华民族对日的膜拜和对火的皈依后燃烧起的精神嬗变。"①"炎帝者,太阳也。"②"黄者光也,厚也。中和之色,德施四季。"③可见炎黄二帝都是太阳神或其化身,我们是炎黄子孙,说明中华民族尊崇太阳与祖先的统一。

印度的原始太阳崇拜,从印度河文明(公元前2300—前1750,又称为哈拉帕文化)古城遗址出土的印度河印章中就有所体现。印度河印章正面上除了印刻的象形文字外,还刻有"卐"字、"十"字图案,它们生动简洁地反映了太阳的万丈光芒光照四方之意。'卐'字符在古梵语中意为幸福和吉祥,它最早出现在公元2—3世纪耆那教领袖的雕塑中,象征该教先师之一的苏帕显婆,它蕴藏着太阳光辉和转世再生的意义。印度最古老的宗教文献之一《梨俱吠陀》(约公元前1300—前1000)中,就收集了近千余首颂扬和赞美吠陀诸神的梵语诗,吠陀诸神多半是天空、太阳、雷电等自然崇拜的对象,而后来印度的多神教也源于各种自然现象,如太阳、雷电、火等的人格化。"在《梨俱吠陀》中太阳的称号叫'阿耆尼阇摩',意思是众生之主。"④不仅如此,在古印度创世神话里,世界缔造者梵天与太阳的观念是一致的,而且诸多神灵具有太阳神性,如毗湿奴、毗婆首陀等。由此可见崇日观念是印度宗教思想和自然崇拜中最流行和重要的一个,不仅如此,崇日观念的生命力也很强。随着时间的推移,旧的吠陀诸神逐渐黯淡,只有吠陀主神因陀罗和太阳神苏利耶还在婆罗门教万神殿中保留着很高的地位,而且苏利耶这一日神形象现在仍存于印度民间。佛教里的日天就是印度神话中的太阳神苏利耶,日天就是日宫天子,又叫做宝光天子或者宝意天子,佛教把他当作自己的护法神。⑤摩奴是太阳神苏利耶的儿子,在印度经典神话中,就有一则生动讲述摩奴挽救和创造生灵并因此成为人类始祖的故事。这也许可以从另一个角度解释佛光能够成为佛陀"三十二"相中最主要妙相之一的原因。

在东亚其他地区以及东南亚、南亚等地,日神的地位也备受崇拜,地位显著。古代朝鲜、蒙古的国旗上有太阳,朝鲜的国名就是"朝日鲜红"之意;日本的太阳女神——天照大神是始祖神,日本皇室就认为他们是天照大神的后裔,《古事记》中就有对此的有关叙述,至今日本的国旗上也体现了崇日信仰;同日本皇室一样,过去的印度尼西亚王室也认为太阳是他们的天神,而他们都是太阳神的后代;西亚苏美尔人和闪米特人的日神也是重要的神祇,苏美尔英雄史诗《吉尔迦美什》对他们的日神乌图就有所描述,而日神夏马是闪族中最古老的神;古伊朗最早的生殖崇拜和火祭仪式均和太阳有关;阿拉伯地区在国家正式产生之前相当长的历史时期,崇日信仰曾广泛地存在着。

从亚洲原始太阳崇拜的总体而言,日神在亚洲总是一位非常重要的神,即便在有

---

① 李尔山:《中国人为何偏爱红色》,《中华遗产》2007年第2期。

② 《白虎通德论》卷十,四部丛刊本。

③ 《尚书大传》,四部丛刊初编经部。

④ [英]查尔斯·埃利奥特著,李荣熙译:《印度教与佛教史纲》,商务印务馆1982年版,第164页。

⑤ 王慧编:《印度神话》,中国林业出版社2007年版,第88页。

些地区处于从属地位，但至少也在中间偏上。可以说，佛教是在亚洲崇日传统和信仰浓厚的氛围环境中孕育、诞生和成长的，佛光是佛教在崇日信仰具有普遍世界意义的基础上形成的历史文化现象。

四、结 语

总之，太阳崇拜表达了人类对光明的向往，佛光作为佛陀智慧与慈悲的象征，正是人们从黑暗走向光明的明灯。所以，与亚洲原始的"太阳"崇拜相连贯，佛光以太阳的特征呈现出来。由于亚洲具有浓厚悠久的崇日传统，佛教产生后逐渐借助太阳的神圣光辉美饰于佛陀的眉宇之间。所以，佛光不仅是佛陀的灵魂，也是佛陀至高无上，并最终成为半个亚洲的信仰。然而，在佛教信仰不断上升的过程中，原始太阳崇拜却衰落了，这个上升与衰落的过程，却正好表明了宗教的不断进步。

（刘丽娜：西南民族大学西南民族研究院）

试论弥勒信仰与密教的融合

王雪梅

一、前 言

密教①作为一种特殊的佛教形态,以其咒术、仪礼、俗信等特征对大乘佛教的佛菩萨信仰产生了巨大的影响,甚至出现了新型的全面密教化的佛菩萨信仰形态,如密教化观音信仰②。就密教与弥勒信仰的融合而言,学界几乎没有专门研究,只是有个别学者在探讨弥勒信仰的同时注意到了密教的影响。如日本学者松本文三郎《弥勒净土论》中就提到有一种"援弥勒入密教"或者是"引入密教"后形成的弥勒经典类型,并认为这种经典类型"同弥勒思想发展的历程并没有直接的关系"③。台湾学者李玉珉在《隋唐之弥勒信仰与图像》中指出,"隋唐弥勒信仰中,密教的影响仍然有限"④。汪娟承继李玉珉的观点,在《唐代弥勒信仰与佛教诸宗派的关系》中考察了唐代密宗与弥勒信仰的关系,认为"密宗为弥勒信仰注入新的成分"⑤,但其影响仍然有限。尽管密教对于弥勒信仰的影响被研究者认为是很有限的,但对于这种"有限"的影响到底呈现出怎样的状态,实在有必要作一番检讨。故此,本文拟就密教与弥勒信仰的融合作一专门的讨论。

---

① 关于密教的定义、名称、历史发展等,可参见吕建福《中国密教史》第一章"导论"之"密教界说"及"密教的历史",中国社会科学出版社 1995 年版。

② 比如观音信仰就全面密教化,形成了具有密教特色的新型观音信仰形态。参见李利安《观音信仰的渊源与传播》第四章"古代印度观音信仰的变革"、第八章之"杂密系统观音经典的传入"、第九章之"密教系统观音经典的输入""密教观音信仰的流行",宗教文化出版社 2008 年版。

③ [日]松本文三郎著,张元林译:《弥勒净土论》,宗教文化出版社 2001 年版,第 35 页、44 页。

④ 李玉珉:《隋唐之弥勒信仰与图像》,《艺术学》1987 年第 1 期,第 92 页。

⑤ 汪娟:《唐代弥勒信仰与佛教诸宗派的关系》,《中华佛学学报》1992 年第 5 期,第 226—228 页。

二、弥勒身份的密教化

虽然作为完整理论和实践体系的密教①是在公元 7 世纪后才开始兴盛起来,并成为印度佛教发展的最后阶段,但是陀罗尼②的运用在早期佛教就已出现。如日本学者大村西崖就指出:"诵咒、烧火、诸祭祀法,如密教所传者,原是印度婆罗门古来之俗。而咒术吠陀者,先于释尊盛行于世。"③所以尽管释迦本人极力排斥咒术,但因了这传统的力量,咒术还是源源不断地被佛教所吸纳。早期佛教经典如《中阿含经》、《四分律》、《十诵律》④等经中就多有治病咒、消食咒、治毒咒、防蛇咒等简单经咒的记载,此后更是"内外二道,大小两乘家,崇尚咒术者,比比成风"⑤,由此亦可想见,密教与佛教之关系,由来甚久。

随着咒术在佛教内的不断发展,弥勒也和密教有了诸多的联系。从中国的译经史来看,最早翻译成汉语的陀罗尼经典是三国吴支谦翻译的《佛说无量门微密持经》(约223—252)。经文显示弥勒(慈氏)菩萨已列席为听法菩萨之一。经云:

> 佛复告慧见菩萨、敬首菩萨、除忧菩萨、虞界菩萨、去盖菩萨、窥音菩萨⑥、殆弃菩萨、众首菩萨、辩音菩萨、慈氏菩萨,……是为菩萨能学无量门微密之持,为不退转于无上正真之道。⑦

① 公元 7 世纪,《大日经》、《金刚顶经》等密教经典理论产生,并形成身、口、意"三密"诸法。学者称此前为"杂密"时期,此后为"纯密"时期。关于密教的特征内涵,可参见黄心川《印度哲学史》第八章"佛教哲学"之五"密教",商务印书馆 1989 年版。

② 又作"神咒"、"禁咒"、"密咒"、"真言"等。按佛经释论如《大智度论》卷五云:"陀罗尼者,秦言能持,或言能遮。能持集种种善法,能持令不散不失。譬如完器盛水,水不漏散。能遮者,恶不善心生,能遮令不令生。若欲作恶罪,持令不作,是名陀罗尼。"

③ [日]大村西崖:《密教发达志》(上),蓝吉富主编《世界佛学名著译丛》第 73 册,华宇出版社 1989年版,第 5 页。

④ 如《中阿含经》卷四十一(《大正藏》第 1 册,0689c)云:"世尊为梵志梵摩说咒愿。"又《四分律》卷二十七(《大正藏》第 22 册,0754a)云:"若诵治腹内虫病咒,若诵治宿食不消咒,若学书若诵世俗降伏外道咒,若诵治毒咒以护身故无犯。"又《十诵律》卷九(《大正藏》第 23 册,0064b)云:"比丘往语婆罗门子比丘言:汝婆罗门种,用出家受戒为。汝应读吠陀经亦应教他人读,自作天祠亦教他作,读饮食咒蛇咒疾行咒劬罗咒犍陀罗咒。如是种种婆罗门事汝应作。"

⑤ [日]大村西崖:《密教发达志》(上),蓝吉富主编《世界佛学名著译丛》第 73 册,华宇出版社 1989年版,第 27 页。

⑥ 李利安说"窥音菩萨"就是观音菩萨,但就经论的解释来看,笔者仅见圆测《解深密经疏》卷八中提到"毗摩诘经窥音菩萨决定总持云名光世音如来",窥音菩萨即观音菩萨。即便如此,但《佛说无量门微密持经》所显示的仍是观音菩萨地位的不显,其名称都还没有得到最后的确定。参见李利安《观音信仰的渊源与传播》,第 172—175 页;《卍新纂续藏经》,0356b。

⑦ 《佛说无量门微密持经》,《大正藏》第 19 册,0680b—0680c。

后来所熟悉的观音、文殊等菩萨并没有在此出现。直到公元 5 世纪初,该经同本异译《佛说出生无量门持经》(东晋佛陀跋陀罗译,406 年至长安)才有文殊、观音列席听陀罗尼法。经云:

> 于是世尊告现无痴菩萨文殊师利童子、离恶趣菩萨、无忧冥菩萨、荫盖菩萨、寂诸境界菩萨、观世音菩萨、香象菩萨、无量辩菩萨、弥勒菩萨。①

由此可见,弥勒是众多大菩萨中最早列入听陀罗尼法门的菩萨,与陀罗尼的结合最早,但是他后来并没有成为密教中地位显赫、内容丰富的菩萨,这与观音和密教的结合成为鲜明的对比。②

如果说上面提到的密教经典反映的只是弥勒作为听闻神咒的大菩萨,那么在支谦所译的另一本《佛说持句神咒经》中体现的则是弥勒作为护持神咒的上首菩萨。经云:

> 复有弥勒菩萨等八十人告贤者阿难:我亦当说持句咒,哀念众生令安,吉善名闻威神得力。③

这里显示出弥勒已是“说持句咒”的菩萨了。该经亦不见观音、文殊等大菩萨的名称出现。④ 结合上文所述,可见在与陀罗尼结合的众多大菩萨中,不论是听闻神咒还是护持神咒,弥勒都是最早出现的。依中国译经年代估算,弥勒与陀罗尼结合最迟于公元 3 世纪初已经开始,比观音、文殊等大菩萨与陀罗尼的结合早一个世纪左右。⑤ 陀罗尼与弥勒结合甚早,早期密教(杂密)经典中弥勒是最早列席听闻陀罗尼和护持陀罗尼的大菩萨,弥勒上生经中也显示出弥勒听闻、护持陀罗尼的特点(详见后文“弥勒经典的密教化”),但形成弥勒自己的陀罗尼却晚于观音等菩萨,个中原因尚待进一步考察。下面这种观点或许有益于我们理解弥勒信仰与密教的关系:“从宗教的总体事实来考察的话,在人们的宗教思想还不十分发达的情况之下,对一种宗教思想而言,虽然其中性质已经明确的部分能于一时得到人们的信仰,但是也正因为其性质的范围、轮廓都已经很明确地确定下来了,这反而不利于它与其他方面进行相互融通了。”⑥这实在与弥勒信仰发生较早,弥勒信仰内容明确,难以拓展信仰空间关系甚大。

---

① 《佛说出生无量门持经》,《大正藏》第 19 册,0682b。

② 参见李利安《观音信仰的渊源与传播》第四章“古代印度观音信仰的变革”、第八章之“杂密系统观音经典的传入”、第九章之“密教系统观音经典的输入”“密教观音信仰的流行”,宗教文化出版社 2008 年版。

③ 《佛说持句神咒经》,《大正藏》第 21 册,0864c。

④ 此处“弥勒菩萨等八十人”也许包含有观音、文殊菩萨等,但毕竟没有明确提出这些菩萨的名称,反映的仍是弥勒菩萨地位的突显。

⑤ 据李利安研究,观音与陀罗尼的关系大约在公元 4 世纪真正开始,笔者认为文殊与陀罗尼结合的时间之相当。参见李利安《观音信仰的渊源与传播》,宗教文化出版社 2008 年版,第 122 页。

⑥ [日]松本文三郎著,张元林译:《弥勒净土论》,宗教文化出版社 2001 年版,第 169 页。

如前所述,弥勒是诸大菩萨中最早听闻神咒、护持神咒的一位,但是弥勒拥有自己的神咒却是较晚的事情(至少在译经看来),直到公元 7 世纪密教大发展时期,关于弥勒的陀罗尼译经才出现。先是中印度僧人阿地瞿多①翻译的《陀罗尼集经》有《弥勒菩萨法身印咒》,后有宋法贤译《佛说慈氏菩萨誓愿陀罗尼经》及别本《佛说慈氏菩萨陀罗尼》(982—1000 年间译出)。此三经中,《弥勒菩萨法身印咒》是弥勒与纯密的融合,讲法身印咒;后两经虽然在汉地译出相当晚,但是其内容显示出弥勒与陀罗尼的结合。以此可以判定此两经在印度应当早出,至少不迟于阿地瞿多翻译《弥勒菩萨法身印咒》的时代,即在 7 世纪以前应产生。

随着密教的发展,弥勒不只是与陀罗尼的结合,也和其他大菩萨一样逐渐确定其在密教中的地位。这从 7 世纪后译出的密教经典可以看出。如阿地瞿多译《陀罗尼集经》卷一云:

> 复有无量大菩萨众,普贤菩萨、曼殊师利菩萨、观自在菩萨、虚空藏菩萨、弥勒菩萨、金刚藏菩萨,而为上首。②

该经卷十亦云:

> 复有无量大菩萨众,弥勒菩萨、曼殊室利菩萨、观世音菩萨,而为上首。③

以上可见,弥勒与其他大菩萨一样,在密教中作为上首菩萨。弥勒在密教中名列大菩萨的情形,经典多有体现。如金刚智译《金刚顶瑜伽中略出念诵经》卷三云:

> 于弥勒等一切菩萨,唯纯抄一阿字,其色如雪或如月晕陀花色。或于彼等位,但抄金刚萨埵字,或抄彼等名字。十六大菩萨,第一画弥勒。④

又《贤劫十六尊》亦云:

> 于彼轮坛外,贤劫千佛中,十六为上首,弥勒持军持。⑤

---

① 据《陀罗尼经序》(《大正藏》第 18 册,0785a)载,阿地瞿多在唐永徽二年即 652 年到长安,永徽五年即 655 年译毕此经。而《法苑珠林》卷十六“弥勒部”有“愿见弥勒佛咒”,道世自注为“西国三藏口授得之”。道世于唐高宗显庆年间(656—660)奉诏参与译场,结合阿地瞿多来华时间及译经事业,笔者认为此“西国三藏”当为阿地瞿多。
② 《陀罗尼集经》,《大正藏》第 18 册,0785b。
③ 《陀罗尼集经》,《大正藏》第 18 册,0869b。
④ 《金刚顶瑜伽中略出念诵经》,《大正藏》第 18 册,0241a。
⑤ 《贤劫十六尊》,《大正藏》第 18 册,0339b。

又《法身清净毘卢遮那心地法门成就一切陀罗尼三种悉地》云:

> 时释迦牟尼佛,亦随毘卢遮那佛入法界同一真体,一切众会亦复不见。时文殊、普贤、观音、弥勒、金刚藏等五大菩萨,总随侍释迦入深法界,听毘卢遮那佛说心地法要之门甚深境界。尔时毘卢遮那佛……惟与五大菩萨,说持心地神呪法门轨则威仪悉地之相。①

基于上述,弥勒在密教中的地位是很明确的,也是很高的。从听闻、护持陀罗尼到拥有自己的陀罗尼,弥勒稳步成为上首菩萨。不论是三大菩萨、五大菩萨、六大菩萨还是贤劫十六尊,弥勒都名列其中,而且常常名列第一。但是其地位显然不及弥勒信仰中作为兜率天主的弥勒菩萨以及作为未来阎浮提主的弥勒佛来得重要和显赫。换言之,弥勒在密教中的菩萨身份反映的是其作为密教众多神灵崇拜的对象之一,与弥勒信仰中的弥勒身份有所不同,但并不是说二者没有关系,这在下文将述及。

三、弥勒经典的密教化

陀罗尼与弥勒结合甚早,早期密教(杂密)经典中弥勒就是最早列席听闻陀罗尼和护持陀罗尼的大菩萨,这种影响也波及弥勒经典的制作。作为弥勒三经②中最晚出的《弥勒上生经》,就显示出了弥勒听闻、护持陀罗尼的特点。该经全名《佛说观弥勒菩萨上生兜率天经》,为刘宋沮渠京声译(455)。经云:

> 时世尊出广长舌相放千光明,一一光明各有千色,一一色中有无量化佛。是诸化佛异口同音,皆说清净诸大菩萨甚深不可思议诸陀罗尼法。所谓阿难陀目佉陀罗尼、空慧陀罗尼、无碍性陀罗尼、大解脱无相陀罗尼。尔时世尊以一音声,说百亿陀罗尼门,说此陀罗尼已。尔时会中有一菩萨名曰弥勒,闻佛所说,应时即得百万亿陀罗尼门。……佛告优波离:谛听谛听善思念之!如来应正遍知,今于此众说弥勒菩萨摩诃萨阿耨多罗三藐三菩提记。③

这说明弥勒听闻佛说神呪后,立即领悟并掌握了百万亿陀罗尼法门,并得佛授记成无上正等正觉。《弥勒上生经》是弥勒经典最后出者,"实际上最终完成了弥勒信仰的形成过程"④,此前的《弥勒下生经》、《弥勒成佛经》中完全没有陀罗尼的影子。《弥

---

① 《法身清净毘卢遮那心地法门成就一切陀罗尼三种悉地》,《大正藏》第18册,0778a。
② 弥勒三经,分别为:《佛说弥勒下生经》(西晋竺法护译),《佛说弥勒大成佛经》(姚秦鸠摩罗什译),《佛说观弥勒菩萨上生兜率天经》(刘宋沮渠京声译)。
③ 《佛说观弥勒菩萨上生兜率天经》,《大正藏》第14册,0418b。
④ [日]松本文三郎著,张元林译:《弥勒净土论》,宗教文化出版社2001年版,第71页。

勒上生经》主要是关于兜率净土的描绘,陀罗尼内容是次要的,但它毕竟受到了陀罗尼的影响。换言之,弥勒上生经是弥勒与陀罗尼结合的产物,尽管这个结合显得多么的不重要,但却是弥勒信仰与密教融合的重要一环。

如果说《弥勒上生经》的密教色彩反映的只是弥勒听闻、受持陀罗尼,那么《佛说慈氏菩萨陀罗尼》和《佛说慈氏菩萨誓愿陀罗尼经》①则是完全密教化的弥勒经典。因《佛说慈氏菩萨陀罗尼》只有陀罗尼的音译,体裁并不完备;《佛说慈氏菩萨誓愿陀罗尼经》体裁也不完全,但较之前者内容更为明确,故笔者以后者为例述之。《佛说慈氏菩萨誓愿陀罗尼经》云:

> 尔时佛告慈氏菩萨言:"汝当谛听,有陀罗尼具大威神最上功德,能令众生解脱恶趣,转身当得受胜妙乐。"时慈氏菩萨白言:"世尊,愿为宣说。尔时世尊即说陀罗尼曰……。"尔时慈氏菩萨,闻佛世尊说陀罗尼已,白言:"世尊,是陀罗尼有大利益,能令众生解脱恶趣。"时慈氏菩萨复发愿言:"若有众生于未来世末法之时,能读诵受持者,设以宿业堕阿鼻狱者,我成佛时当以佛力救拔出之,复与授予阿耨多罗三藐三菩提记。"②

从这段经文可以看出,弥勒发誓愿的陀罗尼,可以救护众生解脱恶趣并成正等正觉,这里虽没有特别强调弥勒下生、上生之事,但是突出了弥勒未来成佛时的救度,可见该经是弥勒本愿说和未来佛说与陀罗尼融合的结果。这类经典以密教言之,是"援弥勒入密教"而作,而以弥勒信仰言之,则是引入密教的产物。就其内容来说是将读诵受持陀罗尼与弥勒未来救度相结合,显示了弥勒信仰修持方法的密教化特点。

四、弥勒信仰修行方式的密教化

弥勒信仰的修持方法,《弥勒下生经》是以"作十想"、"行四等心"、"持五戒三归"、"受八关斋"等方式劝化至弥勒佛所。关于往生兜率的修行法门,弥勒上生经有更为详尽的劝说:

> 佛告优波离:……佛灭度后我诸弟子,若有精勤修诸功德、威仪不缺、扫塔涂地、以众名香妙花供养、行众三昧深入正受、读诵经典,……应当系念念佛形象称弥勒名,如是等辈若一念顷受八戒斋,修诸净业发弘誓愿,命终之后譬如壮士屈申臂顷,即得往生兜率陀天。……如是等众生若净诸业行六事法,必定无疑当得生

---

① 两经可能是从更大的经中抄出。参见松本文三郎著,张元林译:《弥勒净土论》,宗教文化出版社2001年版,第43页。
② 《佛说慈氏菩萨誓愿陀罗尼经》,《大正藏》第20册,0600b—0600c。

于兜率天上,值遇弥勒,亦随弥勒下阎浮提第一闻法于未来世,值遇贤劫一切诸佛于星宿劫,亦得值遇诸佛世尊,于诸佛前受菩提记。……佛告优波离:佛灭度后,比丘、比丘尼、优婆塞、优婆夷、天、龙、夜叉、乾闼婆、阿修罗、迦楼罗、紧那罗、摩睺罗伽等,是诸大众,若有得闻弥勒菩萨摩诃萨名者,闻已欢喜恭敬礼拜,此人命终如弹指顷即得往生,如前无异。但得闻是弥勒名者,命终亦不堕黑闇处、边地、邪见、诸恶律仪,恒生正见眷属成就不谤三宝。佛告优波离:若善男子善女人,犯诸禁戒造众恶业,闻是菩萨大悲名字,五体投地诚心忏悔,是诸恶业速得清净,未来世中诸众生等,闻是菩萨大悲名称,造立形象香花衣服缯盖幢幡,礼拜系念,此人命欲终时,弥勒菩萨放眉间白毫大人相光,与诸天子雨曼陀罗花来迎此人,此人须臾即得往生,值遇弥勒头面礼敬。①

该经讲兜率往生法门包括了六事法,即精勤修诸功德、威仪不缺、扫塔涂地、以众名香妙花供养、行众三昧深入正受、读诵经典,以及念佛、称名、八戒斋等,在这里(不论是上生还是下生信仰)看不到有任何密教色彩的修行方法。

但是随着陀罗尼与弥勒的结合,反映在弥勒信仰特别是上生信仰的修行方式上,就是以"陀罗尼威神力"往生"兜率天",成为弥勒信仰修持方法密教化最突出的特点。如东晋时失译的《七佛八菩萨所说大陀罗尼神咒经》(又名《七佛所说神咒经》、《七佛十一菩萨说大陀罗尼神咒经》)就反复提到书写、诵读陀罗尼,可以命终往生兜率面见弥勒。经曰:

> 此陀罗尼四十二亿诸佛所说,若诸行人有能书写、读诵此陀罗尼者,现世当为千佛所护,此人命终以后不堕恶道,当生兜率天上面觐弥勒。
>
> 得命终生兜率天上见弥勒,欲生他方净佛国土现在佛前,当书写、读诵、修行此陀罗尼。
>
> 此陀罗尼句,乃是过去四十亿恒河沙等诸佛所说,我今已说。此陀罗尼力能令十佛世界六种震动,其中所有一切众生,以此陀罗尼法音光明入其毛孔,尘劳垢习一时消除。以我得大势威神力故,及此陀罗尼威神力故,此诸众生命终已后,生兜率天上面见弥勒。②

从经文劝生兜率的情形看,该经形成时定是弥勒上生信仰十分兴盛的时代,否则不会极力鼓吹以陀罗尼之方便力、威神力往生兜率天。该经与梁时失译的《陀罗尼杂集》卷一之《七佛所说大陀罗尼神咒》属于同本异译。而唐道世《法苑珠林》"咒术篇"之"弥勒部"也是引用《七佛所说神咒经》来说明书写读诵陀罗尼当往生兜率面见弥

---

① 《佛说观弥勒菩萨上生兜率天经》,《大正藏》第14册,0419c。
② 《七佛八菩萨所说大陀罗尼神咒经》,《大正藏》第21册,0538b,0539c,0540b。

勒。① 这种简易而神秘的往生法门一经产生,定是受到弥勒信众的欢迎而得以持续流布。可见,《七佛八菩萨所说大陀罗尼神咒经》对于弥勒信仰拓展新的修持方法起了非常重要的作用。前面提到的阿地瞿多口授道世的"愿见弥勒佛咒",一定就是在"陀罗尼威神力"影响下产生的皈敬弥勒的神咒。

7世纪以后是密教兴盛的时期,密教经典也不断被译出。弥勒信仰修持法门的密教化特点更为普及。如唐菩提流志所译的《一字佛顶轮王经》卷四《大法坛品第八》就云:"净心诵咒咒杵……容貌自变如金刚菩萨,寿命一劫遇弥勒佛,闻甚深法,若命终时乐欲生于一切佛刹即随往生。"②弘扬弥勒信仰的玄奘也曾译出密教经典,其所译的《八名普密陀罗尼经》中就有关于弥勒信仰的密教化修持方法,经云:"若有得闻此八名咒,……将命终时身心安稳,见有诸佛及诸菩萨来现其前,为说大乘甚深法要。既闻法已,必得往生睹史多天奉事弥勒,后随弥勒下赡部洲,行愿渐增乃至究竟。"③这些密教系统的大乘陀罗尼经,很显然地包含有弥勒净土思想的成分在内,藉由听闻、书写、读诵密咒,得以往生兜率奉事弥勒,并随弥勒下生,乃至究竟成佛,可以说已经建立了新的往生弥勒净土的修行方法。④

弥勒信仰密教化修持法门的新途径,除了上面的经典记载外,诉之传说与实物,可以考见密教化的弥勒信仰修持法门在社会的流布。弥勒信仰密教化修持法门在印度的存在状况,以玄奘《大唐西域记》卷十中记清辩拟见弥勒之事最能体现,内容大要是:清辩为6世纪南印度大乘佛教中观学派之著名论师,他与磨羯陀国瑜伽行派的著名传人护法展开"空有之诤"。护法主张尽空之有,清辩主张尽有之空。后来,护法拒绝继续辩论,而清辩认为自己的疑问未解,所以想求观音保存其身,以便等到弥勒下生成佛,再面请弥勒为其决疑。观音劝他宜修胜善,以上生兜率天宫见弥勒,但被清辩拒绝。观音见其意志坚决,便指示其到驮那羯磔迦国城南山岩执金刚神所,诵执金刚陀罗尼以遂其愿。清辩如法而做,专精诵持三年,咒芥子击石才终于如愿以偿入岩石内阿素洛宫待见弥勒。⑤ 从清辩故事可以看出,清辩的弥勒信仰固然与汉地流行的弥勒上生、下生信仰有所不同⑥,既不是往生兜率净土,也不是期待龙华三会的人间净土,而是希望保存生身以待弥勒下生决疑。但其夙愿最后以诵持陀罗尼、使用咒芥子等密教修持方式才得以实现,无疑表明弥勒信仰修持法门的密教化。

密教化的弥勒修持法门在中国以史迹实物留存的,如敦煌写卷的慈氏真言,S. 5555《观弥勒菩萨上生兜率陀天经》之后抄写有《观弥勒菩萨生兜率陀天经咒》:"慈氏真言普劝受持/曩谟阿隶野 梅么哩拽/冒地萨埵野 怛你他唵海么哩/梅么哩 梅

---

① 道世:《法苑珠林》之"咒术篇",《大正藏》第53册,0736b。
② 《一字佛顶轮王经》,《大正藏》第19册,0253b。
③ 《八名普密陀罗尼经》,《大正藏》第21册,0883c。
④ 汪娟:《唐代弥勒信仰与佛教诸宗派的关系》,《中华佛学学报》1992年第5期,第227页。
⑤ 玄奘、辩机:《大唐西域记》卷十,《大正藏》第51册,0930c。
⑥ 关于弥勒信仰的内涵,以及中印弥勒信仰之间的异同,笔者拟另文讨论。

怛啰　摩曩洗　萨婆诃/慈氏真言普劝受持。"①另,国家图书馆收藏有《观弥勒菩萨上生兜率陀天经》,据研究者言:"正文卷尾镌慈氏真言 2 行 7 句,生内院真言 2 行 6 句。……颇有唐人写经风韵。"②陀罗尼经幢上也有"愿随弥勒下阎浮提龙华三会,先得授记往生内院真言"③的记载。受唐代佛顶尊胜陀罗尼经幢的影响,弥勒上生经、下生经也刻于经幢上,如后晋出帝天福十二年(947)僧人智辨所建立的经幢,就刻《佛说观弥勒菩萨上生兜率天经》,幢额即题作"佛说上生经幢"④。有的经幢也兼刻上生、下生经,如后周世宗显德二年(955),淄川龙兴寺的信徒组织"礼佛会",并在此寺建立一所经幢,其上即刻《弥勒上生经》和《弥勒下生经》⑤。这些刻有弥勒上生、下生经的经幢,可以"沾尘覆影的功效"⑥,上生兜率,下会龙华。对于密教化修持法门对弥勒信仰的影响,清代密教僧人弘赞说得至为中肯:"诸经真言,俾之归向,进趣有门,依之修持,则功高于知足内院。比经作观,而神凝于覩史多天,因阶不退,果垂三会矣。"⑦

弥勒信仰与密教的融合一方面是弥勒修持法门的密教化,另一方面也体现在密教对弥勒信仰新的诠释与密教僧人对弥勒信仰的弘扬。密教在 7 世纪后的发展即所谓纯密,讲求身口意三密,善无畏翻译的《慈氏菩萨略修瑜伽念诵法》就是密教慈氏仪轨最完整的记录。慈氏仪轨共分十品,详列供养、念诵轨则、造像、择地等事,但不外是求凡夫身三密与慈氏三密相应:

> 三密即成应化法,五轮五智是五分,五分尽摄法界轮,是故我今礼愈誐,愈誐即是慈氏尊,是故我今修愈誐,速证慈氏同一体。
>
> 若欲现世不舍色身,速证慈氏宫同会说法,得大悉地者,必依此愈誐念诵,必获无上大悉地。
>
> 若欲求慈氏菩萨速证悉地,不变肉色身面视慈氏,摩顶授记悟无生忍。
>
> 我今略说修慈氏菩萨摩诃萨速证悉地,不化肉身往慈氏如来宫中,见慈氏菩萨摩顶授记,一时下阎浮提,同会说法者。……求如是初作如是悉地,……往知足天上见慈氏菩萨,……往慈氏宫得见本尊与摩顶授记。
>
> 灌顶说法悟无生,慈氏大日同一体,噜左那即慈氏,一生菩萨即愈誐,自心即是母地心,母地即是慈氏尊,三种无二元一体,是故我求如实智。⑧

以上经文传递的信息即是,以密行相应,成就慈氏身(即身成佛),同时亦求上生慈

---

① 汪娟:《唐宋古逸佛教忏仪研究》,文津出版社 2008 年版,第 195 页。
② 李致忠:《国图入藏〈观弥勒菩萨上生兜率陀天经〉刊印考》,《文献集刊》2002 年第 4 期。
③ 《金石萃编》卷一二五,转引自严耀中《汉传密教》,学林出版社 1999 年版,第 124 页。
④ 《智辨造佛说上生经幢》,《山右石刻丛编》卷十,第 27 页。
⑤ 《龙兴寺经幢》,《山左金石志》卷十四,第 18—20 页。
⑥ 刘淑芬:《灭罪与度亡——佛顶尊胜陀罗尼经幢之研究》,上海古籍出版社 2008 年版,第 199 页。
⑦ 弘赞:《兜率龟镜集·后集》"经咒愿文"条,《卍新纂续藏经》第 88 册,0071a。
⑧ 《慈氏菩萨略修瑜伽念诵法》,《大正藏》第 20 册,0590a、0593b、0598c、0599c。

氏宫(兜率)摩顶授记,下生阎浮提同会说法。由于移弥勒三密于凡夫身中,开兜率内院于当念之上,一生之中,成慈氏身,犹尚不难,何况上生耶?① 也就是说,三密相应的弥勒修持法,使弥勒信仰变得更为直接而容易,拉近了上生与下生的时间距离。笔者十分怀疑前面提到的清辩以肉身待见弥勒也受此密行相应的弥勒修持法影响。但是此慈氏瑜伽念诵法大概只局限于密教的修持中,不像前面提及的陀罗尼经咒那样易于受持,而是"必须透过尊者才能传授的,如果未经师长许可,辄与一句一偈,都会招来无间地狱的果报。因为这已经是纯密的经典,传授上和修持上都有较为严格的限制,应该没有陀罗尼经咒来得容易流传。"②

密教高僧本身也修弥勒法门的不在少数,如唐时"北川石窟中有一个很有特点的现象,就是密教主佛与显教礼拜的弥勒佛共同供养"③。入唐求密法的日本高僧空海(774—835),命终时就发愿往生兜率,现由东京美术学术学校所藏的"弥勒来迎图"即画空海随同弥勒菩萨来接引往生兜率的众生之图像。④ 空海开日本真言宗求生兜率之先河。日本"密教之大阿阇梨亦因弥陀之信仰而愿生极乐,或欲兜率上生者亦多"⑤。日本密教高僧尊意(861—940)临终前口诵《千手陀罗尼》,并嘱弟子曰:"我愿永生极乐,今更思上生兜率,火葬勿留骸骨,建石柱于墓所。蓋欲使见者结兜率上生之因缘也。"⑥被尊为密教第五代祖师的唐末五代密僧柳本尊则"誓与众生三会龙华"⑦。

五、弥勒图像的密教化

弥勒信仰曾广泛流布于亚洲中古佛教世界,与之相伴的是创造出了许多有关弥勒的雕塑、绘画作品。弥勒信仰在形成与传播过程中,异彩纷呈,弥勒美术作品更是变化多端。⑧ 密教的发展也为弥勒信仰带来了新的图像样式。由于个人的学识局限,这里只是就弥勒图像的密教化做与文献相关的考察。

研究表明,头戴宝冠且冠中有佛塔的弥勒图像是在印度笈多王朝(约320—600)

---

① 谈玄:《显密融通兜率净土观》,张曼涛主编《现代佛教学术丛刊》第 69 册(《弥勒净土与菩萨行研究》),北京图书馆出版社,第 111 页。

② 汪娟:《唐代弥勒信仰与佛教诸宗派的关系》,《中华佛学学报》1992 年第 5 期,第 228 页。

③ 邢军:《广元千佛崖初唐密教造像析》,《文物》1990 年第 3 期。

④ 《望月佛教大辞典》"空海"条,第 640 页下;"弥勒菩萨来迎图"条,第 4819 页上。又见《佛光大辞典》第 4387 页下。

⑤ [日]清水谷恭顺:《天台之密教》,吴立民主编《威音文库·密乘》(二),上海古籍出版社 2005 年版,第 323 页。

⑥ [日]清水谷恭顺:《天台之密教》,吴立民主编《威音文库·密乘》(二),上海古籍出版社 2005 年版,第 304 页。

⑦ 龙显昭主编:《巴蜀佛教碑文集成》之"唐柳本尊传"。

⑧ 宫治昭著,李静杰译:《弥勒信仰与美术——从印度到中国》,《艺术史研究》第 8 辑,中山大学出版社 2006 年版,第 213 页。

末期才出现的,8、9世纪这个图像特色成为印度和东南亚美术中辨识弥勒最重要的要素。① 这种弥勒图像的创作恰与密教经典的记载相印,体现了弥勒图像的密教化特点。唐不空(704—774 年)所译的《八大菩萨曼荼罗经》云:

> 慈氏菩萨,金色身,左手执军持,右手施无畏,冠中有窣波,半跏趺坐。②

弥勒宝冠中的窣堵波有时也置于弥勒手持的莲花中,如善无畏翻译的《慈氏菩萨略修愈諴念诵法》卷上就云:

> 其中圆明慈氏菩萨白肉色,头戴五智如来冠,左手执红莲华,于莲华上画法界塔印。③

又卷下曰:

> 中心置本尊慈氏菩萨,首戴五如来冠,左手持莲华,于华上置法界塔印,右手作说法印结跏趺坐。④

对于这种冠中有佛塔或手执莲花佛塔的图像以及戴冠五佛如来⑤的弥勒像,都是密教弥勒图像或者说弥勒图像的密教化。至于弥勒为何与佛塔关系密切,密教僧人有明确的解释。如唐一行在其《大日经义释》"密印品"中说:"慈氏菩萨……印如窣覩波形者,以持一切如来法身塔故,犹如观音持佛身也。"⑥又在其《大毘卢遮那成佛经疏》中说:"次慈氏印,……此印如窣都波形者,以持一切如来法身塔故,犹如观音持佛身也。"⑦另外辽觉苑在其《大日经义释演密钞》中也解释说:"观音菩萨将绍阿弥陀佛位,是以顶上持带阿弥陀佛,以此慈氏菩萨将补释迦之处,所以手持窣覩波印,以标表之。……观音持佛,佛现在故。此尊持塔,师灭度故。"⑧可见窣覩波(佛塔)表示佛法,弥勒作为释迦继承人的身份显密一如,弥勒作为未来佛正是因他承继着释迦的正法。诚如 Inchang Kim 所说:尽管随着大乘佛教理论的发展,有关弥勒的传说不断扩充,金

---

① 李玉珉:《隋唐之弥勒信仰与图像》,《艺术学》1987 年第 1 期,第 105 页。

② 《八大菩萨曼荼罗经》,《大正藏》第 20 册,0675b。

③ 《慈氏菩萨略修瑜伽念诵法》,《大正藏》第 20 册,0591a。

④ 《慈氏菩萨略修瑜伽念诵法》,《大正藏》第 20 册,0595b。

⑤ 曾经看到一条材料说敦煌 275 窟的泥塑弥勒像:头戴五佛冠,长发披垂于肩,慈眉善目,作低头静思状,上身袒露,饰以璎珞,下身穿羊肠大裙,曲肱于胸前,右手在上,其大指与中指、无名指捏在一起,左手在下虚承,相距一掌之遥,作抱物状,赤脚相交,坐于方形狮子座上。显然是密教弥勒图像,但笔者今未查到出处,只待来日去敦煌考察一见。

⑥ [唐]一行:《大日经义释》,《卍新纂续藏经》第 23 册,0434c。

⑦ [唐]一行:《大毘卢遮那成佛经疏》,《大正藏》第 39 册,0718a。

⑧ [辽]觉苑:《大日经义释演密钞》,《卍新纂续藏经》第 23 册,0627b。

刚乘时代又把弥勒看作五智菩萨，但就整个佛教发展历程而言，弥勒作为释迦佛的继承人这个基本的特点并没有改变。①

关于"弥勒三尊"，即弥勒与其左右胁侍菩萨法音轮与大妙相，仅见金刚智（669—741）译《吽迦陀野仪轨》的密教经典中讲到："又作随心曼荼罗，中央弥勒菩萨，左方法音轮菩萨，右大妙相菩萨。"②另《法华传记》卷七中也有弥勒胁侍的说法："志求奉见弥勒，……时有二菩萨，即是侍者。一名法音轮，二名大妙相。"③而弥勒经典教义未见此说，《法华传记》作者僧详生卒不明，但是该传记左溪玄朗（673—754）止，故笔者认为弥勒二胁侍的说法应是源于金刚智翻译的《吽迦陀野仪轨》密教经典，是密教的产物。弥勒与二胁侍亦作"弥勒三尊"④。至于出现原因，大概和上文提到的慈氏塔印如观音持佛身一样类似，弥勒佛亦如阿弥陀佛一样有了左右二胁侍。

六、结 语

弥勒信仰与密教的结合历史久远。在早期密教（杂密）时期，一方面弥勒被密教吸纳为最早听闻陀罗尼、护持陀罗尼的大菩萨；另一方面弥勒经典制作也受到密教的影响，不仅在弥勒上生经中出现弥勒受持陀罗尼的情况，而且产生了专属弥勒的陀罗尼经典（如《佛说慈氏陀罗尼经》），同时也出现了以"陀罗尼威神力"往生兜率的弥勒修持法门，为修行弥勒信仰开辟了新的途径。在密教昌盛（纯密）的时代，一方面沿袭了以神咒劝受弥勒信仰的法门，即形成了慈氏真言、往生内院真言、愿见弥勒佛咒等陀罗尼经咒；同时也形成了与纯密理论的即身成佛、密行相应融合的纯密弥勒修持法（即《慈氏菩萨略修瑜伽念诵法》），但是由于纯密在仪轨传授与修持上的种种限定，使得弥勒信仰修持法门的密教特点仍然以陀罗尼经咒为突出。在图像方面，出现了密教化的弥勒图像，如戴冠佛塔弥勒像、手执莲花佛塔弥勒像以及戴冠五佛如来弥勒像等。

总之，密教与弥勒信仰之间的影响是多方面的，但根本来说，还是在于与弥勒信仰修持法门上的融合，后世所言的弥勒信仰显密融通也是在这个意义上说的。由于弥勒信仰发生、形成较早，而且其上生、下生信仰体系完整，所以密教对弥勒信仰虽有影响，但不能改变其信仰的思想内容，相反，只是适应弥勒信仰的发展而形成密教的弥勒修持法门，这从密教高僧行持弥勒信仰的不在少数亦可见一斑。

（王雪梅：西华师范大学历史文化学院副教授）

---

① Inchang Kim, "The Future Buddha Maitreya", D. K. Printworld(P)Ltd., New Delhi, 1997, p. 15.
② 《吽迦陀野仪轨》，《大正藏》第21册，0245b。
③ 僧详：《法华传记》，《大正藏》第51册，0078c。
④ 13世纪高丽僧人一然撰著《三国遗事》中载武王因见"弥勒三尊"而建弥勒寺。《大正藏》第49册，0979b。

"诗圣"杜甫的佛缘诗情

释慧伯

前　言

　　杜甫以沉郁顿挫的写实诗风而被号为"诗圣",在唐代与李白齐名。《新唐书·杜甫传》载:"李、杜文章在,光焰万丈长。"杜甫的一生是一个平民化的一生,其15岁时,作《百忧集行》曰:"忆昔十五心尚孩,健如黄犊走复来。庭前八月梨枣熟,一日上树能千回。"让我们看到青春活泼而生气勃勃的杜甫!诗人25岁游东都洛阳时作《游龙门奉先寺》中有句曰:"欲觉闻晨钟,令人发深省。"于寺院"闻晨钟"而醒睡魔、深有省悟。无疑,杜甫是深具宿世佛缘和灵明善根的。在以后现实人生的悲歌中,一步步走近佛法,参礼寺院、亲近大德、闻思经教,感悟思辨,忧国爱民的慈心悲愿为其人生主旋律,乃至于晚年渐渐趋于平淡。大味则淡,斯言极矣!杜甫流传至今的1400多首诗中,与佛教有关的约有50首左右。现在就让我们追寻一代诗圣的佛缘人生,在其悲歌的行履中重拾"诗圣"的佛缘诗情。

一、杜甫与佛教的因缘浅析

　　盛唐三大诗人是李白、杜甫与王维。过去人们把他们的思想分属于道儒释三家。李白属道家思想,杜甫属儒家思想,王维属佛家思想,实不尽然。入唐以来,随着佛教禅宗的广泛传播,更由于"安史之乱"和杜甫个人遭遇,使杜甫的思想介于入世与出世、崇儒与近禅之间。

　　杜甫(712—770),字子美,祖籍襄阳(今湖北襄樊市),生于巩县(今属河南),自幼好学,知识渊博,但举进士不第。安史之乱发生后,陷于贼中,颠沛流离,逃至凤翔(今属陕西),任左拾遗,后移家成都,筑草堂于浣花溪上。一度在剑南节度使严武幕中任参谋,经严武推荐为检校工部员外郎,因此世称为杜工部,晚年携家出四川,病逝在湘江旅途中,终年59岁。他的诗反映社会动乱,对人民的疾苦,具有深厚的同情心。他的诗语言精练,沉郁顿挫,被称为"诗史"。他的诗不但有很高的艺术价值,还具有丰富的佛教思想。

在大多数人眼里,杜甫是中国文学史上的伟大现实主义诗人,他的人生观是积极进步的。著名学者肖涤非先生就说,在杜甫的诗中,我们几乎读不到那种"人生如梦"一类消极颓废的东西。他是顽强的,他是不知疲倦的,他是"死而后已"的。他富有牺牲精神、利他精神。这是他之所以伟大,超过一切诗人之处。为了天下穷人,他曾有"自比稷与契"的诗句。① 他可以"吾庐独破受冻死亦足!"这种推己及人的慈悲之心是十分可贵的。在儒家为仁,在佛家为悲,而佛的悲比儒家的仁更彻底。"致君尧舜上,再使风俗淳"是杜甫的政治观,也可以说是他的人生观。然而,杜甫晚年诗歌中却蕴涵着丰富的禅宗意趣。这与他的禅宗信仰密切相关。他在《夜听许十诵诗爱而有作》中明确道出:"余亦师粲可,身犹缚禅寂"的禅宗信仰。在这里,"粲"指禅宗三祖僧粲,"可"指禅宗二祖慧可,"禅寂"就是禅者的身心感受。

(一)杜甫所处的历史背景

杜甫所处的文化背景是佛教兴盛的唐代。从大的环境来看,自唐玄宗以来,儒、释、道三家并重,杜甫的佛学观与其儒学思想并不矛盾,其慈悲观念与儒家的仁爱意识有相融之处。而"在这样一个时代的士大夫阶层,要想不受佛教的影响,那是很难办到的"②。杜甫跟佛教的因缘很深,而且他对于佛教的接受有一个发生、发展、变化的过程。佛教历史最兴盛的时期就是唐代,作为一种大的社会文化环境,杜甫没有排斥佛教,这是当时大多数人的主要心态。特别是在安史之乱这场浩劫的影响之下,杜甫等大批盛唐文人对儒家理想产生怀疑甚至感到失望,迫切需要寻求新的人生参照系。禅宗在这时期广泛传播,正好适应了这种要求。但是,杜甫也没有很快被这种环境同化,而是藉由心灵的指引,一步步亲近佛教。

杜甫是我国中古时代伟大的写实主义诗人,他的诗歌无疑是唐代由盛转衰的忠实记录。在他的两千多首古、近体诗中,写自己极少有欢娱之言,多半穷愁苦闷之语,佛法所言有漏八苦(生、老、病、死、爱别离、怨憎会、求不得、五阴炽盛苦)他都尝尽了。在玄宗天宝十三年(754),作《桥陵诗三十韵因呈县内诸官》云:"荒岁儿女瘦,暮途涕泗零。"在第二年冬,作《自京赴奉先县咏五百字》云:"朱门酒肉臭,路有冻死骨……老妻寄异县,十口隔风雪。谁能久不顾,庶往共饥渴。入门闻号啕,幼子饿已卒。吾宁舍一哀,里巷亦呜咽。所愧为人父,无食致夭折。岂知秋禾登,贫窭有仓促。"穷得使儿子都饿死了,秋禾虽登,而也无救于贫。所以唐肃宗至德二年(757),作《述怀》云:"麻鞋见天子,衣袖见两肘。"同年九月作《北征》云:"况我堕胡尘,及归尽华发。经年至茅屋,妻子衣百结。恸哭松声迥,悲泉共幽咽。平生所娇儿,颜色白胜雪。见耶背面啼,垢腻脚不袜。床前两小女,补缀才过膝。……"肃宗乾元元年(758)《赠毕四曜》诗云:"才

---

① 杜甫:《自京赴奉先咏怀》。
② 郭沫若:《李白与杜甫》,人民文学出版社1971年版。

大今诗伯,家贫苦宦卑。饥寒奴仆贱,颜状老翁为……"次年在华州《至日遣兴奉寄北省旧阁老两院故人二首》云:"何日却忆穷愁日,日日愁随一线长。"这年,他自东都回华州,经历道途,所见所闻,悲惨万状,作"三吏"、"三别",以纪其事。

以上诗句说明,杜甫因战乱携妻子而到处奔走流浪,所到之处皆因一家老小无衣、无食、无住而穷愁,因衰老多病穷愁而怨天尤人。如云:"纨袴不饿死,儒冠多误身";又云:"自古圣贤多薄命,奸雄恶少皆封侯",充满愤愤不平之气。甚至厌恶一切,诅咒一切。桃红柳绿,象征春日佳境,而杜甫诗云:"癫狂柳絮随风舞,轻薄桃花逐水流。"尤其是杜甫晚年的诗歌,充分表达了他对生命的理解,记录下最切身的体验。所以,杜甫接受佛教思想的影响,一点也不奇怪。

(二)杜甫自幼深受佛教熏陶

众人在关注杜甫自幼深受儒家思想熏陶的同时,往往忽略了在杜甫成长过程中还有佛教思想的陪伴。

杜甫幼年丧母,其父杜闲,时任兖州(今山东滋阳)司马,便将童年的杜甫送到洛阳的姑妈(即杜闲的姐姐)家寄养。杜甫一直住到唐玄宗李隆基天宝元年(742)姑妈去世,此时杜甫已届而立之年。

杜甫的姑妈是一位虔诚的佛教徒,其父杜审言(即杜甫祖父,约645—708)是初唐有名的诗人,曾与数名僧人交往,官至膳部员外郎、国子监主簿、修文馆直学士,具有很高的文化素养,并且长斋茹素,精通佛经。

天宝元年(742),杜甫在三十一岁时为其姑妈撰写墓志铭《唐故万年县君京兆杜氏墓志》,文中说其姑妈:"爱自十载已还,默契一乘之理;绝荤血于禅味,混出处于度门。喻筏之文字不遗,开卷而音义皆达。母仪用事,家相遵行矣。"由此可知其姑母信佛,且全家上下奉行。

值得注意的是,墓志铭还提到杜甫早年寄居姑母家中的事实:"甫昔卧病于我诸姑,姑之子又病,问女巫,巫曰:'处楹之东南隅者吉。'姑遂易子之地以安我,我用是存,而姑之子卒。"杜甫自幼体弱多病,四岁时,与姑妈亲子同时罹疾,姑妈求医于女巫,女巫暗示:"处楹之东南隅者吉。"富于自我牺牲精神的姑妈,"遂易(亲)子之地(楹之东南隅)以安(杜甫)"。在她的精心护理下,杜甫痊愈了,而她的亲子却夭折了。杜甫长大后得知此事,感动得涕泪俱下,并在《唐故万年县君京兆杜氏墓志》中,把姑妈比做《列女传》里鲁义姑式的人物,评价极高,并说自己要"制服于斯,纪德于斯,刻石于斯"。以致当时一般人还误以为杜甫是其亲子。

杜甫在姑妈家居住的二十余年,正是中国历史上有名的"开元盛世",佛教,尤其是禅宗空前繁荣,洛阳有举世闻名的龙门石窟和白马寺,如此浓厚的佛教氛围,对杜甫必然产生一定的影响。

(三)杜甫仕途失意,倾心于佛教

杜甫的文化心态结构中,存在着两种人生价值取向:一是"窃比稷与契"(自比稷与契这两位虞舜的贤臣)、"致君尧舜上"的人生抱负和政治理想,这代表了人的社会性的一面,是他集体情感和社会责任感的体现;二是"江海志"、"独往之愿"。代表了人的自然性的一面,是他个体意识和独立人格的反映。前者早年表现得较突出,后者系晚年的主要心态,从而使杜甫的思想与创作出现矛盾的痛苦状态。杜甫《上牛头寺》诗云:"无复能拘碍,真成浪出游。"杜甫此时的心情是空寂自由的,因为他已经从官场退出,摆脱了世俗拘束,获得了心灵的解放。

杜甫本是儒家诗圣,出身官宦之家,执著于功名富贵,在长安苦求十年,理想破灭,失望而归。在生活的重负之下,渐渐感悟到人生无常、有求必应的佛禅真谛。他在《自京赴奉先县咏怀五百字》中表达了苦闷的心情:"穷年忧黎元,叹息肠内热。取笑同学翁,浩歌弥激烈。非无江海志,潇洒送日月。生逢尧舜时,不忍便永诀。当今廊庙具,构厦岂云缺?……"他负载着儒家的政治理想,活得很痛苦。尤其是到了晚年,遭受重重挫折之后,将退隐入禅作为新的人生目标,他在唐肃宗宝应元年(762)写的一首《谒文公上方》诗中表现得尤为真切:

> 野寺隐乔木,山僧高下居。石门日色异,绛气横扶疏。
> 窈窕入风磴,长芦纷卷舒。庭前猛虎卧,遂得文公庐。
> 俯视万家邑,烟尘对阶除。吾师雨花外,不下十年馀。
> 长者自布金,禅龛只晏如。大珠脱珘颣,白月当空虚。
> 甫也南北人,芜蔓少耘锄。久遭诗酒污,何事忝簪裾。
> 王侯与蝼蚁,同尽随丘墟。愿闻第一义,回向心地初。
> 金篦刮眼膜,价重百车渠。无生有汲引,兹理傥吹嘘。

诗的末尾叙述自己谒文公之意:"愿闻第一义,回向心地初。"据此,苏东坡和王嗣二人皆言是杜甫"见道之作"。见的是什么道?不是别的道,是菩提道,是当时最盛行的佛道。

仕途的跋涉、世态的冷暖、人生的起伏给了杜甫太多的伤痛、太多的困惑,而这些伤痛、困惑已经远远超出了儒家学说所能调节的范畴,唯有指向"心地初"、朝向彼岸的佛教可以承担这样的人生境界。所以,向往佛教,追求"第一义","回向心地初"的想法跟杜甫的稷契之志同样是发自内心的、真诚的。

二、浅析杜甫诗歌里的佛教思想

本文选取了杜甫有关佛教的诗歌加以研读,力图窥见其佛教信仰的主要行迹。每一类诗歌中,尽量依据作者作诗时间的先后为序排列列举。并权且划分为以下三类:

(一)登临、游历、参礼寺院,听经闻法——亲近佛教
唐玄宗开元二十四年(736),杜甫只有25岁,作《游龙门奉先寺》,有"欲觉闻晨

钟,令人发深省"之诗句。诗人夜宿寺院,置身于寺院中清幽的夜景,闻晨钟而令人内心产生深深的思索而有所醒悟。据赵清献《玉垒记》说:"他到成都,寓沙门复空所居。"据《成都记》云:"草堂寺,在府西七里,寺极宏伟。僧复空居其中,与杜员外居处近。"

杜甫还在浣花溪寺里听复空大师说法。当时他的朋友著名诗人高适为彭州刺史,写一首五律《赠杜二拾遗》给他。"传道招提客,诗书自讨论。佛香时入院,僧饭屡过门。听法还应难,寻经剩欲翻。草玄今已毕,此后更何言。"从诗意来看,高适知道他在寺里听高僧说法,鼓励他听法要提出问题,向讲经者诘难。

杜甫在成都时,曾游过大云寺、兜率寺、真谛寺、新津寺、牛头寺、惠义寺、始兴寺。认识的高僧有巳上人、赞公、上人、复空、闾丘师兄等。反映与僧人交往的诗歌有《巳上人茅斋》、《大云寺赞公房四首》、《因许八奉寄江宁旻上人》、《寄赞上人》、《赠蜀僧闾丘师兄》等共约10余首。其中最重要的人是赞上人,《宿赞公房》诗云:"杖锡何来此,秋风已飒然。雨荒深院菊,霜倒半池莲。放逐宁违性,虚空不离禅。相逢成夜宿,陇月向人圆。"据诗自注,赞公是"京中大云寺主",说"相逢"是因为二人是故友。诗人在这之前曾经写过《大云寺赞公房四首》,其一有句:"把臂有多日,开怀无愧辞。"其四有句:"晤语契深心,哪能总籝口。"由此可见,诗人和赞公上人"把臂有多日,晤语契深心"的情谊之深。《西枝村寻置草堂地,夜宿赞公土室二首》中也有句:"怡然共携手,恣意同远步。"

(二)反映禅净修持——偏重于"出世"的行愿

现将杜甫所作有关佛教修持的重要诗句摘录出来,简释其义,以管窥其佛教信仰的主要行迹。

1."何阶子方便,谬引为匹敌。"——由禅修向净土转化

杜甫于唐玄宗天宝十四年(755)44岁时,在长安作《夜听许十一诵诗爱而有作》,有句云:

> 许生五台宾,业白出石壁。
> 余亦师粲可,身犹缚禅寂。
> 何阶子方便,谬引为匹敌。
> 离索晚相逢,包蒙欣有击。

言许生自净土宗圣地昙鸾大师弘化过的净宗祖庭五台山石壁玄中寺(今山西交城县)学佛归来,身口意三业清净;而自己虽也以禅宗二祖慧可、三祖僧粲为师,但未得慧解方便,身心尤为禅寂所缚。现在受到许生的启发而转向净土宗。"何阶子方便"的"阶"是凭借的意思,"谬引为匹敌"的"谬引"是指上文"身犹缚禅寂"的感受,指身心为"禅寂"所缚,不得自在。这两句的大意是在许生的方便开导下,我得以茅塞顿开。诗里"离索"一句,点明了作诗是在他晚年居蜀感到孤寂之时。因而他庆幸衰暮时有此殊胜因缘,得遇许生,使他心开慧解,修持净业。

2. "醍醐长发性,饮食过扶衰。"——长养菩提之心

> 心在水精域,衣沾春雨时。
> 洞门尽徐步,深院果幽期。
> 到扉开复闭,撞钟斋及兹。
> 醍醐长发性,饮食过扶衰。
> ——摘自(《大云寺赞公房四首》)

这首诗是唐肃宗至德二年(757),作者46岁,被陷在长安时作。时作者处于乱世,去大云寺亲近赞公上人,因吃斋而想到醍醐。"醍醐"是从牛乳中反复提炼而得到的甘美食品。印度人不但视为"世间第一上味",而且认为它有较高的药用价值,善治众生热恼乱心。"发性"言发戒定慧之性。在此,诗人用饮食能滋养日渐衰老的色身与醍醐能长养菩提之心作类比,表达了作者发长远心修持的心愿。

3. "惟有摩尼珠,可照浊水源。"——只有佛法才能净化社会

肃宗上元元年(760)秋天,杜甫49岁,在成都草堂作了《赠蜀僧闾丘师兄》,有句云——

> 夜阑接软语,落月如金盆。
> 漠漠世界黑,驱驱争夺繁。
> 惟有摩尼珠,可照浊水源。

这里的"软语"指在寺院里与僧人亲切交谈,系借用《维摩诘所说经》"所言诚谛,常以软语,眷属不离,善和争讼"。诗末四句是说,这个世界太黑暗了,争夺残杀太频繁了,到处你争我夺,制造恶业。唯有弘扬佛法使人心净,息灭斗争。如摩尼珠之能使水清净,才能普度众生,净化浊世。

4. "休作狂歌老,迥看不住心。"——以观照般若直契佛心,住无住处

> 牛头见鹤林,梯径绕幽深。
> 春色浮山外,天河宿殿阴。
> 传灯无白日,布地有黄金。
> 休作狂歌老,迥看不住心。

此《望牛头寺》诗为杜甫于唐代宗广德元年(763)作,是年诗人52岁。这首五律近体诗,非常重要。诗眼在末后二句:"休作狂歌老,迥看不住心"。"狂歌老"之"狂"即狂慧,据《观音玄义》卷上载,定而无慧者,称为痴定,譬如盲人骑瞎马,必定堕坑落堑;慧而无定者,称为狂慧,譬如在风中燃灯,摇扬不定,则照物不明。"不住心",即"无住心",为《金刚经》中金刚般若大旨。若能生无所住心,便离一切垢染缠缚,便是清净心,

即是妙明真心。

5."飘飘何所似,天地一沙鸥。"——万古长空,一朝风月

永泰元年(765),杜甫的好友、成都尹严武死去,使杜甫失去了依托,杜甫带着家人离开成都草堂,乘舟东下,在岷江、长江漂泊。下面这首《旅夜书怀》五言律诗大概是他舟经渝州(今重庆市)、忠州(今重庆忠县)一带时写的,时作者54岁。

> 细草微风岸,危樯独夜舟。
> 星垂平野阔,月涌大江流。
> 名岂文章着,官因老病休。
> 飘飘何所似,天地一沙鸥。

杜甫在最后两句"飘飘何所似,天地一沙鸥",表达了悲壮沉郁、苍茫浩渺的情怀,不正是那"万古长空,一朝风月"的境界吗?

6."勇猛为心极,清赢任体屏。"——发大勇猛,以净土为皈命

杜甫晚年过着荒凉潦倒的村居生活,面临垂暮飘零之窘境,可说是到了走投无路的地步。他在56岁时写的《咏怀》里说:

> 顾恺丹青列,头陀琬琰镌。
> 众香深黯黯,几地肃芊芊。
> 勇猛为心极,清赢任体屏。
> 金篦空刮目,镜象未离铨。

诗句意思是说:信佛的人们,用"顾画"般的美术来做功德也好,用"王碑"般的文章来做功德也好,乃至建寺造舍作诸功德也好,但最究竟的修持还是拼得苦行,精进净心。假使心无分别,就能转变浊世为净土,不劳再寻方便来开慧眼,也能很容易悟入染净平等的不二法门。"勇猛"一词,出自《楞严经》"发大勇猛,行诸一切难行法事"。杜甫借用此,显然是表示自己发大勇猛心,不顾体弱多病,追求究竟的清净自在,即以得生极乐世界为终极目标。"心极"即是精神抖擞的意思。"清赢"即清瘦赢弱,"任",由着;屏,软弱、弱小。至于"金篦空刮目",出自《大般涅槃经》"盲人为治目故造诣良医,是时良医即以金篦抉其眼膜"(金篦是治眼病用的似箭镟的手术刀)。最后一句的大意是:如良医为盲人刮眼,即使治疗好了眼疾,所能看到的外在事相及权衡之心,仍然会给人带来烦恼,成为人往生极乐世界的业障,不能得到究竟解脱自在。表明作者晚年信仰起了根本性的变化:一心归命净土。

(三)杜甫晚年回归平淡

杜甫晚年漂泊西南,入蜀后的杜甫,经历了数年的辗转流离、贫病折磨,身体衰弱,最后成了"卧病愁废脚"、"牙齿半落左耳聋"的又病又残的老人。在这种情况下,诗人

对佛教产生心理依赖,栖身佛门,也是必然。

杜甫不以山水诗见称,却在两个时期留下了大量的山水诗:一是壮年时期。此时期山水诗数量较多,也有名篇佳作,但景物描写缺乏个性,感情未与理趣融合;二是入蜀之后。此时不仅山水诗数量巨大,而且内容充实,风格多样。后一现象的出现,跟诗人经过长期流离而终于获得暂时的安定,以及蜀中秀丽山水的抚慰启迪有很大的关系。除此之外,也很大程度上受到了禅宗的影响,反映了杜甫晚年归于平淡的生活情调。主要表现在以下几个方面:

1."何当一茅屋,送老白云边。"——弃官归隐

杜甫《秦州杂诗》之十四:

> 万古仇池穴,潜通小有天。
> 神鱼今不见,神地语真传。
> 近接西南境,长怀十九泉。
> 何当一茅屋,送老白云边。

公元759年,为避战乱,杜甫携眷西行,离开华州到秦州,投奔在秦州的从侄杜佐和旧友赞公。在秦州的日子里,杜甫游历古刹名寺,走亲串友,访谈作诗,且留下了千古绝唱。这就是著名的《秦州杂诗》二十首,其中的"何当一茅屋,送老白云边"的诗句,反映出杜甫弃官归隐思想的端倪。

2."留连戏蝶时时舞,自在娇莺恰恰啼。"——闲适背后的忧患情结

> 黄四娘家花满蹊,千朵万朵压枝低。
> 留连戏蝶时时舞,自在娇莺恰恰啼。

上元元年(760),杜甫卜居成都西郭草堂,在饱经离乱之后,开始有了安身的处所,诗人为此感到欣慰。春暖花开的时节,他独自沿江畔散步,情随景生,一连成诗七首。此为组诗之二。这首绝句,表现了诗人走在成都郊外那条通往"黄四娘家"的路上,享受着没有战争的春光、鸟语、花香、蝶舞的同时,在内心深处的忧患情结。

3."老妻画纸为棋局,稚子敲针作钓钩。"——江村、小家,怡情悦性

《江村》作于上元元年(760),自然地袒露了杜甫怡情于江村及小家庭的恬淡心境。

> 清江一曲抱村流,长夏江村事事幽。
> 自去自来梁上燕,相亲相近水中鸥。
> 老妻画纸为棋局,稚子敲针作钓钩。
> 但有故人供禄米,微躯此外更何求?

4."随风潜入夜,润物细无声。"——《春夜喜雨》

> 好雨知时节,当春乃发生。
> 随风潜入夜,润物细无声。
> 野旷天低树,江船火独明。
> 晓看红湿处,花重锦官城。

这首诗写于上元二年(761)春。此时杜甫因陕西旱灾来到四川定居成都已两年。他亲自耕作,种菜养花,与农民交往,因而对春雨之情很深,写下了这首诗描写春夜降雨、润泽万物的美景,抒发了诗人的喜悦之情。

5."水流心不竞,云在意俱迟。"——对境无心,一切随缘

杜甫在成都逗留八年,生活安定,写了许多五言山水田园诗,都具恬静淡泊、与世无争的遗世出尘之风。如上元二年(761)暮春他在成都草堂所作的《江亭》:

> 坦腹江亭暖,长吟野望时,
> 水流心不竞,云在意俱迟。
> 寂寂春将晚,欣欣物自私。
> 故林归未得,排闷强裁诗。

6."细雨鱼儿出,微风燕子斜。"——恬淡自在,物我两忘

《水槛遣心》二首,是杜甫作于公元761年的闲情诗歌,记录了诗人离开尘嚣的闲适心情,其一云:

> 去郭轩楹敞,无村眺望赊。
> 澄江平少岸,幽树晚多花。
> 细雨鱼儿出,微风燕子斜。
> 城中十万户,此地两三家。

7."迟日江山丽,春风花草香。"——闲适、恬淡,回归自然

杜甫在广德二年(764)于成都草堂作五言绝句,就是极富诗情画意的"以诗为画"的佳作,反映了诗人闲适、恬淡、回归自然的雅兴。如:

> 迟日江山丽,春风花草香。
> 泥融飞燕子,沙暖睡鸳鸯。

8."冻泉依细石,晴雪落长松。"——王维风格

杜甫的田园山水诗歌表现了作者在漂泊与困顿后息心于宁静,有许多诗歌蕴涵着

禅悦的优美意境,具有王维诗的风格。如大历二年(767)年所作的《谒真谛寺禅师》:

> 兰若山高处,烟雾嶂几重?
> 冻泉依细石,晴雪落长松。

　　黄白山评比说:"三、四句景中见时,与王右丞(王维)'泉声咽危石,日色冷青松。'(《过香积寺》)同一句法。然彼工在'咽'字、'冷'字,此工在'冻'字、'晴'字。"(见《杜诗镜铨·卷十七》)另一首《大觉高僧兰若》,杨伦也认为"风调颇似摩诘(王维)"。
　　9.“牛羊下来久,各已闭柴门。”——山村日暮
　　“淡”,是指杜甫晚年诗歌走向自然,追求自然恬淡的境界。杜甫受禅宗无住思想的影响,在咏物写景的诗歌中,塑造出自然平和、恬静淡雅的意境。如《日暮》云:

> 牛羊下来久,各已闭柴门。
> 风月自清夜,江山非故园。
> 石泉流暗壁,草露滴秋根。
> 头白灯明里,何须花烬繁。

三、结　语

　　杜甫是中国文学史上伟大的现实主义诗人,和李白齐名,世称“李杜”。但杜甫秉具殊胜的佛缘,其一生倾心于佛教。杜甫在崇儒之时,倾心于佛,他的诗蕴涵着般若思想。杜甫的诗现实主义的情感很突出,但在尘世生活的困苦、烦恼中,也时常萌发出世的感情。杜甫好似一只在深沉天幕上搏击翱翔的苍鹰,展击着出世和入世的双翼,始终游历在现实世界,以积极的入世精神,勇敢、忠实、深刻地反映了极为广泛的社会现实。更为难能可贵的是,杜甫无论处于何种险恶的形势下,他都没有对祖国和人民失去信心,被称为“诗圣”。全唐诗收其诗1445首,有《杜工部集》,在中华民族文化史上永远绽放着奇光异彩,激励着一代又一代炎黄子孙为振兴中华而奋勇拼搏!

参考文献:
[1]　朱学寿:《杜甫诗论与佛禅宗风》。
[2]　惕忱:《杜甫:中国传统文化的完美符号——对杜甫文化意义的深入思考》,《佛教研究》1998年第7期。
[3]　姜玉芳:《我诗故我在——杜甫与唐代文化》。
[4]　吕澂:《杜甫的佛教信仰》。

(释慧伯:《寒山寺》季刊副主编)

清政府对五台山藏传佛教的管理

宋 宇

缘 起

　　五台山作为我国四大佛教名山之首,其地位是僧俗两界所公认的。从地理位置上来说,五台山是四山中唯一位居北方的一处;从信仰上来说,五台山是四山中唯一融合汉传佛教和藏传佛教的一处;从民族上来说,五台山又汇聚了满、蒙、藏、汉等多个民族。五台山佛教历来为统治者所重视,清朝统治者更是利用五台山藏传佛教安抚西藏、怀柔蒙古,以达到团结蒙藏民族、维护政治稳定的目的。因此,对于清政府管理五台山藏传佛教的研究不仅具有历史意义,更具有时代价值。

　　五台山是文殊菩萨的道场,文殊菩萨是般若智慧的化身,是无量诸佛之母、无量菩萨之师。据文殊经典所载,在现世的娑婆世界中,文殊菩萨现身为释迦牟尼的左胁侍菩萨,协助释尊弘法度生,是四大菩萨之首。对于中国四大菩萨的应化道场,民间一直流传有:金五台、银峨嵋、铜普陀、铁九华之说,可见五台山在中国佛教界的重要地位。文殊菩萨不仅是大乘空宗的奠基人,而且也是密宗的肇始者之一,这使得文殊菩萨不仅在汉地得以推崇,也为蒙藏等少数民族倾心尊奉。密宗在唐代时已传入五台山,藏传佛教在五台山的传播始于元代,自蒙古蒙哥汗七年(1257)夏天,帝师八思巴奉祀于五台山千金佛像,祈愿文殊降福兴邦以来,标志着藏传佛教传入五台山,使五台山逐渐成为汉族地区藏传佛教盛行之处。自此,五台山就成了汉、满、蒙、藏、土等民族共同尊奉的佛教圣地。明朝时宗喀巴大师的弟子释迦也失来到北京觐见明成祖,使格鲁派与明王室建立了关系。他在五台山修建了五座黄教寺庙,标志着藏传佛教格鲁派正式传入五台山,对沟通藏汉、藏蒙关系起到了促进作用。

　　从藏传佛教初步接触五台山到清代黄教盛行,绝不仅仅是宗教原因,更重要的是政治因素。在五台山这块佛教圣地,从宗教这个侧面反映了西藏与中央王朝的隶属关系,反映了清朝统治者通过宗教绥柔蒙古的政策,也反映了统治者通过汉藏并存的信仰体系使汉、藏、蒙、满各民族和谐相处的局面。

一、清代诸帝对五台山藏传佛教的扶持

清代诸帝大多尊崇佛教,尤其是藏传佛教,优渥番僧,护持五台山佛教。同时,他们也清醒地认识到,五台山作为汉藏共存的文殊圣境,对蒙藏人民有着巨大的吸引力,因而将五台山作为联结和管理西藏政教的纽带、绥柔蒙古各部的桥梁,以此促进民族团结和国家统一。故此,清朝诸帝多次到五台山瞻谒金容,祈福满清王朝长治久安,积极支持五台山藏传佛教的发展,有意抬高蒙藏僧人的地位,发挥五台山藏传佛教的社会功能,将五台山视为绥柔蒙藏诸部,加强民族团结,巩固边防,安定社会秩序的重要工具。

(一)顺治对五台山佛教的护持

顺治皇帝是清朝十二位皇帝中对佛教最尊崇的一位,自号"痴道人"。顺治帝亲政后,于顺治九年(1652)十二月,敦请达赖五世到京,为了他在京期间居住,还建立了西黄寺,并颁赐金册、金印,敕封达赖五世为"西天大善自在佛所领天下释教普通瓦赤喇怛嘛达赖喇嘛"。此后,顺治帝又在京城召见了憨璞性聪、玉林通琇、木陈道忞、茆溪行森、旅庵本月、山晓本晰等汉传佛教高僧,并自称弟子,还敕封憨璞性聪为"明觉禅师",尊玉林通琇为国师。虽然顺治帝笃信佛教,但在治理国家时却说"外藩蒙古惟喇嘛之言是听"①,可见他清楚地认识到利用藏传佛教统治蒙古的重要性。

《清凉山志》曰:"阿王老藏,燕京西山之喇嘛也,姓贾氏……会大清定鼎,顺治初元,应诏入都,藏与同坛五人,摄齐受戒,有一上士,忽谛视曰:'此中有一五台主人。'从皆茫然,莫测所谓。及顺治己亥(即顺治十六年),藏果以兼通番汉膺选,乘传上主五台,总理番汉经典……厥后比岁赴觐阙廷,钦承天问,妙谛微几,既协皇情。而译事钩稽,尤邀特眷。是以殊礼异数,宠赉滋多。"一个在五台山总理番汉经典的喇嘛,却岁岁回朝,由皇帝亲自过问译事,足以见得顺治皇帝对五台山的重视与关心。

另《清凉山志》还记载:"老藏丹贝,蒙古大喇嘛也……时清室龙兴,世祖入关,定鼎燕都,褒崇佛法,雅慕高僧。己亥岁(顺治十六年,即1659年),诏众推选清凉山住持,佥举丹贝。庚子(顺治十七年,即1660年),卓锡兹山。辛丑(顺治十八年,即1661年),受钵莅众,重葺经堂。"一个五台山的住持,皇帝都要亲自选贤,可见在顺治帝心目中五台山地位之高。

在五台山至今仍流传着顺治帝于此出家的说法,对于顺治帝命阿王老藏、老藏丹贝驻锡五台山,传说是为了给皇帝在五台山出家充当先锋,但心愿未了,顺治帝就于顺治十八年正月初七病故于养心殿。对于顺治皇帝是否于五台山出家一事姑且不论,但他对五台山佛教的重视和护持,奠定了清代五台山的重要地位。

---

① 《清世祖实录》卷六十八,顺治六年(1652)九月初三。

(二)康熙五巡五台山

清圣祖康熙皇帝说:"朕惟清凉山,古称文殊大士演教之区也。兹山耸峙于雁门云中之表,接恒岳而俯滹沱,横临朔塞,藩屏京畿。其地风劲而高寒,层冰结于阴岩,积雪留于炎夏,故名清凉。然地虽寒,而嘉木芳草,蒙茸山谷,称灵异焉。五峰竦立,上耸霄汉,日月之所回环,烟霞之所亏蔽,苍然深秀,其为神阜奥区,盖自昔而已然矣。是以自汉迄今,历代皆有崇建,古刹精蓝,遍满岩岫。宇内称灵山佛土,最著者有三:峨嵋、普陀,而五台为尤盛焉。"①可见,在康熙帝心目中,五台山的地位要远远高于峨嵋、普陀两大名山,原因不仅在于五台山是文殊菩萨的道场,更在于康熙帝以五台山为纽带,利用藏传佛教安抚蒙藏人民。

康熙帝父母早逝,幼年登基,由祖母孝庄太皇太后和嫡母孝惠皇太后教育成人。这两位女性尤其是前者,在康熙帝人格的形成以及统治思想的建立上起到了至关重要的作用。两位皇太后都是蒙古人,且都笃信藏传佛教,由此亦能看出清朝统治者从努尔哈赤时代就开始一方面以结亲的策略笼络蒙古,另一方面则在思想上确立蒙古族可认同的意识形态,即扶持他们信仰的藏传佛教。康熙皇帝也非常重视对蒙古各部的绥柔,并且他清醒地认识到安抚蒙古对稳定大清江山的重要作用,他说:"怀远能迩之道,汉人不明斯义。本朝之不设边防,特以蒙古之部落为屏藩耳。"②他又说:"修筑长城,究属无益。我朝施恩于喀尔喀,使之防备于朔方,较长城为尤坚固也。"③怀柔蒙古不仅可以增强蒙古对清王朝的向心力,而且可以抵御外藩入侵,是一举两得的良策,而康熙帝安抚蒙古的主要策略之一就是"兴黄教以安众蒙古"。

康熙帝曾五巡五台山,分别是康熙二十二年(1683)二月、九月、康熙三十七年(1698)三月、康熙四十一年(1702)二月和康熙四十九年(1710)二月。其中有两次与孝庄皇太后有关,分别是康熙二十二年二月和同年九月的五台山巡幸。孝庄皇太后生于明万历四十一年(1613)二月初八,康熙帝第一次去五台山就是为祝太皇太后延寿道场。旧历二月五台山仍是冰雪时节,康熙帝亲登五顶一方面显示出其为太皇太后祈福的孝心,另一方面也说明五台山在这位圣君心目当中的重要地位。第二次即同年九月则是奉太皇太后孝庄文皇后和太后孝惠章皇后巡游五台山。当行近五台时,康熙帝命护驾侍从都勿杀生,遵守佛教戒律,亦可看出康熙帝对佛教的尊崇。康熙帝于十九日先抵菩萨顶,为太皇太后到来亲自检查准备工作的情况。二十二日康熙帝自菩萨顶至龙泉关迎太皇太后。因长城岭地势险绝,不能径上,于是康熙皇帝奏太皇太后,太皇太后曰:"予以积诚瞻礼五台,今行至此,遽尔中止,予心未安。明日至长城岭,如万不能登,可再酌行止。"④次日,康熙帝随太皇太后同行到长城岭时,因山势巉崿,险隘殊甚,

---

① 康熙皇帝:《御制清凉山志序》,中国书店出版社1989年版。
② [日]稻叶君山著,但焘译:《清朝全史》,上海社会科学院出版社2006年版,第35章。
③ [日]稻叶君山著,但焘译:《清朝全史》,上海社会科学院出版社2006年版,第35章。
④ 《圣祖仁皇帝实录》卷一七〇。

而太皇太后谕曰:"岭路矢险,予及此而上,积诚已尽。五台诸寺,应行虔礼者,皇帝代我行之,犹我亲诣诸佛前也。"①二十五日,康熙帝还菩萨顶。二十六日,康熙帝秉承太皇太后慈谕,代礼了五台诸寺,并发白金三百两,绵三百斤,命有司分给所过地方平民百姓。二十七日,康熙帝自菩萨顶返回京城。当时孝庄皇太后已年过七旬,仍虔诚跋涉朝礼五台山,不仅体现出她对藏传佛教的信奉、尊崇,也体现出清朝初期统治者有意抬高五台山的宗教地位。康熙帝于康熙三十七年三月第三次朝礼五台山时,有一世哲布尊丹巴呼图克图随行。哲布尊丹巴呼图克图是清代藏传佛教四大转世活佛之一,主管外蒙古黄教事务。康熙帝率领哲布尊丹巴巡礼五台山是为了扩大哲布尊丹巴在外蒙古的宗教势力,以削弱达赖喇嘛对喀尔喀蒙古的影响,实质上也是借此减弱第巴桑结嘉措在蒙藏地区的政教权力。

康熙帝五次朝礼五台山,共赐梵文藏经两部、匾额五十五块、作诗十五首、碑文二十余道,修葺寺院二十余座,赠送渗金佛菩萨像七尊,做各种法会八次,敕赐金银六千余两,赏送珍物,难以悉录。以上做法的目的就是祝釐国家繁荣昌盛,劝导百姓行善积德,怀柔蒙古、西藏以巩固统治地位。康熙皇帝一方面提倡尊孔读经,把传统的儒家思想作为御用工具,另一方面把以中道为主的佛教思想作为怀柔蒙藏、消除民族矛盾、加强安定统一的辅助工具,体现了其以儒治国、以佛治民的政治策略。

(三)雍正与五台山

雍正帝即位后,绳武圣祖,同样把儒家思想作为统治思想,把佛教作为教化民众的工具,并且体现出儒释一致的统治思想。雍正皇帝被公认为是清代诸帝中佛学造诣最高的一位帝王,他崇佛敬僧,尊崇喇嘛,交接禅僧,参究义理,对于禅学颇有参悟,自号"圆明居士"。

康熙四十一年(1702)二月,当康熙帝第四次巡幸五台山时,雍正皇帝胤禛曾以贝勒身份从行,至五台山瞻礼圣容,游览圣地。当他过龙泉关后,写下了《恭谒五台过龙泉关偶题》②律诗一首。本诗既写出了五台圣地与世俗红尘的不同,又反映了他对佛教的看法:"兵象销时崇佛像,烽烟靖始扬炉烟。治平功效无生力,赢得村翁自在眠。"在马上夺得天下后,就要用佛教文化来治理国家。此后他又写了《将至五台山月下作》、《清凉纪游一十四首》,记述了他在五台山的行履,反映了他对五台山佛教护持、利用的思想和对禅学研究的深厚功底。

(四)乾隆六巡五台山

乾隆帝同康、雍二帝一样礼遇藏传佛教高僧,敬仰五台山,尊奉文殊菩萨,于乾隆十一年(1746)九月下旬、乾隆十五年(1750)二月、乾隆二十六年(1761)二月、乾隆四十六年(1781)二月、乾隆五十一年(1786)二月、乾隆五十七年(1792)三月六次巡幸五

---

① 《圣祖仁皇帝实录》卷一七〇。
② 崔正森:《五台山诗歌选注》,中国旅游出版社1991年版,第56页。

台山,使五台山佛教臻于全盛。

乾隆帝学识渊博,汉藏满蒙四种文字兼通,在朝礼五台山时多次赐诗题额,制碑泐石,御书辰翰。其中仅乾隆十四年春,就有御制五台碑文八篇,御题五台寺庙联额五十一块。现在保存完好的御制碑还有菩萨顶的两座汉白玉四棱碑和殊像寺、黛螺顶御制碑;塔院寺大藏经阁《宝塔院作》壬子(乾隆五十七年,即1792年)季春御匾,观海寺《笑题明月池》壬子(同上)季春御匾,《镇海寺作四首》壬子(同上)季春下浣御匾,《显通寺》再依、三依、四依皇祖元韵御匾,己巳(乾隆十四年,即1749年)"心印毗昙"、"露表天诚"御匾,殊像寺己巳(同上)"大圆镜智"御匾和广宗寺一副楹联等。这些御制诗文和匾额都是他礼谒五台山的纪实。从这些历史遗迹中,足见乾隆帝对五台山的景仰与重视。

菩萨顶原名真容院,是五台山规模最大的黄教寺院,坐落于五台山灵鹫峰上,乾隆时期改为行宫,建造规格与皇宫等同,红墙琉璃瓦的建筑风格在五台山独树一帜。菩萨顶东禅院碑亭内有两座汉白玉四棱碑,上刻乾隆皇帝两首七言律诗,碑上分别用汉、满、蒙、藏四种文字雕刻。其中一首是乾隆帝第五次瞻礼五台山时所作,时章嘉国师率众喇嘛诵经接驾,并在菩萨顶大殿的文殊像前为乾隆皇帝举行祈愿法会,章嘉国师居于会众之首,并广做回向发愿佛事。之后,乾隆帝大加赏赐并即兴书曰:"开塔曾闻演法华,梵经宣教率章嘉。台称以五崇标顶,乘列维三普度车。萦缪抒诚陟云栈,霏微示喜舞天花。曼殊师利寿无量,宝号贞符我国家。"①由此诗看出,乾隆帝一方面将章嘉国师视为五台山黄教僧众的首领,另一方面借文殊宝号与清朝国号相符,象征着大清王朝几万年无量福祚。另一首《灵鹫峰文殊寺瞻礼偶效禅语》云:"六度重兹到五台,默符天地数中该。不期再至却常住,既日言归底幻来。大士如如据莲座,金容永永镇华垓。梵宗儒理本无二,七字因缘讵辩才。"②乾隆帝在这首诗中还附有注释,其中"金容永永镇华垓"乾隆自注:"乌斯藏进表皆称曼殊师利大皇帝。曼殊是佛妙观察智,而切音与满洲二字相近,瞻谒金容,实为国朝万年丕基之庆。"③乾隆皇帝以为曼殊乃满洲之谐音,便把文殊师利即曼殊师利说成是自己,并大加弘扬。"梵宗儒理本无二"体现出乾隆帝将儒家思想作为正统的统治思想,以佛教思想作为辅助工具,尤其是利用藏传佛教绥柔蒙藏的政治策略。历代帝王朝礼五台山御赐碑刻甚多,但像菩萨顶四棱碑用四种文字雕刻而成却只此一处,足以看出乾隆皇帝于细微之处体现满、汉、蒙、藏一家之心。

乾隆皇帝六巡五台,使五台山佛教发展到极盛,成为满、汉、蒙、藏等各民族共同尊奉的佛教圣地,从而巩固了五台山作为中国佛教重要弘法基地的历史地位,进一步扩大了五台山在蒙藏人民心目中的宗教影响,充分发挥了其联络蒙藏的枢纽作用,加强

---

① 乾隆皇帝:《至灵鹫峰文殊寺即事成句》。

② 乾隆皇帝:《灵鹫峰文殊寺瞻礼偶效禅语》。见崔正森、王志超:《五台山碑文选注》,北岳文艺出版社1995年版,第128页。

③ 乾隆皇帝:《灵鹫峰文殊寺瞻礼偶效禅语》。见崔正森、王志超:《五台山碑文选注》,北岳文艺出版社1995年版,第128页。

了蒙藏等少数民族与内地的文化交流,巩固了中央王朝的统治。

(五)嘉庆巡幸五台山

嘉庆十六年(1811)三月十八日,嘉庆帝由北京启銮,恭谒西陵,并巡幸五台山,住于菩萨顶行宫,受到了葛尔丹锡呼图克图和四世章嘉呼图克图二国师和五百番僧的合掌跪迎。期间,他同蒙古藩王一起瞻礼了涌泉寺、台麓寺、白云寺、殊像寺。嘉庆皇帝虽然没有巡礼五座台顶,但他却登上了黛螺顶,眺望了五座台顶的自然风光,写下了《五台赞碑文》。文中描写了各座台顶的特色,赞颂了五台山佛教,表现了嘉庆帝对祖国大好河山的热爱,也表现了他的佛学造诣。"佛法王道,原无异同"①;"佛具千相,予惟一心,出世住世,相为表里,殊途同归,非二理也"②。嘉庆皇帝的这一观点也充分反映了"儒佛融合"、"儒佛会同"的思想。

嘉庆帝此次巡幸还为五台山题写了碑记:"山西代州五台县清凉山,神京之右臂,佛菩萨度化众生显迹之福地也。……黄教为诸藩部倾心信仰,进关朝山顶礼者,接踵不绝,诚中华卫藏也。我朝肇基辽沈,国号满洲,而兹山供奉曼殊师利,同声相应,此中因缘真不可思议矣!……又携蒙古藩王同来,从其所欲,共谒梵寺,示中外一家之心,昭熙朝大同之治,非徒供游览悦豫也。"③从中反映出在嘉庆帝心目中,五台山不仅是文殊圣地,与大清宝号同音,还是"神京之右臂"、"中华卫藏",彰显了五台山重要的宗教地位与军事地位。

五台山古称清凉山,因其岁积坚冰,夏仍飞雪,曾无酷暑得名。从史料记载不难发现,清朝诸帝巡礼五台山的时间多为农历二月,二月的五台山仍是天寒地冻、白雪覆盖之时。然而二月对于佛教却是个非常重要的月份,如:二月初八日释迦牟尼佛出家、二月十五日释迦牟尼佛涅槃、二月十九日观世音菩萨圣诞、二月廿一日普贤菩萨圣诞,尤其二月十五释迦牟尼涅槃日,更是佛教的盛大节日。诸帝多选择二月亲临文殊道场,广做法会,虽然自然条件恶劣,但却以实际行动显示其对佛教的尊崇与信仰。

清代前期,五台山藏传佛教在清政府支持下发展到鼎盛,帝王敕建寺庙、御制诗文、碑文、匾额、联楹等留下了历史的见证,抬高了五台山藏传佛教的地位,安抚了蒙藏贵族,维护了各民族的团结统一,实现了大一统的政治局面。嘉庆帝以后清王朝开始走向衰落,虽然道光帝、光绪帝和慈禧太后也分别到过五台山,但由于国力衰退,巡幸次数与清代前期诸帝相比明显减少。

---

① 嘉庆皇帝:《五台赞碑文·东台》。见崔正森、王志超:《五台山碑文选注》,北岳文艺出版社1995年版,第136页。

② 嘉庆皇帝:《五台赞碑文·东台》。见崔正森、王志超:《五台山碑文选注》,北岳文艺出版社1995年版,第131页。

③ 嘉庆皇帝:《五台赞碑文·东台》。见崔正森、王志超:《五台山碑文选注》,北岳文艺出版社1995年版,第130页。

二、通过藏传佛教宗教领袖管理五台山

为了加强对西藏和蒙古的统治,清朝统治者非常注意尊重蒙藏人民的宗教感情,注重发挥政教合一制度下宗教领袖的积极作用,并懂得积极引导他们为维护国家统一和民族团结而努力。五台山作为内地的藏传佛教中心,吸引了诸多活佛前去朝礼,不仅有哲布尊丹巴一世、四世瞻礼,也有二世、三世章嘉常年驻锡,更有六世达赖于五台山得道的传说。清朝统领五台山番汉事务的前六任扎萨克大喇嘛均由皇帝亲自选派,从第七任开始,由西藏达赖喇嘛选派,并呈报中央政府批准方可任职。

(一)章嘉呼图克图与五台山

章嘉呼图克图是内蒙古地区藏传佛教格鲁派最大的转世活佛,是清代藏传佛教四大活佛之一,宗教地位举足轻重。清政府把章嘉活佛安排到五台山、多伦、承德、北京、甘肃、青海等地,是利用章嘉国师在蒙古、西藏、青海的宗教影响力巩固政权、维护统治。因五台山地处华北中心地带,又是高寒地区,与蒙藏等地气候环境相似,章嘉作为国师,长住于此,使五台山自然成为蒙藏佛教在内地的中心,也成为蒙藏僧俗向往朝拜的圣地。章嘉转世活佛至清末共传六世,从第二世开始,都曾在五台山镇海寺驻锡。清政府在五台山大兴黄教寺院,鼓励蒙藏僧人到五台山修习,目的也是为了扩大章嘉国师的宗教影响力和凝聚力。

1. 二世章嘉与五台山

二世章嘉是康熙朝国师,分管内蒙和京师的宗教事务,他不仅被康熙帝赞叹赏识,而且与时为皇子的雍正帝交往甚密,曾为雍亲王祈愿即位执政,雍正帝称二世章嘉为"证明恩师"①。康熙四十四年(1705)敕封为"灌顶普善广慈章嘉呼图克图大国师"给予敕印,为敕封章嘉呼图克图之始。

二世章嘉不仅发挥了其在蒙藏地区的宗教作用,还多次协助清政府处理蒙藏纷争:参加库伦伯勒齐尔会盟,解决喀尔喀蒙古与准噶尔部之间的争端;主持六世达赖喇嘛的坐床典礼;安抚青海两翼四十九旗,使之相继归附清朝。这一系列的政治活动不仅提高了章嘉呼图克图在蒙藏地区的宗教影响,也为章嘉活佛一系今后参与清政府政治活动奠定了基础。

章嘉国师曾受康熙皇帝之命在五台山改建、扩建罗睺寺、三泉寺、寿宁寺、玉花池、七佛寺、金刚窟、善财洞、台麓寺、普庵寺、涌泉寺、菩萨顶等寺庙,历时十年完工。康熙四十四年(1705),康熙帝敕令把这十一座寺庙由青庙改为黄庙,寺内佛殿塑像和陈设均按藏族风格重新更置,十一座寺院的汉族僧人也随之成为藏传佛教僧人。此举使五台山首次出现完全由黄衣僧聚居修行的寺院。

---

① [清]和琳、松筠等纂:《卫藏通志》,西藏人民出版社1982年版,卷首·御制语录后序。

二世章嘉在清廷活动二十余年,为维护祖国统一,密切中央王朝与蒙藏地区的关系作出了贡献。他确立了章嘉活佛一系在内蒙古等地藏传佛教领袖地位,对清王朝在漠南蒙古的稳定统治起到了重要作用。同时为章嘉活佛系统与清朝皇室之间的亲密关系奠定了坚实的基础,这直接为三世章嘉活佛若必多吉政教事业的顺利发展铺平了道路。

2. 三世章嘉与五台山

三世章嘉若必多吉生于康熙五十六年(1717)正月十五日,于康熙五十八年(1719)被确认为二世章嘉的转世灵童。次年,被迎至青海佑宁寺坐床,成为三世章嘉呼图克图,是雍、乾两朝国师,也是清廷重要的政治家。三世章嘉在五台山驻锡时间最长、建树最大。乾隆十五年(1750)二月,章嘉国师随同乾隆帝到五台山巡礼。自乾隆三十二年(1767)始,每年四至八月章嘉国师都要在五台山闭关静修金刚瑜伽,著书立说,弘法传教,直到乾隆五十一年(1786)四月圆寂于五台山。

章嘉国师每年四月至八月驻锡五台山,最初居于上善财洞、金刚窟、菩萨顶,后驻锡于镇海寺。在此期间,他还按照求法信众的意愿,讲授了显密经典、各种注疏典籍和道次、修心、生起圆满次第等显密教诫经典,并传授了各种灌顶之法。三世章嘉的弟子中,有贤圣转世的活佛、住持法座的大喇嘛、精通经卷的格西、潜心专修的行者、双语说法的固始、学通三藏的和尚、富有信财的施主及康熙皇帝的十一皇子、乾隆皇帝的五、六、八皇子等,及西藏、蒙古、安多、康区、汉地的喇嘛、和尚等。① 此外,他还有大量的论著流传于世,尤其是蒙藏两文的《清凉山志》,从不同的角度描写了五台山佛教历史、寺院概况、人物等,弥补了汉文的不足。他还根据《宗喀巴大师传》中"宗喀巴转生在五台山"的说法,指出宗喀巴"现在大约在叫庆宁寺的和尚庙中"②。章嘉的这一说法,虽系主观臆测,但却在一定程度上把五台山与藏传佛教联系得更加紧密。

章嘉国师不仅统辖内蒙古的所有黄教寺院,而且五台山的镇海寺等六寺也在其管辖之内。乾隆皇帝六次朝拜五台山,章嘉国师四次接驾,并曾率领全山僧众迎送。乾隆皇帝赐给全山僧众的财物,也由章嘉活佛分赐,如:乾隆五十一年(1786)二月,乾隆朝拜五台山时,"以(白银)万两交章嘉呼图克图,分赏五台各庙喇嘛,以为熬茶念经之用"③。乾隆四十六年(1781)乾隆帝第四次朝礼五台山,章嘉国师为乾隆帝在菩萨顶举行祈愿经会,章嘉国师居于中央,帝坐于其左首,念诵佛经。章嘉国师还广做回向发愿佛事。"诵经毕,按照惯例,章嘉国师及其数名徒众在大皇帝面前致颂辞,撒花瓣,献哈达。大皇帝说:'与胡图克图同坐在朕之座位上,朕便觉安乐。'说完,拉着章嘉国师之手,让章嘉国师与他坐在同一个宝座上。"④作为一国之君的乾隆帝对一名喇嘛如此尊崇,可见乾隆帝与章嘉国师的情意之深,并有意抬高章嘉的政教地位,以此树立五台

① 土观·洛桑却吉尼玛:《章嘉国师若必多吉传》,民族出版社 1988 年版,第 314 页。
② 土观·洛桑却吉尼玛:《章嘉国师若必多吉传》,民族出版社 1988 年版,第 314 页。
③ [清]徐继畬纂:《五台新志》,光绪版,卷首·巡幸。
④ 土观·洛桑却吉尼玛:《章嘉国师若必多吉传》,民族出版社 1988 年版,第 356 页。

山在内地藏传佛教中心地位,更好地安抚蒙、藏等少数民族地区信众。

乾隆五十一年(1786)三世章嘉圆寂,乾隆帝为纪念他,用七千两纯金建造了一座镶嵌无数珍宝的大塔,用以安放三世章嘉的遗体,遵照其遗愿,葬于镇海寺,并建灵塔以供后人瞻仰。此灵塔是融合汉、藏、蒙、印风格为一体的典型建筑,此后前往五台山朝山的喇嘛和蒙藏佛教徒均到此参诣。在清朝时期"蒙古王公常遣其属来熬茶"①,使得镇海寺"布施不绝,喇嘛甚多,富倍于他处"②。直到今日,该寺仍是五台山最著名的黄教寺庙之一。

虽然章嘉活佛在宗教地位上低于达赖喇嘛、班禅额尔德尼,但是由于清政府有意抬高忠诚于清廷的章嘉呼图克图的地位,并且章嘉活佛长年担任驻京掌印喇嘛,因此他的实际地位高于达赖和班禅两大活佛。章嘉呼图克图驻锡五台山,增强了五台山联系中央政府与蒙藏关系的纽带作用,使少数民族地区与清王朝的关系得到空前加强,为清代民族团结作出了巨大贡献,维护了内、外蒙古的稳定,也充分说明了五台山藏传佛教在凝聚蒙藏各民族情感方面发挥着举足轻重的作用,证明了五台山"中华卫藏"的地位。

(二)扎萨克大喇嘛与五台山

扎萨克大喇嘛全称"钦命管理五台山喇嘛事务掌印扎萨克大喇嘛",僧官二品。从顺治十六年(1659)阿王老藏"乘传上主五台,总理番汉经典"③驻锡五台山菩萨顶开始,依次为老藏丹贝、老藏丹巴、顶增坚措、丹生嘉措、老藏缺培、章木样旦增、缺培达计、陈赖达尔来、改利陈片尔、格鲁缺培、喇嘛尼嘛、章木样、扎亚、洛桑旦片、阿旺庆巴、章样摩拉、少巴春柱、降巴缺培、阿旺桑布、加禅桑布、罗桑巴桑、阿旺益西等二十三位大喇嘛。④ 其中前六人由京城崇国寺指派,其余均由西藏选派而来,每六年一任。从西藏选派至五台山担任扎萨克大喇嘛的人均从藏族或蒙族中选派出来,具有格西学位并且担任过"堪布"的喇嘛,他们既要经过达赖喇嘛的推选,还要得到清廷的认可,最后由皇帝敕封,方可任职管理五台山藏传佛教事务,与官制相当,其职向上隶属理藩院。

1. 扎萨克大喇嘛驻锡菩萨顶

清世祖入关登基后,就屡令藏传佛教僧人前往五台山开启护国祐民道场。顺治时期,五台山藏传佛教寺院的住持等职均由皇帝任命,并形成了委任扎萨克大喇嘛的制度。顺治十六年(1659),阿王老藏受命住持五台山真容院(即菩萨顶),督理番汉僧众,他被授予的职衔是"总理五台山番汉喇嘛",成为第一任扎萨克大喇嘛,为当时五台山佛教的最高领导人,从此扎萨克大喇嘛的驻锡之地菩萨顶也成为五台山汉藏佛教的中心。关于阿王老藏,据《清凉山志》载,他俗姓贾,燕京(今北京市)西山人,曾"赴觐

① [清]王昶:《台怀随笔》,见崔正森《五台山游记选注》,山西人民出版社1989年版,第48—62页。
② [清]王昶:《台怀随笔》,见崔正森《五台山游记选注》,山西人民出版社1989年版,第48—62页。
③ [明]释镇澄:《清凉山志》卷三,中国书店出版社1989年版。
④ 崔正森:《五台山佛教史》(下),山西人民出版社2000年版,第752页。

阙廷,钦承天问,妙谛微几,既协皇情。而译事钩稽,尤邀特眷。是以殊礼异数,宠赉滋多。"康熙十二年(1673)十二月,他在菩萨顶为圣祖玄烨举行了祝国佑民道场。康熙二十二年(1683)二月、九月,两次率领本寺僧众诵经迎驾,欢迎康熙巡台,被康熙帝封为"清凉老人",赏赐龙袍、貂座等物。他在五台山不仅修葺寺庙、新建禅堂,而且还整理番汉经典,为汉藏僧人学习研究佛典提供了方便之门,提高了五台山僧人的文化素质和佛学水平,促进了五台山藏传佛教的发展。

　　顺治十六年(1659),任命蒙古大喇嘛老藏丹贝(原居京师崇国寺)任五台山菩萨顶住持,协助阿王老藏管理番汉佛教事务。《清凉山志》云:"诏众推选清凉住持,检举丹贝。"①顺治十七年(1660),丹贝受命驻锡五台山菩萨顶。关于他的事迹《清凉山志》载,顺治十八年(1661)开始,丹贝多次重葺菩萨顶经堂,康熙帝朝台时,看到菩萨顶"金碧辉煌,苟虡璀璨,花台宝幢,尊严峻肃,异于他处,奖赉有加。"②康熙二十二年(1684)老藏丹贝又陈请菩萨顶大殿改覆碧琉璃瓦。为五台山藏传佛教寺庙的建设以及今后的发展提供了有利条件。

　　担任第三代"总理五台山番汉喇嘛"职务的是老藏丹巴,他是第一位出任此职的藏族高僧,他与师爷阿王老藏、师父老藏丹贝共同接待了多次来五台山巡礼的康熙皇帝。康熙三十七年(1698),康熙帝以其勤于五台山僧务有功,敕封"清修禅师"称号,康熙五十年(1711)又加封其为"提督五台山番汉扎萨克大喇嘛",赐予提督印、斩杀剑等物。他在五台山期间,不仅修葺了五台诸寺,还于康熙三十九年(1700)、康熙四十四年(1705)奏请朝廷为菩萨顶和台麓寺请回了梵书、藏经各一套,供藏传佛教僧人学习。老藏丹巴对五台山的另一贡献就是在明释镇澄所编《清凉山志》的基础上,经过调查考证、增删补缀,编辑了《清凉山新志》十卷。其中新增内容有:康熙新志序、御书匾额52块、御制碑文17篇、御制诗9首、阿王老藏谈经普说、同住规约、重修五台山真容院记和释朝揆的十首诗等。同时也订正了旧志中存在的一些问题,记述了五台山佛教近百年的历史。

　　此后几代扎萨克大喇嘛继任均奉命依次承袭,至第七任时,清朝中央政府开始令西藏达赖喇嘛选派高僧到北京,经审定后再派往五台山继任"提督五台山番汉扎萨克大喇嘛"一职。据史料记载,"五台山扎萨克喇嘛缺出,于由藏调京堪布内拣选,报院奏放。五台山所属各寺庙之达喇嘛缺出,由该扎萨克喇嘛处拣选,咨送京城喇嘛印务处,由掌印胡图克图考验,报院奏放"③。五台山菩萨顶扎萨克大喇嘛是从西藏选调,经京城掌印喇嘛考验,最后由中央政府批准方可上任。清政府还规定五台山"玉花池、寿宁寺、金刚窟、涌泉寺、七佛寺、三泉寺、善财洞、普安寺等八庙亦各设虚衔达喇嘛一名,缺出由五台山菩萨顶扎萨克喇嘛处拣选充补"④,说明菩萨顶下属各寺虚衔达喇嘛的选

① [明]释镇澄:《清凉山志》卷三,中国书店出版社1989年版。
② [明]释镇澄:《清凉山志》卷三,中国书店出版社1989年版。
③ [清]《理藩院则例》卷五十八,民族出版社2006年版。
④ [清]《理藩院则例》卷五十六,民族出版社2006年版。

派均由菩萨顶扎萨克大喇嘛决定。

有清一代帝王多次巡幸五台山,主要住在菩萨顶,在五台山藏传佛教寺院中,菩萨顶规模和权力最大,其次是罗睺寺和镇海寺,其余寺庙规模较小,它们成为清代直到民国时期五台山藏传佛教传播的重要场所。清朝中央政府还特派士兵常年驻守菩萨顶,严加护卫,"菩萨顶前后山门设官永镇,把总一员,马兵十名,步兵三十名,守护香火供器"①。一座寺院竟然常年驻兵把守,可见菩萨顶的作用已经远远超出了宗教范围,这里是五台山政权和教权相结合的最高机构。扎萨克大喇嘛驻锡于此也显示了其地位之高,备受清朝政府恩宠。

2. 利用扎萨克大喇嘛绥柔西藏

五台山扎萨克大喇嘛地位显赫,除享有管理五台山佛教寺院的权力外,还享受地方的进贡,清政府还授予他们提督印,斩杀剑,命山西全省州府县衙都向其进贡。此外,清朝中央政府定下制度,五台山只能埋葬本山黄教高僧,"凡喇嘛僧道、旗民蒙古人等之骨殖,不准送往五台山埋葬。如蒙古达喇嘛等,有愿将骨殖送往五台山埋葬者,由院具奏,请旨遵行"②。由则例亦能看出,五台山在蒙古人民心目中的崇高地位,他们以死后能将骨殖葬于五台山为荣,但清政府却严令禁止非五台山僧众葬于山内,就连蒙古达喇嘛想将骨殖葬于五台山也要报理藩院批准方可。菩萨顶扎萨克大喇嘛圆寂后,备受殊荣,清政府不仅批准在凤林谷建造扎萨克大喇嘛专有墓地,且墓地规格极高,每位扎萨克大喇嘛墓前立有高大石碑,碑盔雕刻双龙;中刻御制碑文,碑体四边或雕群龙云水,或龙凤莲枝,碑面刻有每位扎萨克大喇嘛的生平事迹,碑前设石供桌,享受四时追祷祈祀,碑群气势犹如皇室王公墓地。③

为何清政府会如此优礼五台山扎萨克大喇嘛?为何扎萨克大喇嘛从第七任起转由达赖喇嘛选派?究其原因,与当时西藏地区复杂的政教局势密不可分。清朝初年,西藏地区政局动荡,当地的政治势力与蒙古、新疆等地的政治势力有着错综复杂的关系,并常常引发争战;藏传佛教各教派之间(主要是黄教与红教之间)矛盾尖锐。此后随着黄教势力在西藏地区逐渐扩大,达赖喇嘛成为集政权与教权于一身的宗教领袖,清政府便采取了利用黄教宗教领袖统治西藏的政策。五台山是内地的小西藏,由达赖喇嘛选派扎萨克大喇嘛驻锡五台山,一方面能够安抚达赖喇嘛,巩固清政府在西藏的统治,另一方面能够抬高扎萨克大喇嘛的宗教地位,还可以扩大五台山在西藏地区的影响力。五台山又居神京之右,加强了西藏贵族、僧侣、信众对中央政府的依附感,稳定了边疆、巩固了中央政权。

清朝中央政府在五台山设置扎萨克大喇嘛一职,将管理五台山僧务的权力交给了蒙族和藏族喇嘛,不仅提高了蒙藏僧人在五台山的地位,而且创造了一个藏化的五台山,加强了西藏人民对中央政权的向心力。促进了五台山藏传佛教的发展,融洽了汉、

---

① [清]老藏丹巴:《清凉山新志》卷三,民族出版社 2000 年版。
② [清]《理藩院则例》卷五十九,民族出版社 2006 年版。
③ 黄灏:《五台山与藏传佛教》(下),《中国民族报》2003 年 9 月 26 日,第 3 版。

满、蒙、藏等民族关系,稳定了边陲秩序,为经济发展、文化交流创造了良好的条件。

(三)活佛礼谒五台山

有清一代,五台山不仅有章嘉国师、扎萨克大喇嘛驻锡,更有蒙藏活佛、高僧先后礼谒,如外蒙古最大的转世活佛哲布尊丹巴呼图克图一世、四世都曾瞻礼五台山,更有六世达赖喇嘛在五台山观音洞静坐六年得道的美丽传说,更加促进了五台山藏传佛教的发展,树立了五台山佛教圣地的形象,带动了蒙藏人民朝礼五台山的热潮。

1. 哲布尊丹巴朝礼五台山

哲布尊丹巴原为藏传佛教觉囊派转世活佛,后改宗黄教,直辖于达赖喇嘛,其称号"哲布尊丹巴呼图克图"即是由五世达赖喇嘛授予的。康熙帝为削弱达赖喇嘛在喀尔喀蒙古的宗教权力,特封哲布尊丹巴为"敷教安众大喇嘛",可乘黄车,代代相传,统领外蒙古佛教事务,使之成为格鲁派第三大活佛。

康熙三十六年(1697)康熙帝出塞亲征噶尔丹大胜回京时,外蒙古大喇嘛一世哲布尊丹巴呼图克图奉诏在张家口外的布尔噶苏迎驾,并随驾回京。次年康熙帝便携一世哲布尊丹巴赴五台山瞻礼文殊圣容,并同住菩萨顶。康熙帝如此礼遇哲布尊丹巴有其复杂的历史原因:五世达赖于康熙二十一年(1682)圆寂,但第巴桑结嘉措秘不发丧,仍借五世达赖之名发布政教命令,其间由于第巴暗中支持葛尔丹,还爆发了准噶尔部与喀尔喀蒙古的战争,喀尔喀战败后在哲布尊丹巴的带领下南下归附清朝。当康熙帝在1697年亲征葛尔丹时获悉五世达赖早已圆寂的消息后,第巴发现匿丧事件败露仓促迎请秘密寻找的转世灵童仓央嘉措于康熙三十七年(1697)正式坐床。在这种情况下,康熙帝命一世哲布尊丹巴迎驾,并率其朝礼五台山,目的就是抬高哲布尊丹巴的宗教地位,减弱达赖喇嘛在喀尔喀蒙古的宗教影响,实际上是削弱了第巴桑结嘉措的政教权力。

其后,四世哲布尊丹巴于嘉庆十七年(1812)抵京,因病没有返回外蒙,春节过后于返回外蒙途中转赴五台山朝拜。

一世、四世哲布尊丹巴朝礼五台山后,掀起了外蒙古僧俗朝拜五台山的热潮。清政府成功利用了外蒙古宗教领袖的影响力,团结了漠北上层贵族和普通百姓,巩固了清王朝在外蒙古的统治,五台山也成为连接内地与外蒙的纽带,凸显出五台山藏传佛教在清政府绥柔喀尔喀蒙古过程中的重要地位。

2. 六世达赖隐修观音洞的宗教意义

康熙二十一年(1682)五世达赖圆寂,第巴桑结嘉措秘不发丧,暗中寻找达赖之转世灵童,就这样仓央嘉措被认定为五世达赖的呼必乐罕。匿丧事件败露后桑结嘉措被迫于康熙三十五年(1696)公布了五世达赖的死讯以及仓央嘉措为转世灵童的消息。在这种复杂的政治局面下,仓央嘉措于康熙三十六年(1697)出家,同年十月二十五日迎于布达拉宫坐床。康熙四十四年(1705)桑结嘉措被拉藏汗执杀,仓央嘉措也随之被黜,解送北上。关于仓央嘉措的下落,一种说法是他于押解途中死于青海湖畔,另一种说法认为他没有死,后到达五台山,于观音洞静坐六年。牙含章在《达赖喇嘛传》中说:

"据藏文十三世达赖传所载:'十三世达赖到山西五台山朝佛时,曾亲去参观六世达赖仓央嘉措闭关静坐的寺庙。'根据这一记载来看,六世达赖仓央嘉措被送到内地后,清帝将其软禁在五台山,后来即死在那里,较为确实。"①五台山的人们也纷纷传说,六世达赖仓央嘉措于康熙四十五年(1706)被解送京师时,在途中的青海海滨隐遁,后至五台山避难,在观音洞坐静六年后得道。

六世达赖在五台山观音洞闭关一说在蒙藏人民中广泛流传,不论是真有其事,还是民间流传的故事,但是蒙藏信众心中不愿意承认六世达赖在24岁时就英年早逝,所以更多的人接受了仓央嘉措于观音洞静坐得道的说法。因此,朝礼五台山的蒙藏信众都渴望去观音洞一见六世达赖得道的石洞,饮一口达赖喇嘛闭关时曾喝过的泉水,至今五台山观音洞仍是蒙藏信徒虔诚瞻仰的圣迹。这一历史传说充分说明五台山在有清一代已成为西藏人民虔诚向往的圣地,五台山作为内地藏传佛教的中心,在蒙藏贵族和普通信众中都有着强大的吸引力。清政府正是利用了五台山的这一宗教特点,大力扶持五台山藏传佛教,以达到安抚西藏政教局势的目的。

清代,由于章嘉国师每年四月到八月在五台山修行,扎萨克大喇嘛常年驻锡菩萨顶,哲布尊丹巴一世、四世的先后朝礼,传说达赖喇嘛又曾在五台山静修,使得清代前期五台山的藏传佛教兴盛至极,在五台山藏传佛教史上留下了辉煌的篇章!

(四)清政府对五台山地区的宗教政策

五台山汉传佛教在经历了一千多年的积累、传播,至清朝时已是寺庙林立、僧侣如云,在中国佛教发展史上一直占据着重要的地位;藏传佛教自元代传入五台山,经过明朝的发展,使得五台山已逐渐成为蒙藏僧俗心目中倾心向往的圣地。在此过程中,五台山汉、藏佛教一直保持着互不干涉,独立发展的局面。清政府正是认清了五台山的这一宗教特点,才对其大加利用:在五台山广建黄教寺院,令汉传佛教僧侣改宗黄教,使五台山佛教历史上首次出现"汉喇嘛"现象,奠定了五台山汉、藏一家的基础,为今后五台山汉、藏佛教和谐共存提供了先决条件。此外,清政府不仅派扎萨克大喇嘛常年驻锡五台山,还派在京城地位颇高的章嘉国师驻锡五台山镇海寺,与菩萨顶扎萨克一同管理五台山僧俗事务,共同承担树立起五台山"中华卫藏"形象的重任,体现清廷对五台山藏传佛教的重视,而这一群封众建的政策实则是分散五台山宗教领袖的权力,利于朝廷的管理。清政府对于五台山藏传佛教的管理也充分体现出其对蒙藏地区的宗教政策。

清政府对待佛教总的政策虽然一样,但对汉传佛教和藏传佛教又不尽相同。清朝统治者一方面为了绥柔蒙藏,加强对蒙藏人民的思想禁锢,大力发展其笃信的藏传佛教,抬高蒙藏喇嘛地位;另一方面,清政府更是鼓励蒙古族人民出家为僧,以减少蒙古族人口数量,从而削弱蒙古族对清政权的威胁。在清朝入关之前汉传佛教已经经历了数代更迭,发展相对平稳,因此清廷对于汉传佛教的重视程度逊于藏传佛教,这一点在

---

① 牙含章:《达赖喇嘛传》,华文出版社1999年版,第6页。

清政府对五台山佛教的管理上也有所体现。清朝治理五台山佛教的总体方针是：大力扶持藏传佛教,适当控制汉传佛教。使得有清一代五台山藏传佛教蓬勃发展的同时,汉传佛教发展相对缓慢。这一举措虽然减弱了五台山汉传佛教的势力,但这种局面的形成却使得五台山汉、藏佛教势力得以平衡。清政府有意抬高五台山藏传佛教的地位,目的是将五台山塑造成藏传佛教圣地以怀柔蒙藏,具体措施除了清朝诸帝多次巡幸五台山外,还有利用章嘉国师驻锡镇海寺以安抚蒙古各部、达赖系扎萨克大喇嘛驻锡菩萨顶以绥靖西藏地区。

1. 缓慢发展汉传佛教

清王朝建立之初就继承了中国历代皇朝的传统,不仅将儒家思想作为统治者的御用工具,还根据当时的实际情况,辅以藏传佛教绥柔蒙藏,而对汉传佛教的发展就相对有所控制。原因在于,汉传佛教是汉地固有宗教,且汉族人口远多于满族,满清贵族入主中原后汉传佛教的发展对其巩固中央集权不利。另一方面,明朝遗民大量流入寺院为僧,增加了部分汉僧对清王朝统治的不满。因此,清政府便采取了抬高藏传佛教、控制汉传佛教的宗教政策。

清朝入关之初,康熙帝就下令将五台山的十一座青庙改为黄庙,汉族僧人也改宗为喇嘛。这样做虽然减弱了五台山汉传佛教的势力,但是和尚改宗喇嘛,实际上仍然是汉族僧人,变化的只是服饰和修行方法,且当时五台山藏传佛教僧人实际上仍然以汉族人居多,这为五台山今后汉藏佛教的和谐共存奠定了人力基础,也是清政府管理五台山汉藏佛教的明智之举。五台山"汉喇嘛"的出现充分体现了五台山汉、藏佛教相互交融的特点,时至今日,如五台山塔院寺、集福寺等黄教寺庙仍然以汉族僧侣居多,他们在服饰与修行方式上既有别于汉传佛教僧侣也有别于蒙藏喇嘛。具体而言：在服饰上,既不同于青衣僧服,也不同于蒙藏喇嘛的红衣僧服,而是搭黄裙;在修习上,经文大多将蒙文、藏文经典音译为汉语,形成了"汉喇嘛"的独特风格。这一特殊的僧团也成为连接五台山汉传佛教和藏传佛教的纽带。

随着十一座青庙改成黄庙、和尚改宗喇嘛,减弱了五台山千百年来汉传佛教的发展势头,加快了藏传佛教的发展。据光绪版《五台新志》记载：康熙帝年间,五台山有黄庙10座;到雍正帝时期,五台山已有规模宏大的黄庙26座,黄衣僧1000余人;嘉庆帝时期,仅菩萨顶就有喇嘛561人,最盛时黄衣僧达到3000余人。[①] 这充分体现了清政府管理五台山汉藏佛教的宗教政策,即：分散汉传佛教势力以抬高藏传佛教地位,确立五台山在蒙藏信众心目中的圣山位置。使五台山成了连接青藏高原、蒙古草原和中原内地之间的一座特殊桥梁。

清朝五台山汉传佛教虽然发展缓慢,但藏传佛教的蓬勃兴盛也带动了汉传佛教的发展。例如皇帝多次巡幸,在对藏传佛教寺院大加赏赐的同时对汉传佛教的主要寺院也赏赐金银匾额等;此外,清代除蒙藏高僧朝礼五台山之外,汉传佛教高僧也纷纷在五台山著书立说、建立道场,在一定程度上促进了五台山汉传佛教的

---

① ［清］徐继畬纂:《五台新志》,光绪版。

发展。清政府对五台山汉传佛教寺庙的管理,不同时期采取了不同的政策。清初,清朝贵族初入中原,对五台山汉传佛教的情况尚未完全了解,遂采取控制手段,寺庙统一由扎萨克大喇嘛管理。随着清王朝政权的不断巩固,以及五台山汉传佛教僧侣对清廷的依附,清政府在五台山设置"五台山僧刚司"来管理青衣僧事务,即管理以显通寺为首的数十座汉传佛教寺庙。但对于一些重大事务,僧刚司还是会与扎萨克大喇嘛协商解决。这在一定程度上形成了五台山汉、藏佛教分而治之、互不干涉的局面,有利于两派平行发展,为三百多年来五台山汉藏佛教的和谐共存提供了有利条件。

2. 章嘉、扎萨克共同管理,互相牵制

清代为了加强对五台山藏传佛教寺院的管理,将其分为两类:一类是由西藏达赖喇嘛选派的扎萨克大喇嘛管辖的二十一所寺院有:菩萨顶、罗睺寺、广仁寺、广宗寺、台麓寺、普寿寺、寿宁寺、七佛寺、三泉寺、三塔寺、观音洞、玉花池、铁瓦寺、涌泉寺、鱼耐庵、南阁庙、普庵寺、宝华寺、圆照寺、集福寺和慈福寺,驻于菩萨顶;另一类是由章嘉活佛管辖的镇海寺、普乐院、善财洞、广化寺、文殊寺和金刚窟,驻于镇海寺。

扎萨克大喇嘛在管理全山番汉事务时,主要侧重于藏传佛教寺庙的僧务管理,即管辖以菩萨顶为中心的藏传佛教寺庙。由于扎萨克大喇嘛自第七任开始便由西藏达赖喇嘛选派,因此其所管辖的寺庙多属于西藏达赖系统,僧人也以藏族喇嘛居多。乾隆帝时命章嘉国师每年四月至八月驻锡镇海寺,并将以镇海寺为中心的六座寺院归章嘉国师管辖。由于章嘉系内蒙古地区最大的转世活佛,并且在甘肃、青海等地都有较大的宗教影响,因而章嘉国师管辖的这些寺院主要属于内蒙和甘青系统,僧人以蒙古族喇嘛居多。虽然两系统在原则上都在扎萨克大喇嘛的管辖内,但是因为章嘉国师政治、宗教地位的不断提高,以镇海寺为代表的蒙甘青系统也逐渐自称体系。但作为京城掌印大喇嘛的章嘉国师以客自居,仍然十分尊重钦命扎萨克大喇嘛的权威和领导,从而保证了五台山藏传佛教整体的稳定与和谐。

清政府派扎萨克大喇嘛和章嘉国师共同驻锡五台山不仅有其宗教原因,也有政治原因。宗教原因:五台山临近京师,地理位置重要,清代以来藏传佛教发展迅速,吸引了大量蒙藏僧俗前去修习、朝礼,命章嘉和扎萨克二人共同驻锡此地,防止宗教权力落于一人之手,有利于五台山地区的稳定。政治原因:清廷命扎萨克大喇嘛驻锡于菩萨顶行宫也是有意安抚西藏达赖喇嘛,因为扎萨克是由达赖喇嘛选派报清廷审批前往五台山主理番汉事务的,因此清朝政府优礼扎萨克大喇嘛也就是优礼达赖喇嘛,对安抚西藏的稳定有辅助作用。章嘉国师是清朝政府一手扶持起来的蒙古族活佛,在蒙古乃至甘青地区都有极大影响,与达赖、班禅也有密切交往。章嘉国师驻锡五台山镇海寺不仅能够增强蒙族信众对清政府的向心力,加强中央对蒙古地区的统治,还可以监督、制约扎萨克大喇嘛。

清政府对于藏传佛教的管理一直采取"众建以分其势"的宗教政策,连五台山也是如此。扎萨克大喇嘛和章嘉国师驻锡五台山,不仅可以共同管理五台山番汉事务,还起到了分散教权、互相监督、牵制的作用,同时也安抚了西藏、蒙古两地,促进了蒙、藏人民与汉族人民的情感交流,融洽了民族关系,巩固了民族团结,稳定了政治统治,同时也为促进民族间经济发展和文化交流创造了良好条件。清政府管理五台山佛教的种种政策说明清朝统治者对五台山藏传佛教的高度重视,以及五台山在沟通中央政府与蒙藏地区关系中所扮演的重要角色。

三、结　语

汉传佛教各个宗派自唐宋以来,纷纷在五台山建立道场,形成诸宗合流的局面;元代时藏传佛教传入,至此,五台山佛教走上了汉藏佛教共存的独特发展之路;明代帝王的尊崇和大宝、大乘、大慈三大法王的朝礼,为清代五台山藏传佛教的兴盛奠定了基础。清代时,藏传佛教在五台山的发展已趋于成熟,清政府对五台山藏传佛教的重视与扶持,使其逐渐成为藏传佛教在内地的中心。清代的五台山,不仅融会了汉、藏两大佛教,也吸引了满、蒙、藏等少数民族信众的朝拜,在如此复杂的民族宗教情况下,五台山佛教一直能保持其健康、有序的发展,这与清政府采取的独特的宗教管理政策密不可分。

参考文献:

[1]　《清史稿》,中华书局1989年版。

[2]　《清实录》,中华书局1985年版。

[3]　《清朝通典》,商务印书馆1935年版。

[4]　[唐]释慧祥:《古清凉传》,《大藏经》第51册。

[5]　[宋]释延一:《广清凉传》,《大藏经》第51册。

[6]　[宋]张商英:《续清凉传》,《大藏经》第51册。

[7]　[明]释镇澄:《清凉山志》,中国书店出版社1989年版。

[8]　[清]老藏丹巴:《清凉山新志》,民族出版社2000年版。

[9]　《清高宗御制诗文全集》,中国人民大学出版社1996年版。

[10]　[日]稻叶君山著,但焘译:《清朝全史》,上海社会科学出版社2006年版。

[11]　[清]崑冈、等修:《钦定大清会典》,上海古籍出版社1995年版。

[12]　《理藩院则例》,民族出版社2006年版。

[13]　《钦定西藏章程》,乾隆朝。

[14]　[姚秦]竺佛念译:《菩萨从兜术天降神母胎说广普经》,《大藏经》第12册。

[15]　[清]王轩等:《山西通志》,中华书局1990年版。

[16]　[清]徐继畲纂:《五台新志》,光绪版。

[17]　[清]释妙舟:《蒙藏佛教史》,江苏广陵古籍刻印社1993年版。

[18]　土观·洛桑却吉尼玛著,陈庆英、马连龙译:《章嘉国师若必多吉传》,民族出版社1988年版。

[19]　牙含章:《达赖喇嘛传》,华文出版社1999年版。

[20]　张羽新:《清政府与喇嘛教》,西藏人民出版社1988年版。

[21]　于本源:《清王朝的宗教政策》,中国社会科学出版社1999年版。

[22]　杨健:《清王朝佛教事务管理》,社会科学文献出版社2008年版。

[23]　崔正森:《五台山佛教史》,山西人民出版社 2000 年版。

[24]　崔正森、王志超:《五台山碑文选注》,北岳文艺出版社 1995 年版。

[25]　崔正森:《五台山诗歌选注》,中国旅游出版社 1991 年版。

[26]　崔正森:《五台山游记选注》,山西人民出版社 1989 年版。

（宋宇:北京市朝阳区亚运村安苑里社区干部）

禅宗自由思想研究综述

陈　洁

　　学界一般认为,作为宗教的禅宗成为一门严格现代意义上的科学研究,始于 20 世纪初期。从研究角度、方法和内容来看,20 世纪中国禅宗研究大体上可以分为三个时期:(1)上半叶时期,产生和蓬勃发展阶段。(2)50—80 年代,相对停滞阶段。(3)下半叶后 20 年至今,复苏和进步阶段。①

　　在第一个时期,日本学者忽滑骨快天、铃木大拙、宇井伯寿、矢吹庆辉等人都曾在中国禅宗研究领域做了最初的努力。中国学者钱穆、陈寅恪、蒙文通、梅光羲、陈铭枢、欧阳竟无、罗福成、朱自清、吕澂、任继愈等人也发表了不少心得②,其中胡适的研究成果较显著,影响较大。在僧界,法舫、东初、圆瑛、太虚等人出版了不少经解注疏。总之,据《禅宗辞典》③附录"禅宗研究论文及著作目录"所载,到 1950 年为止,共有论文 60 篇,著作 2 本。

　　因为近代佛学复兴是从唯识宗的研究开始的,禅宗在宗派研究中只是屈居第二的位置。即使在禅宗的研究中,也因为这一时期研究的特点是历史学和文献学的方法为主,所以多是历史考据和钩沉,胡适的禅学实证主义研究基本上只是史实和文本的考据,没有义理的阐释。忽滑骨快天的《中国禅学思想史》④里面,所有的"自由"都是作为引语和日常词汇使用的,而不是哲学概念。印顺的《中国禅宗史》⑤亦然,一共只有 4 处提到"自由"一词,其中 2 处作为《坛经》的引语,2 处作为日常词汇使用。可以说,"自由"在这一时期不受重视,只是用来形容禅宗追求的人生境界,也没有讨论禅宗自由观的文章或著作内容。

　　准确地说,这一阶段对禅宗的自由思想提得并不少,但其中有历史的原因。近现

---

　　①　佛教研究的三段分期是普遍共识,如方立天在《中国大陆佛教研究的回顾与展望》(《普门学报》第 7 期)、黄夏年在《中国大陆禅宗研究十五年》(《佛学研究》1994 年刊)中都持此观点。

　　②　比这些人略早一些的中国禅宗研究者还有蒋维乔、黄忏华等,他们都写了各自的《中国佛教史》,后者还有《佛学概论》问世。但是这些著作都是在对日本佛学著作进行编辑的基础上写成的,受日本研究影响的痕迹太深。所以我个人认为,不能标志中国现代意义上的佛教学术研究的开始。

　　③　袁宾编:《禅宗词典》,湖北人民出版社 1994 年。

　　④　[日]忽滑骨快天著,朱谦之译:《中国禅学思想史》,上海古籍出版社 1994 年。

　　⑤　印顺:《中国禅宗史》,江西人民出版社 1999 年 2 版。该书的出版虽然较晚,但是因为其成熟时间和思想形成在前,故本文将该书算作第一个时期的研究成果。

代的有识之士希望佛教能变成一种新的精神武器,指引中国人民战胜外侮,走向独立富强。于是关注的是佛教教义中能借用来为政治服务的那部分,康有为、梁启超、谭嗣同、章太炎、胡适都曾在这个意义上提到禅宗对自由和独立人格的追求,但这些具有战斗性的文章①显然不能作为今天学术研究的基础和借鉴成果。

　　第二个时期的研究基本上都是结合中国哲学史的教学,应用历史唯物主义的方法研究佛教思想,以哲学和历史学的研究方法运用较多。成果则以介绍性质的文章为主,禅宗仍然不是重点。事实上,禅学研究在1957年以后就渐趋消沉,1967到1973年间,没有发表过一篇宗教性文章。据《中国大陆宗教文章索引》②统计,从1949至1966年间,中国内地共发表佛教方面的文章1003篇,平均每年59篇。需要说明的是,这一统计数据包括了大量介绍性的弘法文章,笔者认为真正称得上学术论文的不足600篇,其中禅宗论文50篇,专著没有,涉及了禅宗人物、宗派、经典、公案、思想几大部分,但没有涉及到禅宗思想中的自由观。完成于这一时期的巨著,英文版佛教百科全书有关中国佛教的条目,经整理编辑后单独出版③,内容包括历史、教义、宗派、人物、典籍、仪轨制度、中外佛教关系等,极富学术价值,但在洋洋四百余篇、二百多万字的著作中,自由的地位仍然没有改观,没有一篇关于自由思想的文章。

　　第三个时期是繁荣和成果显著的时期,文化学、哲学、历史学与社会学等研究方法层出不穷,研究成果不断涌现。据不完全统计,仅1996—1998年间,大陆各类报刊杂志发表的关于佛教研究的文章共计3300多篇,出版的各类佛教著作近400种,平均每年发表的研究成果相当于建国初至文革前的总和。由此可见这一时期的研究盛况。

　　这一时期的佛教研究,涉及禅宗自由思想的,主要从三个角度切入:禅宗宗派研究④、佛教哲学研究⑤、中国佛教史研究⑥。

----

① 可以太虚的《自由史观》为代表。
② 王雷泉:《中国大陆宗教文章索引》,东初出版社1995年版。
③ 《中国佛教》,知识出版社出版。第一册,1980年;第二册,1982年;第三、四册,1989年。
④ 禅宗宗派研究历来受重视。从19世纪下半叶起,日本的今北洪川、释宗演就全力兴禅,至铃木大拙完成新禅学,并传到西方。20世纪80年代,"禅宗热"(Zan Boom)从德国开始,传播至整个欧美世界,铃木大拙因此成为世界名人,被誉为"世界禅者"。随即,中国在20世纪末也一度出现了"禅宗热"、"禅宗文化热",阐述禅宗的重要著作纷纷问世。重要著作有顾伟康的《禅宗:文化交融与历史选择》、杜继文、魏道儒的《中国禅宗通史》、葛兆光的《中国禅思想史——从6世纪到9世纪》、吴立民和徐苏铭主编的《禅宗宗派源流》、杨曾文的《唐五代禅宗史》、潘桂明的《中国禅宗思想历程》、洪修平的《禅宗思想的形成与发展》和《如来禅》、董群的《祖师禅》、方广锠的《印度禅》、邢东风的《禅悟之道》等。
⑤ 最早的有田光烈的《玄奘及其哲学思想中之辩证法因素》和任继愈的《汉唐中国佛教思想论集》,后来有严北溟的《中国佛教哲学简史》、方立天的《佛教哲学》、姚卫群的《佛教般若思想发展源流》、赖永海的《中国佛性论》等。
⑥ 这一直是中国佛教研究的重点,主要成果有汤用彤的《汉魏两晋南北朝佛教史》、《隋唐佛教史稿》,吕澂的《印度佛学源流略讲》、《中国佛学源流略讲》,任继愈主编的《中国佛教史》(1—3卷),郭朋的中国佛教通史系列,杜继文主编的《佛教史》是大陆第一部对全世界佛教的发展历程做综合性研究的专著。佛教现代化方面,有邓子美的《传统佛教与中国现代化》、何建明的《佛法观念的现代调适》、陈兵和邓子美合著的《二十世纪中国佛教》、徐苏铭的《世纪佛缘》等。

其中,佛教史研究中讲禅宗自由思想和自由精神的,因为不是论述的重点,所以大多只是泛泛的提到了禅宗对自由的追求和理解,所言区别不大,说到自由的表现就是随缘任运,说到获得自由的方式就是开悟、非二元对立、非思量、实相般若的直接证悟、转识成智与即心成佛等。研究的成分不多,可以作为资料引用的也有限。关于第二部分,目前还没有专门的禅宗哲学研究,但在佛教哲学中都涉及了禅宗思想,包括其自由观。禅宗宗派研究中关于自由的论述则相对集中和深入。可以作为主要参考的多来自第一、二部分的论著。

目前,已有的禅宗自由思想研究主要包括四个方面的内容:(1)自由思想在佛教教义中的历史定位。(2)自由的表现及其性质(何谓自由)。(3)获得自由的方式及其评价(如何自由)。(4)与别的自由观比较,如与康德、黑格尔、萨特、海德格尔的自由思想比较,儒释道自由观比较等。现分述如下:

一、自由在禅宗思想中的地位

大多数学者都肯定自由思想在禅宗甚或佛教中的极端重要性。禅宗以追求自由和解脱为根本宗旨这一点,现在已经被普遍认定,并不乏充分和直接的论述。业露华认为,"禅的修行,最大的特点就是追求精神上的绝对自由"①。印顺多次强调,"学佛的最后目标,是超出这轮回,解脱生死,成为大自由的圣者"②。"成佛,是体悟真理,实现自由。"③杜继文也认为,"我认为追求绝对自由实是全部佛教的出发点和最终归宿。"④"佛教的全部教理,在于于驱逐必然中,获取绝对自由。"⑤冯友兰在提到一个"过水不湿脚"的公案后评论说:"做事而不黏滞于事,不为事所累。圣人即使这样的自在人,禅宗亦称为自由人。"⑥修习佛教的西方学者也认为,"自由有时候就是一种稳定和没有恐怖的(生命或精神)状态"⑦,而"佛教是一条路,得救的路,引向觉醒(eveil)的路,是一种方法,通过紧张的心理和精神劳动而达到解放的手段"⑧。

---

① 业露华:《百丈怀海与中国禅宗之发展》,载于《佛教与历史文化》,宗教文化出版社2001年版。
② 印顺:《妙云集》下编之五《青年的佛教》,正闻出版社1992年修订一版,第186页。
③ 印顺:《妙云集》中编之一《佛法概论》,正闻出版社1992年修订二版,第53页。
④ 杜继文:《佛教哲学中的自由与必然问题》,载于《佛教与历史文化》,宗教文化出版社2001年版,第55页。
⑤ 杜继文:《佛教哲学中的自由与必然问题》,载于《佛教与历史文化》,宗教文化出版社2001年版,第47页。
⑥ 冯友兰:《中国哲学史新编》(中卷),人民出版社1998年版,第670页。
⑦ David J. Kalupahana, *A History of Buddhist Philosophy – continuities and discontinuities*, University of Hawaii Press, 1992, pp.65. 原文是 Freedom is sometimes referred to as a state of stability and as a state in which there is no fear from any quarter, Achieve peace, avoid conflict.
⑧ [法]让·弗朗索瓦·勒维尔 马蒂厄·里卡尔著,陆元(永日)译:《和尚与哲学家——佛教与西方思想的对话》,江苏人民出版社2000年版,第113页。

所有这些讨论中,有时在用词上略有不同。有些时候,"解脱"和"自由"会在同等意义上被使用,如"悟的境界是追求对人生、宇宙的价值、意义的深刻把握,也即对人生、宇宙的本体的整体融通,对生命真谛的体认。这种终极追求的实现,就是解脱,而解脱也就是自由"①。成东娥和熊伟的论文《通向最高"自由"之路——南禅"解脱论"研究》②中,解脱和自由两个词基本上是可以互换的。印顺则更愿意用"解脱"来代替"自由"一词,他认为所谓"自由",就是从束缚和羁绊中"解脱"出来,解脱是过程,自由是结果。禅宗的"解脱"就是佛教的成佛,而成佛,正是佛教的根本目的。"佛的境地,也就是绝对平等,绝对自由的圣域。"③

除了"解脱","无限"有时候也成为与自由同构的用词,如冯焕珍的《于有限中体认无限之境——试论慧能禅的境界追求》④中就是这样。方立天在《心性论——禅宗的理论要旨》中说:"禅宗作为佛教的一个流派,归根到底也是讲如何了生死,如何解脱,如何成佛的问题。人既是自然的一部分,又是从自然分裂出来的独立主体。向往与自然同样具有永恒性、无限性,向往与自然的同一,是人的最深沉、最强烈的内在心态。"⑤我曾当面请教过方先生,这里的"无限"是否就可以按照字面理解为没有限制,由自己决定,意即自由,他认为可以。

学者们大多认为,禅宗的自由精神对于现代社会和人生有其积极作用,认为"禅宗精神是一种超越精神……追求思想解放,追求心灵自由是禅宗的终极目标。禅宗精神的合理内核,对认定现代人生的价值坐标和道德规范,提高人们的文化品位和精神境界都可能起一定的积极作用,这也是禅宗对现代生活的贡献"⑥。

二、自由的表现及其性质问题

凡是谈到禅宗,几乎所有的著述都描述了其自由精神和境界。杜继文、魏道儒的《中国禅宗通史》⑦、葛兆光的《中国禅思想史——从 6 世纪到 9 世纪》⑧、吴立民和徐荪铭主编的《禅宗宗派源流》⑨、杨曾文的《唐五代禅宗史》⑩、潘桂明的《中国禅宗思想历

---

① 方立天:《禅·禅定·禅悟》,《中国文化研究》1999 年秋之卷,总第 25 期。
② 《唐都学刊》2000 年第 4 期。
③ 印顺:《妙云集》下编之四《净土与禅》,正闻出版社 1992 年修订一版,第 139 页。
④ 《宗教学研究》1999 年第 1 期。
⑤ 载于《中国文化研究》1995 年冬之卷(总第 10 期),第 7 页。
⑥ 陈超:《禅宗精神及其对现代人生的意义》,《福建教育学院学报》2000 年第 3 期。
⑦ 江苏古籍出版社 1993 年版。
⑧ 北京大学出版社 1995 年版。
⑨ 中国社会科学出版社 1998 年版。
⑩ 中国社会科学出版社 1999 年版。

程》①、洪修平的《禅宗思想的形成与发展》②、和《如来禅》③、董群的《祖师禅》④、方广錩的《印度禅》⑤、邢东风的《禅悟之道》⑥、任继愈主编的《中国佛教史》一、二、三卷⑦，郭朋独自完成的中国佛教通史的系列著作、龚隽的《禅学发微——以问题为中心的禅思想史研究》》⑧、印顺和铃木大拙的很多著述……，无一例外。自由境界一般被描述成无心、无我，无思无欲，无任何思虑和分别的作用，离一切形相、离一切差别，是一种不执著、不滞碍、超越、无限、绝对的自由境界，"悟入平等空性，契入绝对的实相，才能得大解脱，大自在。如莲华的不染，如虚空的无礙一样。实现了永恒的安乐，永恒的自由，永恒的清净（常乐我净）：名为成佛"⑨。一旦"豁然开朗""桶底子脱"，就回归了人的"本来面目"，"心得无限自在，不为生死苦迫所累"⑩，以及一定程度宗教性质的带有神秘色彩的高峰体验。方立天认为，禅宗追求的自由，是人心的自由，或者说是自由的心态。这种自由不是主体意志的自由，而是意境的自由，表现为以完整的心、空无的心、无分别的心，去观照、对待一切，不为外在的一切事物所羁绊，所奴役，不为一切差别所拘系，所迷惑。自由的意义对禅宗来说，就是要超越意识的根本性障碍，这个障碍就是个体生命与万物、时间、空间的差别、隔阂、矛盾，以求在心态结构的深处实现个体与整体、短暂与永恒、有限与无限的统一，使人由万物、时间、空间的对立者转化为与万物、时间、空间的和谐者。⑪

在所有上述这一类的描述中，研究的成分很少。真正有关这一部分的研究，从铃木大拙的《禅与心理分析》之后，则多与现代心理学、医学、生命科学等前沿学科交叉，而且大多是非佛教研究学者做出的，如心理学家荷妮在其著作《自我的挣扎》中就多次用禅宗的思想来说明"较缺乏建设性"的心理症患者如何摆脱病态心理，不要使"他是他自己以及他生活中的旁观者"⑫。

我个人尚未看到佛教学者在这方面的研究专著，应该说这方面的研究还只是一个趋向，到目前为止，成果并不明显。

---

① 今日中国出版社 1999 年版。
② 台湾佛光出版社 1991 年版，江苏古籍出版社 1992 年版。
③ 洪修平等著，浙江人民出版社 1997 年版，台湾圆明出版社 1999 年版。
④ 浙江人民出版社 1997 年版。
⑤ 浙江人民出版社 1998 年版。
⑥ 中国人民大学出版社 1992 年版。
⑦ 中国社会科学出版社 1981—1988 年版。
⑧ 收入江灿腾主编《佛教文化丛书》之十，台湾新文丰出版公司印行，2002 年版。
⑨ 印顺：《妙云集》下编之十一《佛法是救世之光》，正闻出版社 1992 年修订一版，第 215 页。
⑩ 印顺：《妙云集》上编之五《中观论颂讲记》，正闻出版社 1992 年修订版，第 492—493 页。
⑪ 方立天：《禅・禅定・禅悟》，《中国文化研究》1999 年秋之卷，总第 25 期。
⑫ 荷妮著，李明滨译：《自我的挣扎》，中国民间文艺出版社 1986 年出版，第 256 页。

三、获得自由的方式及其评价

禅宗在追求自由的过程中强调自身的心性解脱,注重禅者自身修持的主动性,反对运用逻辑分析的反智主义,反对主客观二元对立,"佛教智慧……用否定、遮拨的方法,破除人们对宇宙一切表层世界或似是而非的知识系统的执著,获得精神上的自由、解脱"①。这些都是获得共识的。顾伟康在其著作《禅宗:文化交融与历史选择》②中说到:"南禅的解脱,是刹那间的对生命的秘密、世界的本源、佛法的真谛的直接把握;是'我'与'世界'与'佛'的直接融合。"庄穆强调,无论人感觉是否自由,都是心的作用,"人世生活的种种痛苦、烦恼与缺憾都是由人的心灵自身设置的两极分化的世界造成的,人类虚构起来的两极冲突的世界构成了人通往和谐、宁静、圆满生活的阻障",所以,"人要获得宁静和谐的生活,就得摒除这些由心灵虚构起来的阻障"③。

在一篇名为《大肯定的禅》中,铃木大拙也说到,禅超越了肯定和否定,"如果运用'是',则是'断定',断定是自我限制。如果运用'否',则是否定,否定是拒绝。限制和拒绝在结局上是同义的,都是扼杀精神的自由。而禅所主张的绝对肯定是为了精神获得自由,是为了实现人的内在生命的要求"④。摩诃智在《禅宗的自由精神》一文中简单梳理了禅宗部分典籍中的"自由"一词,并且认为,禅宗不探讨社会政治层面的自由⑤,是因为其关注的是生命的自由,自由的根源在心性,在主体,禅宗的自由精神首先就体现在其主体性的建立上。自由是"自性"远离了一切染污的本来状态,也就是生命主体本身及其所具的功能。邢东风将这种状态概括为"无心无修",认为"佛法的目的本来是要使人获得心灵的自由,然而人们却有意识地控制自己心的活动去求得与佛法的一致,这样反而是心陷入拘束状态,结果背离了佛法的目标……禅师们要求宗教修行活动必须做到无心无修,其用意主要是使修行者克服对佛法的执著,得到彻底的'自由'"⑥。

方立天特别强调禅宗追求自由的"内化"方式,提出"禅宗通过无限扩张个体心灵的作用来摆脱个体生命的局限,进而消除有限与无限的矛盾"⑦。在分析赵州狗子公案时,他认为这个"无"字是破除一切分别心的,是超越二元对立的根本:若能勘破一切差别、对立,参透这个"无"字("空"字),也就解脱无碍而自由自在了。"由此可见,超

---

① 郭齐勇:《精神解脱与社会参与——佛教的当代意义之鑫测》,《江汉论坛》1995 年第 7 期。

② 上海知识出版社 1990 年版。

③ 庄穆:《佛教哲学的致思趋向及其现代启悟》,《现代哲学》1997 年第 2 期。

④ [日]铃木大拙:《禅者的思索》,中国青年出版社 1989 年版,第 39—40 页。

⑤ 这一点尚有待商榷。

⑥ 邢东风:《禅悟之道——南宗禅学研究》,中国人民大学 1992 年版,第 108 页。

⑦ 方立天:《禅宗精神——禅宗思想的核心、本质及特点》,《哲学研究》1995 年第 3 期。

越——空无——自由,是为禅悟的特定逻辑和本质。"①

除了内在超越和自由(心的自由),也有学者注意到了禅宗存在对外在自由(身的自由)的追求。

首先,是国家给予民众的自由。佛教认为,政治的目的在于保障人的自由与权利,也即保障民众的自由活动,保证个人的生存条件特别是发展条件,以达到个人自由生存与充分发展的境地。这可以从佛教的国家观中看出。② 李向平在《传统佛教思想的近代性格》一文肯定说,一部中国佛教史,素有"沙门不敬王者"与"不依国主则法事难立"的紧张对峙。不论此二者的关系如何折中调和,佛教"诸法无我"、"诸行无常"的世界观,却也可以常常表现出对现有政治秩序的脱出与超离(即"出世"的真实之意),表现出对现有的社会价值观念的否定或批判。

其次,是僧人自己的外在经济自由。在这一点上,农禅的产生形成蔚为大观,和百丈怀海创立的"清规"意义极其重要。自给自足的农禅经济制度,使禅众成为经济上的自由人,这是他们自由思想、批判改革精神的物质基础和保证,"在怀海眼中,独立自由者,首先当为在生活上不依赖他人供养的人"③。杜继文认为,整部禅宗史,自觉而明确地把生存独立和经济自由作为修行实践的目标,首推怀海。他山居而创立的农禅社会,从根本上改变了禅门的思维方式。但是,怀海自由观的基石和重点,仍然是听任自然的心的自由,而不是自力更生的身的自由。④ 学者们都认同的一点是,禅宗的自由观中,内在超越和自由是为主的,是根本性、本质性的,外在自由、政治自由等都只是为辅的,是次要的。

对于求内在自由的方式,有不少学者表示了非议,如冯友兰质疑说,"如果担水砍柴就是妙道,何以修道人仍需出家? 何以'事父事君'不是妙道?"⑤。"(中国自由传统所追求的)个人的自由与西方的自由的精神尚有很大的区别。这主要表现在争取自由的手段上。在社会方面,他们不是像西方人那样积极向威权去争取自由,而是逃避威权以获得自由;在自然方面,他们不是积极征服自然以求得物质的解放,而是顺应自然以求和谐。实质上是不合作的自由,不索取的自由。不合作固然需要一定的勇气,不索取固然显得高尚,但不利于全社会的自由运动的展开。"⑥可以作为参考的是郑少翀对儒家自由观的评论,他认为儒学的"自由"是一种基于自律之上的境界自由,追求的是"天人合一"的"至善"境界,而非对外在权利的谋求。儒家这种内向度上的人生价值底蕴,与追求民主、人权等外向度的政治自由的价值观迥异。所以,在当代中国,儒学虽然仍能够为修身养性者提供一种选择,但无法单独承担推动中国民主进程的重

① 方立天:《禅·禅定·禅悟》,《中国文化研究》1999 年秋之卷,总第 25 期。
② 王永会:《佛教政治哲学简论》,《社会科学研究》2000 年第 3 期。
③ 魏琪:《农禅一系及其对禅宗的意义》,《西藏民族学院学报》(哲学社会科学版)2002 年第 1 期。
④ 杜继文:《洪州系的农禅学和农业乌托邦》,《佛学研究》2002 年刊,第 109 页。
⑤ 冯友兰:《中国哲学史新编》第 4 册,人民出版社 1986 年版,第 274 页。
⑥ 吴相洲:《传统的批判》,华文出版社 2000 年版,第六章第一节"自由传统批判"。

担。① 无论这样的批评是否公正和合理,同样的话也可以用于理解禅宗的自由观。

但也有学者为其辩护,认为这样的自由观首先是于社会安定有益。杜继文认为禅僧反对行脚,是"因为流动,不但影响治安,对于自给的农业经济,也是一种破坏。总在这里,令人安居乐土,也是一种修养"②。蔡日新在《韶阳一路,云门家风》中也认为,禅宗的放下一切,杜绝情识心思,并不见得就是要僧人安于现状,不作禅修,而恰恰是要求学人通过一段艰难的心性修持,去掉一切执著,放下一切分别心理,从而彻见自家本来面目。虽然以自身心性的解脱为鹄的禅者一般不会与统治者发生冲突,但解脱的禅宗也并非是为统治者的治国平天下服务的,它主要体现在禅者自身的心性的解脱上面,有一种与统治者独立不合作的精神。

四、与别的自由观比较

中国历来有寻求自由的传统思想,蒙培元在其提交给中日第六次佛教学术会议的论文《儒、佛、道的境界说及其异同》中指出,儒家从正面回答心灵问题,以肯定的方式实现自我超越,以"仁"为最高境界;道与佛则从负面回答心灵问题,以否定的方式实现自我超越,以"无"和"空"为最高境界。"仁"的境界除了完成一种理想人格,还要实现普遍和谐的理想社会,"无"的境界则主要是实现个人的精神自由,"空"的境界则是实现彻底解脱。但是在实现心灵的自我超越这一点上,它们又是共同的。

黄玉顺的《中国传统的自由精神——简论儒道释的自由观》认为,佛教是"出世的自由",和儒家"入世的自由"、道家"忘世的自由"共同组成中华民族文化传统中的自由精神,三者会通的超越的自由精神可以作为传统自由精神的现代化转换。

宗教虽然都追求解脱,却各有特色,余日昌《佛教基督教解脱论基本范式比较》③认为,解脱论是宗教教义的核心。他分析了佛教和基督教在该问题上的四大区别:一是不同的信仰解脱范式(简称"信解范式"),即佛教的"人—神—人"范式与基督教的"神—人—神"范式;二是两种信解范式所不同的理论基础,即"佛性论"与"《圣经》解释学";三是两种信解范式不同的出发点,即"性非善非恶论"与"原罪论";四是对信解范式发展影响最大的两种不同哲学思想,即"中道涅槃观"与"过程神学"。二者的相同之处是,都通过信仰与解脱理论体系,激发信徒们在精神世界中,借助某种神秘力量,来解决人类与所不能抗拒的自然规律之间的深刻矛盾,从而在终极意义上实现苦难感或罪恶感的解脱,达到心灵上彻底的愉悦或轻松。

也有将禅宗自由与别的哲学家自由思想加以比较的,如余治平在《"意志自由"及其归无、入禅的终结———一种对叔本华的解读》中将自由理解为自由意志。该文认为,

---

① 郑少翀:《论儒学中"自由"的向度及其得失》,《孔子研究》2001 年第 4 期。
② 杜继文、魏道儒:《中国禅宗通史》,江苏人民出版社 2007 年版,第 358 页。
③ 《青海社会科学》2001 年第 3 期。

叔本华哲学中的"意志",是存在世界及人的本质所在,"意志",是在根据律之外的、高于人的理性的东西。它决定世界的表象,是世界的推动力量。而这个意志又是自由的、万能的。意志自由不在人的个别行动中,它只存在于存在本身,它要经由人的"自我意识"、"看透个体化原理"之后,归"无"、入"禅",才能达到那个超验的、绝对的存在本身。而这正是与作为东方智慧的佛教禅宗的自在独立的精神本体相沟通的。

总的来说,现有的禅宗自由思想研究有如下几个特点:

第一,中国佛教研究形成了几个新的热点。如佛教与现代社会、地方佛教研究等,禅宗研究作为老热点在扩张研究领域、扩展研究视角,禅宗思想研究不是重点,更不要说起自由观的研究。

第二,在现有的禅宗研究论文中,自由大多是作为日常词汇(word)而非哲学概念(concept)使用,这样的例子在论文中随处可见,如"……充分表现出禅宗自由、活泼的解脱心性"①"在一则则颂古中,以禅宗自由通透之精神,贯彻世及出世间。"②"禅宗的自由精神,使它在中唐以后影响……"③等。这里的自由都是作为一个约定俗成的名词或形容词使用,没有特别的哲学蕴涵。

第三,现有的禅宗自由思想的研究论文尚有一些空白领域没有被触及。如没有探讨禅宗自由观的思想来源,禅宗是如何从大乘佛教教义和原始典籍中渐渐发展出其自由观的? 禅宗之前的佛教教义中是否有与禅宗自由观不符合甚至矛盾的内容? 如果有,禅宗是如何进行调解和解释的。

第四,在现有的禅宗研究论文中,自由大多被理解为个人内在的心的自由、精神自由,而较少提及在社会国家中、在人与人的关系框架下的外在的身的自由。诚然,禅宗所追求的,最终指归在内在自由上,但是如果没有外在自由,内在自由容易蜕变成一种自我封闭的自欺欺人和麻木不仁。而禅宗发展过程中的设立丛林、建立清规等行为,提倡"一日不做,一日不食"的思想,恰恰是为了追求外在自由以保障内在自由。而事实上,我们有很多关于儒家和自由主义的比较研究,却基本上没有禅学(如农禅)与自由主义的比较。

第五,从非佛教的角度(中国自由精神传统、西方的自由主义、别的哲学家的自由思想等)切入禅宗自由思想研究的比较普遍,而且成果较为显著。

以笔者粗陋的认识,根据上述现有的研究现状,如果要进行禅宗的自由思想研究,在以下几个方面下工夫有可能取得突破:

一是引入印度佛教的研究,从禅宗自由思想的来源入手,研究其与原始佛教基本教义的关系,从源头开始研究其发展流变。如禅宗的自由和佛教经典中"解脱"、"涅槃"的关系,自由的主体和"无我"思想的矛盾及调和。这类研究需要对印度佛教有深

---

① 高永霄:《〈六祖坛经〉研究略见》,《香港佛教》1968 年第 92 期。

② 邓克铭:《禅宗公案之经典化的解释——以〈碧岩录〉为中心》,《佛学研究中心学报》2003 年第 8 期。

③ 谢思炜:《禅宗的审美意义及其历史内涵》,《文艺研究》1997 年 5 期。

入认识,而且有语言学上的要求,有相当的难度,但在佛教范畴史研究方面很有意义。

二是加强禅宗外在自由的研究。比如进行禅宗自由和儒家自由、西方自由主义的比较研究,禅宗对于自由主义思想和理论中长期困扰并引发争论的自由和平等的关系问题的理解和解答,反映在禅宗自由的研究上,就是禅宗个体自在和众生平等的关系。

三是引入新的研究方法。如用语言哲学的方法分析禅宗自由公案和不立文字,用社会学方法对丛林的僧团生活进行社会性研究,以突显其作为社群的自由①等。

(陈洁:北京理工大学人文学院)

---

① 这方面的研究,目前已经有部分成果问世,内容涉及僧官制度史、佛寺文化史、历史上僧团社会生活状况等专题性佛教史的研究。如谢重光、白文固合著的《中国僧官制度史》(青海人民出版社 1990 年版),张弓的《汉唐佛寺文化史》(2 册,中国社会科学出版社 1997 年版),郝春文的《唐后期五代宋初敦煌僧尼的社会生活》(中国社会科学出版社 1998 年版)等,但都不是从自由的角度切入展开讨论的。